中国科学院可持续发展研究中心
中国21世纪议程管理中心　主办

1999 中国区域发展报告

陆大道　刘　毅　樊　杰
薛凤旋　金凤君　等著

商 务 印 书 馆
2000年·北京

图书在版编目(CIP)数据

1999 中国区域发展报告/陆大道等著. —北京:商务印书馆,2000

ISBN 7-100-03024-2

I.1… II.陆… III.经济发展-中国-1999-研究报告 IV.F124-2

中国版本图书馆 CIP 数据核字(1999)第 56703 号

1999 中国区域发展报告

陆大道 刘 毅 樊 杰 薛凤旋 金凤君 等著

商 务 印 书 馆 出 版
(北京王府井大街 36 号 邮政编码 100710)
商 务 印 书 馆 发 行
中国科学院印刷厂印刷
ISBN 7-100-03024-2/K·657

2000 年 3 月第 1 版　　开本 787×1092 1/16
2000 年 3 月北京第 1 次印刷　印张 20

定价 65.00 元

《1999 中国区域发展报告》

顾　问：
　　　　孙鸿烈　陈宜瑜　孙　枢　吴传钧　陈述彭　叶大年
　　　　孙小系　刘燕华　王伟中　章　申　石玉林　甘师俊
　　　　李泊溪　徐国弟　胡序威　陈栋生

课题组　组　　长：陆大道　　中国科学院
　　　　副组长：刘　毅　　中国科学院
　　　　　　　　樊　杰　　中国科学院

　　　　成　　员：薛凤旋　　香港大学
　　　　　　　　　金凤君　　中国科学院
　　　　　　　　　谷树忠　　中国科学院
　　　　　　　　　李雅芹　　中国科学院
　　　　　　　　　刘　慧　　中国科学院
　　　　　　　　　傅伯杰　　中国科学院

　　　　特聘人员：杨朝光　　国家发展计划委员会
　　　　　　　　　李小建　　河南大学
　　　　　　　　　陈　田　　中国科学院
　　　　　　　　　于秀波　　中国科学院
　　　　　　　　　任东明　　中国科学院

前　言

一

编制《中国区域发展报告》是我们的长期愿望,我们为此进行了长期的努力。

《1997中国区域发展报告》正式发行之前,中国科学院路甬祥院长签发将题为"我国区域政策实施效果与区域发展态势分析报告"的简要报告报送到国务院。李岚清副总理指示将报告增发中央有关部门。简要报告得到了中央许多部门的好评,同时提出了许多意见。我们在此表示衷心的感谢。这是对我们的很大鼓舞。

1997～1999年间,国际上出现经济和政治的动荡,对我国的发展和稳定提出了严峻的挑战。在国内,国民经济战略性结构调整进入攻坚阶段。长期高速和超高速经济增长,使我国的综合国力大幅度增强,但同时,由此引起的一系列深层次的矛盾开始显露出来。结构性问题乃至结构性危机困扰着一些地区的发展。大规模自然灾害暴露出我国各地区的生态环境问题已经到了很严重的地步。面对这些复杂的重大问题,按照既定的目标编制《1999中国区域发展报告》,难度是很大的。

编制《中国区域发展报告》的宗旨是连续跟踪全国及各地区经济和社会发展决策和态势,并作出相应的评价。期望能够满足国家和地区政府决策部门的需要。在我们长期与政府决策部门的交往中,共同感觉到:90年代以来,政府关于区域发展战略和政策的决策的重要性和难度是愈来愈大了。特别是近年来,国家经济和社会发展处于重要的转型期,经济发展的影响因素变为市场导向和需求制约,全球一体化的趋势愈来愈发展,科技革命加快了步伐,产业结构和企业的组织结构加快调整,世界经济不确定因素增加。决策机构和决策者必须充分了解国家和自身所处的发展环境。《1999中国区域发展报告》希望在这方面起到自己的作用。

针对1997～1999年间我国经济和社会发展的上述主导倾向,《1999中国区域发展报告》的主题是区域持续发展。根据这个主题,《报告》从可持续发展的观点和区域的角度对近年来我国高速经济增长及其今后可持续性进行了跟踪、评价,对一些重要资源的长期可持续利用和战略保障、环境与生态稳定性和可支持能力进行了分析,对社会发展与经济发展间的协调性和适应性作出了区域性的判断和评价。

二

《1999中国区域发展报告》在强调"九五"前3年(主要是1997～1998年)我国经济保持持

续、快速、健康发展的总形势下,重点从区域角度阐述了长期高速和超高速经济增长出现的严重结构性问题和为这种增长付出的巨大代价。具体形成了以下基本要点：

（一）

- 在各地区经济普遍快速增长中,地带间、地区间人均GDP和经济实力的差距继续扩大。
- 在国家宏观政策作用和亚洲金融危机影响下,长期高速增长的沿海地区的发展速度明显下降,多数中西部省区市保持着相对平稳的增长态势,区域间发展差距扩大的趋势明显减缓。区域经济的格局发生了一定变化。
- 在国内外市场竞争压力下各地区进行结构调整。加大产业结构调整力度成为营造地区经济持续增长活力的关键。结构调整使多数地区经济结构水平有所提高。有特色的区域经济正在形成。区域发展不平衡也从速度差距开始转向结构层次的差距（包括地带性差异）。
- 各地区投资大幅度增长,但投资规模相差悬殊。各地区投资取向多样化,反映地区发展方向各有侧重。
- 各地区结构调整的基本方向是：继续加强基础设施建设,高新技术产业在一些省市有长足的发展,基础原材料工业的发展得到了控制,部分第三产业部门发展较快,农业产业结构继续朝优质高效方向发展。
- 与地区经济发展水平相比,农村发展水平的地区差距更大。其差异程度决定着我国区域经济差异的基本格局。

（二）

- 中国在社会发展方面取得了显著成绩,反映社会发展水平的一些主要指标在世界排序接近中等水平。少数沿海地区已接近发达国家水平。
- 大部分社会发展指标地区相对差距正在缩小。农村社会发展水平的差异大于城市社会发展水平的差异。部分地区没有将社会发展放在与经济同等重要的位置上。
- 我国的城市化进程已步入加速发展阶段。新城市贫困问题突出。
- 我国社会保障程度和保障水平在各地区之间的发展很不平衡。
- 全国人口流动继续保持较大的总量。人口流向开始呈现多元化,沿海地区一些大城市暂住人口数量在减少,新疆、西藏等一些新兴的开发地区流动人口数量增加。

（三）

- 各地区国有企业活力低于非国有企业,对地区经济增长的贡献较非国有企业低。
- 东部沿海地区企业重组活跃,兼并扩及中西部地区,大型企业集团迅速成长。中西部部分地区的企业重组兼并缓慢。
- 东部沿海和长江沿岸在确立现代企业制度方面发展较快。

（四）

- 基础设施快速发展，但类型结构的不平衡矛盾突出，地区差距拉大。
- 基础设施提供的区域发展环境，沿海地区远远优于中西部地区。交通通信基础设施快速发展，从短缺向适应过渡；水利、环保等基础设施发展滞后，中西部地区尤为突出。

（五）

- 1996年起中央实施耕地总量动态平衡，耕地减少的趋势得以遏制。1998年，全国多数地区实现了建设占用耕地的占补平衡。
- 我国耕地动态平衡中区际等量不等质。北方所增加的耕地并不能弥补南方耕地减少所造成的农业生产力损失。耕地问题的重点在耕地保护与合理开发利用。
- 全国城市缺水，北方地区普遍缺水。要加强城市供水能力建设。必须重视农村水污染问题。

（六）

- 十几年来经济持续的高速增长导致生态环境问题日趋严峻。
- 1996年以来，国家对生态环境问题的战略和政策有了重大发展。加强了立法及其实施，加大了重大问题的治理力度。力求扭转以牺牲环境为代价发展工业和以牺牲生态为代价发展农业的态势。
- 我国生态环境问题出现新的变化和特点：由单纯的工业污染过渡到工业和大众消费形成的污染同时出现，水体污染由工业污染发展到工业污染加农业污染的复合污染，生态环境问题正在由局部扩展到更大范围、从流域的一部分扩展到全流域。
- 1997年全国各大流域主要水系水质继续恶化，北方河流水污染重于南方河流，沿海地区水污染加剧。农田污染面积不断扩大。酸雨区面积扩大。
- 大城市垃圾问题形成新的公害。

三

课题组在编制《1997中国区域发展报告》和《1999中国区域发展报告》的过程中，逐步对"十五"和至2015年我国区域发展战略和区域发展政策形成了一些基本考虑。

第十个五年计划伴随21世纪而来。在今后15年间，要根据邓小平同志关于发展战略上的"两个大局"的思想和"通盘构想"的要求，按照两个大的空间层次制订我国的区域发展战略和政策。其中：

第一个层次是宏观战略性问题。要求要着手解决西部地区发展和促进沿海地区的现代化与国际化问题，同时南北问题应该受到较大的重视。

第二个层次是大区域性问题。要求解决区域性的生态环境问题,特别是流域性的生态环境问题应该是区域发展战略的组成部分。未来的地区发展战略应该符合地区特色经济的形成和发展,有助于先进地区结构水平的进一步提高和欠发达地区经济实力的增强。社会发展问题应该受到更大的重视。城乡差距问题也应重视,特别是中西部地区内部的城乡问题。西部发展问题应该区域化(近西部和远西部),远西部地区的发展战略应该调整。

今后15年,我国的区域发展战略和发展政策,不应该只解决一个大的倾向性问题即地带性差距问题。而要在针对大地带性问题作战略性框架设计同时,要使与之相配套的政策体系对各种不同的"问题区域"都能覆盖。基本的战略目标应该是:

- 缓解东西间地带性经济发展差距扩大的趋势。
- 缩小地区社会发展差距。
- 促进各类"问题区域"的发展。

根据上述三大目标,可以按照三个地带四个类型区制订区域发展战略和区域政策:

- 沿海地带类型区:促进沿海地区的产业结构和社会经济体制转型,加快国际化发展。生态环境的改善。
- 中部地带和近西部地带类型区:加快资源型产业的发展和促进传统产业的技术改造。大江大河的综合整治,资源开发区和工业聚集区的环境污染的治理。
- 远西部地带类型区:促进地方资源的开发和农牧业的产业化,富民和稳定边疆。江河源头地区的生态保护。
- (北方)老工业基地类型区:促进国有大中型企业的改制改组和创新,发展新的接续产业。

四

编制《中国区域发展报告》得到中国科学院路甬祥院长和陈宜瑜副院长的重视和支持,他们嘱咐我们课题组要将区域发展的研究和报告的编制工作做好,并坚持下去。院资源环境科学与技术局给予了多方面的支持和鼓励。国土与遥感处对报告的主题思想提出了重要意见,并指导了组织协调工作。

编制《中国区域发展报告》是中国科学院可持续发展研究中心的连续支持项目。中心的主任孙鸿烈院士非常关心和支持此项工作。他重视地学的研究要与国家和地区发展和重大的开发与整治任务相结合,在国家和地区的政府决策中发挥作用。我们聘请他作为此项工作的首席顾问。他热心和认真地参加每一本《报告》提纲、工作计划和《报告》讨论稿的讨论,对《报告》的要求和重要观点等方面都提出了不少重要的意见。我们非常荣幸的是,著名的人文地理学家吴传钧院士、著名的区域经济学家李泊溪教授及中国科学院院士陈宜瑜、孙枢、陈述彭、叶大年、章申,中国工程院院士石玉林等应允作我们这项工作的顾问。他们对我们的工作作了许多的指导和咨询。

编制《中国区域发展报告》得到了国家发展计划委员会地区经济司孙小系司长和宏观经济研究院地区经济研究所杜平所长的支持,他们除了在指导思想和编写要求等方面给我们指导以外,还有几位同志直接参与我们的工作。对于保证我们报告的质量、符合政府决策和社会的需要方面起到了重要的作用。

我们在这里特别要提到,编制《中国区域发展报告》是在1996年春天得到当时国家科委社会发展司甘师俊司长的批准资助而启动的。近年来,国家科技部社会发展与农村经济司司长刘燕华和中国21世纪议程管理中心主任王伟中都对这项工作十分重视,给予很多的指导和资金的支持,并指导了组织协调工作。《1999中国区域发展报告》由中国科学院可持续发展研究中心和中国21世纪议程管理中心联合主办。

在这里,我们课题组全体研究人员向支持帮助我们开展区域发展理论和实践问题研究、编制《中国区域发展报告》工作的机构、领导同志和科学家表示衷心的感谢。

五

台湾省是中国领土不可分割的一部分。考虑到其社会经济发展的一系列特殊性,加上数据和资料来源的困难,本报告暂未包括台湾省。在本报告出版之时,澳门已经回归祖国。由于本报告跟踪描述的主要是1997~1998年间的中国区域发展状态,主要调研和编写工作在1999年12月以前完成。因此,本报告没有包括澳门特别行政区部分。

陆　大　道
1999年8月15日

目 录

第一章 总 论 1
 第一节 普遍高速增长中的地区发展差异 1
 第二节 为高速增长付出了巨大的生态环境代价 13
 第三节 长期高速经济增长及体制转型中的结构性问题 18
 第四节 长期高速和超高速经济增长是不可持续的 20
 第五节 评价与结论 23

第二章 经济持续发展态势及其活力 27
 第一节 国内外发展环境变化的地区反响 27
 第二节 省区市经济发展战略取向 42
 第三节 地区经济增长的总体态势 48
 第四节 地区产业结构变化特征 52
 第五节 评价与结论 61

第三章 国有企业体制创新 65
 第一节 国有企业地位变化与企业活力的区域审视 65
 第二节 区域企业重组与经济发展 68
 第三节 制度创新的区域分析 73
 第四节 评价与结论 77

第四章 基础设施体系建设 79
 第一节 区域基础设施发展政策与发展成就 79
 第二节 交通通信基础设施体系建设 82
 第三节 水利基础设施建设 91
 第四节 省级区域城市基础设施建设 96
 第五节 评价与结论 100

第五章 社会发展与城市问题 103

第一节	我国社会发展综合状态	103
第二节	人口流动与城市化	108
第三节	城市贫困与社会保障	120
第四节	评价与结论	129

第六章　建设投资规模与方向 … 131

第一节	九十年代投资的区域变化	132
第二节	基本建设投资的地区与行业取向	139
第三节	评价与结论	144

第七章　高速经济增长下的生态环境 … 148

第一节	全国生态环境基本状况与存在问题	148
第二节	黄河断流及流域生态环境建设	157
第三节	1998年长江洪涝灾害及生态恢复重建	164
第四节	污染治理与生态建设及其效果	180
第五节	评价与结论	190

第八章　主要自然资源的利用与保护 … 195

第一节	水资源的开发利用与保护	195
第二节	土地资源的开发利用与保护	202
第三节	能源供需保障与可持续发展	217
第四节	评价与结论	224

第九章　可持续发展状态及类型 … 226

第一节	区域可持续发展的若干背景	226
第二节	省区市可持续发展状态分析	230
第三节	可持续发展状态综合评价及类型	244
第四节	评价与结论	254

第十章　香港特别行政区 … 259

第一节	经济发展历程	259
第二节	都市经济区的形成	267
第三节	亚洲金融风暴对香港的影响	272
第四节	重整香港经济——以都会区为起点	275

附件　关于"十五"和至 2015 年我国区域发展战略和政策的初步设想 ………… 280

附录 ……………………………………………………………………………… 286

后记 ……………………………………………………………………………… 300

第一章 总 论

改革开放以来的20年间,我国经济持续高速和超高速增长,年GDP增长率达到9.7%。这对于一个人口和幅员大国,无疑是个伟大的奇迹。

1997~1998年间,我国经济处于前所未有的全面转型期。相对过剩的买方市场出现,能源原材料的瓶颈制约基本缓解,开始出现通货紧缩,经济增长乏力,结构性危机困扰着一些地区的经济和社会发展。中央政府对国民经济实施战略性结构调整。

自1997年国家实施国民经济战略性结构调整,全国各省区市表现出极富活跃的努力,调整自己的产业政策和产业结构。在市场经济的竞争和合作的大潮中,较多的地区发展起了自己的特色经济,并大大地加强了地区经济的实力,在困境中找到了自己的位置和出路。也有一些地区,未能突破长期计划经济的束缚,体制转型和结构转型均未获得大的进展,表现出较差的经济增长活力,可持续发展的态势令人担忧。

从80年代起的工业化、城市化是我国社会经济发展的长期趋势。大规模的工业化和城市化正在剧烈地改变我国的自然结构和社会经济结构。我们在为巨大的发展感到欢欣鼓舞的时候,我们是否想到了为发展付出的代价!我们的高速和超高速发展政策正在为我们的持续发展制造障碍。长期高速和超高速经济增长,对于经济本身来说是不可持续的,对于生态环境来说,也是问题产生的根本原因之一。

1998年亚洲金融危机袭击到我国,使我国特别是沿海地区的国际化进程受到了一次冲击。夏季的特大洪水,是长期高速和超高速经济增长而未能充分重视生态环境治理建设的重要原因之一。

国外学者认为:一定阶段区域(国家和地区)经济增长可有三种模式:高速增长、稳定增长和平衡增长。从长期的角度,高速增长一般不可避免地要导致不平衡增长。这里的不平衡增长,既包括区域的不平衡,也包括一系列结构性问题出现引起的不平衡。

第一节 普遍高速增长中的地区发展差异

1997~1998年间,是我国宏观经济态势和国家发展政策大幅度调整的时期。在这两年中,由长期计划经济下的卖方市场形成了向相对过剩的买方市场的变化。能源原材料的"瓶颈"制约基本上得到解决。与此同时,亚洲金融危机对我国产生了很大的影响。在这种形势下,国家采取了较为积极的财政政策和实施了一系列相关的方针政策,以扩大内需,拉动经济增长。

在这期间,国家加大了实施地区协调发展战略的力度。即重点加大了对中西部地区发展的支持。包括大型基础设施工程、金融贷款和外资的利用、扶贫开发、出口贸易等,采取了一系列有利于中西部地区发展的政策和措施。1998年全国全社会固定资产投资增长15%,达到28680亿元。其中,西部地区的投资增长38.4%,比东部地区快20.8个百分点。达到1089亿元[1]。

在这种形势和政策作用下,1997~1998年是我国地区发展差距继续扩大但扩大趋势明显得到缓解、地区发展格局产生变化的两年。

一、从沿海地区发展战略到地区协调发展战略的转变

1. 区域发展战略在时间上的推移及其空间尺度

【区域发展战略符合国家发展目标】 本世纪最后20年,我国先后实施了"沿海地区经济发展战略"(1981~1985)、"三个地带发展战略"(1986~1992)和正在实施的"地区协调发展战略"。在这些战略的指导下,我国的国土开发和经济发展取得了迅速发展。我国区域发展战略获得了巨大的成功。就像任何事物一样,任何一种区域发展战略都只能适应一个特殊的国内外发展环境。特别是,区域发展战略作为国家经济和社会发展目标和计划的重要组成部分,也是实现国家一定时期发展目标的重要保障。由于国家发展目标和措施的实施,都是与一定的地域相联系的,因此,区域发展战略必须符合国家发展目标的需要。国家发展目标具有一定的阶段性,因此,区域发展战略也就具备一定的阶段性。在1981~1985年和1986~1990年的"六五"和"七五"期间,国家的发展目标是扩大开放,大力发展生产力,在1981~2000年内使GDP翻两番。

从80年代末至今,我国在总体上实施的是尽快增强全国整体经济实力,按照"效率优先、兼顾公平"的原则配置国家的资源和政策。这是符合我国社会经济发展"分三步走"的战略部署和社会主义初级阶段的基本特点的。

【重点目标区域逐步扩大】 20年间,三个区域发展战略,在国土空间上,由偏重于沿海经济特区和经济技术开发区的发展,到整个沿海地区及中部地区中少数中心城市的发展,进而推进到中部地带的发展,以及近年来中西部地区的发展。政策的重点目标区域具有逐步扩大之势;在方向上有由东部地区逐渐向西部地区推进之势。在这三个战略的中间,都有过较短的过渡时期。在总体上,区域发展政策是连续的。

20年间,作为区域发展政策的时间尺度而言,是不长的时间概念。但在这过程中,区域发展政策重点地区目标(空间)变化尺度是大的。在《1997中国区域发展报告》中,我们曾经回顾了我国区域发展战略的演变及区域效果,提到美国在18世纪的经济发展重心在美国东北部的费城附近,经过250年的开发(主要的国土开发方向是由东向西、由北而南),才形成了今天的宏观区域发展态势。当然,仍然是很不平衡的[2]。

【三个地带渐进扩大对外开放是合理的战略安排】 1973年世界范围的石油危机使资本主义世界各国经济增长受到了严重的阻碍。从此,日本经济的高度成长阶段结束,经济增长率由10%以上逐步下降到8%以下。欧洲主要资本主义国家经济开始转入低增长(年增长率在2~4%)。韩国、台湾、香港和新加坡等亚洲"四小龙"在经历了50~60年代的高速增长后,经

济增长也开始慢下来。在这种情况下,这些国家和地区产业和资本开始大量转入发展中国家和地区。在1979年我国实施对外开放政策以前,集中在我国东部地区周围的资本和产业已经瞄准了我国的巨大的资本市场和产业发展潜力。这是我国首先在沿海地区实行对外开放政策的国际环境背景。

进入80年代,我国开始了大规模工业化发展阶段。在这个阶段,基础产业大规模扩张。同时,在这个阶段,必须开拓国际市场,引进先进技术和设备。80年代初期,我国50年代建设的工业基地和大中型工业企业的大部分设备都已经老化。为了较快地推进大中型企业更新改造的进程,也必须更加扩大与国际的经济和技术交流。这是我国产业发展向对外开放政策提出的客观要求。

经过80年代前半期的沿海地区发展战略的实施,我国经济实力有了增强,特别是沿海地区的经济增长很快。在这种情况下,"七五"计划提出三个地带发展战略,是适应了当时我国经济和社会发展的基本态势的。"七五"计划中要求"我国地区经济的发展,要正确处理东部沿海、中部、西部三个经济地带的关系。'七五'期间以至90年代,要加速东部沿海地带的发展,同时把能源、原材料建设的重点放到中部,并积极做好进一步开发西部地带的准备。把东部沿海地区的发展同中、西部的开发很好地结合起来,做到互相支持、互相促进。""七五"计划实施的结果,达到了预期的目的,即沿海地区继续很快发展。同时,广大的中部地带特别是其中的资源和能源富集地区得到了大规模开发,经济增长开始加快。也使东部地区得到了能源和原材料的充分供应。全国性的战略分工有了一个合理的框架。进入90年代,80年代的三个地带发展战略实际上仍在起作用。中央政府的投资部分以往的地带性分配格局有了一定变化,但就整个全社会固定资产投资的地带性分布并没有变化(图1-1)。

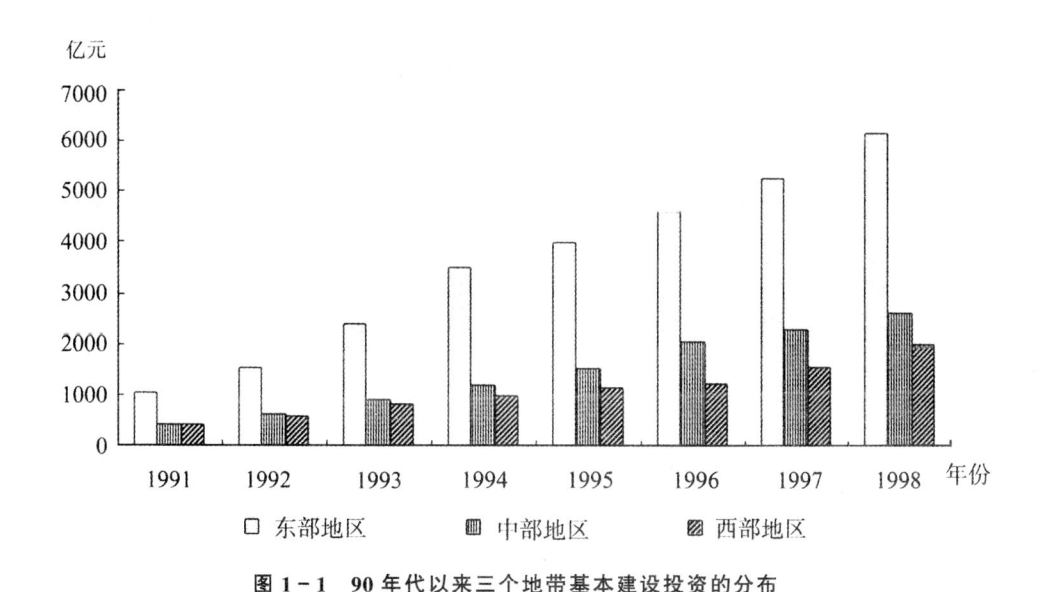

图1-1 90年代以来三个地带基本建设投资的分布

三个地带的划分和发展战略已经在并且将继续在我国经济和社会发展中发挥着重要的

影响。因为,这种空间概念上的划分基本上科学地刻画了我国自然潜力和人文发展态势的地带性差异。而这种差异是一系列稳定性因素,如地势、降水、土地资源等自然因素,近几百年发展历史和经济基础、相对于东亚及国际经济重心的位置和可达性、人力资源的开发程度等人文社会因素,长期作用形成的。

2. 在地区间差距扩大和矛盾加剧情况下提出地区协调发展战略

80 年代的前期和中期,全国经济增长加快。虽然沿海地区 4 个经济特区、14 个沿海开放城市和大量经济技术开发区开始建设,但处于初期阶段,在经济增长上体现尚不明显。而中西部地区长期积累的生产力也开始发挥作用。因此,地带性经济发展的差异并不大。80 年代末,我国经济进入一个较短的低速增长时期。进入 90 年代,开始了高速和超高速增长。在 1993~1997 的 5 年间,沿海地带(12 个省区市)十多年基础设施建设和政策投入很快发挥作用,GDP 年平均增长率达到 15% 以上。与此相反,中西部地区的经济增长乏力。尽管 GDP 的增长率也在 8~10% 之间,在总量差距本就很大的情况下,东中西地带间的人均 GDP 很快拉大。在部分地区的要求和社会及舆论界的要求下,中央政府考虑调整 80 年代的三个地带发展战略。经过一个时期的酝酿,1995 年 9 月,十四届五中全会审议和通过了《中共中央关于制定国民经济和社会发展"九五"计划和 2010 年远景目标的建议》。提出了地区经济合理分工、优势互补、协调发展的方针。一般认为,这意味着地区协调发展战略的确立。

所以,我们所说的地区经济发展差异,只是大发展中的差异。无论在国家层面上还是在地区层面上,无论是理论上还是国内外发展实践上,8% 的增长速度都属于高速增长(图 1-2)。

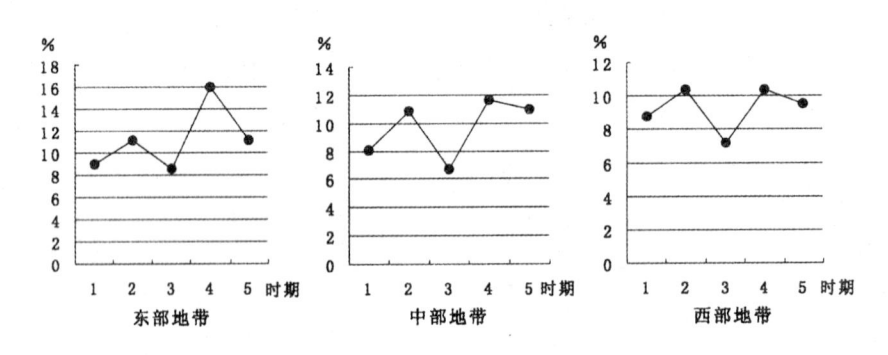

图 1-2 1978 年以来三个地带 GDP 增长趋势

注:时期 1　1978~1980 年,时期 2　1981~1985 年,时期 3　1986~1990 年,
　　时期 4　1991~1995 年,时期 5　1996~1998 年。

协调发展战略是一个各地区都可以接受的地区发展概念(战略)。在协调发展战略实施以来的五、六年间,中央政府加强了对中西部地区的国家项目安排及相应的投资,增加了对中西部地区的扶贫开发投入及其他专项资金的投入。

对地区协调发展战略实施的效果作比较全面的评价,我们将在本报告的附件《关于"十五"和至 2015 年我国区域发展战略和政策的初步设想》中进行。

二、普遍高速增长中的地区差异

【大多数地区经济实力普遍大幅度增长】 在以往的20年间,全国GDP年增长9.7%。在全国经济发展实力大大增强的情况下,各地区经济实力普遍大幅度增长。这是改革开放以来地区发展的总趋势,也是1997～1998年间的基本态势。即使是增长速度居于最后的几个省区市,年平均增长也达到8%左右。1990～1995年间是我国地区经济增长差距迅速扩大的阶段。沿海地区有7个省区市GDP年增长超过15%。但是,西部地区也达到9%。1995～1998年间,沿海部分省区市GDP增长速度达到11%以上,但是,中西部省区一般也在8～10%。只有个别地区由于特殊原因经济增长低于这个速度(表1-1)。

表1-1 1978年以来各省区市GDP增长速度

地区\时期	1978～1980	1981～1985	1986～1990	1991～1995	1996～1998
北京	10.7	9.2	8.2	11.8	9.5
天津	10.2	9.3	5.2	11.8	11.9
河北	4.6	10.2	8.4	14.6	12.2
山西	5.9	11.6	5.9	10.1	10.2
内蒙古	5.6	14.5	6.9	9.7	10.6
辽宁	7.0	9.2	7.6	10.2	8.6
吉林	6.1	10.8	8.3	10.9	10.6
黑龙江	6.5	7.2	6.5	7.9	9.6
上海	7.9	9.1	5.7	13.0	11.9
江苏	8.3	13.2	10.0	17.1	11.7
浙江	14.8	14.7	7.6	19.1	11.3
安徽	6.1	14.2	5.9	14.1	12.0
福建	11.7	13.2	9.8	19.3	13.6
江西	9.8	10.3	7.4	13.8	11.0
山东	9.4	11.9	8.3	16.8	11.4
河南	12.0	11.7	7.6	13.0	12.2
湖北	11.0	12.1	6.2	12.9	12.2
湖南	7.2	9.1	6.6	11.1	10.7
广东	11.8	12.1	12.5	19.1	10.5
广西	6.7	8.3	6.1	16.7	9.8
海南	3.0	14.0	9.3	17.9	6.6
四川	11.9	9.6	6.4	11.3	9.8

续表

贵 州	7.7	12.4	6.7	8.7	8.9
云 南	5.6	11.8	9.3	10.2	9.3
西 藏	17.3	9.1	2.8	9.4	11.7
陕 西	5.0	10.9	5.2	9.4	9.8
甘 肃	5.2	8.1	9.6	9.7	9.8
青 海	3.6	9.1	5.3	7.5	9.0
宁 夏	6.2	11.6	8.1	8.1	11.2
新 疆	9.7	12.4	9.7	11.8	8.2

经过90年代以来的高速和超高速的经济增长,我国的经济总量已据世界的前列。改革开放刚刚开始的1980年,我国主要能源原材料的产量大都居世界的第五至六位,到1997年这些产品大都跃到第一或第二位了(表1-2)。

表1-2 我国主要工业产品产量居世界位次的变化

年份 产品名称	1949	1957	1965	1978	1980	1985	1990	1995[③]	1996
钢	26	9	8	5	5	4	4	2	1
煤	9	5	5	3	3	2	1	1	1
原油	27[①]	23	12	8	6	6	5	5	5
发电量	25	13	9	7	6	5	4	2	2
水泥		8	8	4	4	1	1	1	1
化肥		33	8	3	3	3	3	2	1
化学纤维		26[②]		7	5	4	2	2	
棉布		3	3	1	1	1	1	1	
糖			8	8	10	6	6	4	
电视机				8	5	3	1	1	

注:① 1950年数,② 1960年数,③ 估计数。
资料来源:《中国统计年鉴》(1996年第821页,1998年提要),中国统计出版社。

【各地区人均GDP的差距继续扩大】 90年代以来人均GDP分组变化趋势显示:1998年人均GDP小于全国平均值75%的省区市是13个,大于全国平均值150%的省区市是7个。都是与1995年相等。但是,处于下中等状态的地区由1995年的5个上升到7个,处于上中等状态的地区由1995年的5个下降到3个。更为重要的是:1995年全国人均GDP是4825元(当年价),1998年为6727元(当年价)。也就是说:1995年相对于全国平均值75%的GDP值为3619元、1998年为5045元。按照可比价格计算,二者之差达到800元左右。因此,在

1997~1998两年间,我国地区发展差距的扩大是非常明显的(表1-3)。

表1-3 历年各省区市人均GDP分组表

分组	1978	1985	1991	1995	1998
低收入地区 (75%以下)	8 贵州(47)、云南、四川、广西、福建、河南、江西、安徽	8 贵州(51)、云南、四川、广西、河南、江西、陕西、甘肃	10 贵州(51)、云南、四川、广西、河南、江西、安徽、湖南、陕西、甘肃	13 贵州(38)、云南、四川、河南、西藏、江西、安徽、湖南、陕西、甘肃、山西、宁夏、青海	13 贵州(35)、甘肃、陕西、四川、宁夏、云南、青海、江西、安徽、河南、广西、重庆、湖南
下中等收入地区 (75~100%)	11 湖南、湖北、广东、陕西、甘肃、山西、宁夏、新疆、河北、山东、内蒙古	10 安徽、福建、湖南、湖北、山西、宁夏、河北、青海、海南、内蒙古	9 西藏、湖北、山西、宁夏、河北、海南、吉林、青海、内蒙古	5 湖北、河北、广西、吉林、内蒙古	7 山西、内蒙古、海南、吉林、湖北、新疆、河北
上中等收入地区 (100~150%)	4 吉林、江苏、青海、浙江	8 西藏、广东、新疆、山东、吉林、江苏、浙江、黑龙江	6 福建、新疆、山东、江苏、浙江、黑龙江	5 福建、新疆、山东、海南、黑龙江	3 黑龙江、山东、辽宁
高收入地区 (150%以上)	5 天津、北京、上海(666)、辽宁(181)、黑龙江	4 天津、北京、辽宁(214)、上海(474)	5 天津、广东(161)、北京、辽宁、上海(378)	7 北京、天津、辽宁、广东、江苏、浙江(168)、上海(365)	7 江苏、福建、广东、浙江、天津、北京、上海(374)
全国平均(100%)	375元	814元	1758元	4767元	6731元

注:本表在原国家计委国土与区域经济研究所等单位编辑的《国土与区域经济》资料的基础上加工而成。1978年缺海南、西藏数据。括号中数字为该省区市人均GDP为全国平均值的百分比,左上角为该组省区市数。

在80年代至90年代初,各省区市真实人均GDP相对差异系数是下降的(1985年87.5%,1991年为81.8%)。但是,近年来又上升了。1995年上升为88.2%。1998年人均GDP(按现价计算)最高的地区是上海2.8万元,其次是北京1.8万元,天津1.4万元,广东1.1万元,分别相当于全国平均水平的4.4倍、2.9倍、2.2倍和1.7倍。低收入地区(相当于全国平均值的50~75%)是西藏、甘肃、陕西、云南、宁夏、青海、四川、重庆、江西、安徽、河南、广西。主要的原因是全国经济增长加快,地区之间(特别是沿海地区和内地之间)的经济总量差距扩大。另外就是城乡之间差距的扩大,非农业和农业劳动生产率差距的增加[3]。

【沿海地区的高速增长极大地增强了我国的综合国力】 改革开放以来,全社会固定资产投资在三个地带的分配大体上是:东部地带 48～54%、中部地带 20～24%、西部地带 15～17%(其余为不分地区)。而东部地带生产的国内生产总值达到全国的 57～59%。在 20 年间,东部地带 GDP 的年增长速度高于全国平均 1 个百分点,高于中部地带和西部地带分别为 1.7 和 2.2 个百分点。东部地带每年上交国家的税收占全国份额大大高于其 GDP 占全国的比重。进出口贸易额占全国的 87～89%(图 1-3)。如果考虑到技术的引进和开发、国际市场和信息枢纽等方面的作用,那么,东部地区对我国现代化事业和综合国力增强中的作用就可想而知了(表 1-4)。

表 1-4 1982～1998 年沿海地区部分工业产品增加量占全国增加量的比重

产品 地区	原煤 (亿吨)	原油 (万吨)	发电量 (亿千瓦小时)	生铁 (万吨)	钢 (万吨)	成品钢材 (万吨)	水泥 (万吨)	汽车 (万辆)
东部沿海	0.82	3232.9	4138.3	4311.3	4733.5	4849.86	23478.7	73.61
全 国	5.84	5887.7	8393.2	8312.2	7843.2	7715.98	44079.6	143.37
占全国比重(%)	14.0	54.9	49.3	51.9	60.4	62.9	53.3	51.3

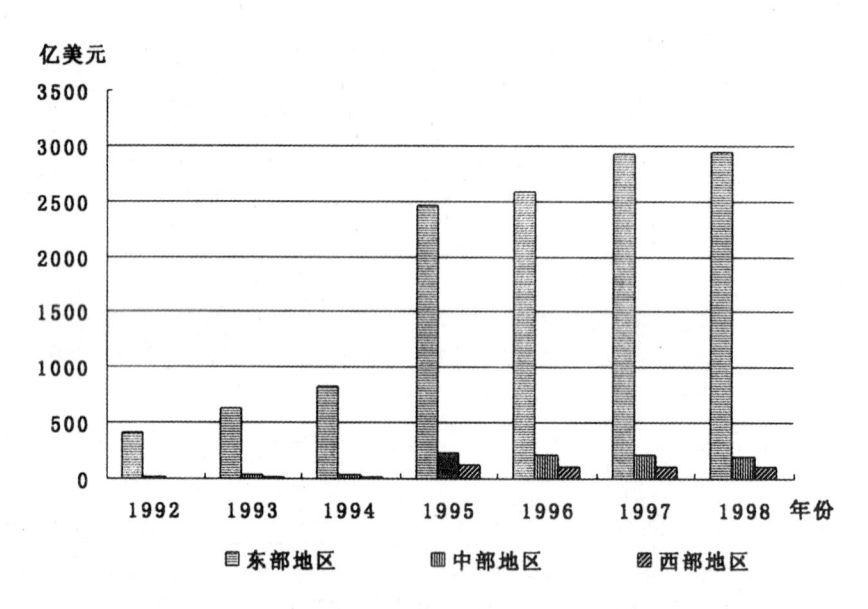

图 1-3 1986 年以来三个地带进出口总额的分布

沿海地区带动了全国和中西部地区经济的发展,促进了全局的发展。如果不是如此分配资金,没有沿海地区率先发展、加入国际市场的优惠政策,我们不会有今天强大的综合国力。

【不平衡增长——高速增长不可避免的副作用】 国家的区域发展战略取得了巨大成功。这是保证全国 20 年来经济与社会大发展极重要的政策因素之一。

20年来,全国各地区人均GDP在全国的位次的变化,反映出各地区发展潜力的本来差别,是客观规律的准确反映(表1-3)。

改革开放以来的总趋势是:经济增长愈快,地区间经济增长的差异就愈大。符合经济增长和地区经济不平衡之间的倒"U"型相关规律。这个规律说明:在工业化的初期和中期,国家一般都要集中资金于有利的地区。只有这样,才能在总体上实现较快的经济增长。但在同时,地区间经济实力和人均产值的差距却必然地要扩大。这已被许多国家工业化过程中区域经济发展的普遍特征所证实(专栏1.1)。

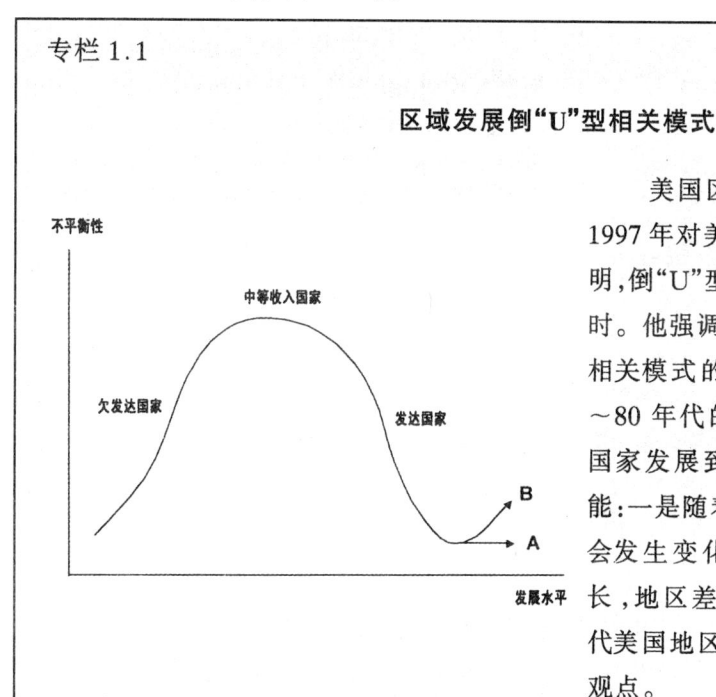

专栏1.1

区域发展倒"U"型相关模式

美国区域经济学家格里克曼教授在1997年对美国及其他有关国家的研究表明,倒"U"型的相关理论和模式并没有过时。他强调了1988年Amos对倒"U"型相关模式的修正。Amos通过对美国70~80年代的地区发展差距的研究,认为国家发展到高度发达阶段,出现两种可能:一是随着经济继续增长,地区差距不会发生变化(A);二是随着经济继续增长,地区差距继续扩大(B)。他举出80年代美国地区差距扩大的例子来证明他的观点。

三、1997~1998年结构调整使多数地区经济结构水平有提高

在以往计划经济时期,各地区产业结构的调整和主导产业的选择,在大多数的情况下总是从现状出发,看重已有的优势;或者是看重当前的市场需求,而跟踪其他地区的经验。其结果是产业结构调整和主导产业的选择缺乏前瞻性。

1. 在国内外市场竞争压力下的地区结构调整

"八五"期间,全国产业结构水平有了一定程度的提高。在宏观产业结构方面,第三产业的比重有了增加,1996年达到31.1%。第二产业规模增长很快,占GDP的比重也有提高。在工业构成中,轻工业增长快,特别是纺织品和服装业增长最快。家用电器和以电子工业为中心的高技术产业也有明显的增加。电力、冶金、石油化工、机械等也有了很大加强。产业结构调整是经济增长和出口大幅度增加的重要原因。

1995年9月28日十四届五中全会上提出两个具有战略意义的转变——经济体制和经济增长方式的转变。在各省区市编制的"九五"计划和2010年发展纲要中大都已经认识到本地

区经济发展中的问题:外延式扩张,粗放式经营,结构雷同。能源和原材料的高消耗,对生态环境的高负荷和强破坏。1996年之后的全国市场情况变化明显,部分原材料和能源市场开始出现供大于求。国内市场的变化使许多企业和部分地区的经济增长难以持续。这种难以持续的经济增长又使下岗、失业和城市贫困化等社会问题加剧。与此同时,1996年我国取消部分进出口优惠政策,给部分地区特别是沿海地区以很大的压力。尽管1998年又部分地恢复了这些政策,但国际市场的竞争比以往更加严峻了。1993年以来,我国出口呈波动之势,其中在1996年和1998年出口只有微小的增长。在上述种种压力下,各地区开始加快调整经济结构。

2. 各地区结构调整的方向

1997～1998年间全国各地区产业结构调整总的趋势:一是朝着克服结构雷同的方向前进,二是压缩已开始出现的"长线"原材料生产。部分省区市的家电生产企业在激烈的竞争中被大量淘汰。在"八五"期间,曾经出现大部分省区市发展汽车工业、电子工业等现象基本上得到解决。近年来,私人轿车的发展冷下来了。1997年广东省宣布将汽车工业不作为支柱产业,中西部地区中的许多地区确定不将高新技术产业作为支柱产业等。

1998年结构调整总的趋向从全国投资结构变化中可以看出来:农、林、牧、渔、水利的投资比上年增长34%,运输、邮电、通信增长57%,住宅增长29%。这种趋向,在甘肃、山西、新疆、湖北、四川等省区表现得比较清楚。

近年来我国及各地区产业结构调整,其结果可以从我国的出口结构改善中看出来:1998年机电产品出口值增长11.9%,高于整个出口增长速度10.6个百分点。机电产品出口所占比重已经达到35.4%。

但是,一些地区产业结构的调整和支柱产业的选择很困难。一些省区市的国民经济发展中缺乏有活力的经济增长点。其中,少数地区改革开放以来的经济增长是很快的,但现在许多生产部门和行业,在与国内同行的竞争中越来越不占优势。

近年来各地区结构调整的基本方向是:

【继续加强基础设施建设】 90年代以来,基础设施对于地区经济发展的重要性已经充分为各地区认识到。广东、山东、江苏等省率先扩大省内公路建设的投资。1997年前后,山西、陕西、河南、河北等省对基础设施建设投资大幅度增加。1998年增加的1000亿元国债和央行的配套贷款,大部分用于农田水利、交通通信、城市基础设施、城乡电网、国有粮库等方面的建设。在地区分布上大部分用于贫困的内地(国家计委曾培炎说:这部分资金60～70%放在中西部地区的工程上)。侧重点放在国内需求上,而不是由出口带动经济增长上。上述地区基础设施建设的经济增长作用已经显露出来。其中,山西省将基础设施建设作为全省的"三个基础"之一,又提出挖煤、引水、修路、输电"四个重点",这样的发展思路,使近年来经济增长保持良好势头。

【高新技术产业在一些省市有长足的发展】 全国工业结构有所改善,投资类产品稳步增长。"八五"期间,电子工业已经成为国民经济新的生长点。电器、集成电路、程控交换机等产品大幅度增长,且开始出口。长城、联想等国产微机已经占到国内市场份额的40%。"九五"

继续加大发展的力度。电子信息产品快速增长,微机增长32%,程控交换机增长55%,集成电路增长10.7%,彩管增长27%。国内生产的通信技术设备走向国际市场。高新技术产业发展突出地表现在沿海地区。例如：上海自"八五"期间即采取措施,发展汽车、通信设备、电站设备、生物制药、计算机等,使其成为支柱产业,进入21世纪。北京近年来调整了城市发展方针,宣布将高新技术产业作为支柱产业,大力建设高新技术开发区和中关村"硅谷"。广东正在积极进行软件产业的建设,争取成为我国的软件大省。天津、江苏、重庆及广东、辽宁、山东、陕西等省市的高新技术产业发展也取得了不同程度的进展。天津的工业扭转了多年来的低谷的状态,措施是针对传统工业过多的现状,近年来积极引进、发展了一些充满活力的新产业,彩色显像管、录像机、空调器、轿车、无缝钢管、地塞米松等成为天津重点产品,相应的行业成为天津新的经济增长点,带动作用明显。

【基础原材料工业的发展得到了控制】 中国是基础原材料工业产品的生产大国,一系列基础原材料工业产品和许多农产品的产量已居世界前列。1998年压缩淘汰了落后的棉纺锭480万锭,开始关闭非法开采和布局不合理的煤矿。这主要在山东、江苏、山西等地区。

【部分城市和地区的第三产业发展较快】 上海、北京、天津、重庆等中央直辖市和部分省区的重点城市,金融业有了较快的发展。1997～1998年间,作为国民经济晴雨表的证券市场日趋活跃,投资者信心大增。截止1998年3月底,中国证券市场股票发行总值达到1869.52亿元,市场总值达18779.54亿元。在上海、深圳两个证券交易所上市的公司已达763家,超过香港100多家。在1997年末的754家上市公司中,国家及国有企业、集体企业控股的占95%以上,不仅保持了公有制经济对企业的控股权,而且通过吸纳大量社会资金,增强了公有制经济的控制力和影响力。证券市场有利于搞好国有大中型企业,促进老工业基地的振兴和两个根本性转变。云南、新疆、广西、陕西等地区旅游业发展势头好。

【农业结构继续朝优质高效方向发展】 近年来,主要是受到市场的制约,农业结构的调整加快了步伐。在沿海地区,特别是长江三角洲、东南沿海和北方的山东及京津地区,高效优质农业,蔬菜、瓜果、海淡水养殖等发展迅速,产品出口也明显增加。与此相适应,土地利用方式和结构也有了较大的调整。在广大的中西部地区,河南、江西、湖南、甘肃、新疆等,具有特色的优质农牧业产品生产的规模经营都有不同程度的发展,带动了地区经济增长和出口增长。

四、有特色的区域经济正在形成

1."竞争—特色—发展"开始成为区域经济发展的主线

国民经济战略性调整和通过竞争和市场的调节,使各地区逐步明确了自己的优势和在全国战略分工中的位置。"八五"期间,地区经济发展的雷同特点在"九五"时期已有很大的变化。这种变化的核心是各地区特色经济的逐步形成。"竞争—特色—发展"是近年来区域经济发展的主线。

出现这种状况的宏观政策背景是:1996年我国实施的还是紧缩信贷财政政策,但是,1997年中央提出对国民经济进行战略性的调整。1998年夏,国家虽然实施了扩张性的财政政策,但是,国民经济仍然出现紧缩。产品供大于求,市场竞争加剧,给各地区调整产业结构提供了很好的机会和动力,导致各地区特色经济的形成。

2. 特色区域经济发展的基本类型

【面向国内外市场的轻型加工工业和高新技术产业发展】 属于这种类型的地区有北京、广东、上海、江苏、福建、天津等;上海市长徐匡迪在1999年初全国人代会上表示:发展经济不能单搞虚拟经济,要以实物经济为后盾。上海要依靠科技进步,加快建设上海工业新基地。发展以信息产业为龙头的高新技术产业,现有的六大支柱产业要进行电子化、信息化改造,实现产业升级。发展食品加工、印刷包装、家具制造、服装、箱包等都市型工业。目前这个战略正在实施。全国及各地区产业结构的调整取得巨大的成就。我国成为轻工产品出口大国(1997年24501亿元,出口创汇533亿美元)。浙江省确定电子、机械、石化和医药为主导产业,提出和实施"五个一批"企业(一批高新技术企业、一批小型巨人、一批名牌企业、一批创汇企业、一批大型商贸企业)。

【发挥资源优势,发展大宗农畜产品及其深加工和能源、原材料生产】 这种类型的地区日渐增多。较早实施这种思路的有河南、山西、安徽、江西等,近年来有甘肃、陕西、内蒙古等(专栏1.2)。

> 专栏1.2
>
> **内蒙古和甘肃省的特色经济**
>
> 内蒙古自治区:将农畜产品加工工业作为第一支柱产业,乳制品、肉制品、制糖、纺织等得到很大的发展。1997年全区轻工业增长15.8%,比重工业增长快1.5个百分点[①]。近年来,甘肃省经济发展明显加快。重要的原因也是发展地区特色经济。也是充分利用农牧业资源。积极发展农业产业化经济和现代农业经济:发展一批特色的农副产品及其加工企业,加快建设了瓜果、蔬菜、中药材、花卉、啤酒原料、葡萄酒原料和畜产品及其加工等支柱产业基地和特色产品基地[②]。1998年,山东省蔬菜种植面积2348万亩,总收入520多亿元,连续8年居全国首位,销往省外的蔬菜占总产量的70%,占全国流通量的20%。是著名的"蔬菜经济"。

【着力于老工业基地改造振兴】 上海、北京、吉林等老工业基地地区近年来的振兴有了进展。上海和北京共同的思路是在进行传统产业技术改造的同时,发展高新技术产业。吉林则是在加强传统产业技术改造的同时,发展大农业、农副产品的加工和储存等,特别是玉米的深加工产业化,形成了"龙型"企业。

【其他特殊类型发展】 例如,1998年,海南省经济摆脱了自1995年以来的持续低迷状态。全年国内生产总值比上年增长8.3%。大力发展以"订单农业"为重点的热带高效农业,同时,抓好旅游业的软硬环境建设,使全省旅游业保持强劲的发展;在此基础上,1999年5月

[①] 乌日途主编:《1998年内蒙古自治区国民经济和社会发展报告》,第22页,远方出版社,1998年。
[②] 甘肃省人民政府政策研究室,1998年。

完成了生态省建设规划及有关的经济发展思路。云南省经济发展近年来加快了速度,主要原因在于成功地开发了生物资源和加工生产,旅游业上了一个台阶。

五、我国社会发展不平衡性的变化

【社会发展存在较大的地区差距】 近年来,从人口、教育、卫生、科技、文化、环境污染、基础设施、人类发展等八大类社会发展指标看,我国社会发展的不平衡性无论是相对差距还是绝对差距,都存在着不同程度的地区差距。从全国总体或人均水平看,我国社会发展水平已达世界中等水平,少数沿海地区已达到世界高水平,但许多内陆地区仍处在世界低水平。根据联合国开发计划署(UNDP),1999年《人类发展报告》中国人类发展指数排在世界174个国家和地区的第98位。按世界排列,上海位居第25位,北京为第27位,天津为第30位,广东为第34位,浙江为第40位,江苏为第41位;而西藏、贵州、青海分别为第147位、第137位和第135位[3]。

【大部分社会发展指标地区相对差距正在缩小】 改革以来我国主要社会发展指标相对差距不同程度地缩小了。大部分社会发展指标的相对差异系数呈下降趋势,也反映了我国居民在享有公共服务的地区差异性不同程度地缩小。主要社会发展指标相对差距多数地区和多数指标低于人均GDP的相对差距。今后一段时期,各地区人均GDP相对差距还可能有所扩大,但是大部分社会发展指标相对差距有可能不同程度地缩小。

【部分地区没有将社会发展放在与经济同等重要的位置上】《1997中国区域发展报告》曾经作了分析,在改革开放以来的经济高速增长过程中,有部分省区市并没有将社会发展放在与经济发展同等重要的位置上,以致某些经济发展很快的省区市,社会发展的一系列指标并没有走在前列(第36~38页)。以教育和医疗条件衡量,除北京、上海和天津外,经济增长较慢的东北3省和西部欠发达地区(大部分)都较大幅度超过全国的平均水平,而经济增长快的广东、浙江、福建和山东等低于全国的平均值。

在经济发展的同时,促进社会发展即人类发展是我们国家发展的重要任务。我国正处在经济转型期,促进社会转型是重要任务。要促进社会发展,需要制订相应的公共政策。处理好经济发展地区差距和社会发展地区差距的关系,兼顾经济效益和社会公平的关系。

第二节 为高速增长付出了巨大的生态环境代价

恩格斯忠告我们:"我们不要过分陶醉于我们对自然界的胜利。对于每一次这样的胜利,自然界都报复了我们。"

1979年以来,伴随着我国经济的高速发展,我国的资源消耗、生态破坏和环境污染也达到一个新的水平,人类活动在深度与广度等各个方面都对我国生态环境造成严重影响。可以说,对资源的过度开发和对生态环境的破坏与污染是近20年来我国经济高速增长的巨大代价,也制造了我国未来经济持续发展的重大隐患。

1998年11月朱镕基总理在接见第二届中国环境与发展国际合作委员会第二次会议代表时指出:"今年的严重水灾对全国人民进行了一场深刻的生态环境教育。"1998特大洪水是生态环境问题在大范围的爆发。

在我们对经济发展成就进行统计、核算并感到欢欣鼓舞的时候,我们并没有将资源消耗、生态破坏与环境污染的成本考虑进去。在计算全国经济增长率时没有考虑经济发展的"外部不经济性"。虽然目前没有普遍接受的生态环境损失的数据,但我们为经济高速增长所付出的代价是巨大的。

许多资源面临着枯竭或不足的局面。而尤以耕地资源损失、水资源短缺以及部分矿产资源日渐枯竭最为突出。

一、愈来愈严重的生态环境问题

近20年来,经济持续的高速和超高速增长,使全国经济总量迅速扩张。而且,支持这种增长的主要产业是基础原材料工业、一般日用消费品工业和种植业。这些产业可以导致地区经济的迅速增长。但同时,需要消耗大量的水源、能源,占用较多的土地和排放较多的"三废"。在产业结构水平不高,经济增长主要依靠"量"的扩张的情况下,导致全国的工农业用水和排水持续增加,一次性能源特别是低热值能源消耗大幅度增加,土地,特别是耕地大量被占用,大面积森林被砍伐,荒地开垦导致草地破坏等。在这些因素的影响下,全国生态环境问题日趋严峻(专栏1.3)。

专栏1.3

为经济高速增长付出的生态环境代价有多大?

虽然我国还没有公认的生态环境损失的经济评估,但是从已有资料来看,我国生态环境损失是巨大的。据夏光的研究,1992年我国环境污染的损失值约为986.1亿元,约占当年GDP的4.04%,其中,水污染损失356.0亿元,占36.1%,大气污染损失578.9亿元,占58.7%,固体废弃物污染损失51.2亿元,占5.2%[4]。在该估算中,没有考虑乡镇企业污染、放射性污染与噪声等,也没有考虑生态破坏的损失。据徐嵩龄的研究[8],1993年的环境污染损失值为1029.2亿元,占当年GDP的3%,其中,污染对人体健康的破坏为334.6亿元,污染对农业的破坏为474.0亿元,酸雨对建材业的破坏为22.5亿元,水污染对工业的破坏为138.1亿元,其它为60.0亿元[5]。据世界银行《碧水蓝天:21世纪中国环境》一书的估计,中国大气污染与水污染的损失约占当年GDP的7.7%,而且在该估算中尚未包括固体废弃物污染和生态破坏。根据徐嵩龄的研究,生态破坏损失大约是污染损失的2倍,若据此推论,生态环境破坏的总损失约占GDP的23%左右。由此可见,我国的经济发展付出了巨大的生态环境代价。

国家环境保护总局的1996~1998年《中国环境质量报告书指出》,中国的生态环境状况均呈现为"总体恶化、局部改善"的总体格局。这个论断是符合实际的。其中,"局部改善"是在中央及地方各级政府大力加强生态环境保护和建设的立法和治理行动的情况下取得的。

【水污染愈来愈严重】 1997年全国78%的淡水污染物超标,各大流域主要水系的水质继续恶化,重点是七大江河与三大湖泊。北方河流水污染重于南方河流。经济发达、人口密集且城市化迅速的沿海地区,水污染加剧。全国50%的地下水被污染。土地污染特别是农田污染面积不断扩大,受污染的耕地面积近2000万公顷,约占耕地总面积的1/5。

【大气污染范围扩大】 90年代中期,酸雨已发展到长江以南、青藏高原以东及四川盆地的广大地区,酸雨区面积扩大了100多万平方公里。全国500多座城市中大气质量符合世界卫生组织卫生标准的不到1%。汽车的迅速增加加剧了大中城市的空气污染,氮氧化物已成为北京、广州、上海、武汉、杭州、合肥、大连、深圳、珠海9个城市的主要污染物。

【城市垃圾问题形成新的公害】 随着我国生产水平和消费水平的迅速提高,工业化发达国家的大众消费带来的污染问题在我国也突出出来。90年代,我国城市垃圾平均以每年8.98%的速度增长,少数城市如北京的垃圾增长率达到15~20%。1996年我国城市垃圾清运量已达1.08亿吨,预计到2000年垃圾年生成总量将达到1.2~1.4亿吨。

【水土流失和荒漠化继续发展】 全国水土流失面积达367万km^2,约占国土面积的38%,平均每年新增水土流失面积1万km^2。荒漠化扩展,林地减少,草地退化。荒漠化面积已达262万km^2,并且每年还以$2460km^2$的速度扩展。全国退化草地面积1.35亿公顷,约占草地总面积的1/3,并且每年还以200万公顷的速度增加。

如果从区域的角度考察,上述生态环境问题可以看出三种类型的特点:

第一,经济高速和超高速增长,人口密集,由于外来人口的迅速增加而导致大中城市膨胀的沿海发达地区,主要环境问题是工业污染、部分大中城市的大气污染和主要农业区附近水体的富营养化等。

第二,经济高速增长主要依靠大规模地开发资源和对资源进行大规模加工的地区。主要集中在我国的中部和少数西部地区,由于在开采和加工过程中技术水平和使用的原材料质量等方面的差异,导致大量浪费资源和排放大量"三废",使环境受到污染和破坏。

第三,在生态基础本来就很脆弱的地区,为加快经济增长,大量采伐森林、陡坡开荒、超采地下水源等。另外一种情况是干旱地区的河流上游大量超额利用河流的水源,使中下游地区得不到必要的水源,引起土地荒漠化等严重的生态环境问题。这种情况主要在西部地区。

二、生态环境问题发展的新特点

80年代以来,我国经历着大规模的工业化和城市化。工业化和城市化正在剧烈地改变着我国的社会经济结构和生态环境结构。由于我国社会经济总量巨大而且差异突出,在生产技术和自然背景等方面也存在着多元结构和差异。因此,表现在生态环境方面也就存在着复杂的多元特点。

【由单纯的工业污染过渡到工业和大众消费形成的污染同时出现的阶段】 90年代以前,我国最突出的是工业三废的污染。这种局面现在进一步发展。同时,我国城市人口增加的速度和目前城市人口的总量大得惊人。再加上城市人均收入的大幅度增加,使大众消费引起的污染更加突出。具体表现在城市生活垃圾和汽车尾气排放的大量增加。

【水体污染由工业污染发展到工业污染加农业污染的复合污染】 在90年代以前,我国的水体污染,主要是工业排放的有害物质,使水体的生物耗氧量大大增加,危害生物的生存条件。而近年来,随着农业使用化肥的大幅度增加,排放大量的氮、磷等物质到水体,使大部分湖泊富营养化严重,造成了工业农业的复合污染。

【生态环境问题正在由局部扩展到更大范围,从流域的一部分扩展到全流域】 1998年长江、松花江与嫩江的洪水,黄河、塔里木河等河流下游连年断流而且逾演逾烈,淮河、太湖流域的环境污染等,都显示了我国生态环境逐渐由局部地区的生态环境问题演变为流域性生态环境问题。

三、国家加强了立法和重大问题的治理力度

【国家力求扭转环境恶化和生态退化的严重态势】 鉴于我国日趋严峻的生态环境形势,1996年以来,国家对生态环境问题的战略和政策有了重大发展。加强了立法及其实施,加大了重大问题的治理力度。力求扭转以牺牲环境为代价的发展工业和以牺牲生态为代价的发展农业的态势。

从1996年大规模治理淮河污染开始,在全国范围内,大量关闭"15小"企业。这是一个重要的标志,即通过人为地消灭了一部分技术水平低、对生态环境有害的工业生产能力的措施来控制污染的扩大。

1998年我国洪涝灾害以后,国家制定灾后恢复重建的"32字"方针。以此为起点,以实施《全国生态环境建设规划》为标志,通过较大的国家投入,全面纠正长期以来森林砍伐、围湖造田、荒地开垦等生态破坏问题,并通过限制生态脆弱地区的农业发展来达到确保国家生态安全的目标。

【实施了一系列立法和治理的重大举措】 最近3年来,国家在制定和出台十多项重要的环境法规和政策。同时,制定并开始实施《跨世纪绿色工程规划》。这是一项改善重点流域、区域环境质量的一项重大举措。1998年11月,国务院发布了《全国生态环境建设规划》,实施"3321"工程和《总量控制计划》等。

在这个阶段,中央政府和有关的地方政府采取的重大的政策和行动有:淮河流域水污染治理,太湖污染物达标排放,划定二氧化硫控制区与酸雨控制区,进行北京市大气污染治理,推行总量排污收费试点工作。另外,近年来,在全国范围内,实施了信息公开,开展了大规模的环境宣传教育工作。这些,都是前所未有的。

四、生态环境得到局部改善

随着1995年淮河污染事件的发生,1996年对污染型企业实行"关停并转",1997年底淮河流域污染治理工作已初战告捷。通过关停企业和实现工业污染源达标排放,淮河全流域共削减入河排污量COD约70万吨,占规划排污总量的40%以上,实现了《淮河流域水污染防治规划及"九五"计划》的目标要求。

1998年国家在太湖流域实施环境治理"零点"行动基本收到了预期的效果。在全国大范围内关闭小煤窑等也使产煤区的资源得到保护,环境恶化得到遏制。

1998年工业废水、烟尘、二氧化硫等主要污染物排放总量呈下降或持平之势,但绝对量仍然很大,即使已经达标排放的流域或地区,也仍然处在较高的污染水平。

近年来生态环境治理初见成效,但巩固这些成果难度很大。中国近年来发生的重大资源与环境事件,要从根本上杜绝是很难的。这种在短期内以强制命令实现的污染控制措施和效果有时难以维持。主要表现在:一是污染"回潮"现象普遍,随着短期强制性措施的结束,一些

污染事件随之发生;二是带来一些新的社会问题,例如失业问题;三是不利于企业转制或转产。这种措施仍带有计划经济的烙印,管理和监督的成本很高。根据国际经验,强制性的污染控制手段是市场经济工具成本的 2~10 倍①。

五、耕地总量达到动态平衡,但等量不等质问题突出

耕地总量动态平衡,等量不等质问题突出。高速经济增长和大规模人口城市化,特别是由于部分地区的政府部门缺乏国家粮食安全和可持续发展观念,导致耕地的超额占用。1996 年中央 1 号文件之后,通过冻结耕地占用、实行耕地总量动态平衡,耕地减少的趋势得以遏制,1998 年,我国多数地区实现了建设占用耕地的占补平衡。其中,天津、辽宁、云南、西藏、宁夏、新疆实现了耕地净增加,共增加耕地 5 万公顷;山东、江西、浙江、江苏等 11 个省实现了建设占用耕地的占补平衡。但还有 14 个省份去年没有实现占补平衡,其中上海、河南、安徽、福建、重庆、贵州、青海已连续两年未实现建设占用耕地的占补平衡。这些地区和城市,被占用的绝大部分是优质耕地。这样,在全国范围内,就出现了耕地等量不等质的突出问题。

六、华北和西北地区缺水,全国城市缺水

我国北方仅仅拥有全国 20% 的水资源,却有 60% 以上的耕地。不匹配的水土资源严重制约了全国的农业综合生产能力,也限制了水资源的高效利用。特别是华北和西北地区,水土资源严重不平衡,水矿资源严重不平衡。改革开放以来,华北地区继续保持着我国重要的能源和重化工基地的地位,城市用水和农业用水都大幅度增加。水资源的开发利用程度已经达到了 80% 左右。在不能继续对地表水大规模"开源"的情况下,只好超量开采地下水。

1997~1998 年间,全国 668 个城市中,有 400 个不同程度地缺水,其中严重缺水的有 110 个。华北地区多数城市地下水已出现过度开采的情况,且日益加重,危及城市发展。

七、生态环境状况总体恶化、局部改善的态势还将持续

我国已开始进入世界经济大国之列。至 2020 年,中国将基本完成工业化中期的发展目标,人均国民生产总值达到 3500 美元以上,在生活水平的某些方面基本赶上中等发达国家。在这个目标实现之前的 1/4 世纪内,中国的环境逐步恶化的趋势将难以有大的扭转。但国家和社会应当实施正确的方略,可以减缓环境危机及压力;在进入 21 世纪 20 年代之后,中国的生态环境状况将可能获得真正的改善,开始步入经济发展与生态环境真正协调的进程。

【中国经济必须争取长期保持适度快速增长】 为了对付人类面临的日益严重的生态环境问题,一部分西方学者认为应当抑制各国的经济增长,提出了"低增长"和"零增长"的主张。但中国不能接受"低增长",更不能要"零增长"。因为中国的人均 GNP 才只有几百美元,政府面临着加快发展、扩大就业、迅速提高收入和生活水平的巨大压力。而且,只有加快发展,才较有可能逐步解决生态环境问题。2020 年之后,经济增长将逐步趋向平缓。相应地,经济增长对环境的压力也将减轻。

---

① 世界银行环境经济专家 B. Laplante 1999 年 6 月 21 日在北京"环境经济与政策高级培训班"的报告。

【现阶段的产业结构层次较低】 在工业化的初中期阶段,经济高速增长,资源消耗强度大、废弃物排放量大的产业必然占居主体地位。这些产业在一个相当长的历史时期内还要以较快的速度增加规模。在很大程度上改变这种较低层次的产业结构还需要相当长的时间。

【大规模的城市化将增加对环境的压力】 今后1/4世纪我国人口持续大量增加。如果对人口流动不加控制,至2010年,将有5亿左右的人口住在城市区域,其中可能有两亿人口住在大中城市的城乡接合部。到2020年以后,我国人口总量和城市化速率将会缓慢下降,对生态环境压力的增加程度也将趋缓。

【现阶段用于生态环境保护的资金占GDP的比例不可能大幅度增加】 我国人均国民收入尚很低,在相当长的时间里不可能有大量的资金用于环境治理和生态建设。只有随着经济实力和福利水平的提高,才可能在国民收入再分配中以较大的份额用于生态环境保护。

【我国在总体上难免承袭"先污染、后治理"的模式】 根据库兹涅茨曲线,随着人均GDP的增加,生态环境质量呈现为"U"字型曲线。即在人均GDP增长的初期,生态环境质量呈现出下降趋势,当人均GDP达到2000～2500美元时,环境状况进入低谷,而后,随着人均GDP的增长,生态环境质量才出现明显改善的趋势。世界多数国家经济发展与生态环境改善大多经历这种过程。在我国经济发达地区随着人均GDP的增加,生态环境治理出现了明显的转机,太湖流域、滇池、淮河流域和北京等大中城市开始进行大规模的生态环境治理。虽然"先污染、后治理"的总体趋势难以改变,但是,达到"U"型谷底相对应的人均GDP是可以改变的。国家生态环境建设的政策目标就是要在较低的人均GDP条件下使生态环境较快地朝良性方向发展。

第三节 长期高速经济增长及体制转型中的结构性问题

我国高速经济增长极大地增强了综合国力,造就了庞大的经济总量。与此同时,推进社会主义市场体制的建立,使许多地区和企业极大地增强了发展的活力。但是,改革庞大的国有企业系统,改革国家一系列管理体制以及使金融制度现代化等等,也使我国宏观经济出现困境,造成了深层次的结构性问题和大量的失业问题。这些问题在各地区的反映有很大的差别。

一、能源原材料生产供大于求,一些地区出现"结构性危机"

1996年"软着陆"成功,1997年我国首次出现煤、电、油过剩。与此同时,国家由总量控制变为结构调整。而结构调整,步履维艰。

在长时期内,我国能源原材料供不应求,导致各地区重复建设(主要是能源、原材料和一般性加工工业项目)和重复引进(特别是在消费品生产领域)。在东部沿海地区,大搞小机组火力发电、钢铁、炼油、建材、汽车和机械制造等。发展到90年代中期,由于地区间的结构趋同非常突出,愈来愈多的一般性加工工业产品过剩。改革开放以来新兴发达地区由于机制上的创新,在市场制约下,挤垮了老工业基地的同行企业。企业的大量减产、停产、倒闭,引起大量失业,使这些地区出现结构性危机。1998年吉林省国有企业1894户,其中,亏损企业865户,盈亏相抵亏损22.3亿元。1998年新增下岗职工23.8万人,全省下岗职工总量达到70万人,占国有企业职工总数的27.3%[①]。

自1996年起,国内主要能源原材料产品开始相继出现过剩。继1997年煤、电、油全面"过剩"后,1998年全国有1800种主要产品供大于求。这标志着基础产业乃至整个国民经济发展到了一个新阶段。一些70~90年代初建立起来的能源原材料生产大省受到巨大的打击。受到这种冲击最严重的地区是辽宁、山西、黑龙江、河南等,其次是天津、吉林、河北、内蒙古、陕西等。

重复建设和大量生产能力的过剩,导致国内市场的激烈竞争。沿海地区还受到国外市场的竞争和挤压。甚至出现国内竞争国际化。1998年江苏省省辖市产业结构的趋同系数达到90%,而且,大部分企业是"两头在外",受到国内外市场的双重竞争压力。虽然是新兴的发达地区,问题也很突出。

二、企业技术结构水平低,经济效益差

在20年的高速和超高速经济增长过程中,产业结构水平并没有与经济总量的增长相同步。经济增长主体上依靠的是"量"的扩张。在国内外市场竞争的压力下,暴露出我国企业的技术水平低,经济增长的科技贡献率低。上海是工业技术水平装备最高的地区,569个大中型企业的装备水平如表1-5。

表1-5 1995年上海市569个大中型企业的装备水平(%)

	国际水平	国内先进	国内一般	落后水平
569个企业	17.2	25.4	46	11.4
其中:大型(135个)	6.7	48.5	27	17.8

资料来源:1995年原国家科委组织的对大中型企业技术创新的调查。

上海产业结构水平90年代以来有了很大的变化,但是大中型企业的装备水平也只有很小部分居国际水平。"八五"期间,东北地区(包括"东北现象"突出的其他地区)和西南原"大三线"地区大中型企业的技术装备水平大部分是70年代以前的。其他地区问题就更加突出。

工业企业技术水平低,导致企业的经济效益低,在国内外市场上缺乏竞争力。1997年江苏的工业亏损率达到51%,企业的营业收入下降31%,利润下降33%,外贸收购下降67%[②]。

三、体制上创新的压力愈来愈大

随着社会主义市场经济体制的逐步建立,老的体制愈来愈不适应。在总体上,北方多数地区国有经济成分占的比重大,市场机制差,竞争能力弱,社会负担沉重,技术结构和产品结构落后。即使在新兴的发达地区,如江苏、浙江、福建、山东等省,条块、城乡和所有制分割现象严重,影响了地区经济发展的活力。全国许多地区乡镇企业都面临着体制转换的问题。以往乡镇企业政企不分,

---

① 1999年5月吉林省计划委员会综合处提供。
② 江苏省政府发展研究中心,1998年7月。

产权关系不明晰,投资主体单一,负债高,缺乏规模经营,加上家族式企业管理机制,造成近年来竞争力下降,"婴儿死亡率高"。要求改变个体和私营经济为股份合作制。在农业方面,以往千家万户的小生产已明显地不适应形势了,要求产业化,贸工农一体化,与国内外大市场相联系。

中小企业可以导致地区经济的快速增长。但是,中小企业在激烈的竞争中也有明显的弱点。沿海地区中一些以中小企业为主的地区在国际化和体制转型过程中面临着巨大的压力。江苏省的大企业少,只占2%,企业的组织结构与日益国际化的要求不相适应。

四、经济全球化带来的竞争

我国经济在愈来愈大的程度上依赖于国际市场。1998年我国前10位出口的省区市是:广东、江苏、上海、浙江、山东、福建、辽宁、北京、天津、河北,与1997年相比,都只有微小的增长。1997年亚洲金融危机给上述省区市带来了明显的冲击,出口商品竞争力减弱。这些地区的出口结构以往已经有了很大的改善,90%以上是工业制成品。但是,产品的技术含量低。为了建立外向型经济的新优势,这些地区必须建立以高新技术产品为主的新格局。但是,这是要经历很长时间的努力才能达到。在内地的一些地区,前些年出口优势也受到了挑战。例如,由于国际原材料和玉米价格下降,使吉林省出口值由1997年的16亿元下降到1998年的6.8亿元[①]。

第四节 长期高速和超高速经济增长是不可持续的

尽管近年来我国各地区产业结构调整和经济增长取得了明显的进展,但是,无论是发达地区还是欠发达地区,他们的增长潜力都已经下降了。以往长期高速和超高速经济增长的趋势是不可持续的。进入第九个五年计划以来,经济因素本身的变化和资源环境状况日益严重的趋势正在对经济发展形成新的制约。

1979年以来,我国经济增长几经波动,但都属高速增长。长期积累的深层次的矛盾突出了。增长活力下降,通货紧缩。经济结构不合理,多年来重复建设造成国营企业能力不能发挥。比较严重的地区实际上发生"结构性危机"。

一、持续大幅度增加投资规模已很困难

90年代以来的高速增长,在很大程度上是依靠扩大投资规模达到的。也就是说,大量的资金投入是导致经济高速增长的主要直接原因。根据广东等省区市的分析,如果要使经济增长率达到10%,其投资规模的年增长率就应达到15%以上。1985~1995年全国全社会固定资产投资达到5万亿元(1990年价),年平均增长20~25%。1995年全社会固定资产投资达到1.95万亿元(当年价)。1978~1991年实际利用外资786亿美元,1994~1996年的三年分别利用外资432.1亿美元、481.3亿美元和548.0亿美元。

1996年以后,在大部分省区市投资总规模大大增加的情况下,依靠中央政府和地方政府

---

① 吉林省计划委员会,1999年5月。

投资的增长幅度已经开始下降了。同时,《1997中国区域发展报告》中已经明确阐述:外商投资已经不取决于当初的优惠政策,而是取决于各地区的投资软环境、经济活力和人才素质。在1996年后,外商投资增长趋缓。一部分在较大程度上依靠外商投资的地区,资金投入的增长幅度明显变小了。

一些地区的投资方向变得模糊。近年来,国家开发银行加大了对中西部地区的投资规模,但是,一些地区的存贷差愈来愈大。普遍感觉到,现在好的投资项目是愈来愈少了。其原因主要是市场问题,深层次是企业产品的竞争力低。据研究:1998年我国890家上市公司中,东部地带占65%,在股市筹集到的资金占全部股市筹集到的资金的70%[①]。这说明,广大的中西部地区缺乏较多的有竞争力的企业。1994年成立国家开发银行。当年向中西部贷款535.5亿元,占全行的65%;1995年向中西部贷款584亿元,占全行的67%;1996年安排了1000亿元,其中中西部地区占69%。根据近年来的实践,由于实行了资本金制度及企业经济效益和市场限制,扩大贷款也是一件困难的事。

在中长期内,我国实行的是适度从紧的财政政策。这种状况表明,我国将进入一个较长的稳定增长时期。这种增长的轨迹类似日本60~80年代的态势。

> 二、地区经济增长活力下降,启动内需较大程度受到市场限制

以往10多年的高速经济增长的主导倾向是以基础原材料为主的外延式扩张。也就是说,外延式扩张导致我国日益庞大的实物经济总量和经济的高速增长。

基础原材料工业可以导致经济的快速增长,且不说这种增长需要消耗大量的资源,并给环境带来很大的压力。现在中国是基础原材料工业产品的生产大国,一系列基础原材料工业产品和许多农产品的产量已居世界前列。但我国已经进入新的经济发展时期,"买方市场"基本建立,基础原材料工业的发展受到了严重的制约。1998年全国有1800种主要产品供大于求,给企业带来巨大压力。基础产业的发展到了一个新阶段:钢铁工业1999年历史上第一次压产10%(比1998年减少),标志国民经济进入大的调整阶段,要求"质"的提高。能源和原材料产品买方市场的建立,给70~90年代初建立起来的能源原材料生产大省以巨人的打击。受到这种冲击最严重的地区是:辽宁、山西、黑龙江、河南等,其次是吉林、河北、内蒙古、陕西等。

应该说,上海六大支柱产业在过去10年中,实现了巨大的增长,今后不应该都继续扩大规模。上海确立了电子、生物工程、城市型的消费工业品生产等作为新的产业。但是,许多其他省区市,较难找到新的经济增长点。

1998年3月第九届全国人大第一次会议结束后的记者招待会上,朱镕基总理提出了确保1998年经济增长率8%的目标。"我们实现这些目标的主要手段是提高国内的需求。这个需求就是加强铁路、公路、农田水利、环保等方面的基础设施建设,加强高新技术产业的建设,加强现有企业的技术改造"。

---

① 刘勇:"完善区域融资在区域经济发展中的作用",国务院发展研究中心调查研究报告,1999年5月。

扩大内需的效应不很明显,有其政策上的原因,即在增发国债 1000 亿元的同时,增加了税收 1000 亿元(有资料认为,1998 年增加 1000 亿元的国债,实现了经济 1.5 个百分点的增长)。扩张性的财政支出政策被紧缩性的税收政策所抵消[6]。

> 三、经济增长愈来愈受到国际经济一体化的制约

我国经济已经进入开放型的与国际社会密切相关的新经济形态。经济增长在愈来愈大的程度上依赖国际市场。1980～1996 年间中国出口总额由 181.4 亿美元上升到 1510.7 亿美元,年均增长 14% 以上。出口增长对整个经济增长的贡献大约占 25%。近年来,我国出口增长缓慢。全球贸易增长减慢,一般加工工业能力全球性过剩,贸易保护主义抬头,增加了我国出口的压力。在这种情况下,继续扩大利用外资和扩大出口是很困难的。1998 年与 80 年代末和 90 年代初相比,我国的出口结构有了很大的改善。1996 年工业制成品出口额已经占到出口总额 85% 以上。因此:

(1)依靠调整出口产品的结构来增加出口,潜力已非常有限。而大幅度提高出口产品的技术含量又是一个长期的过程。

(2)进一步减少资源和资源型产品的出口和增加这些产品的进口都将是缓慢的。1996～1998 年的外贸出口均只有微小的增加。

加入 WTO,平均关税将由目前的 17% 下降到 10%。进口的"口子"一下子拉开,消除矿业和农业部门的数量限制规则的实施,影响将是很大的。外贸出口由于经济技术的原因已达到一个门槛,如要大幅度地增加出口,必须使技术水平上一个新的台阶,而这不是在很短时期能够办到的。出口不能持续增加,贸易顺差将迅速减少,经济增长将只好在更大的程度上依赖国内市场。出口的迟缓增长,已经在沿海地区的广东、福建、海南、江苏、山东等省区出现。

> 四、资源环境的制约和全民环境意识的提高

近 20 年来生态环境的迅速变化,告诉人们:在经济和社会获得巨大发展的同时,也付出了巨大的代价。因此,必须注重环境保护和生态建设,使人口、资源、环境和经济发展相互协调。这是我国将"可持续发展"作为国家战略之一的基础。1992 年联合国环境保护大会之后,我国制订和组织实施了 21 世纪议程。1996 年,国家在《进一步推动实施中国 21 世纪议程的意见》中提出要大力推进地方 21 世纪议程。到 1996 年底,全国 30 个省、自治区、直辖市中已有 2/3 以上的省份成立了地方 21 世纪议程领导小组,设立了 21 世纪议程领导小组办公室。一些省市制定了地方 21 世纪议程和行动计划。例如,人口最多的四川省制定了《四川省 21 世纪议程》,能源基地山西省制定了《山西 21 世纪议程》,最贫困的省份之一贵州省制定了《向贫困挑战——贵州省贯彻实施中国 21 世纪议程行动计划》。还有一些省市结合当地的经济社会发展计划和区域发展规划,将可持续发展思想有机地融入这些计划和规划之中加以实施。北京市也在联合国开发计划署的支持下,开展"北京市可持续发展重点领域行动方案的研究"项目。

许多省区市也都编制了当地的 21 世纪议程。这是我国实施可持续发展战略的重要举措。在水体、土壤、大气污染愈来愈严重的情况下,特别是 1998 年的特大洪水和其他一系列生态环境灾难,国家决定更加从战略的高度对待经济发展与资源环境的关系,开始对导致环境污染的

工业生产加以控制,对可能加剧生态退化的农业、林业发展措施严加控制。特别是,由于社会和公众环境保护意识的加强,群众对造成生态环境问题的资源开发和建设项目等也开始进行抗争。

在上述背景下,那种一味追求高速和超高速经济增长而不顾生态环境的种种行为将会得到抑制。近年来,沿海部分发达地区,对外资的利用已经考虑地区产业结构改善和生态环境的要求;一些以资源型产业为主的地区,已经开始调整产业结构,重新审视主要依靠开发资源而促进经济增长的发展道路。

第五节 评价与结论

一、关于"地区协调发展战略"

1992年(实际上是1994年)以来,国家实施的是地区协调发展战略。"地区协调发展战略"是在东西部发展差异日益扩大的情况下提出来的。其目标是"缓解东西部经济发展差距扩大的趋势"、"减小东西部经济发展的差距"。在这个战略指导下,国家加大了对中西部地区的投入,部分中西部地区省区市的经济发展速度加快了,大地带性的发展差距扩大的趋势得到缓解。

80年代以来,我国区域经济发展的基本原则是:合理分工、各展所长、优势互补、协调发展。

协调发展战略来源于80年代初邓小平同志提出的"两个大局"的思想。小平同志提到东部地带和中西部地带的协调发展问题。后来,协调发展就成为战略本身的提法了。我们认为,协调发展应该是我国地区发展战略的主要目标之一,但不要作为地区发展战略本身的提法。

"协调发展战略"是一个各地区都可以同意的战略。但是,这个概念应该进一步明确,在实际中便于操作。在一定意义上,近年来大家感觉不到国家有个区域发展战略的存在。"协调发展"战略的目标"缓解东西部经济发展差距扩大的趋势"、"减小东西部经济发展的差距"不是一个意思。在目前和今后一个相当长的时期内,"减小东西部经济发展的差距"是不可能实现的;另外,"协调发展"战略只是着眼于东西发展差距问题,南北问题已经不仅仅是结构性问题了,而已经是发展水平和生活水平差距的问题了。

在实施"协调发展战略"的同时,社会上和学术界又提出,我国国土开发和发展正在实施战略转移。但实际上,战略转移是不可能的。现在看来,突出以增强经济实力稳定边疆的方针是不完善的。在"地区协调发展战略"下,国家注意在中西部地区部署大型建设项目和增强经济实力为主的方针。但是,中西部地区的范围太大,有的边疆地区建了大项目,不但给国家带来了很大的经济负担,也没有解决人民的贫困问题。这说明:稳定边疆、发展边疆,必须走富民的道路,而不一定要建设那些产品远离市场、经济效益差的资源开发和加工工业大项目。没有富民,不可能达到稳定边疆的目标。

与国家区域发展战略相对应的,应该有一个区域发展政策体系作支撑。近年来,国家金融政策、财政政策、扶贫政策、基础设施建设政策、外资利用政策等在一定程度上加强了对中西部地区的支持力度。但是,政策体系不完善,力度小。还有,分税制的实施虽在一定程度上加强了中央财力,但促进地区协调发展的若干目标并没有实现。

整个战略作用的空间范畴还是太大,缺乏进一步进行地区间操作的政策依据。同时,由于时间尺度不大,空间尺度太大,显得急于求成和超越客观规律。

以往的区域发展战略和政策都没有包括生态环境保护与整治的内容。我国的国土面积辽阔,各种各样的自然地域单元和经济地域单元相互交错,现在几乎每一个地区都有特定的生态环境问题。

今后10年,是我国市场经济全面建立和巩固的时期。全国和各地区的产业结构战略性调整将要基本完成,经济国际化程度将进一步提高。各种不同类型的地区都将得到进一步的发展。高速工业化和城市化带来的严重的生态环境问题将必须得到遏制。与国家发展的这种总体趋势相适应,作为国家经济与社会发展计划的组成部分,区域发展战略与政策的制定是非常重要的。

二、21世纪的发展观

21世纪距离我们是如此之近,以至本报告是我们在本世纪编制出版的最后一本区域发展报告。21世纪的发展观实际上就是明天的事了!

【"发展是硬道理"】 我们不能赞成部分发达国家学者的观点,以各种名义,要求发展中国家一天就改变生产方式,否则就不应该发展。经过20年的改革开放和经济的高速增长,我国已经有了巨大的基础原材料工业规模,国民经济综合实力大大增强。但是,我国的人均生产水平和收入水平都是很低的。到2000年我国的人均GDP只有1000美元。如果在21世纪用20年左右的时间使人均GDP达到2500~3000美元,基本上达到中等收入国家的水平,那么,经济增长速度要达到7~8%。这样的速度无疑是高速增长。根据上述分析,这样的速度看来是难以保证的。如果GDP增长速度为6%(接近高速增长的稳定增长),则要25年左右的时间才能达到中等收入国家的水平。在这个期间,为了支撑整个国民经济的增长和社会的发展,基础工业和原材料工业还要继续有量的扩张。据估计,我国钢产量将要达到1.5亿吨,乙烯产量要达到800~1000万吨,发电量要比目前有几倍的增长。随着人口的增加,粮食、畜产品、蔬菜、水产品等不仅在量上,更要在质上有一个大的发展。低速增长虽然可以较容易地使生态环境保持较好的状态,但我国的国情和目前在国际上人均经济发展指标上的位置,使我们不能接受这个目标。

【全球观念】 现在,我国已是世界贸易大国之一。1990年以来,我国进出口总值平均每年以14%的速度增长。特别是,能源、原材料和其他资源型产品的大量进口,是维系我国经济发展和社会发展的重要因素之一。我国经济安全的边界已经大大超出国界的范围。全球观念要求我们尽可能利用国际上的资源,尽可能扩大出口;力争在各种国际组织中发挥作用,逐步在国际经济循环中发挥愈来愈大的影响;使我国的经济管理体制特别是金融管理体制与国际接轨,创造较好的投资和贸易软环境和硬环境等。

【可持续发展观念】 进入下个世纪,要使我国有限的资源和空间能够维系日益庞大的经济总量和社会总量,惟一的选择是实施可持续发展战略。在今后10~15年内,要使国民经济保持适度的快速增长,而后,进入经济的稳定增长,就必须使经济在"三维空间"中发展。"三维空间"中的区域发展是一种经济与社会、资源环境比较协调的发展[7]。

摆在我们面前的有两种可供选择的发展和消费模式:其一,随着国民收入水平的提高,相应增加人均占有土地、水、能源、空间的规模,大幅度提高粮食及其他食品、基础原材料的消耗量。其二,尽管国民收入大幅度提高,但对于那些本国紧缺、不能进口或进口代价太大的资源仍然控制占用指标。同时,利用先进的科学技术,使人们享有更大的空间机动性;提高产业结构水平,以少量的资源创造较大的经济价值。这后一种模式就是资源节约型经济体系和社会体系。建立资源节约型的社会和经济体系是实施可持续发展战略的核心。

为了建立资源节约型的社会和经济体系,要求社会和个人树立可持续发展的消费观。即:

- 价值观。从生理上讲,人类对物质的需要是可以有不同标准的,也是有限的。价值观受地理环境和社会文化历史的影响。
- 消费结构受人们的价值取向的直接影响。全社会成员谋求什么样的消费结构将从根本上决定我国及各地区的资源和环境状况。
- 大大超越实际需要的消费,就是对资源和空间的浪费。不应追求超越实际需要的资源和财富的占有。
- 中华民族有勤俭、朴素的优良传统,我们可以考虑:什么样的消费方式与消费水平不值得也不能去努力争取。例如,是否把像美国那样每两个人一辆小汽车作为追求的目标,是否一人要占上百平方米的住房,耐用消费品的更新淘汰升级是否要那么快,等等。
- 责任感和危机感。中华民族将主要依靠现在的国土永远生存与发展。然而,今天的成就很可能意味着明天的困难。如果破坏了我国人民生存和发展的自然基础,那就意味着国家安全受到威胁。因为一旦重要的资源耗尽,生态系统受到的压力过大,就不能保证经济的稳定发展,当然也就不能保证国家的安全。这是一种必要的危机感。

【**资源节约型的社会和经济体系的基本构架**】 我国的人口规模与国土资源承载力、环境容量决定了必须建立符合国情的资源节约型的社会和经济体系。其中包括逐步建立资源消耗强度小的产业结构和有别于西方的消费结构。包括适合于我国特点的食物结构、出行交通工具、生活用能源消耗和居住水平等。通过资源的节约、集约利用,可使某些环境问题和生态问题逐步得到改善。产业结构要与国民的消费结构相符合。从一定意义上讲,消费结构是产业结构最集中的反映。西方发达国家,自进入后工业化阶段,就同时出现了高消费社会,最突出的特征就是大量小汽车进入家庭。小汽车的数量及普及程度,对资源环境状况乃至整个社会经济结构有重要的影响。解决中国未来城市交通问题,要重点发展公共运输,城市交通建设要立体化。

实施中国可持续发展的战略目标,最终要求建立起一个节约和集约利用自然资源(土地、水、能源、生物、矿产等)的产业结构、农业种植结构、城镇居民点规模结构、技术结构、外贸结构和社会经济的空间结构。

要以新的指标体系来衡量社会经济的发展和采用节制资源浪费的核算制度。以工农业总产值、劳动生产率、资金利税率指标来衡量经济的发展规模和水平,有其片面性和不良影响。必然使政府和舆论千方百计地增加 GDP 以取得富裕和繁荣,但不注重资源的永续利用和保护,忽视人的全面发展。按照满足人类基本需要的目标,应增加一些反映社会全面发展的指标,如就业率、期望寿命、婴儿死亡率、GDP 平均增长率等。要逐步采用节制资源浪费的核算制度。即在计算产值、GDP 时,要同时计算资源的耗用相当于今后多少钱的损失,补偿生态破坏需要多少资金,并将此纳入产值的成本核算中。

参考文献

[1] 国家统计局:《中国统计摘要》,中国统计出版社,1999 年。
[2] 陆大道、薛凤旋等:《1997 中国区域发展报告》,商务印书馆,1997 年。
[3] 胡鞍钢:《中国地区差距报告》,浙江人民出版社,1999 年。
[4] 夏 光:《中国环境污染的经济计量与研究》,中国环境科学出版社,1998 年。
[5] 世界银行:《碧水蓝天:21 世纪中国环境》,中国环境科学出版社,1997 年。
[6] 范剑平:"全力对付通货紧缩",《科学时报》,1999 年 5 月 26 日。
[7] 陆大道:《区域发展及其空间结构》,科学出版社,1995 年。
[8] 徐嵩龄:"中国环境破坏的经济损失研究——它的意义、方法、成果及研究建议",《中国软科学》,1997 年第 12 期。

第二章　经济持续发展态势及其活力

为了巩固和扩大国民经济"软着陆"的成果,1997年中央制定了适度紧缩的财政政策,抑制高速增长,稳中求进[1]。同1996年相比,全国经济增长速度明显下降。1998年,国内外经济形势发生变化,国内相对过剩的"买方市场"形成,东南亚金融危机的负面影响开始显现,为实现8%的GDP增长目标,中央采取了扩大内外需、增加投入的多种方针政策,拉动经济增长。其中,国家直接投入(国家消费)启动内需收到一定效果[2]。

1997~1998年,我国区域经济发展格局发生了独特的变化。各省区市对国内外发展环境变化的反响不同。以非国有经济、外向性经济、消费类产品生产为主的地区,遭受的负面影响更大;国家实施的加速经济增长政策,对基础产业的发展拉动效果更明显。长期高速增长的沿海地区发展速度大幅下滑,多数发展水平相对落后的中西部地区却保持着相对平稳的增长态势,区域间发展差距扩大的趋势明显减缓。

在严峻的发展环境中,各地区暴露出不同的问题。其中,结构问题是影响地区经济持续增长、保持地区发展活力的关键问题。多数省区市及时调整经济发展思路,积极开拓国内外两个市场,增强区域比较优势和竞争能力,重点发展效益较好的产业经济。有的发达省市开始培育占领21世纪产业"高地"的经济增长点。地区产业结构有所改善,具有地方特色的区域经济格局开始形成。

进一步增强地区经济持续发展活力的根本途径,是建立"区域创新"体系。我国未来区域经济格局的变化,主要取决于各地区在以下3个方面的进展情况:建立健全社会主义市场经济体制,形成具有国际竞争力的技术开发与应用能力,提高地区经济的特色水平和产业结构的层次水平。

本章将通过分析国内外发展环境变化所产生的地区反响,评价国家宏观经济发展政策与地区战略取向,揭示1997~1998年地区经济发展总体态势和产业结构变化特点,综合反映我国省区市经济持续增长活力状况,提出发挥区域比较优势和增强区域竞争力、调整区域经济发展战略的建议。

第一节　国内外发展环境变化的地区反响

1997~1998年,我国经济发展的内外环境异常严峻,可谓"内忧外患"。"内忧"表现为:市场疲软,需求低迷,形成了相对过剩的"买方市场",中央政府采取一系列扩大内需的政策和投资拉动经济增长的措施收到一定效果,特别突出地表现在产业结构的调整和升级方面,但大众消费未能有效启动;长江流域特大洪水,给国家经济带来巨大损失。"外患"主要来自东南亚金融危机,给我国的出口及部分省区市的经济发展以沉重压力。国家适时采取了鼓励扩大进出口规模的政策,但没有能够阻止我国出口下滑的势头。到1998年底,外向型经济还未出现明显的回升。

异常严峻的发展环境对我国各地区产生的影响不同,使我国自改革开放以来区域经济格局发生了新的变化。

东南亚金融危机对我国两种类型地区的经济影响突出:一是出口产品技术层次较低的省区;二是外向型经济多元化程度较低、特别是出口和外资来源主要是东南亚国家和地区的省区。具体表现为,发达地区抵御外来风险的能力比欠发达地区强一些,内陆省区外向型经济在过去两年中所受到的冲击大一些。但由于外向型经济在沿海地区占有更大的比重,从整体规模上看,沿海地区经济受国际经济动荡的影响比内陆地区更大[3]。

相对过剩的"买方市场"的出现,影响到全国各个行业和各个地区。其中,生活消费品工业和中小型企业陷入更为突出的困境。中央和地方各级政府采取扩大内需、投资拉动的政策和措施,以加强基础设施建设和促进部分基础产业发展为主,再加上国家实施加快中西部地区发展的战略措施,其结果是,部分中部省区和少数西部地区发展加快,沿海多数地区的高速发展势头受阻。

> 一、东南亚金融危机对我国地区发展的影响

作为"软着陆"和稳中求进政策的重要组成部分,我国在1995~1996年期间,采取了抑制进出口总量规模、低水平扩张、引导外向型经济结构调整、提高外经贸质量和效益的政策。主要包括两次降低出口退税率、取消"三资"企业部分进口优惠等。1996年,外商投资协议额大幅度下降,出口企业生产普遍滑坡,出口额最大的9个省市出口增长率都有明显减小,我国外贸出口占GDP的比重下降3个百分点[4]。

进入1997年,我国一方面继续加大外向型经济结构调整力度,另一方面,及时恢复实行鼓励外商投资的优惠政策。7月2日,由泰铢大幅度贬值为标志的东南亚金融危机开始出现,对我国外经贸的发展产生消极的影响。到1998年,这种消极影响愈演愈烈。其间,我国连续数次提高出口退税率、降低关税,鼓励进出口,将扩大"外需"、开拓国际市场作为拉动国内经济增长的重要途径之一,从实施的效果看:

• 进出口和利用外资在我国国民经济发展中的作用仍有所下降,增加进出口的努力没有明显奏效。

• 外向型经济分布的基本格局未发生改变。东部地区进出口总额在全国的比重从1996年的89%,分别上升到1997和1998年的90%与91%;外商直接投资比重从1996年的88%,下降到1997年的85%,1998年又回升到87%。

• 我国发达省市比欠发达省区具有更强的抵御东南亚金融危机的能力,但由于发达省市外向型经济在地区经济总量中的比重大,所以,国际经济动荡对东部沿海地区经济发展的影响较内陆地区大。

• 外向型经济发展的困境,成为各地区调整结构、提高竞争力的驱动力。过去两年中,进出口产品的技术结构、利用外资的产业结构等均有所优化。

1997~1998年,亚洲金融危机对我国经济增长产生的重大影响主要表现在出口和外商投资两方面,这也正是与区域经济发展关系最密切的两个外向型经济领域。

1. 外贸出口

【1998年各省区市出口贸易普遍滑坡】 在"六五"的第一年、"七五"和"八五"两个五年计划的最后一年,我国外贸出口规模分别为1200亿美元、2325亿美元、5183亿美元,15年间翻了两番。1996年,在调整了出口政策的情况下,增长速度降低为1.8%;1997年通过结构调整和部分鼓励进出口政策的恢复,出口增长速度又增至21.1%,首次跨入世界十大贸易国(地区)行列;1998年,亚洲金融危机的影响作用开始反映到我国出口方面,增速降低到0.5%,为进入90年代以来的最低值。

亚洲金融危机对我国出口贸易影响的地区范围非常大。1998年同1997年相比,在31个省区市中,有24个省区出口总额出现不同程度的滑坡。如果同1997年出口增长速度相比,1998年除了北京、西藏、新疆增长速度有所提高之外,其他27个省区市(计算时重庆并入四川)增长速度均有大幅度减少,17个省区市增长速度下降了50%以上。从表2-1可以看出,各地区对东南亚金融危机的反响程度比较复杂,出口的结构特征决定着我国1998年各地区外贸出口的增长状态[5]。

表2-1 1998年各省区市外贸出口增长或减少态势

出口额增长或下降(%)	外向度增加或减少百分比数				
	<-20	-20~-10	-10~0	0~5	>10
<-50		浙江	山西、黑龙江、江西、湖南、广西、青海、宁夏		
-50~-25	广东	福建	河北、内蒙古、安徽、山东、河南、贵州、云南、甘肃		
-25~0			辽宁、吉林、江苏、湖北、四川、陕西		
0~10			上海	天津	
10~20					海南、重庆
>50				新疆	北京

资料来源:根据《中国统计摘要1999》、《中国统计摘要1998》(中国统计出版社,1999年、1998年)有关数据计算。因缺西藏数据,本表未包括西藏。

【地区外贸结构特征决定着出口增长态势】

(1)出口产品技术档次较高的地区,抵御国际经济波动的能力较强。亚洲金融风暴对经济效益低的产品与行业冲击最大,导致国际市场初级产品价格大幅下跌,直接影响到我国欠发达地区同类产品的出口,且加工程度越低的产品所受的影响越大;相反,我国工业制成品却具备一定程度的竞争优势,尤其是沿海发达省市技术含量越高、附加值越大的工业制成品的出口增幅越大,高新技术产品比重较高的地区抵御外部环境变化的能力强(表2-2)。1998年,机电产品出口有较大幅度增长,其中,仪器仪表和运输工具增幅高于平均增长水平,而技术层次相对较低的金属制品的出口低于平均增幅;纺织原料与制品的出口额总体下降,其中棉坯布和棉纱线减少的幅度更大,而加工程度相对较高的服装类与毛毯等产品却有不同程度的增长。经过外部发展环境恶化的淘汰与优选,我国出口产品结构得到改善。

(2) 加工贸易比重较高的地区,出口活力较强。以往我国以国有企业为外贸出口的主体,企业效益不高,结构性矛盾影响到投入产出效益的发挥,出现了出口顺差与外贸企业亏损面双增的不正常局面。1998年,在国有企业进出口总额下降的同时(进、出口均下降5%左右),外商投资企业进、出口总额却一直呈增长趋势,增长率分别达到3%和8%。拉动了我国外贸进出口的增长,并取代了国有企业成为外贸进出口的主力军,分别占全部进、出口的56%和44%[1]。因此,加工贸易比重较高的东部沿海部分地区,外贸出口受东南亚金融危机影响的程度就相对较弱。但必须看到,加工贸易存在着同我国一般外贸业争原料与争市场的矛盾。由于加工贸易发展过热、过量,对我国一般贸易稳步增长的干扰作用也开始趋于明朗化,其负效应应当引起注意。

表2-2 1997和1998年出口产品结构变化

		初级产品	工业制成品			
			小计	轻纺及矿产品	化工	机电
1998年递增速度		-14	3	-6	1	15
比重(出口总额=100)	1997年	13	87	19	6	24
	1998年	11	89	18	6	27

资料来源:根据《中国统计摘要1999》(中国统计出版社,1999年)计算整理。

(3) 出口多元化程度较高的地区,抵御国际经济波动风险的能力较强。显然,出口贸易越集中在"危机国家"(印度尼西亚、泰国、马来西亚、菲律宾、新加坡5国及韩国与日本),金融危机所产生的消极影响作用就越大。1998年上半年,我国对"危机国家"的出口同比下降11%,在我国外贸出口总值的比重由34%减少到24%;下半年对上述多数国家的出口减少趋势没有减缓。根据国际形势的变化,我国有10多个省区市及时调整战略,扩大欧美市场,获得明显收益。其中,对欧盟的进出口呈增长的势头,成为外贸新的增长点。1998年同1997年相比,向美国和欧盟的出口额分别增长了15%和18%,在我国出口市场中所占份额分别由18%和13%增加到21%和15%。

【金融危机对沿海地区的影响程度较内陆地区大】 1998年一年当中,我国连续4次提高出口退税率,从政策上为扩大出口、增加外需创造更好的环境,但仍没能有效地消除东南亚金融危机带来的消极影响。结合表2-1和上述分析,东南亚金融危机在我国区域经济发展中的反响主要体现在结构的差异上,大体可归纳为3种情形:

(1) 负面影响效果最突出的是浙江、广东和福建3个经济发达、外向型经济发展程度较高的省份。出口产品多属初加工类、主要面向东南亚市场,是其出口大幅度下滑、继而影响到本省国民经济增长状态的主要原因。

(2) 抵御亚洲金融危机能力相对最强的地区,除海南与新疆两个较特殊的省区外,是出口结构的技术层次相对较高、面向多国市场的4个直辖市。海南主要因加工贸易比重高、新疆主要由于西向开放战略的收效,而获得正增长。

(3) 其余22个省区的出口规模都有不同程度的减少。山西、黑龙江、江西、湖南、广西、青海、宁夏等省区在1998年出口总额减少了一半以上,这些省区经济发展水平相对落后,外向型经济陷入困境给省区经济发展增加了更大的阻力。但由于省区经济对外贸依赖程度不大(1997年外向度多数为5%左右,1998年出口额多数不足10亿美元),其影响的程度也比较有限。与此相反,江苏、山东、辽宁等经济大省的外向度在15~20%之间,出口规模很大,1997年分别为144亿美元、118亿美元、81亿美元。因此,外贸出口下降15~33%,就会对地区经济发展产生很大的负面效应。

专栏2.1

我国调整出口退税率

对出口退税有狭义和广义两种解释。狭义地说,出口退税就是将出口货物在国内生产和流通过程中已经缴纳的间接税予以退还(Tax Refund)的政府行为;广义地说,出口退税还包括通过免税或抵税等诸多形式使出口货物所含间接税趋于零(Zero Rate)的政府行为。

出口退税是国际贸易发展到一定阶段的必然产物,是多边贸易体制下为避免双重征税而形成的一项重要国际惯例,是经济全球化趋势下国际税收协调的核心成果。出口退税已经被国际社会广泛认同和普遍采用。

我国是从1985年开始实行出口退税制度。1994年在税制改革时推行了合乎国际规范的增值税,并在《中华人民共和国增值税暂行条例》中明确规定:"纳税人出口货物,税率为零"。据此,有关部门制定了依照法定征税率17%和13%实行出口退(免)税的办法,并根据当时的实际情况,对部分企业和货物陆续实行了一些减免税政策,由此导致该征的税收没有按法定税率征足的情况愈演愈烈。因此,中国政府于1995年两次决定下调出口退税率。两次下调退税率后,法定税率17%的出口商品按9%或6%退付,法定税率13%的出口商品按6%或3%退付,平均退税率下调幅度高达8.34个百分点。出口退税率的两次大幅调低,在实际运行中给中国带来了出口成本上升、企业利润下降和出口减少等问题。鉴于此,根据我国税收体制与管理体制不断完善的实际情况,中国政府开始分批小幅调高了部分产品的出口退税率。从1998年1月1日起,纺织品出口退税率由9%提高到11%;从1998年6月1日起,钢材、水泥出口退税率由9%提高到11%;从1998年7月1日起,7种机电产品和5种轻工产品出口退税率由9%提高到11%;从1998年9月1日起,铝、锌、铅出口退税率由9%提高到11%。虽几经调整,但中国出口商品的整体退税率仍未达到法定征税率,也未超过实际征税率。目前,中国出口商品征增值税17%,实际退税9%或11%,尚未能够彻底退税,在国际竞争中仍处于劣势。

1999年1月1日起,我国再次提高部分商品的出口退税率,我国出口商品的平均退税率将达到12.56%,比调整前提高了2.56个百分点。同时将出口退税率的档次由目前的17%、16%、11%、9%、6%和3%六档,简化为17%、13%、11%、9%和5%五档,这是国家实行更加积极的财政政策、千方百计支持扩大外贸出口、促进经济稳定增长所采取的一项重大举措。

总之,我国东部沿海除3个直辖市外,广东、浙江、福建、辽宁、山东、江苏等省区外贸出口在1998年均出现了下滑。相对内陆落后地区,虽然下滑幅度参差不齐,但却深刻地影响着我国沿海发达地区经济持续快速的发展。因此,在一定程度上影响到我国国民经济增长目标的实现。有人测算,在我国GDP的增长中,货物出口的贡献率由1997年的38.4%,减少到1998年的1.8%。

2．外商直接投资

同外贸出口情况不同的是,我国外商直接投资在1997年持续大幅下滑(下降30%)之后,1998年出现微弱的回升,增长速度为2%,成为吸引外资最多的发展中国家之一。在国际发展环境不利的情况下,能够取得这样的成绩是非常不易的。与外贸出口特点相同的是,1998年同1997年相比,金融危机危害最深的港澳台地区与东亚国家的直接投资分别下降了8%和12%,其中以日本和韩国降幅最大,高达27%和29%。欧盟和美国对我国投资增势强劲,有力地支撑了我国利用外资的稳步增长,二者增长速度分别达到3%和21%[6]。

【区域分布格局未能改善】 外商直接投资规模的扩大,一方面,是由于我国宏观经济形势稳定,已经成为东亚地区最具竞争力的投资市场之一;另一方面,也是我国及时采取吸引外资的一系列积极政策的效果。在恢复延长对外商投资企业在税收方面的优惠政策的总体框架下,还制定了有关改善外商投资区域分布、鼓励外商在我国中西部地区投资的倾斜政策。但后者的实施效果并不理想,1997年内陆地区吸引外商直接投资的比重为14%,比1996年高2个百分点,但到1998年又回落了1个百分点。

专栏2.2

国家鼓励外商在中西部地区投资的倾斜政策①

1．对限制类和限定外商股权比例项目的设立条件和市场开放程度,中西部地区比东部地区可适当放宽。

2．进一步提高用于中西部地区的国际金融组织和外国政府优惠贷款项目的比重。

3．优先安排一批农业及水利、交通等基础设施项目在中西部地区吸引外资,并加大对项目配套资金及相关措施的支持。

4．中西部省区可选择确有优势的产业和项目,报国家批准后,享受《外商投资产业指导目录》中鼓励类项目的政策。

5．对过去集中在沿海地区进行试点的开放领域和试点的项目,如零售商业、外贸合资公司等,原则上应在中西部地区同时进行。

6．鼓励东部地区的外商投资企业到中西部地区投资,如外商再投资比例超过25%的项目,视同外商投资企业,可享受相应待遇。

---

① 根据参考文献[3]整理。

【促进地区经济增长的作用有所下降】 1997年和1998年外商直接投资的区域增长状态同样比较复杂,但比绝大多数省区外贸出口下滑的情形要好,外商直接投资规模持续上升的有10个省区(表2-3)。外商投资的主要地区利用外资的增长势头锐减,是我国利用外商直接投资规模相对停滞的主要原因。福建和广东虽属持续增长类型,但两年的增长幅度均未超过3个百分点;天津和上海在1998年出现大幅度下滑,减少幅度分别达到19%和17%;浙江和山东两省持续下降,1998年下降幅度更大,达到14%左右。上述6省市在1996年全国外商直接投资总额中所占比重为62%,到1997年和1998年连续下降到59%和56%。在外商投资规模缓慢增长的过程中,我国外商直接投资占全社会固定资产投资的比重从1997年的21%下降到1998年的18%,东部沿海地区相应地从30%下降到27%。外商直接投资在拉动我国经济增长中的作用明显下降。

表2-3 1997~1998年外商直接投资增长情况

持续上升	先升后降	先降后升	持续下降
北京、河北、江苏、福建、湖北、广东、广西、重庆、宁夏、内蒙古	天津、山西、辽宁、上海、江西、河南、湖南、贵州、云南、陕西、黑龙江	吉林、海南、四川	浙江、安徽、山东、甘肃、新疆

注:缺青海和西藏的资料。"先"指1997年,"后"指1998年。

【在地区产业结构调整中的作用增强】 我国东西部地区产业结构和发展水平存在较大差异。东部面临结构创新、率先实现现代化的艰巨任务。利用外资、加快结构调整步伐是东部地区发展战略中的核心内容之一。特别是东部的中心城市地区,如大连、京、津、沪、青岛、4个特区城市、广州等,已经改变了无选择地接受外商直接投资项目的状况。鼓励外商投资第二产业,并重点引导外资进入高新技术产业领域,改造传统产业、发展新兴产业,提高产业的技术层次和参与国际竞争的能力;严格杜绝重污染、劳动力密集但产出效益低下的外资企业布点。过去的两年中,第二产业,特别是具有较高技术含量的工业[9],在沿海各省区市利用外商直接投资的增长速度,均高于外商直接投资的整体增长速度。中西部地区则以加大招商引资的力度为重点,投资领域以工业、能源、基础设施和农业为主。

二、扩大内需与地区经济增长

1. 1997年固定资产投资的地区格局

1997年,固定资产投资维持较低增幅,当年全社会固定资产投资为25300亿元,比1996年增长了10.1%。成为90年代以来全社会固定资产投资增长率最低的一年,仅为"八五"时期固定资产投资平均年递增速度的27%。导致投资低速增长的原因,除了企业和银行投资意愿不足之外,主要是国家"适度从紧"的宏观政策作用的结果。

在缓慢的投入增长过程中,东、中、西三大地带的投入增幅的格局发生了重大变化。西部地区的投资增幅高达20.9%,比东部地区高12.9个百分点,比中部地区高11.3个百分点。而此前相当多的年份,均是东部投入增幅最高、西部最低。1997年增幅超过20%的省区有:四川、云南、青海、宁夏、新疆、山西和河北,主要集中在西部地区。这种投入格局确保了西部经济的较快发展。

资金投入的区域格局的形成,首先是国家加快中西部地区发展政策产生的效果。另一方面,也是投入的部门结构特征变化在地区分布上的具体反映。总体看,投入的部门重点与所有制结构均有利于西部地区固定资产投资幅度的提高[7]。

第一,基础产业是国家鼓励发展和重点投入的领域,农林牧渔水利、能源工业大幅度增长,运输邮电、电子、文教卫生等行业的投资增长也都超过了平均增幅;相反,机械、冶金、化工、纺织等行业因生产能力过剩,投资力度明显减弱。投入的重点领域与西部产业结构有着更强的吻合关系。

第二,长期支撑固定资产投资高速增长的重要部门——房地产业的投入规模降幅为3.4%,主要影响了发达地区投入的增长幅度。

第三,非国有经济投入增长下降幅度更大。集体经济和个体经济投入分别只增长了5.8%和6.7%,而国有经济却达到11.3%。国有经济投入增幅在90年代首次超过了非国有经济。

我国支持经济增长的因素主要是投资、消费和出口。1997年,在8.8%的经济增长速度中,投资、消费、净出口分别约占2.2、4.9和1.7个百分点。1998年,出口递增缓慢,消费严重疲软。我国经济出现了需求严重不足,通货紧缩,经济增长乏力的现象。为了拉动经济增长,实现"8%"的国民经济发展目标,国家采取了鼓励消费、加大投入的重大举措,"扩大内需"成为1998年宏观经济政策的主旋律。

总体而言,鼓励居民消费的货币政策、经济增长点拉动消费的举措收效都不理想,只有国家加大投入的政策基本收到了预期效果,特别是在地区产业结构调整与区域经济发展总体格局的演变方面,起到了重要的作用。

2. 居民消费与货币政策

1997年,银行、企业和个人投资意愿就已经表现出严重不足,影响到国民经济持续稳定的发展。1998年,国家采取了一系列扩张性的货币政策,包括取消对国有商业银行的信贷规模控制、连续调低存贷款利率等关键性政策,但都未激活资本市场和民间投资意愿,居民储蓄率仍然高居不下,贷款增长始终不活跃,存差不断扩大,通货紧缩日趋明显。金融政策在扩大内需、促进经济增长方面收效甚微。

【居民收入增加与地区经济增长关联程度降低】 央行降息始于1996年,1997年和1998年又分别2次、3次降息,居民储蓄率仍旧高居不下,达40%,为全球之首。金融机构存款余额稳步增加,1998年4个季度末居民储蓄同比增长分别为17.1%、16.8%、16.9%和17.1%;最终消费需求不旺,尽管社会消费品零售总额同比增长了6.8%,但增幅却下降了3.4个百分点;物价持续走低,商品零售价格总水平下降2.6%,居民消费价格下降0.8%。造成这一状况的主要原因,是人们的收入预期降低、而支出预期提高。包括养老与医疗保险在内的社会保障体系尚不健全,住房与子女就学体制改革给民众增加了大额开支的压力,"下岗"又使得许多人心理紧张。因此,尽管1998年居民实际收入水平有所提高,但消费却未同步增加。当然,没有培植出新的消费热点,以及广大农村市场未能有效地启动等,也是造成消费疲软的重要原因。由于民间消费疲软,居民收入没能转变成推动经济增长的有效投入,地区民众富裕程度对当地经济增长的直接贡献作用减弱。1998年各省区市城镇家庭人均收入水平和递增率与GDP递增率的相关程度分别为0.44、0.11,基本不具备相关性,而且增长部分相关性更差(图2-1)。

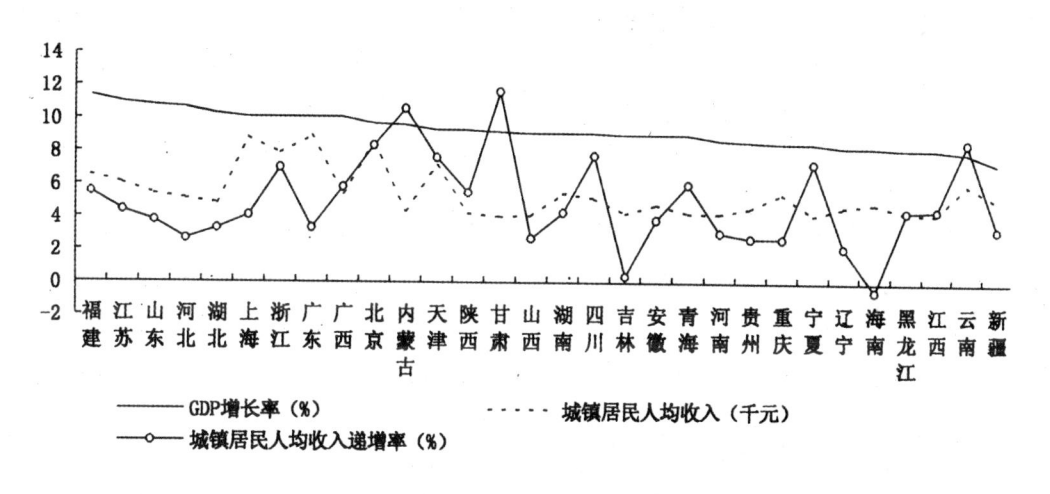

图2-1 1998年国民经济增长与居民收入水平的关系

【地方政府对银行的干预开始弱化】 1998年,虽然国家制定了鼓励银行贷款的政策,但由于银行总体改革的方向是强化商业银行的风险约束机制。所以,技术性的放松效应完全被制度性的收缩效应所抵消。

第一,投资经济效益成为银行贷款考察的核心指标。市场疲软给本来生产经营状况就不理想的多数企业带来更大的发展难度,经济效益出现大幅度下滑,1998年,在工业经济总体规模扩张的同时,工业企业实现利润总额下降17%,亏损企业的亏损额增长22.1%。这必然导致银行的信用风险增大,放款意愿不足。

第二,整顿金融秩序,关闭了一大批信托投资公司,减少了资金投入的渠道,直接限制了中小企业和发达地区贷款规模的无序膨胀。

第三,中央银行的体制转变,地区中心银行成立,减少了地方政府对银行贷款的干涉力度。

综合来看,尽管金融政策在扩大银行贷款、拉动经济增长方面效果不明显,但金融改革的总体部署却取得了实质性的进展,特别是在未来发展区域经济、推动结构调整方面,将发挥重要的作用。这体现了市场配置资源的作用得到加强(专栏2.3)。

3. 经济增长点的拉动作用

【经济增长点没有较快地成为消费增长点】 我国一直将培育新的经济增长点作为持续、快速、健康地发展国民经济的重要措施。进入90年代以来,房地产开发(主要涉及相关的建筑

> 专栏2.3
>
> **中国人民银行管理体制实行改革**[①]
>
> 改革开放20年来,我国已基本形成了由中央银行调控和监督、国家银行为主体、政策性金融与商业性金融分工、多种金融机构合作、功能互补的金融体系。新的金融体系在促进经济发展中发挥了积极的作用。与此同时,我国依然存在着金融业风险。防范和化解金融风险,是深化金融改革、整顿金融秩序的基本目标。
>
> 国务院在1998年11月正式对外发布对中国人民银行管理体制实行改革的方案,撤销省级分行,跨省区设置9家分行。中国人民银行新设立的9个跨省区市分行是:天津分行(管辖天津、河北、山西、内蒙古);沈阳分行(管辖辽宁、吉林、黑龙江);上海分行(管辖上海、浙江、福建);南京分行(管辖江苏、安徽);济南分行(管辖山东、河南);武汉分行(管辖江西、湖北、湖南);广州分行(管辖广东、广西、海南);成都分行(管辖四川、贵州、云南、西藏);西安分行(管辖陕西、甘肃、青海、宁夏、新疆)。撤销北京分行和重庆分行,由总行营业管理部履行所在地中央银行职责。
>
> 撤销省级分行、设立跨省区分行,标志着中国人民银行管理体制改革的工作开始全面启动,对于建立现代金融体制具有深远的历史意义。这项改革,有利于增强中央银行执行货币政策的权威性;有利于增强中央银行金融监管的独立性;有利于增强金融监管的统一和效能,在跨省范围内统一调度监管力量,摆脱各方面的干预,严肃查处违规的金融机构和责任人,提高金融监管的效率。这项改革对我国区域经济发展正产生长远而深刻的影响。

业与建筑材料工业)、汽车工业、电子工业被规划为全国经济增长的支柱产业。从实际发展状况分析,房地产业的开发同经济增长尚未进入良性互动的发展阶段。汽车工业的发展因汽车消费始终没有掀起高潮而步履缓慢。经济增长点没有较快地成为消费增长点。因而,培育支柱产业的政策尚未明显达到带动经济持续高速增长的预期效果[8]。

【房地产业未能对地区经济增长起支撑作用】 从80年代中期以来,房地产一直都是我国投资的热点领域。1996~1998年3年中,房地产开发投资额占固定资产投资总额的比重分别为14%、12%、13%。早期"泡沫经济"引起起步价格定位过高,而后的10多年中,商品房价格又以超过20%的年均速度递增,导致商品房价格严重扭曲,使得销售一直不畅,商品房空置面积连年增加,空置率在1/3左右徘徊。正因为如此,我国沿海地区和内地部分以房地产为支柱产业的地区,受到很大的冲击。房地产业发展缓慢成为发达地区经济增长减速的主要原因之一。最突出的事例是海南省因房地产产生的泡沫经济,导致经济超高速虚拟增长之后,出现大幅度回落。

[①] 根据"党中央国务院决定对中国人民银行管理体制实行改革"(载1998年11月16日《人民日报》)改写。

1998年国家明确了改革福利住房的具体操作方案和时间表,规定在近期内取消福利分房制度,使房地产业景气状况有所改善。目前,我国城镇人均居住面积仅8.8平方米,人均居住面积4平方米以下的缺房户达300多万户,有着巨大的潜在需求。根据国际经验表明,城市房价相当于居民家庭年收入的3～6倍时,需求才可以转化为购买行为,我国这一比例却高达10倍,直接影响到居民消费的有效启动,不利于拉动经济增长。

【汽车工业未成为新的经济增长点】 过去几年私人汽车消费也比较疲软。"九五"计划中有22个省区市将汽车工业列入支柱产业。但人均收入水平低,市场有限,使我国汽车产量增长缓慢,比GDP的年均增长速度还小。当然,还受道路与停车条件、养护费用等多方面条件的限制。汽车工业没有能够成为全国范围内的经济增长点。

【电子工业带动地区整体经济发展的作用有限】 电子工业在过去几年中却一直保持着强劲的发展势头,集体消费和私人消费都比较旺盛,新产品在较短的时间里就能够形成新的消费热点,如微型电子计算机就是过去2年中新兴消费热点的突出代表。在目前的发展阶段,由于电子工业同汽车、房地产开发业相比,对产业带动面和规模有限,因此,电子工业对当地的区域经济发展的支撑作用大,而对国民经济整体发展的拉动作用比较有限(表2-4)。

表2-4 经济增长点的代表性产品同GDP增长速度的比较(%)

	1991	1992	1993	1994	1995	1996	1997	1998
GDP	9.2	14.2	13.5	12.6	10.5	9.6	8.8	7.8
商品房销售面积	5.36	41.75	55.95	8.12	9.34	-0.06	0.15	34.76
汽车生产	38.95	49.36	21.73	5.27	6.28	1.55	7.27	3.00
微型计算机生产	97.93	-22.34	16.16	67.60	240.13	66.12	48.78*	41.08

资料来源:根据《中国统计年鉴1996》、《中国统计摘要1998》、《中国统计摘要1999》计算整理。
注:1997年商品房销售面积采用《中国统计摘要1998》数据。

4. 国家投入——"扩大内需"的核心举措

针对民众消费疲软、产业增长点带动不明显的形势,1998年下半年起,国家在继续实施宽松的货币政策的同时,加大财政政策作用力度,通过政府投资拉动社会投资,通过投资扩张拉动内需增长,通过内需扩大刺激经济增长。核心举措是由财政部向国有商业银行增发1000亿元国债,用于国家预算内基础设施性建设专项投资。该举措有3个方面的明显收效:

• 拉动了1.5个百分点的经济增长。缓解了下岗带来的就业矛盾进一步激化,有利于社会稳定。而且,在复杂的国际经济形势中,增强了外国投资者对我国经济发展活力与前景的信心。

• 国家以基础设施性建设投入为主,这不仅避免了扩大投入过程中产业项目的重复建设问题,回避了"买方市场"供大于求的矛盾。而且,有利于调整国家投入的部门结构,国家将增强经济持续增长能力作为主要投入领域,为国民经济长远发展奠定了基础。

• 改善了投入的地区分布格局。国家扩大投入的2/3资金用于中西部地区的建设,推动了中西部地区基础性设施的建设进度。由基础设施建设间接带动的能源原材料工业产品的需求,也为中西部地区工业发展提供了市场。

但也必须看到,以国家投入拉动经济增长的努力,对于地区和产业部门形成持续发展活力也有负面影响。相当一部分企(行)业,从即将在竞争中被淘汰的境地中获得了重新生存的机会,放慢了自身结构调整的进程;另外一部分企(行)业,由于加强税收征管政策的实施,短期内无法从生产与经营的困境中解脱出来。所以,发行1000亿元国债的短期效益大于长期效益,加之并没有能够真正启动居民消费,尽管短期经济增长目标基本实现,但要实现持续稳定的快速经济增长任务,仍然是不容乐观的。

【扩大内需政策是1998年实现经济增长目标的重要保障】 1998年,我国全社会固定资产投资总规模达到28458亿元,增长率为14.1‰,高于1996~1997年同口径增长率5.3个百分点。

表2-5 国家1000亿元长期国债的用途

	年初计划	增加	1998年投资合计	较以往增加
农林水利	近200	304	近500	5~6倍
其中:水利	104	254	358	4倍多
交通通信		262		1.43倍
其中:交通		250/1300		
铁路	/380	/150	/530	
公路	/1200	/600	/1800	
民航	/65.5	/30	/95.5	
航道	/40	/5	/45	
通信	/1437	12/400	/1837	20.5%
城市基础设施		262	2000多	2.8倍
城乡电网改造		22		
其中:乡网		22	/111	
城网			/400	
中央粮库	5	150		17.5倍
经济适用住房		0	/1700	4倍

资料来源:根据《人民日报》1998年10月12日"国务院增发1000亿元长期国债"、1998年9月2日"国家发展计划委员会确定新增一千亿国债定向投资六个方面"等文章中有关数据整理。
注:斜杠后的数据为该领域固定资产投入总额。

1998年下半年的投资扩张,主要是由于政府基础设施和公共投资力度加大形成的[10~11](表2-5,专栏2.4)。农田水利投入较往年增加了5倍以上。交通基础设施方面增加投资约1300亿元。其中,1000亿元长期国债安排投入的250亿元用作项目资本金,其他资金主要通过银行贷款和企业自有资金解决。农村电网改造的22亿元资本金用国债解决,融资部分由农行安排82亿元贷款,开行安排7亿元贷款。中央粮库也以前所未有的规模进行建设。长期国债中尽管没有直接安排用于经济适用住房建设的资金,但在相应增加的银行贷款中加大了投入力度,全年经济适用住房投资计划为1703.3亿元,同时安排银行指导性信贷计划711.2亿元。总之,新增1000亿元长期国债吸引了大量的银行和地方政府以及有关企业向相关方面贷款和投资,总数超过2500亿元。

1998年下半年加大投入规模,有力地拉动了经济增长(图2-2),3、4两个季度国民经济加速发展,保证了全年基本实现国民经济增长目标。据测算,7.8%的GDP增长速度中,下半年扩大投入有1个多百分点的贡献。

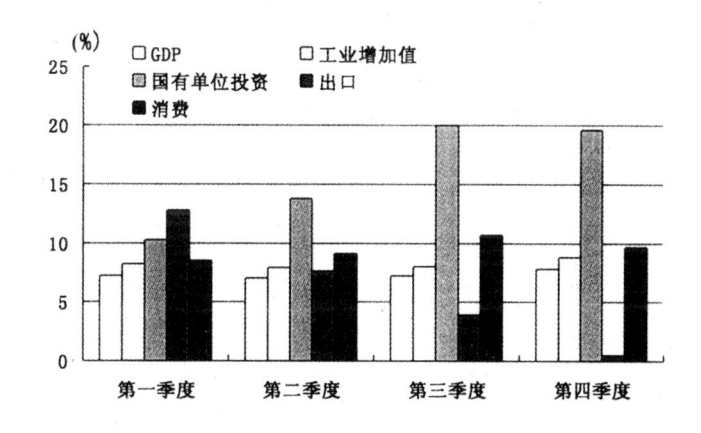

图 2-2 1998年主要国民经济指标分季度变化情况

【地区发展能力建设明显改善】 加大基础性建设的国家投入力度,进一步改善了固定资产投资的部门结构。1000亿元长期国债重点投向农林水利、交通通信、城市基础设施、城乡电网建设与改造、中央粮库、经济适用住房等六个方面,对投资结构的变动发挥了重要作用。农业投资在1997年增长40%的基础上又增长了47.8%,使农业投资在总投资中的比重持续缓慢上升。第二产业中,建筑业投资增长较快,达到20.9%。而工业却成为投资增长速度最慢的部门,能源原材料工业除电力工业之外其他主要部门投资大多呈负增长或低增长,加工工业投资增长幅度也明显低于平均增幅,其中电子工业和轻纺工业分别只增长了4.6%和0.9%。第三产业投资高速增长,其中运输邮电业和房地产业投资分别增长了53.4%和21.5%[12]。这种基础设施强力扩张、加工工业有所收缩的投入特征,是改革开放以来绝无仅有的。它有利于改善地区生产和投资的环境,有利于增强地区持续发展的能力。

【增发国债对地区经济发展的促进作用尚不明显】 但同时应当看到,这种扩张性财政政策在增强地区经济持续发展的活力方面,作用尚不明显。

第一,作为对经济增长贡献最大的"消费"因素没有被真正激活。基础产业对其他产业感应度和带动度较加工工业小,乘数作用小,短期内对消费需求的影响较弱;另外,除少数基础行业外,多数基础设施建设对消费热点形成和消费结构改善没有直接的效用。因此,国家财政投资难以对消费的增长产生明显作用。

第二,作为经济运行的主体——企业的发展环境没有改善。增发国债1000亿元与增加税收1000亿元同时出现,扩张性财政支出的政策效应很大程度上被紧缩性的税收政策所抵消。对非国有经济和加工工业而言,紧缩效应可能大于扩张效应。税收增加必然会打击企业的生产积极性,延缓经济走出低谷的时间。

第三,财政投资的扩张,并没有带动民间投资的增长。全年国有单位投资基本上是孤军奋战,国有经济投资增长达到19.6%,比1996～1997年增速提高了10.6个百分点;非国有投资增长很少或呈下降趋势(其中,集体投资下降了3.5%,个人经济投资增加了6.1%)。这种公共投资体制不利于投资风险约束机制目标的实现,为今后投资效益提高留下了隐患。

第四,由基础性设施建设带动的产业部门,主要是建筑材料、钢铁冶金、化学工业、机械制造业等。这些产品的市场需求扩大,客观上也救活了相当一批濒临倒闭的小建材、小冶金、小化工、小机械等企业,改善这类企业组织结构与技术结构的步骤因此又变得缓慢。

【1998年投资的地区分布格局进一步改善】 以国家投入作为启动内需的关键举措,有力地支撑了中西部地区经济的稳步增长。

(1) 新增1000亿元国债重点投向的六大重点部门,与中西部地区产业重点领域吻合程度较沿海地区高;加之国家有意向中西部倾斜,因此,中西部地区受益非常明显。资金总量中大约2/3投向了我国中西部地区。

(2) 六大部门直接带动了一批产业经济部门的发展,这类部门的区域分布也以中西部地区更为集中,尤其是中西部的能源原材料工业,从扩大内需政策的实施中获得的市场份额也较沿海地区更大一些。

(3) 拉动经济增长的两个重大工程建设也同样分布在中西部地区,一是长江洪水过后的复建,国家为此投入200亿元;二是三峡水利工程,这是我国目前投资规模最大的基本建设项目。

(4) 此外,非国有经济投资增速大幅降低,对沿海地区的投入的负面影响大于中西部地区。

1998年,在地区投资分布中,西部地区投资增长最快,增幅达31.2%,除新疆增幅偏低之外,西部其他9个省区市的增幅都超过全国平均值。其中重庆、陕西、西藏增幅高达50～75%,四川、贵州、甘肃的增幅超过30%。东部和中部地区则明显落后于全国平均水平,分别只有16.3%和14.4%。其中,辽宁、上海、河南的投资增长率仅为5%左右,北京、天津、河北、浙江、广东等省市低于全国平均增速,仅有吉林、山西和湖南的投资增长高于全国的平均速度。

这样,在1996～1998年的3年间,西部地区在全国固定资产投资总额中的比重持续上升,分别为12.15%、14.08%、15.47%;东部地区的比重呈持续下降的趋势,分别为59.69%、59.67%和58.07%;中部地区在全国投资总额中的比重则先升后降,分别为21.18%、22.17%和21.22%。投资的地区结构逐步改善,对我国区域经济增长格局的变化产生了很大影响,使沿海与内陆经济发展速度的差距趋于缩小,地区间发展水平差距扩大的趋势得到遏制,为西部地区开发创造了有利的条件。

专栏2.4

新增一千亿国债定向投资六个方面[①]

国家发展计划委员会确定,将九届人大四次会议通过的新增1000亿元国债定向投资于农林水利、交通通信、城市基础设施、城乡电网建设与改造、国家直属储备粮库、经济适用住房等6个方面的建设。

——农林水利建设

（1）大江大河防洪水利工程。重点是加快长江、黄河等七大江河的堤防加固和骨干枢纽工程建设。其中：长江防洪工程。按照永久性标准，加高加固中下游的荆江大堤、同马无为大堤、九江大堤、黄广大堤等堤防工程；加快中下游重点崩岸整治工程建设，力争在明年汛期到来之前全部完成；抓紧洞庭湖、鄱阳湖、洪湖等大型湖泊的治理；加快湖南澧水江垭水利枢纽工程建设。黄河防洪工程。主要进行下游河道疏浚、加高加固下游堤防、加快建设入海流路工程和黄河中游宁蒙河段治理等工程建设。还有淮河防洪工程、太湖流域防洪工程、海河流域防洪工程、珠江流域防洪工程、松辽流域防洪工程等。

（2）重点海堤加固工程。

（3）长江、黄河中上游水土保持工程。

（4）林业和生态项目。

——交通通信建设

（1）铁路。重点加快南疆线、内昆线两个在建项目的建设进度；粤海通道和新长线两个计划内新开工项目，京九南段、兰烟二线等项目的提前开工建设。

（2）公路。主要用于"三纵两横"国道主干线和京沈、京沪两条重要路段项目，以及"五纵七横"国道主干线的其他重要项目。

（3）民航。集中安排中西部地区机场项目，用于南昌、绵阳、兰州、昆明、成都、乌鲁木齐6个机场建设。

（4）航道。集中用于在建的长江口航道整治一期、西江航运二期、湘江航运二期、京杭运河济宁至台儿庄段和新开工的广州港出海航道共5个项目的建设。

（5）通信。重点安排传输干线、市话本地网扩容、移动通信和数据通信支撑网等项目建设。

——城市基础设施建设。主要支持城市供排水、供热和污水、垃圾处理、城市道路等方面的项目。在项目安排上体现了向中、西部和大城市（4个直辖市和省会城市）倾斜的政策。

对于中、西部地区，除了总量上有倾斜外，中央补助投资的比例也高于东部地区。

——城乡电网建设与改造。这是国家第一次大规模进行城乡电网的建设与改造。

——国家直属储备粮库建设。将建成250亿公斤仓容的粮库。

——经济适用住房建设。国家已分3批下达了贷款计划，共21243万平方米。

[①] 根据"国家发展计划委员会确定新增一千亿国债定向投资六个方面"（载1998年9月2日《人民日报》）等文改写。

第二节 省区市经济发展战略取向

在1997～1998年间,我国地区经济发展面临着不同的问题:

东部发达地区出口、非国有经济与轻纺工业发展举步维艰,直接影响到地区经济增长的整体活力。东部地区内部各省区市所面临的发展问题又有所不同,浙江、广东等企业技术层次偏低、平均规模偏小,地区经济抵御宏观经济动荡的能力偏低;辽宁却受到大型国有企业的困扰,山东因韩国经济不景气直接影响到外向型经济的发展;江苏乡镇企业在新一轮"优胜劣汰"的考验中,暴露出所有制结构的弊端。

中部地区经济在"八五"和"九五"之交刚刚开始复苏,便又步入困境。主要表现为:其一,无论是1997年财政适度紧缩还是1998年扩大内需,中部地区投入增幅都比西部小;其二,可持续发展战略的实施,不仅使大量的污染工业企业纷纷下马,也延缓了农业开发的步伐。加之洪水灾害,中部地区经济遭受很大的损失。

西部地区尽管从国家政策中受惠最大,但固有的产业结构层次低、发展环境比较差、建设基础薄弱等问题难以克服,经济增长缺乏活力,所面临的持续发展的深层次问题更为严重。

在"九五"计划的基础上,各省区市针对国内外形势的变化,突出地方特色,在1997～1998年对经济发展战略思路普遍进行了较大的调整。从实施效果看,新的战略取向是比较成功的,成为我国在国内外不利的发展环境中仍能够保持高速经济增长的重要保障。

一、面向国内外两个市场,以市场引导地区产业发展

建设社会主义市场经济体制,是我国经济体制改革的中心任务。市场对省区市经济发展的作用日益加强,特别是"买方市场"的形成,客观地要求地方经济发展必须以市场为导向。1997～1998年,各省区市在调整发展思路中,一方面,继续强调对外开放、利用国际市场;另一方面,多数省区市顺应国际市场的变化,及时调整经营战略,将开拓国内市场也作为一个重要的战略方向。开拓国内外两个市场,用市场带动产业的发展,这是地区发展战略适应市场经济体制的关键性转变。

市场的开拓能力是地区经济发展活力和竞争力的综合体现。通过市场竞争,沿海发达地区效益型产业得到长足发展,大量的工农业产品生产的集中度有所加大,质量结构与技术结构都有所提高;欠发达地区建立在地方特色基础上的经济体系趋于完善,在国民经济总体格局中的地位有所巩固,特别是资源加工利用的深度有所增加,粗放型经营的落后面貌得到改善。

在开拓市场中同时也反映出一系列问题。多数省区市在国际市场上的开拓能力非常低,难以抵御国际经济动荡带来的负面影响;随着国内大市场的形成,少数省区没有正确地给自己的市场目标与份额定位,影响到地方经济的正常发展;此外,几乎所有省区市在"两头市场"的开拓方面成效都不显著,其一是通过新产品营造新的消费热点领域,继而通过市场带动产业发展;其二是农村市场尚未真正启动,农村消费与市场开拓还未同经济增长步入良性的互动循环阶段。

在市场开拓方面具有代表性的发展思路是：东部发达省市着力增强占领国际市场份额的稳定性，逐步提高外经贸的层次；欠发达地区越来越注重发挥市场建设的作用，带动地方经济的发展；而将企业发展战略与区域市场开拓战略结合起来，壮大省域经济，是我国多数省区市近年来实施的新战略。下面，分别以浙江、河北、福建为例予以说明。

【浙江——开拓国外市场】 1998年浙江省在亚洲金融危机的影响下，能够实现出口7.7%的增长，主要是得益于"大经贸战略、市场多元化战略、以质取胜战略"[13]。大经贸战略的关键是外贸经营主体多元化，目前浙江已经初步形成了以国有外贸企业为"领头羊"、以外商投资企业为"生力军"、以个体私营企业为新的增长点的基本格局。市场多元化战略强调重视开拓东欧、独联体国家、南美和非洲市场，同时加大了对欧美传统市场的促销力度；1998年浙江省对欧盟、美国、非洲和拉美出口增长分别达到22.7%、20.4%、38.9%和33.5%，有效地弥补了对亚洲市场出口下降带来的损失。浙江效益型出口产品的格局逐步形成，工业制成品出口增长10%，初级产品出口下降10%，从而有效地提高了出口产品在国际市场上的竞争能力。

【河北——市场建设带动产业发展】 河北在沿海地区属于利用开放政策效果相对较差的省份，以往商品市场建设的优势也并不突出。然而，近年来河北省在全国市场上所占的位次飙升。在全国10个知名市场中河北有4个，商品交易市场数额在全国的位次已前移至第5位。商品市场成交额平均每年以40%左右的速度递增。1998年河北省国内生产总值增长10.8%的份额中，社会商品零售额增长占了约4个百分点。"依托产业建市场，发展市场兴产业"[14]是河北重要的一条发展思路。据有关资料显示，河北省已有700多个市场成为"依托产业建市场，发展市场兴产业"的成功范例。依托产业建市场突出特色，在国内和国际市场上都有其独特的位置。特色市场的崛起，大多在短期内培育出了一个独具特色的区域产业。产业的发展又壮大了市场的声势，使市场久盛不衰，从而促进区域经济的快速发展，走出了一条产业和市场相互依托、相互促进、共同发展的成功之路。

【福建——占领国内市场】 福建省根据自身经济发展的需要，将国内市场的重点放在中西部。福建省省长贺国强认为，福建市场容量和生产资源有限，经济要进一步发展就必须"两头向外"（包括原材料和市场）[15]。除了外向型经济，福建特别重视对内搞活，加强与兄弟省的联系，努力开拓省外市场。福建省政府采取各种措施引导企业进军中西部，如利用中央确定对口帮扶宁夏的政策，将企业合作推向对口支援的前沿，通过宁夏拓展企业在西北的市场。三峡对口支援也基本如此。帮扶的省市在落实中央的政治任务的同时，充分兼顾到企业利益，通过东部沿海发达地区名牌企业在三峡地区兴建合资项目，将三峡作为这些企业开拓西南市场的基地，扩大了帮扶企业的市场范围。

二、营造新机制，培育区域竞争优势

"买方市场"的形成，加剧了区域竞争，也为营造地域比较优势提出了更高的要求。进行体制、结构、技术创新，充分发挥企业在市场经济运行中的主导作用，高度重视地区资源优势向经济优势的转化，是省区市在1997～1998年间增强区域竞争力的3个主要内容。

不同发展水平的省区市培育区域竞争优势的重点有所不同。发达的东部地区在产业结构和发展水平领先的基础上,为了增强参与国际竞争的能力、率先在国内实现现代化,一般都将"创新"作为发展战略的核心内容。在健全市场经济体制、与国际经贸运作体制接轨、培育新兴产业"高地"、提高技术开发能力等方面仍发挥着"排头兵"的作用,其中,体制创新成为在推动经济持续发展中比技术与结构创新更重要的驱动力。中西部地区更多地是利用已经形成的物质技术基础,努力发挥自身的资源优势,实现资源优势向经济优势的转换,促进产业结构向效益型转变,增强区域的竞争能力。但无论是东部或是西部,在区域发展战略思路中都越来越重视发挥企业的作用,名牌企业的地位、国有企业改革的成效、以及乡镇企业发展的状态,决定着地区经济的增长活力。

1. 从体制创新寻找突破口

现阶段的体制创新,首先是政府职能转变的问题。经过改革开放 20 年的发展,优惠政策和手段在全国范围内趋于一致,经济发展的理论思路也基本达成共识,发展效果之所以出现差异,其主要原因,一是发展的基础条件有所不同,二是决策管理层的综合素质有很大差异。1997 年和 1998 年,转变政府职能成为各省区市在提高决策层综合素质方面的重大举措,但进度却存在着很大差异,直接影响到省区市经济发展的综合活力。广东、上海等经济发达的省市走在了体制创新的前列,而广西等欠发达的省区由于体制改革也获得了一定的收益。

【广东——转变政府职能】 广东是我国改革开放的前沿地区,由于市场发育程度高,以中小型为主的企业活力较强,特别是"三来一补"企业对市场化、制度化要求高,因此,企业要求尽快形成一个公开、公平、公正的发展与竞争环境。广东省政府认为,目前政府对企业履行的职能"不是管多、管少的问题,而是错位了","政府要大踏步地从市场里撤出来"[16]。政府一定要摆脱经济行为,逐步实现政企分开,促进统一市场的形成。政府的中心职能是为企业发展服务,为老百姓生活服务,努力营造稳定、祥和的社会环境。

【广西——观念与体制有所突破】 在广西尽人皆知的"三大战略六大突破"的发展思路,也是从实际出发制订出来的。"三大战略"是指区域经济战略、开放带动战略和重点突破战略。"六大突破"是指在思想观念转变、经济结构优化、经济体制转换,并在对外开放水平、科技与经济结合以及人才开发和使用上,有新的突破[17]。在这个总体发展思路下,广西在 1998 年的重点是"两改两整",即干部制度改革和机关作风整顿、企业改革与整顿。政策实施的效果,是广西国内生产总值的增幅与财政收入增幅均位居全国前列。

2. 积极发挥企业的作用

企业是影响地区经济发展活力的重要因素。1997~1998 年,名牌企业与名牌产品培育的情况、国有企业的改革效果、乡镇企业的经营状况直接决定着地区经济的发展活力。总的来说,名牌企业的地位得到了进一步的巩固,主要工业产品的集中度有所提高,进一步强化了省区市经济的特色。国有企业经过多年的整改,开始出现生机,并赶上了非国有经济的增长速度,以国有经济为主体的省区经济有所复苏。乡镇企业面临更大的困难,从体制改革入手、提高技术层次和规模结构水平,成为乡镇企业结构调整的主导方向;在乡镇企业调整过程中,东部发达地区的乡镇企业比中西部地区具有更大的"发言权"。

【湖北——增强名牌企业对地区经济的支柱作用】 湖北是我国的汽车大省,由于前些年战略决策的失误,湖北境内汽车工业形成了"四足鼎立"、555家企业遍布全省的态势。固定资产在500万元以下的有342家,低水平重复建设和盲目投资,导致大量生产能力闲置和资源浪费。过去的两年中,湖北开始着手推进汽车产业结构调整,全力支持东风汽车公司实施百万辆汽车工程,以实现湖北由汽车工业大省向汽车强省的转变[18]。1998年底,东汽已经形成了年产15万辆富康轿车和20万台发动机、年产15万辆东风轻型车的生产能力。为了进一步扶持东风公司尽快发展为参与国际竞争的特大型集团,湖北省将对现有555家汽车工业企业进行组织结构调整,强制淘汰100家、放开200家、联合重组200家、重点发展50家[19]。

【辽宁——国有企业改革效果开始显现】 作为我国"工业巨人"的东北,在向市场经济转轨过程中,一度对市场经济不适应,工业生产经营步履维艰,效益严重下滑,被称为"东北现象"。国有企业改革与脱困,全国看东北,东北看辽宁。辽宁的国有大中型骨干企业占全国1/10,国有资产总额居全国首位。1997年辽宁制定了《辽宁省国有大中型企业三年改革与脱困实施方案》和15个配套文件,确定了3年内国有大中型企业改革与脱困的目标和措施,强调树立市场、发展和创新的观念,把实行干部责任制、主辅分离、下岗分流和分配制度改革作为深化国有企业改革的突破口[20]。加之国家实施积极的财政政策、拉动内需、打击走私等宏观措施,使辽宁工业结构中占绝对比重的基础原材料工业率先复苏。到1998年底,288家国有大中型企业中,有54%步入良性循环、38%开始解困,国有企业改革与脱困从总体上迈出了坚实的一步,有效拉动了经济增长。

【江苏——营造乡镇企业持续发展的新机制】 改革开放以来,江苏省利用发展机遇及时调整发展思路,收到良好的效果。80年代率先发展乡镇企业;90年代初以上海浦东开发开放为契机,大力发展外向型经济;1997年,江苏省提出把加大经济结构调整力度作为江苏经济发展的第三次机遇,实现产业升级,增强经济竞争力[21]。乡镇企业是江苏国民经济重要支柱,在江苏的国内生产总值、工业总量、农村社会总产值中分别占1/3、2/3和4/5。据测算,江苏乡镇企业每增长或降低1个百分点,将影响国内生产总值0.33个百分点。江苏利用第三次机遇发展乡镇企业,重点是放在调整和优化乡镇企业的产业结构和产品结构上[22]。一方面,大力推进乡镇企业产权制度改革,推进集体所有制实现形式的多样化,1998年上半年乡镇企业改制面已达到85%;另一方面,把技术创新作为冉振乡镇企业雄风的突破口,增强乡镇企业产品开发和技术创新能力。1998年,江苏省乡镇企业增加值增幅达到15%,高于全省国内生产总值增幅4个百分点。

3.探索实施资源比较优势的途径

过去一度认为,强调资源优势是比较传统的发展观念,与市场经济体制的建设不相适应。但从实际发展的效果来看,特别是通过1997~1998年国内外严峻的发展环境的考验,我国许多省区、特别是欠发达的中西部省区能够持续增长的经济部门,主要集中在以资源优势为基础的产业领域。因此可以认为,在产业经济为主的时期,资源优势仍是支撑地区经济发展的主要力量,是构成区域竞争优势的重要因素;适时调整资源产业结构,通过资源优势向经济优势的转化,构造地方特色经济体系,仍不失为一种合理的战略选择。内蒙古的优势产业发展与山东蔬菜基地建设给出了欠发达与发达地区两种类型的成功经验。

【内蒙古——加速将资源优势转化为经济优势】 内蒙古在这两年的发展进程中,通过不断探索和完善加快内蒙古经济社会发展的思路,逐步走出了一条符合内蒙古实际的发展路子。其基本思路是:立足资源优势,提高资源的综合开发利用水平,加快把资源优势转化为经济优势,推动了内蒙古经济稳步增长[23]。内蒙古的草原、人均耕地和森林面积居全国首位;全区矿产资源储量潜在价值达13万亿元,占全国的10%以上,居全国第3位。在传统的粮食、畜牧业、能源、原材料以及重型机械工业生产基地建设的基础上,加速发展绒毛纺织和绿色食品等具有地区特色的加工业,形成了一批实力雄厚、竞争力强的骨干企业,成为自治区经济发展的中坚力量。从1996年起,全区国内生产总值、财政收入、城镇居民人均可支配收入和农牧民人均纯收入4项重要经济指标增长幅度,连续3年高于全国平均水平。

【山东——蔬菜经济成为一个经济增长点】 山东是我国北方地区经济发展最迅速的省份,但农民致富仍然是在传统的种植业上作文章。山东70年代是"要发家,种棉花";80年代"要想富,种果树";90年代"富得快,种蔬菜"[24]。1998年,山东蔬菜种植面积2348万亩,总收入520多亿元,连续8年居全国首位,销往省外的蔬菜占总产量的70%,占全国流通量的20%。山东的蔬菜生产,显示出区域化、规模化、专业化的宏大气势,形成了一个发育健全的蔬菜市场营销网络、成龙配套的加工体系、四通八达的流通渠道。全省各类冬暖型蔬菜大棚已有170多万亩,约占全国的40%,冬春蔬菜的面积和产值分别占全年的60%以上和70%以上。特色经济显示出巨大的威力。

三、挤压"泡沫",追求务实的产业经济发展

"泡沫经济"是经济高速增长过程中的副产品。随着体制和增长机制的不断完善,"泡沫"的成分将不断减少。前些年,开发区建设、房地产开发、金融领域和乡镇企业发展等方面,成为我国"泡沫经济"的重灾区。重灾区所涉及到的地区,其经济普遍缺乏持续健康增长的能力,给地区经济造成极大的损失。在1997~1998年,我国各省区市普遍认识到"泡沫经济"的危害,以务实的态度发展产业经济。各省区市的开发区建设热潮明显降温,房地产对经济增长速度的贡献率普遍削弱,金融秩序得到整顿,乡镇企业也开始"缩水"。作为我国最大的经济特区海南省和新一轮开放的特殊开发区上海浦东的发展思路,对于消除和避免"泡沫经济"的影响具有很好的借鉴作用。

【海南——调整思路,消除"泡沫经济"危害】 海南是我国最大的经济特区。开发初期,由于不切实际地将房地产业作为主导产业,加之金融秩序混乱、财税征管松懈,"泡沫经济"成分很大。尽管出现过GDP年递增速度达到40%(1992年),但很快就大幅度下滑,1995年GDP增速仅为4%,持续性差,饱受"泡沫经济"之害。进入"九五"计划时期,海南省开始着力调整发展思路,将热带农业和旅游业作为支柱产业。1998年,海南省大力发展以"订单农业"为重点的热带高效农业,使农业的增长速度仍然位于全国各省区的前列;抓好旅游的软硬环境建设,使全省旅游业保持强劲的发展;此外,抓好工业扭亏增盈工作,加强税收征管力度,整顿和治理金融市场。终于使全省经济摆脱了自1995年以来的持续低迷状态。全年国内生产总值比上年增长8.3%,其增幅4年来首次超过全国增长水平。近来,海南省又提出争取用30年左右的时间把海南建成我国第一个生态省[25],在创建优良的生态环境和发达的生态型经济方面走在全国前列。

【上海——强调实物经济,避免"泡沫经济"】 上海在改革开放以来,主要是受益于财税金融政策和进口替代政策。近些年,上海浦东开发又给上海发展注入了新的活力,在发展思路上,上海提出建立金融中心的目标。从过去两年的实施效果看,轰轰烈烈的浦东新区现代化都市面貌的形成,并没有在真正的意义上促进上海产业结构调整的实现。这主要表现在,浦东开发对上海钢铁、汽车、石油化工、电站设备、家电和通信设备制造等六大支柱产业形成所起的作用有限,出现了"形态"开发与"功能"开发相当不协调,成为"泡沫经济"的另一种形式。上海市长徐匡迪明确指出,发展经济不能单搞虚拟经济,要以实物经济为后盾。因此,上海一直没有放松对现有工业结构的调整,到1998年底,上海工业已连续8年保持两位数高增长速度,从而确保了上海国民经济的长足发展[26]。

四、按新的发展观念,培育新的经济增长点

1997年和1998年,有两个新的发展观念对我国省区市制订经济发展战略产生了深刻的影响,即"可持续发展"与"知识经济"。许多省区市并没有停留在对新发展观的一般表述上,而是发掘并牢牢地把握住新观念带来的发展机遇,通过培育新的经济增长点,给地区经济发展注入新的活力。

1. 生态工程建设与生态产业发展

过去的两年中,各省区市普遍将环境保护与生态建设提到了日程上,特别是沿海发达地区以及我国重要的生态源区更为突出。前者以地方自觉的行为为主,通过营造生态环境优势,增强地区经济长远持续健康发展的综合能力;后者则主要是国家行为,通过国家投入的方式进行治理工程建设,在确保国家可持续发展战略实施的同时,也由于增加了地方投入以及项目建设,而带动了地方经济的增长。

作为长江、黄河的发源地,青海是我国重要的生态源区。为了遏制和治理江河源头的沙化,青海采取多种措施,在国家的大力扶持下,在江河源头流域狠抓草原建设,大搞植树造林,兴修水利电力工程,改善生态环境[27]。从1998年起,计划用13年左右时间,使森林覆盖率达到5.7%;用20年的时间,使森林覆盖率达到13.6%以上。生态工程的建设成为青海过去两年"扩大内需"见效最显著的领域,有力地带动了地方经济的发展。

我国更多的地区则是围绕重点环境问题进行重点治理。主要包括大都市以水、气污染为主的治理项目、重要名胜景点的环境保护工程以及防灾抗灾的工程建设。目标是营造一个比较优美、可持续性强的生存空间。如滇池治理和洞庭湖改造等。云南省截至1998年底,已经投入了近40亿元人民币,预计到2010年共需资金100多个亿,彻底治理好滇池[28]!洞庭湖则采取封山植树、退耕还林、平垸行洪、退田还湖、加固干堤、疏浚河道等综合方式,结合移民开发进行综合改造。

2."知识经济"与高新技术产业的发展

进入90年代以来,各地普遍将发展高新技术产业作为跨世纪的经济增长点,并以此为先导,构筑占领21世纪经济制高点的产业群体。继高新技术产业开发区的兴起启动了我国高新技术产业发展之后,"知识经济"概念的传入对加速高新技术产业的发展产生了很大作用。过去的两年中,许多省区市利用"知识经济"带来的发展机遇,使高新技术产业成为地方经济增长的支柱。当然,过于放大"知识经济"的地位,盲目制订地区高新技术产业发展规划,将成为导致我国省区市出现新一轮结构趋同、重复建设的弊端所在。

我国省区市发展高新技术产业的层次与水平有着很大的差异。像北京和陕西等省市,由于拥有强大的科研实力为支撑,所以,高新技术产业得到长足发展,有助于实现产业结构转型,拉动地方经济的发展。大多数省区则依托当地有限的科技力量,或是通过科技人才和适用技术引进,用高新技术改造传统产业,通过技术创新提高优势产品和特色经济的质量档次,也普遍收到良好的效果。

北京是我国科技中心,长期以来,经济发展战略与科技创新相脱节,影响到北京产业结构升级的进程。1997年底到1998年初,北京市委、市政府确定,首都经济的核心是高新技术产业,今后将在财政、税收和金融等多方面给予政策扶持,多渠道增加投入[29]。由于在制约科技产业化的两个关键环节上有较大突破,从而有力地推动了以信息产业为龙头的四大先导产业体系的初步形成。其一,科技成果转化的资金后盾问题。到1998年底,北京市政府投入的用于支持高新技术产业的引导性资金已达11亿多元,风险投资体系初具规模。其二,新技术企业的产权问题,让科技人员应获得的收益得到合法地位。1998年前9个月,北京开发区对全市工业经济增长的贡献率达到了55.5%。

陕西省是我国科技实力比较雄厚的省份,具有发展高新技术并实现产业化的明显优势。1992年,省委、省政府决定创建关中高新技术产业开发带;1995年又提出了以发展高新技术、培育新兴产业为核心的科技经济一体化计划。经过多年努力,1997~1998年,陕西高新技术产业化取得重大进展,成为新的经济增长点[30]。西安高新技术产业开发区走在了全国的前列。在东起渭南、西至宝鸡,全长不足400公里的陇海线上,相继建成了5个高新技术产业开发区组成的关中高新技术产业开发带,成为陕西省高新技术产业的重要基地。1998年,陕西省实施国家级火炬计划项目实现工业总产值115亿元,实现利税16.1亿元。

第三节 地区经济增长的总体态势

一、地区经济增长态势综述

在东南亚金融危机、国内消费疲软的双重压力下,1997年和1998年我国区域经济增长表现出4个重要的特点:

(1)经济高速增长难以维持,特别是1998年,省区市经济增长的轨迹出现变化,各地区都面临着增强经济持续增长活力的严峻态势。

(2)由于发达与欠发达省区在外贸依存度、产品结构、所有制结构等方面有很大差异,发达地区在1997~1998年经济发展受到的冲击程度比欠发达地区大,而从国家拉动经济增长的政策中获益较小。其结果是,过去呈高速经济增长的发达地区,经济增长幅度明显下降;而欠发达的快速增长地区,基本保持了"八五"和1996年的增长态势。区域间经济增长速度差异缩小到改革开放以来的最小值,区域经济相对均衡增长,区域间发展水平差异扩大的趋势得到明显遏制。

(3)在东西地带性差异的宏观背景下,我国经济发展水平存在着突出的省内地区间差异、城乡间差异以及东西地带间农村地区的差异问题;而城市间的区域差异水平相对较小。解决农村经济发展问题,特别是提高落后地区农民的生活水平问题应当成为区域经济发展的重要任务[31]。

(4)总体看,经济发展水平的地区差异比社会水平和收入水平的地区差异程度大,这是今后制订宏观区域政策、调整发展战略必须高度重视的问题。

由于国内外经济发展的宏观条件尚未发生根本的转变,尤其是多数省区市在增强经济增长活力方面的努力缺少实质性的进展,未来持续高速的经济增长将仍面临着很大的困难,进行结构性调整的任务已经迫在眉睫。

二、地区经济增长差异

【地区经济增长速度普遍持续下降】 尽管1997年和1998年实行宏观政策的内容和目标有着很大的差别,但其效果却是一致的,国民经济增长延续着1992年以来的下滑趋势,1997年和1998年GDP年均递增速度分别下降到8.8%和7.8%(图2-3)。对前后两个连续年度各省区市增长进行相关分析,可以清楚地看到,只有1998年与1997年省区市GDP增长速度的相关性最小,为0.5,而其他所有年份的前后两年的相关系数都在0.7以上。这说明1998年的增长态势已经不具备同前期的继承性。换句话说,多数省区市的增长态势在1998年发生了改变,其中,降幅在2个百分点以上的省区市有天津、上海、福建、安徽、江西、湖北、新疆,可见其区域类型是比较复杂的,各类地区都面临着增长活力不足的问题。总之,1998年是一个特殊的区域经济增长时期,这是发展大环境和政策导向变化所决定的。

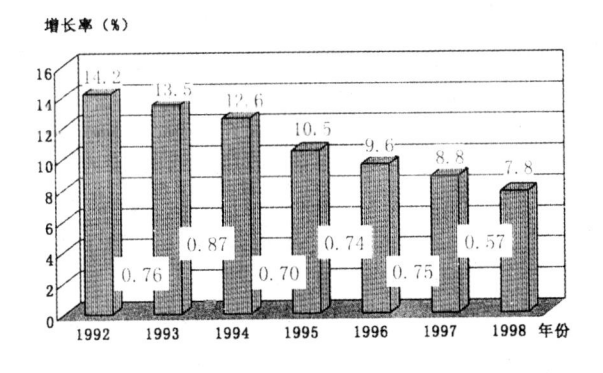

图2-3 1992~1998年GDP增长速度

注:柱顶数为GDP年递增率,柱间数为上下年份的相关系数。

【区域发展水平差距扩大的趋势明显减缓】 在整体经济出现高速增长比较困难的形势下,各地区的经济增长也都受到不同程度的抑制。特别是前些年经济高速增长的区域,经济增长速度降幅更大。一方面,区域长期高速增长是不可持续的,超高速经济增长更不可能长久,这是受客观规律所决定的。因此,1992年沿海(超)高速增长的省市经济持续下滑的速率便更大。另一方面,我国省区市普遍缺乏内在经济持续增长的活力,在国内外形势一旦发生不利于经济发展的变化时,地区经济便立即反映出负面影响的效果。沿海发达地区因外向型经济比重大,生活消费品生产占主导地位,非国有经济发展程度高,因此,亚洲金融危机、市场疲软以及金融财政税收政策的调整,对发达省市的冲击很大;而后国家实施的"扩大内需"的政策导向又偏重于中西部地区,所以,经济发展速度便出现较大幅度下跌,直接影响到国家经济发展总体目标的实现。中西部地区没有出现与沿海同步下滑的情形,这种省区经济增长格局,客观上缓解了区域间经济发展水平差距扩大的趋势(表2-6)。

表2-6　三大地带经济增长差异情况

	1992年			1997年			1998年		
	增长速度离散系数	算术平均增长率(%)	总量占全国比重(%)	增长速度离散系数	算术平均增长率(%)	总量占全国比重(%)	增长速度离散系数	算术平均增长率(%)	总量占全国比重(%)
全国	0.46	14.59	100	0.17	10.45	100	0.11	9.31	100
东部	0.42	19.10	56.56	0.19	10.90	57.96	0.10	10.00	58.26
中部	0.22	12.80	27.97	0.12	10.90	28.13	0.07	9.00	27.88
西部	0.22	9.85	15.47	0.11	9.31	13.91	0.08	8.63	13.86

三、农村发展状况与人民收入水平

【农村发展状况决定着我国发展水平地区差异的基本格局】 我国经济发展水平,总体上是自沿海向内陆递减分布的。在这个大背景下,区域差异还突出地表现为省域内部城乡间的发展水平悬殊。同时,东西地带性的城镇发展水平差距,小于区域整体发展水平的差异。这说明,造成区域整体水平差异的关键因素是东西部农村地区发展水平差距较大所致。

在国家实行非均衡增长的宏观区域政策的同时,省区市也采取了相同内涵的区域发展政策,优先发展以城市为重点的经济核心区域和产业密集地带,从而造成省区内部区域发展水平的差距扩大,而省际间中心城市的发展水平的差距趋于缩小。图2-4是1997年以地、市为行政单元的经济发展水平东西向剖面线,可以看出,济南与聊城、太原与吕梁地区、乌鲁木齐与和田等省内城市与农村地区的发展水平差距是非常大的。再以省会城市代表各省区中心城市的发展水平,同省区间发展水平的地域差异程度进行比较,前者在1997年是略小于后者,离散系数分别为0.378和0.396(不包括4个直辖市);各省市区间经济发展水平的离散系数更小。从这一比较可以推断,农村地区的发展水平差距是造成省际间经济发展水平差异的主要因素。中西部地区经济发展水平落后,首先体现在农村地区的贫穷上,中西部农村地区发展状况将决定着未来东西部发展水平差距的变化特点,地区经济活力的增强必须将农村经济发展作为重要的突破口之一。

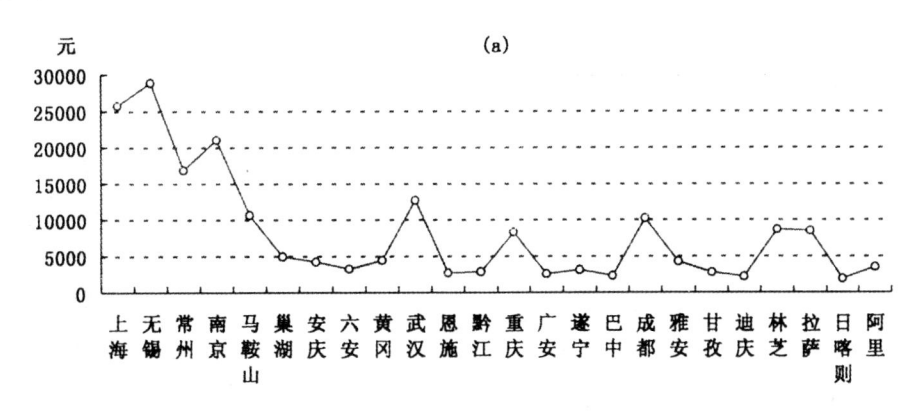

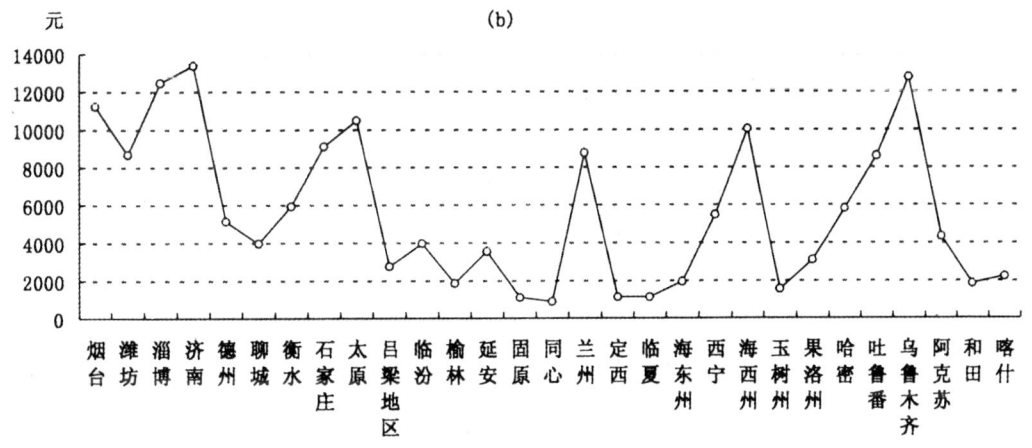

图 2-4　1997 年我国东西向人均 GDP 水平剖面线

【**居民收入水平的区域差异趋于缩小**】《1997 中国区域发展报告》揭示了这样一条结论：社会发展滞后于经济发展,成为我国经济高速增长时期的普遍现象。经济高速增长地区,主要社会指标没有得到同步快速增长,从而造成社会区域发展水平差异程度比经济发展水平的区域差异程度要小。另一方面,经济总量水平的地区差异与人民收入水平的区域差异出现分化。1996~1998 年间,人均 GDP 的区域差异程度比城乡居民收入的区域差异程度都大,并在经济发展水平的相对差距扩大的过程中,人民收入水平的相对差距却有所缩小,尤其是农民收入的区域差异水平持续缩小。尽管如此,农村收入水平的差异程度仍然明显高于城镇。收入水平的区域差异程度小于经济发展水平的区域差异程度,而且逐步有所缩小,表明我国区域差异矛盾在过去两年中得到明显的缓解,区域差异问题并不像人均 GDP 单指标所反映的那样严重。

形成收入水平差距缩小的主要原因,是高与次高收入组收入增长幅度下降、而低与次低收入组的收入水平明显提高的结果。1998 年同 1996 年相比,最高收入组的 5 个省份的城、乡居民收入平均分别增长了 16% 和 13%,而最低组的 5 省区平均增长的幅度分别为 16% 和 17%;次高收入组两种收入的提高幅度分别为 8%、13%,次低组分别是 13% 与 21%。广东、浙江、福建、江苏、辽宁、山东等高收入地区在过去两年中收入水平高速增长的势头减缓;甘肃、山西、陕西、青海、贵州、河南等低收入地区的收入增长却维持了一个较高的速度(表2-7)。

表2-7 经济发展水平与人民收入水平差异状况比较

	1996年			1998年		
	人均GDP	城镇家庭全部收入	农村人均纯收入	人均GDP	城镇家庭全部收入	农村人均纯收入
最高与最低的5个省区算术平均值相差倍数	2.75	1.71	2.41	2.84	1.71	2.34
次高与次低的5个省区算术平均值相差倍数	1.53	1.29	1.41	1.55	1.24	1.32
离散系数	0.39	0.24	0.34	0.40	0.23	0.31

第四节 地区产业结构变化特征

在国内外形势和地方发展战略取向的双重作用下,我国省区市产业结构演变出现多元化趋势,特色型的地区经济格局基本形成。三次产业结构中,物质生产部门的比重有所下降,第三产业成为多数省区市经济增长、解决就业、扩大消费的主要领域。工农业经济总体增长缓慢,但效益型农业和技术层次高的工业产品在各省区市都有较大幅度的增长,农业和工业的内部结构有不同程度的调整。与此同时,部分省区市产业结构调整的失误也开始暴露出来,"贪大"和"求全"是矛盾的症结所在。"贪大"主要是盲目追求在全国占有突出的经济地位,由此导致具有显示度的大型项目建设效益低下;"求全"则是不加选择地发展新兴产业部门,造成新一轮的重复建设。

一、省区市三次产业结构变化

"八五"时期和1996年,我国多数省区将经济建设的重点转向工业经济,绝大多数省区的第二产业比重值都有一定程度的增加。到1996年,除北京、贵州、海南和西藏4省区市外,其他省区市均以第二产业占国民经济的主导地位。进入1997年以来,经济高速增长、特别是工农业生产的发展受到市场疲软的抑制,各省区市及时调整发展战略,采取了不同的发展思路,导致产业结构呈多元化的变化趋势,特色经济体系初步建立。

【建筑业和第三产业成为多数省区市经济增长的支柱产业】 1998年同1997年相比,全国26个省区市的农业在国民经济中的比重有不同程度的下降,其中,贵州、江西、湖北、湖南、福建下降幅度达2个百分点以上,而黑龙江、浙江、江苏、安徽、河南、四川、云南、陕西、甘肃、青海等降幅在1~2个百分点。农业地位下降是符合90年代以来产业结构演变的基本规律的。

产业结构变化的新特点主要体现在:工业经济在17个省区市中的地位也出现下降,其中,

4个直辖市和吉林、新疆的降幅超过2个百分点,山西、黑龙江、江苏、广西、贵州、陕西、宁夏下降了1~2个百分点。建筑业和第三产业成为多数省区市过去两年中支撑经济增长、解决就业问题、扩大消费的主要部门。

【省区市产业结构变化趋于多元化】 产业结构变化多元化,有利于因地制宜,增强对国内外发展环境变化的应对能力,开辟经济发展的新途径。1998年,山西、辽宁、宁夏出现了农业在国民经济中比重有所提高、第三产业比重水平却同步减少的现象。在多数省区市工业经济出现滑坡的过程中,浙江、福建、江西和贵州等经济发展水平和产业结构特征截然不同的省份,工业经济在GDP中的比重却有较大幅度增加。

【多数地区产业结构尚不成熟】 1997年和1998年,在地区产业结构变化多元化的同时,多数省区市改变了产业结构变化的原有轨迹,表现出不稳定性的特点。这一方面有市场需求层面多样、国家政策引导等原因,另一方面,也是由于地区产业结构还不具备支撑经济持续快速增长的能力,产业结构缺乏活力,难以抵御国内外发展环境变化的影响。地区产业结构不成熟是导致产业结构变化不稳定的主要原因。

目前,只有沿海发达省市产业结构的变化相对稳定,3个沿海直辖市仍然保持第一、二产业比重向第三产业转移的演变轨迹,浙江、福建、山东、广东第二产业比重大体稳定,第一产业比重缓慢但持续下降,第三产业比重缓慢而持续上升。

二、工业结构的变化

1997年和1998年,在各省区市工业经济增长速度普遍下降的过程中,地区间工业发展水平的差距先缩小、后又扩大。轻重工业在量的增长上基本同步,但由于轻重工业产品供求关系的不同,导致轻、重工业内部结构调整的力度与效果也有所不同,一些能源原材料工业又出现生产分散化的迹象,高技术含量的轻工业产品有长足发展。非国有工业经济增长面临更大困难,增长速度的降幅比国有经济大,但各地区工业经济所有制结构向非国有化转变的总体走势没有改变[32]。

1. 工业经济增长的地区格局

经过90年代前半期高速增长之后,从后半期增长速度开始回落。工业总产值在1997年和1998年递增速度分别为13.1%和10.9%。其间,工业经济增长的地区格局呈截然不同的特点(图2-5)。

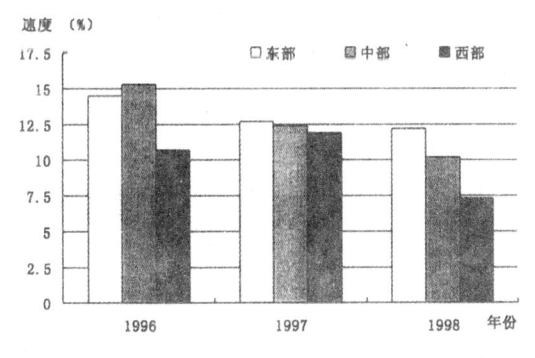

2-5 东、中、西三大地带工业经济增长速度对比

【1997年工业增长速度的地带性差距有所缩小】 1997年,三大地带中,东部和中部地区增幅下降,分别比1996年的递增速度减小了1.8和2.9个百分点,西部地区加速增长,增幅提高了1.2个百分点,由此导致东、中、西三大地带工业经济增长速度的差异明显缩小,三大地带分别为12.7%、12.4%和11.9%。

1996年,工业增长速度高于全国平均水平的省区市有11个,东、中部分别为6个和5个。1997年,工业增长速度高于全国平均水平的省区市上升到12个,其中,东部7个、中部3个、西部2个;特别是安徽、河北、湖北、四川等省步入我国工业经济高速增长的行列,对工业经济的地区分布格局的改善有一定作用。

东、中部工业经济增长减速主要是受集体工业、轻纺工业、外向型工业增幅回落的影响,而西部地区却得益于国家加快西部经济发展的区域政策,工业经济出现了快速增长的势头。

表2-8 各省区市工业增加值增长速度比较

	1996年	1997年	1998年
高速增长 (>15%)	山东、湖北、安徽、河北、天津、江西、福建、江苏、吉林、浙江、河南	安徽、河北、湖北、四川、广东、福建	山东
次高速增长 (12~15%)	四川、贵州、上海、湖南、黑龙江、内蒙古、广东	海南、江苏、山东、上海、江西、贵州、湖南、	湖北、福建、广东、四川、河北、海南、江苏、湖南
中等速度增长 (8~12%)	宁夏、新疆、陕西、辽宁、广西、青海、山西、海南、北京	吉林、青海、陕西、河南、北京、新疆、天津、黑龙江、辽宁、内蒙古、浙江、山西、甘肃	江西、北京、上海、浙江、安徽、吉林、青海、辽宁、广西、天津、甘肃、
偏低速增长 (5~8%)	甘肃、云南	广西、宁夏	贵州、黑龙江、山西、河南、内蒙古、陕西
低速增长 (<5%)		云南	宁夏、云南、新疆

注:省区市按增速由高至低排列;西藏缺资料暂未列入。

【1998年地区间工业增长速度的差距重新扩大】 1998年,我国工业经济增长速度普遍持续下滑。除山东、广西、湖南和浙江工业增长速度有所加快、北京和甘肃基本持平之外,其余省区市均有不同程度的下降。比较而言,西部地区工业经济增长速度下滑的幅度最大,为4.6个百分点;中部次之,为2.2个百分点;东部最小,仅0.5个百分点。东部、中部、西部地区工业增长速度分别为12.2%、10.2%和7.3%,三大地带工业发展水平的差距又再次被拉大(表2-8)。

地区间工业增长速度差距重新扩大的态势说明,在复杂的国内外形势下,东部发达地区工业经济具有比中西部地区工业经济更强的增长活力。1998年,国家实施扩大内需的宏观发展政策更有利于中西部的发展,但也没有有效地促进中西部工业经济的发展,这反映出中西部、尤其是西部地区仍然存在着突出的工业结构性问题,所有制结构、技术结构、行业结构落后,将长期影响到我国西部地区工业经济竞争力与增长态势。

2.轻重工业内部结构的变化

【轻重工业趋于协调发展】 1997年和1998年,我国轻、重工业趋于协调发展。1997年轻重工业增长速度分别为14.5%和11.7%,二者的速度差距由1996年的11.3个百分点下降为1997年的2.8个百分点;1998年,轻重工业增长速度分别为11.2%和10.6%,二者之间的差距进一步缩小为0.6个百分点。传统的重工业大省,采掘、原材料、重型加工工业等全面得到发展,重工业化程度普遍提高。1997年,山西(重工业比重为83%,下同)、青海(84%)、宁夏(83%)、辽宁(77%)、黑龙江(72%)、甘肃(79%)、新疆(71%)等省区,重工业的发展有力地支撑了整个工业经济稳步增长。

轻重工业二者协调发展的关键因素是轻工业增长速度大幅度递减。消费品市场疲软问题严重,国家实施的拉动经济增长的宏观政策更有利于重工业部门的发展,造成1997年和1998年消费品和投资品市场呈相对平稳增长的态势,由此决定了轻重工业增长速度差距的减小(图2-6)。

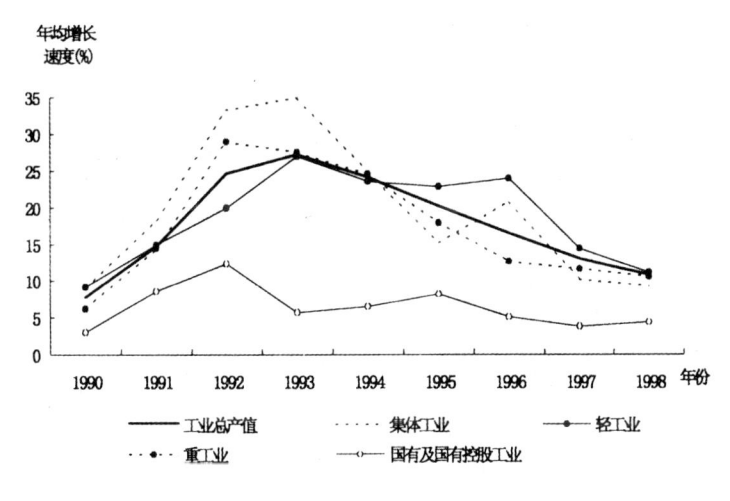

图2-6 1990~1998年工业总产值增长情况

【多数省区市的基础工业结构问题依然突出】 1997年和1998年,基础工业结构调整经历了两次转折:

进入1997年,能源原材料工业生产能力明显过剩、能源原材料产品大量积压的情况更加严峻。为了扭转重工业长期侧重"量"的扩张、规模结构与技术结构不合理的问题,国家出台了一系列结构调整政策,包括钢铁工业压产、关闭小煤窑、淘汰小水泥生产设备等。这些政策收到良好效果,为国有大中型企业腾出了更多的市场份额,因而成为给大中型国有企业解困的关键举措,有力地推动了以我国"三北"地区为主、长期被"东北现象"所困扰的大多数省区市基础工业的发展。

1998年国家实施扩大内需的政策,对能源原材料工业建设产生了较强的拉力。市场需求又救活了一大批濒临倒闭的基础工业企业。在维持较高增长速度的同时,多数省区市基础工业内部结构调整的步伐又有所放慢。以钢铁生产和水泥生产为例,1998年与1995年相比,主要生产大省的产量比重减小,重复建设与生产分散化问题突出,小型落后的企业生产的产品产量比重又有所抬升(表2-9)。工业结构矛盾问题仍然是重工业大省更为突出。而多数省区市基础工业技术结构落后、产品缺乏竞争力、同资源开发和环境保护的矛盾突出,严重地困扰着地区经济健康持续的发展。

表2-9 主要重工业产品生产集中度变化情况(%)

递减累计	发电量			钢			水泥			化肥			汽车		
	1990	1995	1998	1990	1995	1998	1990	1995	1998	1990	1995	1998	1990	1995	1998
5位	32.2	34.2	34.3	56.0	53.5	50.1	39.3	44.9	43.0	39.6	43.0	44.8	67.9	54.9	57.4
10位	58.2	58.6	58.7	77.0	75.7	73.3	65.9	70.3	69.7	67.2	70.0	71.4	88.4	85.3	85.7
15位	75.3	75.6	75.6	88.0	87.9	87.0	81.8	86.0	85.2	82.7	84.0	83.6	96.1	93.7	96.3
20位	87.4	88.0	87.8	95.0	95.1	94.6	92.0	93.9	93.4	92.3	92.0	92.3	99.4	98.7	99.1
25位	96.6	96.7	96.6	99.0	99.0	99.1	98.5	98.7	98.6	98.9	98.0	98.2	100.0	100.0	99.9
全部	100.0	100.0	100.0	100.0	100.0	100.0	100.0	100.0	100.0	100.0	100.0	100.0	100.0	100.0	100.0

【制造业产品结构层次有所提高】 1997年和1998年,制造工业产品结构与技术结构有了明显改善,高附加、深加工的领域有长足发展,部门竞争力有所增强。1998年,工业消费品中增长较快的产品是房间空调器、彩色电视机、软饮料、照相机和吸尘器等;在生产资料产品方面,技术含量高、附加值大、市场需求旺的信息通讯产品快速增长,如移动通信设备、程控交换机、微型电子计算机、光通信设备和载波通信设备等。

制造业结构的升级主要出现在沿海发达地区。北京、天津、上海、广东、江苏、浙江、山东等成为先进的制造业生产中心,这7个省市的微型电子计算机、移动通信设备、程控交换机的产品产量占全国总量的比重分别为82%、85%和92%。

3. 所有制结构变化

【国有与集体工业增长速度差距很大的状态有所改善】 1997年和1998年,由于支撑集体工业企业高速增长的基本动力和环境条件发生改变,其数量扩张型的高速增长已经难以维持,集体所有制企业增速明显减小,而国有工业增长平稳。两种所有制之间长期存在的增长速度差距很大的状态有所改善。这种不同所有制工业增长的特点,是1984年以来首次出现的。以集体所有制企业支撑工业经济的省区市,工业高速增长的趋势受到遏止,这也是东部沿海地带工业经济增长速度大幅下跌的主要原因之一。

【非国有化仍是地区工业所有制转变的主导趋势】 由于国有同非国有工业企业之间的增长速度仍存在着较大差距,多数省区市工业所有制结构仍继续向非国有工业比重提高的方向变化,非国有工业经济对工业经济增长的贡献率在1998年已经达到了75%。浙江、福建、广东3省非国有工业经济比重高达70%以上，天津、上海、江苏、山东比重也在50%以上；相反，西北5省区，东北的吉林和黑龙江，西南的重庆、贵州和云南，以及内蒙古、江西国有工业经济比重仍高达70%以上(按照1998年新口径计算)。可见，不同经济发展水平地区之间在所有制结构方面存在着明显的差距，这也直接影响到地区工业经济的竞争活力。

三、农业经济结构变化

1997年和1998年，我国农业经济稳中有进，全国农林牧渔业总产值分别只增长了5.3%和4.6%，地区间农业产值增长速度的差异依然很大。多数省区市农业产业结构继续缓慢地向效益型转变，全国种植业比重从1996年的57.8%，降低到1997年的56.4%和1998年的56.2%。1997年牧业在许多省(区)发展相对迅速，而1998年一些省区的渔业增长明显，成为推进农业经济结构改善的主要驱动力[33]。但由于受到市场疲软和乡镇企业发展困难的影响，农民收益增长缓慢，影响到农业经济持续发展机制的形成。通过国家的重点投入，农田基本建设取得显著成效，农业经济持续增长的能力有所加强。

【一些省区将农业作为重点产业加速发展】 1997年和1998年，中央政府实施的农业政策措施主要是确保农业稳步发展。1997年，中央政府通过流通体制改革，力保粮、棉、糖料等主要农产品持续稳定增长；强化土地管理和保护耕地的措施，确立了"保持耕地总量平衡"的基本政策目标，并实行冻结非农建设占用耕地一年的果断措施。这些措施尽管有些内容同市场经济体制建立的总体目标有所抵触，但在困难的国内外发展环境中，有效地保护了地区发展农业经济的积极性，收到良好的效果。许多农业大省坚持将农业经济发展放在重要的战略地位，有力地支撑了地区经济的发展。其中，上海、广西、福建、安徽、河南、海南、湖北、湖南、吉林、山西、辽宁在1997年和1998年，都曾实现过农业总产值超过8%的增长速度(表2-10)。

表2-10 农业总产值增长变化情况

	1996年	1997年	1998年
高速增长 (>10%)	内蒙古、宁夏、吉林、辽宁、河南、山西、陕西、黑龙江、甘肃、福建、安徽	上海、广西、福建	吉林、山西
次高速增长 (7~10%)	河北、江西、湖南、上海、山东、广西、云南、江苏、天津	安徽、河南、海南、湖南、新疆、河北、江西	海南、辽宁、宁夏、天津、河北、福建
一般增长 (4~7%)	湖北、浙江、广东、四川、海南、贵州	云南、江苏、甘肃、广东、黑龙江、四川、贵州	河南、内蒙古、陕西、新疆、山东、甘肃、广西、广东、四川
低速增长 (0~4%)	青海、新疆	浙江、青海、陕西、西藏、北京、天津、辽宁、山东	云南、江苏、安徽、北京、黑龙江、湖南、湖北、上海
零或负增长 (≤0%)	西藏、北京	宁夏、内蒙古、吉林、山西	贵州、青海、西藏、浙江、江西

注：省区市按增速由高至低排列。

【各省区市农业结构调整力度减弱】 进入1997年，我国出现了鲜见的农产品价格稳中有降的局面。国家对主要农副产品干预政策保证了稳产增产，但对市场价格的影响却非常乏力。农产品市场普遍趋淡，直接影响到农业经济效益的提高，影响到农民收入的增长，也阻碍了各省区市农业结构调整的进度。1997年，天津、山西、海南、贵州、青海、宁夏等6个省区市种植业比重有不同程度的抬升；1998年，种植业在农业经济中比重有所增加的省区市的数量增加到16个，其中，辽宁、吉林、山东、河南、西藏、甘肃的比重增幅超过2个百分点。

一些省区市种植业比重的抬升得益于内部结构的调整，1997年和1998年，除了油料、糖料、茶叶等在个别省区种植业中比重有所提高之外，各省区市普遍将增加蔬菜种植比重作为改善种植业结构的重要出路，特别是优质蔬菜产量有较大幅度的提高，这是与前些年普遍将"水果种植"作为重点的取向有所不同。但必须看到，蔬菜、水果价格的普遍下跌，也影响到农业经济结构调整的积极性。16个种植业比重抬升的省区中，多数是农业经济结构层次下滑的反映。

1997年和1998年，农产品的供求关系急剧多变，增加了区域农业经济战略目标选择的难度。1997年，除传统牧区之外，农区牧业仍保持着较快增长的势头，吉林、辽宁、河北、山东、湖南、广西等省区牧业占农业经济的比重超过了1/3。但随着肉类价格的下跌，1998年牧业发展速度立即减缓。1998年，牧业增长速度普遍低于渔业，除了沿海渔业大省水产品产量稳步增长之外，内陆淡水养鱼势头仍然不减，水产业成为维持内陆农业经济总体效益不发生明显下跌的主要行业。

【地区农业持续发展的能力建设受到重视】 1997年中央政府在改善农业生产条件和生态环境治理方面加大了投资力度。1997年与1996年相比，国家对农林牧渔业固定资产的投入增加了40%，对农业基本建设的投资增加了38.2%，用于农业技改的资金增长了48.4%。这些对国家商品粮生产基地、农牧业生态工程、重点农业综合开发区建设和大江大河的治理等，发挥了重要的作用。

1998年，扩大内需的政策又将农业综合开发和基本建设列入重点。国家通过农业部系统的财政投入由1997年的12亿元增加到21亿元。同时，国家进行农业综合开发的投入资金为40亿元，加之地方配套和农行贷款，该项资金总量达到120亿元，集中用于黄淮海平原、东北平原、长江中下游平原和新疆等地，重点用于中低产田改造。主要农业地区持续发展的基础设施条件有所改善。

四、第三产业结构变化

进入90年代以来，第三产业在国民经济中的比重一直在减少。1995年和1996年，降到了最低值，为30%。1997年和1998年，第三产业成为三次产业中增长最快的部门，为国民经济增长目标的实现作出了重要的贡献。

【第三产业在各地区普遍有较快发展】 第三产业在各省区市国民经济中的比重水平，一直缺乏明显的空间分布规律。1998年，第三产业在GDP中的比重超过40%的省区市，除了京津沪3个直辖市外,还有海南和青海。此外,福建、广东、陕西和宁夏的第三产业在本省中的地位也比较突出。这一现象,反映出我国许多省区产业结构仍不成熟,个别地区产业结构畸形的问题依然严重[34]。

"八五"时期,省区市第三产业发展的态势具有明显的地带性差异特征,经济越发达的省区市第三产业的增长速度就越快,7个增长速度最快的省区市全部分布在沿海地带,而增速最慢的10个省区全部分布在中西部地区。1997年和1998年,由于各省区市普遍重视第三产业的发展,这一特征趋于淡化。同1995年相比,1997年和1998年第三产业比重增加量之和超过4个百分点的有上海、天津、北京、吉林、广东、青海、江苏和江西等8个省市;河北、新疆、浙江、云南、四川、辽宁、内蒙古、广西、海南、甘肃和山西等11个省区增幅不超过1个百分点。

各省区市产业构成中第三产业地位的普遍提高,主要是因为工农业产品的国内外需求增长缓慢,而第三产业中出现了一批具有增长潜力的行业。第三产业成为各地区吸纳剩余劳动力与下岗职工的主要部门,并且在拉动大众消费方面的作用也非常明显。

【地区第三产业发展重点有所不同】 1997年和1998年,第三产业在地区发展的重点领域有所不同。

商贸餐饮及服务业在各地区普遍得到发展,是经济欠发达地区第三产业的重点发展领域。新型的商品市场体系、新的商业组织形式不断健全;餐饮与服务业的领域明显拓宽,尤其是各省区市的服务业发展水平及在第三产业中的地位有了明显的提高。

交通通信、金融保险业持续发展,在发达地区推进产业结构高级化进程中发挥了重要的作用。发达地区,尤其是发达的中心城市,通过重点扶持以网络化为标志的信息产业,以及金融证券业的发展,进一步强化了区域经济中心的职能,提高了参与国际竞争的能力,对我国经济现代化目标的实现将产生重大影响。

【旅游业成为各省区市第三产业的新支柱】 80年代末期到90年代初期,各省区市都将房地产开发确定为第三产业的新增长点,房地产投资额年均增长速度高达30%,但由于销售不畅,对国民经济增长的持续带动作用未能很好地发挥出来。1997年和1998年,大多数省区市在调整"九五"计划的发展思路时,将旅游业确定为新兴的支柱产业,进行重点投入和建设,旅游业在多数省区市第三产业中成为发展速度最快的部门之一。1996年我国人均旅游花费为256元,仅仅2年之后,人均旅游花费便增加到了345元,这从侧面反映出旅游拉动消费、带动经济增长的效果。

各省区市的旅游业发展普遍注重发挥地方特色、突出优势产品,因此,尽管旅游业作为省区市支柱产业的重复率很高,仍是合理的。多数省区市在走过一段弯路之后,认识到,提高旅游业发展的竞争力,就必须走"持续旅游"的道路。发展旅游业注重自然风光的独特性与地方文化特色的结合、注重旅游景点建设与生态保护的结合、注重感官享受与科学教育的结合、注重旅游业产品开发与带动地方产业相结合。这种发展战略的选择,提高了旅游业发展的社会、经济和生态等综合效益,使旅游业有可能成为我国国民经济的新增长点(表2-11)。

表 2-11 中国各省区市旅游业产业定位和发展目标一览表

省区市	产业定位		发展目标	旅游业总产出占GDP比重(%)		
	现状	方向		1996	2000	2010
中 国	三产重点	支柱产业	世界第一流的旅游大国	3.8	5	8
北 京	三产支柱	重要产业	现代化国际旅游大都市	12以上		6以上
上 海	三产重点		国际化都市型旅游中心城市	4.1	6	
天 津	三产重点	三产支柱	滨海旅游都市		5以上	8以上
重 庆		支柱产业	旅游大市,旅游重点市	4.6	4~5	8~10
河 北	三产支柱	支柱产业	旅游大省,旅游强省	3.16	2.7	
山 西	四大战略带头产业之一	新的支柱	旅游经济大省			
内蒙古	三产先导	支柱产业	北方地区旅游大省	1.44	3以上	
辽 宁	三产重点	三产支柱	旅游大省			
吉 林		支柱产业			2.93	3.28
黑龙江		新兴支柱		1.78	3.2	10
江 苏		支柱产业	旅游大省,国内旅游发达省	2.26	7	7~8
浙 江		重要支柱	旅游产业大省	6.4		5
安 徽	新增长点	新兴支柱		3.79	5.14	8.79
山 东		三产支柱	旅游发达省份	3.64		
福 建	重点产业	支柱产业	旅游经济强省,旅游发达省份		5	
河 南	先导	重要支柱	旅游大省			6~7
湖 北		重大支柱	旅游强省			
湖 南	三产龙头	新的支柱	旅游大省			
江 西		龙头产业		0.7		
广 东	三产先导	重要产业	旅游业最发达的省份	8以上		
广 西	三产先导	支柱产业	旅游大省	7.4	8	10
海 南	三产龙头	三大支柱之一	旅游大省	14.5		
四 川	三产支柱	支柱产业	旅游大省	3.3	5	8
贵 州		后继性支柱	旅游大省		5	
云 南		四大支柱之一	旅游大省	5.1	8	10
西 藏	支柱产业之一	优势产业		3.8		
陕 西	新兴产业	重要支柱	旅游大(名)省	5.2	6.2~7.6	9
甘 肃	先导产业	支柱产业				
青 海	先导产业	优势产业		0.5		
宁 夏		支柱产业		1.4	3以上	
新 疆	三产先导	优势产业	中国旅游业21世纪大发展的后备战略基地			

60

第五节 评价与结论

1. 加大结构调整力度,营造地区经济增长活力

1997～1998年,在严峻的国内外发展环境条件下,我国各地区仍基本实现了经济快速增长的目标。这主要有两个方面的原因:其一,国家及时采取了有效的拉动经济增长的政策;其二,经过改革开放近20年的发展,我国地区经济增长活力有了明显的提高[35]。

通过分析各地区对国内外发展环境条件变化的反响,可以看出,我国各地区在实现经济持续快速增长的过程中,仍存在着不同的结构问题。沿海发达地区参与国际竞争的能力不强,外向型经济的技术含量比较低,这直接影响到地区产业高级化的进程。中部许多地区经济增长开始复苏,有些省区已经步入了"快车道",但国民经济的所有制结构和管理体制落后,持续增长面临着新的"门槛"。西部多数地区受当地综合发展环境的制约,地区经济增长对中央政府投入和政策导向的依赖性仍然很强,缺乏市场竞争能力。

主要靠国家投入拉动内需、促进经济增长的方式,持续性是比较弱的。亚洲金融风波虽趋平息,但国内商品供求关系的基本特点将长期难以改变,如果在不久的将来我国加入了WTO,那么,国内外市场的竞争将愈加激烈。各地区能否实现经济持续快速健康增长的目标,关键取决于地区经济发展的综合活力。近期,加大结构调整力度,是营造地区竞争力的主要途径。东、中部广大地区应当成为结构调整的重点,在实现我国跨世纪的经济发展战略目标中,发挥更大的作用。

沿海发达地区的首要任务,是提高参与国际竞争的能力。加快形成区域创新体系,在体制创新和技术创新方面,走在全国的前列。产业结构调整的战略重点是推进外向型经济、非国有经济、制造业、第三产业再上一个新台阶。中部具有经济发展潜力的地区,仍应当继续发挥国有与非国有经济并重、大中小企业相对齐全、基础产业与制造业体系比较协调、物质生产部门与第三产业综合发展的结构优势,增强抵御宏观经济动荡的能力。重点是加快国有企业脱贫解困步伐,努力提高基础产业的现代化水平。

在未来的几年中,东部沿海发达地区不宜将"高速度"作为经济发展的首选目标,而应在加大结构调整力度方面走在全国的前列。中部有条件的省份,经济仍保持比较稳定的增长速度,产业结构不断完善,结构调整对经济增长的贡献率逐步提高。这样,东、中部地区经济增长速度将趋于持平,以人均GDP为指标测度的我国沿海与内陆经济发展水平相对差距扩大的趋势将有所减小。同时,三大地带经济发展水平的差距,将更多地体现在"结构层次"的差距上。"十五"计划期间,沿海与内陆结构层次的差距将趋于扩大。

2. 部分欠发达地区需要调整发展战略,树立"富民为本"的目标

虽然经过多年的发展建设,我国西部部分省区的一些地区,经济发展活力仍然很弱,参与市场竞争力不强。这类地区的发展状态,主要取决于国家的投入规模,对国家发展政策依赖性很强。1997～1998年,国家对西部广大地区进行了大规模的基础设施建设,生产与生活条件

有了一定改善,但并没有能够真正帮助这类地区形成经济持续发展的内在机制,未来地区发展的前景仍不乐观。

西部的许多地区当属"欠发展优势"的地区。经济大规模发展的综合自然条件不利,生态环境问题突出,地理位置相对封闭,区域市场及与外部市场的联系不畅。此外,经济技术基础薄弱,尤其是管理和观念的相对落后,严重地制约着地区经济的发展。长期以来,基于对这类地区"资源丰富"的认识,国家进行了以大项目为主体、以能源原材料工业基地建设为重点、以国家投入为主渠道的地区开发建设。尽管在增强地方经济实力方面发挥了很大作用,但并没有从根本上改变"欠发展优势"的基本特征,而且,经济效益低,资源成本高,生态环境的代价大。

因此,有必要重新认识"欠发展优势"地区的发展战略与目标,树立"以民为本、富民优先"的思想。通过国家扶持和发达地区的帮助,选择适宜的地区开发模式,实现提高人民收入水平和改善人民生活的目标。发展重点包括:

(1) 搞好生态环境建设,在主要的生态源区,强调经济效益从属生态效益的原则,确保我国可持续发展战略的实施。随着整体国力的不断增强,我国已经有可能通过财政转移支付、受益地区的补偿支付等方式,对生态环境建设地区进行扶持。

(2) 积极发展当地民众直接受益的产业。实现从大规模能源原材料开发项目建设为重点,向农业产业化、中小型的农副产品加工、旅游及其相关产业为重点的产业结构转换。

(3) 加强基础设施和公共设施建设,改善人民群众的生活条件。建立食物、饮水、能源等基本生活保障,提高医疗卫生、文化教育等社会服务水平。

这样,在未来相当一段时间内,西部许多地区经济增长速度将有所减缓,西部与东中部经济发展水平的差距仍将呈扩大的趋势,但人民生活水平的差异程度应逐步缩小。

3. 充分发挥企业在区域经济发展中的作用

在改革开放的 20 年中,随着地方经济实力的提高,省区市的发展政策、投入规模与去向,对我国区域发展的基本格局产生的影响作用越来越大。中央尽管实行了税制和金融体制改革等一系列措施[36],但在强化中央协调地区经济发展的综合能力方面,仍没有达到理想的效果,地区经济发展的基本态势主要是取决于地区经济发展的综合活力。

随着改革开放的不断深化和市场经济体制的不断健全,近年来,企业越来越成为经济活动的主体,地区经济活力集中体现为当地企业发展的状况。因此,协调地区经济发展,必须在继续强化中央对区域经济发展的调控能力的同时,高度重视发挥地方和企业在区域经济发展中的作用,尤其是处理好区域发展战略与企业发展战略的关系,使企业与区域发展形成良性互动机制。通过提高企业的市场竞争力,强化地区经济发展的比较优势。

1997~1998 年,各省区市都非常注重发挥企业在地区经济发展中的作用,通过培育支柱名牌企业、帮助国有企业解困脱贫、促进乡镇企业转机,增强了地区经济发展的活力。特别是在经济发展水平较高的地区,成效更为显著。同时,个人消费和个人投资在 1997 年和 1998 年没有能够真正启动,私人资本与地方经济发展尚未进入良性互动的发展阶段。

今后,发展区域经济,必须将充分发挥企业和个人的作用放在突出的位置。沿海发达地区应当继续深化改革,实行政企分离,通过转变政府职能,将企业推向地区经济活动的前台,率先建立社会主义市场经济体制,营造地区经济持续增长的体制优势。在相对落后地区的开发建设中,一定要将企业的介入作为一个重要的途径;在地区产业项目方向的确定、资金与技术来源、组织管理与市场营销等方面,逐步树立企业作为经济活动主角的地位。从全国范围而言,壮大名牌和支柱企业、加快国有企业的改革步伐、增强乡镇企业的发展后劲、大力发展外资企业,是近期提高地区经济持续发展活力的主要措施。此外,应当在重视引导私人消费、扩大内需的同时,开辟吸纳民间投资的新途径,使私有经济的发展成为我国下世纪初经济发展的重要支撑力量。

4. 进一步发展具有地方特色的区域经济

1997~1998年,在复杂的国内外发展环境中,我国绝大多数省区市能够根据自身条件,及时调整发展思路,积极推动区域特色经济的发展,有力地确保了地区经济增长目标的实现。这同以往各省区市发展战略趋同、政策目标相对一致、建设项目重复量大的状况相比,在地区发展决策方面有了明显的进步。

发展"特色"经济,有利于发挥地区的比较优势,具有较强的市场开拓与占有能力,是地区经济持续发展的重要保障。今后,各地区仍应当继续本着扬长避短、因地制宜的原则,壮大地方优势经济。我国"十五"计划的宏观区域发展政策的核心内容之一,应当是引(指)导区域特色经济体系的进一步完善,切实形成一个具有合理的劳动地域分工和密切的地区经济联系的区域经济格局。

通过长期经验教训的总结,尽管多数省区市已经深刻地认识到"特色"经济的重要性,并努力调整产业结构,克服地区间产业结构雷同的问题,但在长远发展战略取向上,往往又在新的产业发展领域和经济增长点的培育方面,出现新一轮的重复建设,在竞争中遭受不必要的损失。所以,针对各省区市"十五"计划的制定,要特别强调贯彻国家宏观战略思路必须同地方发展条件相结合,这样,才可能转化为发展机遇,最终成为发展的现实。目前,在强调知识经济与科技创新中,应当避免高新技术产业、以及新兴的教育产业、文化产业等无效竞争;在强调实施可持续发展战略中,各地区应当在处理好生态环境保护、生存(温饱)、发展(致富)的关系方面,有不同的对策和战略目标,谨防盲目、盲从带来的不良后果。完善区域特色经济体系,营造区域创新能力,实现区域持续健康快速的发展。

参考文献

[1] 郑新立:"继续贯彻稳中求进的方针",《人民日报》,1998年2月5日。
[2] 韩根军:"1000亿元国债带来什么",《中国科学报》,1998年10月25日。
[3] 翁杰明等:《中国1998》,上海人民出版社,1998年。
[4] 陆大道、薛凤旋等:《1997中国区域发展报告》,商务印书馆,1997年。
[5] 刘国光等:《中国经济前景分析——1999年春季报告》,第108页,社会科学文献出版社,1999年。
[6] 李江、颜波等:《中国经济问题报告》,经济日报出版社,1998年。

[7] 季野、张西明等:《中国发展状况与趋势1999》,第16~49页,红旗日报出版社,1999年。
[8] 张明等:《中国面临的紧要问题》,经济日报出版社,1998年。
[9] "中国利用外资成效显著",《中国科学报(海外版)》,1998年12月25日。
[10] "国务院增发1000亿元长期国债",《人民日报》,1998年10月12日。
[11] "国家发展计划委员会确定新增一千亿国债定向投资六个方面",《人民日报》,1998年9月2日。
[12] 马洪、王梦奎:《中国经济形势与展望1998—1999》,第124页,中国发展出版社,1999年。
[13] "充分利用两种资源、努力开拓两个市场——浙江实施三大战略促进外贸出口",《人民日报》,1999年3月17日。
[14] "围绕产业建市场",《人民日报》,1999年2月9日。
[15] "东西互补共谋发展",《人民日报》,1999年3月15日。
[16] "廉洁高效有为、树立全新形象——广东代表谈转变政府职能",《人民日报》,1999年3月14日。
[17] "咬住发展不放松——来自广西的报道",《人民日报》,1998年9月14日。
[18] "湖北汽车工业减肥重点支持东风百万辆工程",《人民日报》,1999年5月25日。
[19] "群枝芜蔓怎胜一花怒放——湖北依托东风培育支柱产业",《人民日报》,1999年6月4日。
[20] "打胜新时期'辽沈战役'——辽宁代表话国企改革与脱困",《人民日报》,1999年3月15日。
[21] "抓住三次机遇、实现产业升级——江苏构筑经济发展新优势",《人民日报》,1999年6月20日。
[22] "调整优化结构、推进技术进步——江苏再振乡镇企业雄风",《人民日报》,1998年12月28日。
[23] "扬长补短上台阶",《人民日报》,1999年3月14日。
[24] "生产有基地、销售有市场、流通有渠道——山东蔬菜种植居全国首位",《人民日报》,1999年6月26日。
[25] "营造优良生态环境、发展现代生态产业——海南建设我国第一个生态省",《人民日报》,1999年5月11日。
[26] "上海确立新一轮工业发展目标",《人民日报》,1999年3月21日。
[27] "青海:大力治理江河源头",《人民日报》,1998年12月20日。
[28] "滇池治污战犹酣",《人民日报》,1999年4月26日。
[29] "北京启动高技术企业担保风险金,政府投入引导性资金超11亿元",《人民日报》,1998年11月9日。
[30] "关中形成开发带、实现利税十六亿——高新技术拉动陕西经济增长",《人民日报》,1998年12月1日。
[31] 中国国情研究会:《中国国情报告1998》,中国统计出版社,1998年。
[32] 马洪、王梦奎主编:《中国发展研究1999》,中国发展出版社,1999年。
[33] 陈东琪主编:《经济形势、政策与投资策略》,湖南人民出版社,1998年。
[34] 刘国光、王洛林、李京文:《1998年中国经济形势分析与预测》,社会科学文献出版社,1998年。
[35] 张卓元、黄范章、利广安主编:《20年经济改革回顾与展望》,中国计划出版社,1998年。
[36] 马洪、刘中一、陆百甫:《中国宏观经济政策报告》,中国财政经济出版社,1998年。

第三章 国有企业体制创新

企业是区域经济的最基本组织单元。在长期的中央计划经济体制下,国有企业在各地经济发展中起着十分重要的作用。改革开放以来,国有企业进行了多种形式的改革探索。90年代中期以来,在国有企业,尤其是大中型国有企业中建立现代企业制度,对国有经济实施战略性重组(如"抓大放小"举措),又成为国有企业改革的重点。伴随着这些改革,国有企业与区域经济发展的关系发生着明显的变化。

第一节 国有企业地位变化与企业活力的区域审视

一、国有企业地位变化与区域经济发展

改革开放以来,随着非国有经济的迅速增长,国有企业在区域经济增长中的贡献份额不断下降。以国有工业占工业总产值的比例计,90年代以来,各省区市的下降幅度均十分明显。其中,福建的国有工业1990年占工业总产值的57%,1997年降到11%[1],下降幅度(46个百分点)为1990年的80%以上。下降幅度最小的新疆,也达7.2个百分点。

若以1990年各省区市国有工业占工业总产值的比例为纵坐标,1990年至1997年该数值的下降量占1990年的比例为横坐标,根据各省区市在坐标中的位置(图3-1),可以分为三组。第一组(左上角)为高比例低下降类型,包括新疆、青海等11个省区市。1990年国有工业

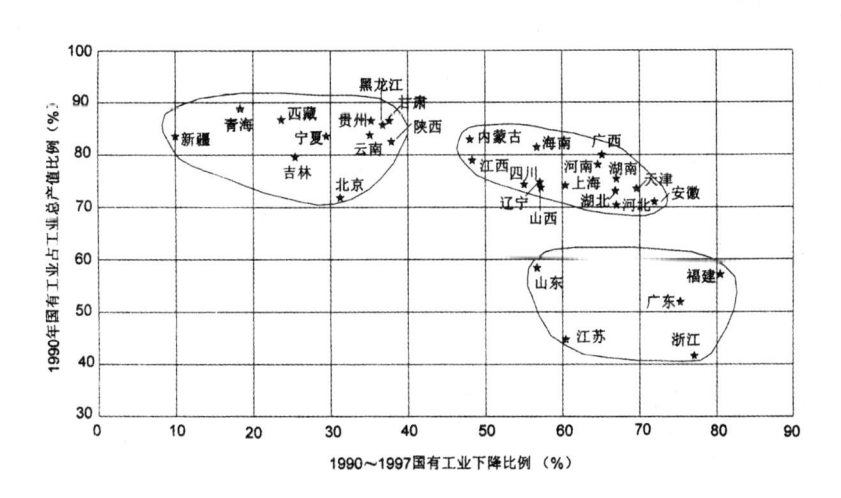

图3-1 国有工业占工业总产值的比例(1990)及其变化(1990~1997)

资料来源:国家统计局,《中国统计年鉴》(1991、1998)。

占工业总产值的比例除北京为 71.7%、吉林为 79.5%外,其余 9 省区均在 80%以上;1990～1997 年国有工业地位下降量占 1990 年的比例也相对较低(均小于 38%)。

第二组(右上角)为高比例高下降类型,包括内蒙古、江西、安徽等 14 个省区市。1990 年国有工业占工业总产值的比例为 70%以上,1990～1997 年国有工业地位下降量占 1990 年的比例很高(达 48%以上)。

第三组(右下角)为低比例高下降类型,包括山东、江苏、广东、福建、浙江 5 省。1990 年国有工业占工业总产值的比例在 58%以下,1990～1997 年国有工业地位下降量占 1990 年比例均很高(达 56%以上)。

与此相应,90 年代以来三类地区的经济增长,也表现出明显差别。第三种类型的省份,1990～1997 年的 GDP 年均增长速度均居全国前列,福建(年均增长 17.6%)、浙江(16.7%)、广东(16.5%)、江苏(16.1%)、山东(14.5%)名列全国的第 1～5 位。第一种类型的省区中,除新疆、吉林、西藏外,其余均为全国年均增长最慢的地区,1990～1997 年的 GDP 年均增长速度在 10%以下。第二种类型的省区市,90 年代的经济增长多处于全国的中等水平,其中,国有企业地位较低和下降较快的省份(如安徽、河北)的经济增长又快于其他省份。

以上事实表明:第一,国有工业的地位及其变化与各地的经济增长状况具有明显的关联;第二,国有工业地位高的地区,国有工业改造负担重,经济增长面临颇多困难,故多数地区经济增长较为缓慢,反之,国有工业地位较低的地区,则出现较快的经济增长;第三,国有工业的地位下降,多数情况是由于非国有工业的快速增长所引起的,故在这些地区的经济快速增长中,非国有工业起有重要作用。

二、国有企业活力的区域差异

国有企业活力是国有企业生存和发展的核心。以上对各地区国有企业地位及其变化与经济增长关系的分析,说明国有企业作为一个整体,缺乏活力。然而,就国有企业本身来说,各地的情况又不尽一致。为了分析国有企业活力的区域差异,这里借鉴李占祥等人的研究方法[3],并根据数据的可获得性,选取总资产周转率(销售收入/总资产)(X_1)、全员劳动生产率(X_2)、总资产利润率(利润总额/总资产)(X_3)、权益收益率(可供分配的利润/所有者权益)(X_4)、利润增长率(X_5)、固定资产增长率(X_6)、销售收入增长率(X_7)等 7 个指标。

根据 1997 年各省区市的指标值,参考相关研究中对各指标权重的专家评分结果[3],这里采取如下权重进行各指标的综合处理:

$$V = 0.1X_1 + 0.2X_2 + 0.3X_3 + 0.1X_4 + 0.1X_5 + 0.1X_6 + 0.1X_7$$

式中,V 为 7 个指标的综合值。

由于原始指标的量纲不一,在综合值的计算中,需先对原始指标进行标准化处理,即把每一指标的原始数据减去其均值,再除以标准差。各省区市国有企业活力的综合值计算结果见表 3-1 中最后一列。

表 3-1　各省区市国有企业活力指标（1997）

省区市	总资产周转率	全员劳动生产率	总资产利润率	权益收益率	利润增长率	固定资产增长率	销售收入增长率	综合值
北　京	-0.03	0.84	0.26	0.30	-0.04	0.66	0.01	0.34
天　津	-0.43	-0.28	-0.37	-0.27	-0.98	0.44	0.29	-0.26
河　北	0.14	-0.18	0.35	0.48	-0.20	-0.46	-0.01	0.06
山　西	-1.20	-0.69	0.07	0.24	-0.34	-0.10	-0.37	-0.29
内蒙古	-0.68	-0.58	0.09	0.21	3.52	-0.87	0.09	0.14
辽　宁	-0.51	-0.56	-0.39	-0.29	0.01	-0.22	0.21	-0.31
吉　林	-0.33	-0.79	-0.70	-0.70	-0.25	0.57	0.41	-0.40
黑龙江	-0.13	0.44	1.67	2.44	-0.06	0.23	0.30	0.87
上　海	1.55	1.47	0.47	0.32	-0.32	-0.60	-0.39	0.49
江　苏	2.15	-0.11	0.18	0.27	0.00	-0.17	-0.02	0.25
浙　江	1.47	0.53	0.34	0.36	0.03	0.11	-0.62	0.34
安　徽	0.94	-0.18	-0.16	-0.05	-0.75	-1.34	-1.62	-0.37
福　建	0.15	0.23	1.49	1.53	-0.10	-0.56	-0.90	0.50
江　西	0.01	-1.15	-0.55	-0.53	-0.32	0.27	-0.02	-0.45
山　东	1.09	0.61	0.46	0.63	-0.15	-0.12	0.39	0.44
河　南	0.40	-0.20	-0.03	0.13	-0.41	-0.32	-0.02	-0.07
湖　北	0.29	-0.19	-0.22	-0.10	-0.40	-0.62	-0.13	-0.20
湖　南	-0.09	-0.61	-0.62	-0.58	-1.45	0.57	-0.88	-0.55
广　东	1.32	1.26	0.45	0.47	0.04	0.28	0.45	0.64
广　西	-0.10	-0.49	-0.99	-1.00	-0.19	-0.45	-0.57	-0.63
海　南	-0.79	-0.81	-1.45	-1.87	-0.10	0.52	0.09	-0.81
重　庆	0.49	-1.03	-1.39	-1.42	—	—	—	—
四　川	0.06	-0.62	0.27	0.46	3.31	-2.92	-2.77	-0.23
贵　州	-0.35	-0.43	-0.33	-0.22	-0.52	-0.02	0.03	-0.29
云　南	1.56	3.54	3.36	2.37	-0.21	0.31	-0.39	2.08
西　藏	-2.31	1.38	1.57	1.12	0.70	1.50	1.11	0.96
陕　西	-0.37	-1.03	-1.11	-1.18	-0.12	-0.80	-0.18	-0.81
甘　肃	-0.75	-0.53	-0.67	-0.63	0.18	0.66	0.15	-0.34
青　海	-1.80	-0.66	-1.23	-1.85	-0.20	3.32	3.42	-0.21
宁　夏	-0.72	-0.57	-0.43	-0.35	-0.20	0.23	0.64	-0.28
新　疆	-1.03	1.37	-0.37	-0.30	-0.48	-0.09	1.32	0.10

资料来源：国家统计局工业交通统计司，1998年。

1997年各省区市国有工业企业活力的综合评判值，差别十分明显。大致可以分为4种类型:①V值在0.8以上,包括云南、西藏、黑龙江3省区,由于特殊工业的带动,V值很高。云南烟草和卷烟工业、黑龙江的石油工业、西藏的纺织工业及原材料开采业,具有较高的效益,但这些省区的其他工业部门的效益并不好。②V值在0～0.8之间,包括广东、福建、山东、浙江、江苏、上海、北京、河北、内蒙古、新疆10省区市,除内蒙古和新疆外,均位于东部沿海地区。改革开放以来,受外资企业和其他非国有经济快速发展的影响,这些省区市的国有企业注重经营管理改革和技术革新,并适当调整产品结构,使其活力明显高于全国平均水平(全国平均V值为0.02)。③V值在-0.5以下,包括湖南、广西、海南、陕西,为1997年国有企业活力最低的4个省区。④V值在-0.5～0之间,包括辽宁和以上未提及的12个中西部省区(未包括重庆市)。

比较各省区市的国有企业活力状况与经济增长,发现国有企业活力差异对经济增长速度影响并不明显。反映了国有企业活力的总体水平远远低于非国有企业。国有企业的较高地位,并未对各地的经济增长带来相应的贡献。改革国有企业,提高企业活力,势在必行。

第二节 区域企业重组与经济发展

我国国有企业的集中度过低,企业规模不经济;企业间缺乏合理分工,专业化协作水平低;国有独资企业分布过广、过散。这些均制约国有企业活力的提高。为此,各级政府制定了一系列企业联合、兼并的政策,鼓励优势企业兼并落后企业,鼓励企业之间的各种联合。这种兼并、联合打破了地区、部门和所有制的界限,对促进产业组织结构的调整,重组企业生产力,扬长避短,发挥优势,具有重要作用。比如,80年代中期以来,国家和各级政府开始了建立大型企业集团的举措。1997年,国家试点企业集团达120家,多数省区市也设立了自己的试点集团。这些企业集团通过资产授权经营,对其他企业参股、控股以及联合兼并等途径,扩大了规模,增强了实力。1997年,国家确定"优化资本结构"的111个试点城市(图3-2),已实施兼并企业2000余户、破产企业1100余户。这些举措,在不同程度上影响着所在地区经济的发展。

一、东部沿海地区的企业重组

1. 东部沿海地区企业重组特点

东部沿海地区是我国经济增长最快、市场体系发育最快的地区,也是我国引进外资最为集中的地区[6]。大型跨国公司在中国投资,也主要集中于这一地区[7]。从而为企业家成长和技术创新创造了较为优良的环境。就国有企业本身而论,面向居民消费的轻工业部门在该地区有较好的基础。这些背景条件,促进了该地区的国有企业重组和制度创新。近几年来,该地区的企业重组具有如下特点:①一批在全国有影响的大型企业集团组建和成长起来;②这些企业集团在扩张的过程中,不仅兼并本地区的企业,还涉足中西部地区的企业;③实现企业重组的形式多样,包括破产重组、兼并重组、股权重组、债务重组、联合重组等。

强强联合组建大型企业集团可以1997年11月成立的"中国东联石化集团有限责任公

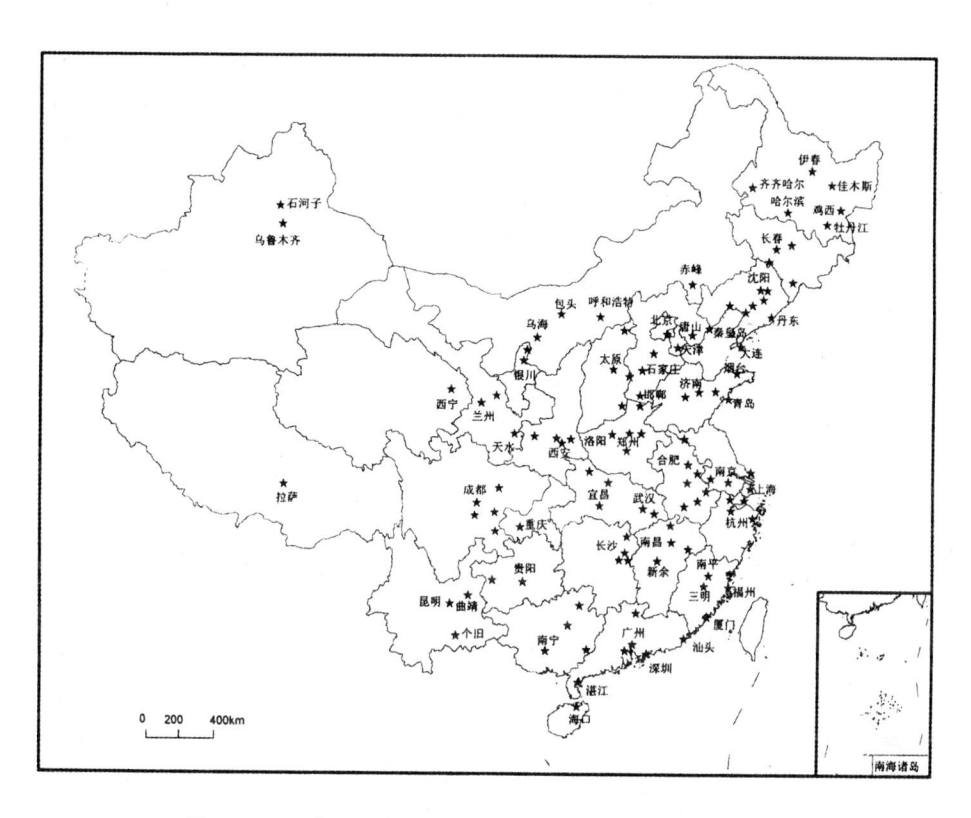

图 3-2　国家 111 个"优化资本结构"试点城市分布(1997)

司"为例。在此之前，南京地区方圆 30Km 范围内，分布有扬子石化公司、金陵石化公司、仪征化纤公司、南京化学工业公司等 4 家大型化工企业，分别隶属于中国石油化工总公司、中国纺织总会和江苏省。这 4 家企业本是一个相互依存的工业生产体系，彼此之间具有密切的原料、半成品和成品联系。如扬子石化可向仪征化纤提供化纤原料 PTA 和乙二醇，向金陵石化提供化工原料苯和邻二甲苯，向南化公司提供苯和化肥原料重沥青；金陵石化可为扬子石化提供乙烯原料石脑油；南化公司可为扬子石化提供硫酸、硝酸、烧碱等石化原料（图3-3）。但是由于隶属关系复杂和行政干预等原因，本应有的亲密联系被强行割裂。比如，

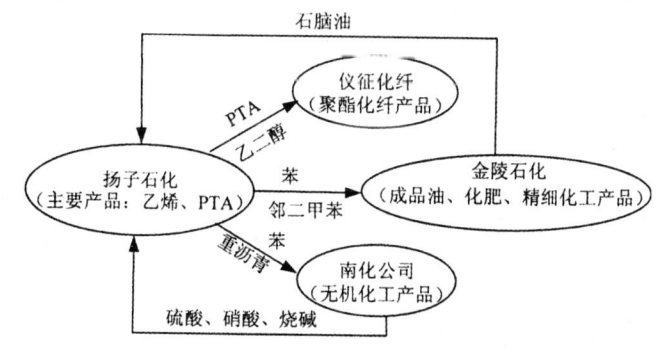

图 3-3　南京地区 4 家石化企业物料互供关系

扬子石化与仪征化纤本属上下游关系，扬子石化的乙烯装置和仪征化纤的聚酯装置原本是70年代后期引进的一整套大化工项目，但却分给两个企业。两个企业又隶属两个部门。这便产生了物料供应的衔接和协调问题。为了做到"不受制于人"，只得往"全"的方向发展。在扬子石化已有年产45万吨PTA生产能力并计划改造到年产60万吨的情况下，仪征化纤又在"八五"期间新建了年产25万吨的同样生产装置。扬子石化则向下游延伸，要求新上年产10万吨瓶用聚酯切片。

为了打破分割，在国务院直接指导下，4家企业以资本为纽带，组建了特大型石油化工集团"中国东联石化集团有限责任公司"。成立后的集团总资产达542亿元，职工14.57万人，1997年实现销售收入440亿元。据估计，成立集团后，每年可节省资金上百亿元。同时，4家企业的优势汇聚，大大增强了其市场竞争力。

沿海地区企业集团跨区域的兼并实例很多。如青岛海信集团利用被兼并企业在当地的优惠政策，用少量的资金投入，盘活大块的资产。1994～1997年间，跨地区、跨行业地并入山东、贵州、辽宁等地的6家国有企业，用了3亿元投入盘活了30多亿元的国有资产，使这些企业走出了困境。TCL集团1997年北上河南与河南美乐强强联合，合资组建河南TCL—美乐电子有限公司，在中原建立彩电生产基地。新公司运作后，经济效益比美乐增长80%。康佳集团1993～1997年先后兼并牡丹江电视机厂、陕西陕广公司、安徽滁州电视机厂，以7000万元的投入，控制了3家公司7亿元的资产。三九集团资本经营挺进中西部，覆盖全国16个省份，兼并、收购的企业70%以上经营状况良好。诸如此类的沿海地区企业集团在中西部地区的兼并、联合，不仅带动了相关国有企业的增长，而且在技术、管理上带动着这些企业，增强了相关区域发展的潜在优势。

跨地区的兼并、联合促进了沿海地区大型企业集团的成长。如彩电生产中的前4家大公司(长虹、康佳、熊猫、TCL)占有国内市场的57%，除长虹外，均位于东南沿海地区。其他全国著名家电生产企业，如春兰、海尔、科龙等，也均是在沿海地区发展起来的。

2．上海市的企业重组

在东部沿海地区老工业基地内，上海市的国有企业改革成效十分明显。在企业资产重组中，上海市坚持以下四个原则：①资产重组与存量盘活相结合，不让国有资产流失；②通过资产重组和存量盘活，使企业保证流量和增量资金；③资产重组坚持市场原则，符合市场法则；④通过资产重组，实现优化组合、优势互补和优势扩张。

1998年，上海市的企业资产重组工作侧重于以下方面①：

【中央企业与地方企业联合】 主要有宝钢与上钢、梅山钢铁公司的联合，冠生园(集团)公司与烟草集团的联合重组。这类联合有利于发挥中央企业的技术优势、资金优势；有利于优化资本结构，防止重复建设；有利于淘汰混合工艺，加快技术进步。如在宝钢与上钢、梅山联合前，上钢有大量的改造项目，但缺乏资金，难以进行。而宝钢有充余的资金，可投的项目却不

---

① 根据作者1999年6月对上海市经济委员会的调查资料整理。

多。通过联合,双方优势互补,既避免了重复建设,又促进了上钢管理水平的提高与工艺技术的进步。在冠生园(集团)公司与烟草集团的联合重组中,烟草集团和各区烟糖公司共同出资6亿元,注入到冠生园集团,使冠生园(集团)公司总资产增加到12亿元,为在2000年销售额达到100亿元创造了条件。

【上市公司重组】 上海共有50多家工业上市公司。根据国家证券管理部门关于上市公司重组的试点政策,1998年上海市对一些业绩不好的上市公司,通过资产整体置换、扩股重组,为优势企业发展增加资金。如纺织行业的龙头、三毛、申达和医药行业的四药等4个上市公司,通过定向扩股可募得资金14亿元。除此之外,还有一些上市公司资产重组方案已上报中国证监会审批。

【国有企业之间的联合重组】 通过联合重组,把优质国有资产向优势企业和优势企业家集中。如上海家化公司近几年发展很快,1998年销售收入达16亿元。市经委将家化公司与日化公司联合重组,组建家化集团,由优秀企业家担任董事长。此外,轻工控股公司又向家化公司追加1亿元资本金,从而使家化集团进一步壮大。到2000年销售收入将达40亿元。又如,为了发挥工贸结合的优势,开拓国际市场,工业的梅林正广和集团与外贸的食品进出口公司联合,外加轻工控股(集团)公司出资1亿元,重组新的上海梅林正广和(集团)有限公司。

【合资企业之间的联合重组】 由于中方合资者多为国有企业,故该种重组也与国有企业发展密切相关。如英荷的联合利华在上海有6家合资企业,10多年来在引进技术和产品,开拓日化市场等方面取得明显成效。但存在着管理、销售各自独立,资金无法合理使用等问题。为了提高企业竞争能力,上海市有关部门将轻工控股(集团)公司作为中方股东,与联合利华在上海的5家合资企业组成一个合资控股公司。重组后,中方的股份由原来的38%改为23%。但是,按照国际惯例,依据中方实际分得的利润乘以市盈率15倍来确定转让价格,从而使中方从股权转让中获得近3亿元。同时,由于中方降低了股份比例,在今后外方增资和增加广告费用时,中方的负担得以减轻,又有利于推动合资企业的发展。

通过多种方式的企业重组,使优势企业不断壮大,在市政府的扶持下,一批优势企业迅速扩张为大型企业集团。到1997年底,全市已形成年销售额5亿元以上的大集团、大企业110家,其销售总额占全市工业销售总额的70%以上。

二、中西部地区的企业重组

中西部地区,国有经济比重较大。在国有工业中,原材料工业和重工业又占较大比例。计划经济影响根深蒂固,市场经济发育相对迟缓。外资进入的状况也远不如沿海地区。这些均影响企业重组。尽管如此,90年代以来,该地区在企业重组方面也颇有成效。

以东北地区为例,除去辽宁省由于沿海地区非国有经济发展较快,国有经济地位下降明显之外,吉林和黑龙江两省的国有企业仍处于十分突出的地位(图3-1)。国有经济比重大的地区,由于政府控制比较严格,实现创新转型就比较困难[8]。尽管如此,这些地区企业和政府均十分努力。根据对吉林和黑龙江的调查,吉林省3年来以优势企业为依托,组建了17个省级以上的大企业集团(包括中国第一汽车集团公司、吉林化工集团、吉林油田、长春摩托车集团、吉发农业开发集团、吉林德大、通化钢铁、吉林森工、吉林纸业、吉林化纤等)。调整企业67户(破产42户、被兼并13户、停产整顿9户、关闭3户),对46户企业采取了新的资本组织形式和经营方式(合资14户、分立经营9户、买断经营4户、股份合作经营4户、租赁经营12户,出售、委托、民营各1户)。这些重组对国有企业实力提高有重要影响。如中国第一汽车集团自1992年以来,先后兼并25个国内汽车厂,如今已拥有36个直属专业厂、11个合资子公司、12个控股子公司、17个参股公司和246个关联企业。通过企业购并、走集团化的道路,盘活国有存量资产200多亿元,集团控制的国有资产已达400亿元,整体实力显著增强。但是,一些企业重组后的运营状况并不尽如人意,亏损状况并不好转,如吉林化工集团1997年亏损9亿元。

黑龙江省在1998年重点抓了13户大型企业集团的组建和发展工作(其中低成本扩张4户、发展完善5户、筹划论证4户)。其中哈尔滨电站集团、医药集团、双太电子、哈飞集团等均为年产值20亿元以上的大型企业集团。各地市和有关部门也都以组建企业集团为载体,加快了企业组织结构调整的步伐。如牡丹江市已组建了40户企业集团,集团总资产100亿元。

河南省的国有企业重组背景与吉林和黑龙江相似,但由于近年来乡镇企业的迅速发展,市场意识逐步建立起来。企业重组的力度颇大。在扶植大企业集团的发展上,通过对国有大中型企业摸底,筛选了63户重点企业,给予较大的支持力度。1998年这些重点企业的技术改造贷款占全省同类贷款的63%。省主管部门还组织对华中医药、莲花、双汇、一拖等4户重点企业集团的发展规划进行了论证。通过落实各项扶持政策,重点企业的成本费用利润率、人均营业收入、资产负债率等经济指标均好于全省平均水平。

在企业兼并破产工作上,河南以优化资本结构试点城市为依托。在1997年和1998年两年,全省兼并企业43户、破产企业43户、减员增效企业41户。通过兼并和破产,推动了优胜劣汰机制的建立和完善,使一批长期亏损、扭亏无望的企业(如郑州第二棉纺厂、郑州啤酒厂、郑州第二印染厂、安阳九州制药厂)平稳地退出了市场,盘活了其中的有效资产,一批长期亏损的企业(如洛阳轴承厂、郑州一、三、四、五、六棉纺厂等)出现了转机,一批优势企业(如莲花、双汇、一拖等)得以低成本扩张[①]。

中西部地区企业联合、兼并的区域范围,可以分为三种类型:一是各省区市内部的联合、兼并[9]。如90年代初一汽对吉林轻型车厂、长春轻型车厂、长春轻型发动机厂和长春齿轮厂的兼并重组;1997年10月重庆市嘉陵、建设、望江、平山等兵器总公司系统的企业与市属的奔达、宗申、隆鑫、清华公司,以及一批生产摩托车零部件的集体和民营企业联合,组建"中国嘉陵建设摩托车集团",总资产达100亿元;武汉市纺织企业通过兼并,组建大型纺织集团。二是中西部各省区市间的联合、兼并。如河南双汇集团,兼并大庆、绵阳等6个市的7家处于"休克"

---

① 根据作者1999年7月对河南省经贸委、体改委、统计局的调查资料整理。

中的肉联厂、食品厂,以2000多万元的付出,盘活了5亿多元的存量资产,1997年集团销售收入比上年增长23%,达到30亿元;新疆联合机械集团有限责任公司,在中原地区兼并有关企业,形成拥有8个分厂、20多个零部件厂、130家协作配套厂的"集团军"。三是鼓励省外企业,尤其是沿海地区的优势企业,兼并、收购本地的危困企业。如武汉市通过转让股权等方式,让海尔集团兼并了武汉市希岛公司,深圳宝安集团兼并了武汉市马应龙药业公司,海南赛格公司兼并了武汉双虎涂料公司,无锡小天鹅兼并武汉洗衣机厂等。这些企业被兼并后,经济效益均有明显提高[5]。

第三节 制度创新的区域分析

90年代中期以来,国有企业的制度创新以股份制改造、建立现代企业制度为主要特征。从1994年开始,国家重点选择了100户大中型企业建立现代企业制度试点,随后各地又先后选定2500多家国有企业进行试点。到1997年,国家百户试点企业中,除1户解体、1户被兼并外,其余大都进入试点方案实施和规范阶段,其中40家已改制上市。各地区、各部门的试点企业中,有1989户按《公司法》改为公司。

一、试点企业的区域特征　　作为试点企业,其选择时必然兼顾地区性原则。故国家百户建立现代企业制度试点企业覆盖全国31个省区市。但各省区市的试点企业数量不一,沿海地区和国有经济在全国占重要地位的省区市数量较多。沿海地区占全国的58%。其中由于各部委重点企业被选作试点,总部位于北京市的试点企业总数达16户。其他试点企业数量较多的省市包括上海(6户)、辽宁(5户)、广东(5户)、山东(5户)、天津(4户)、江苏(4户)、浙江(4户)。在中西部地区,湖北(5户)、吉林(4户)、陕西(4户)、四川(4户)、黑龙江(3户)、河南(3户)的试点企业数量相对较多(图3-4)。

百户试点企业中,30家由国家体改委负责联系指导。这30家企业的总体分布格局与100家大致相似,17家(57%)位于沿海省份,13家(43%)位于内陆。据1998年初对这30家企业的跟踪调查[11],其组建和经营特征如下:①试点企业的公司制框架已初步形成(均进行了公司制改造),但国有独资公司占较大比例(53.3%)。经济发达的沿海地区,企业产权结构趋于多元化①。中西部地区,国有独资企业比例较高。②大部分(73.3%和76.7%)试点企业成立了董事会和监事会,少部分(16.7%)成立了公司股东代表大会,部分(30%)企业的经理人选由董事会决定。③从经营状况看,1994～1997年30家企业销售收入平均增长10%,沿海地区企业(平均13%)远高于中西部地区(5%);30家企业利税年均增长27.6%,其中沿海地区企业平均为47.9%,中西部地区企业平均为-18.7%。

---

① 《科学时报》,1999年7月17日第9版。

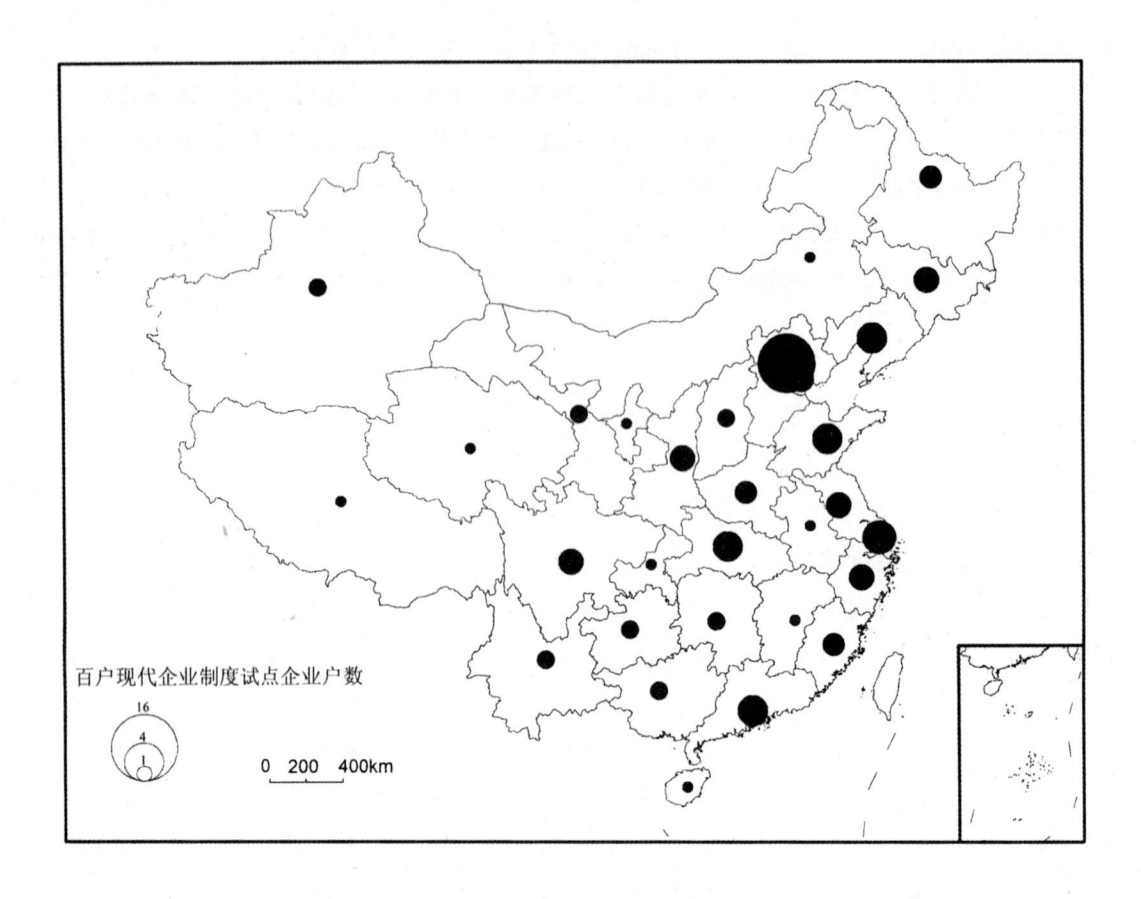

图 3-4　国家百户现代企业制度试点企业分布

二、上市公司
的区域分析　　截至1997年底,全国上市公司总计745户,市价总值达17529.24亿元,占国民生产总值的1/4以上。上市公司区域分布差异明显(图3-5)。①沿海地区省区市占重要地位。该地区12个省区市的上市公司数占全国的63.6%,远高于中西部地区19个省区市所占的比例(36.4%)。②沿海地区内,上海和广东是两个最为集中的省市,上市公司数分别达112户和107户,占全国的15.0%和14.4%。广东的上市公司中,又有59.8%集中于深圳。除上海和广东之外,辽宁(41户)、江苏(37户)、山东(35户)、福建(32户)、浙江(31户)和北京(25户)均有较多的公司上市。③中西部地区的上市公司以四川(42户)、湖北(32户)最高,其次为吉林(23户)、重庆(19户)、湖南(18户)和黑龙江(17户)。从地理位置看,这些省市主要集中于长江沿岸和东北地区。

　　上市公司的区域分布,一方面,与各地的经济基础和原有大中型企业数量、规模有关,另一方面,也反映了各地企业改革的状况。1996年国家下发新股额度时,就明确提出股票发行要为国有企业改革服务,向国家重点企业集团、重点国有企业和现代企业制度试点企业倾斜。1997年,这一趋势更加明显,促成了葛洲坝、东方航空、上海汽车、辽通化工、一汽轿车、本钢板材等国有企业股票的发行。

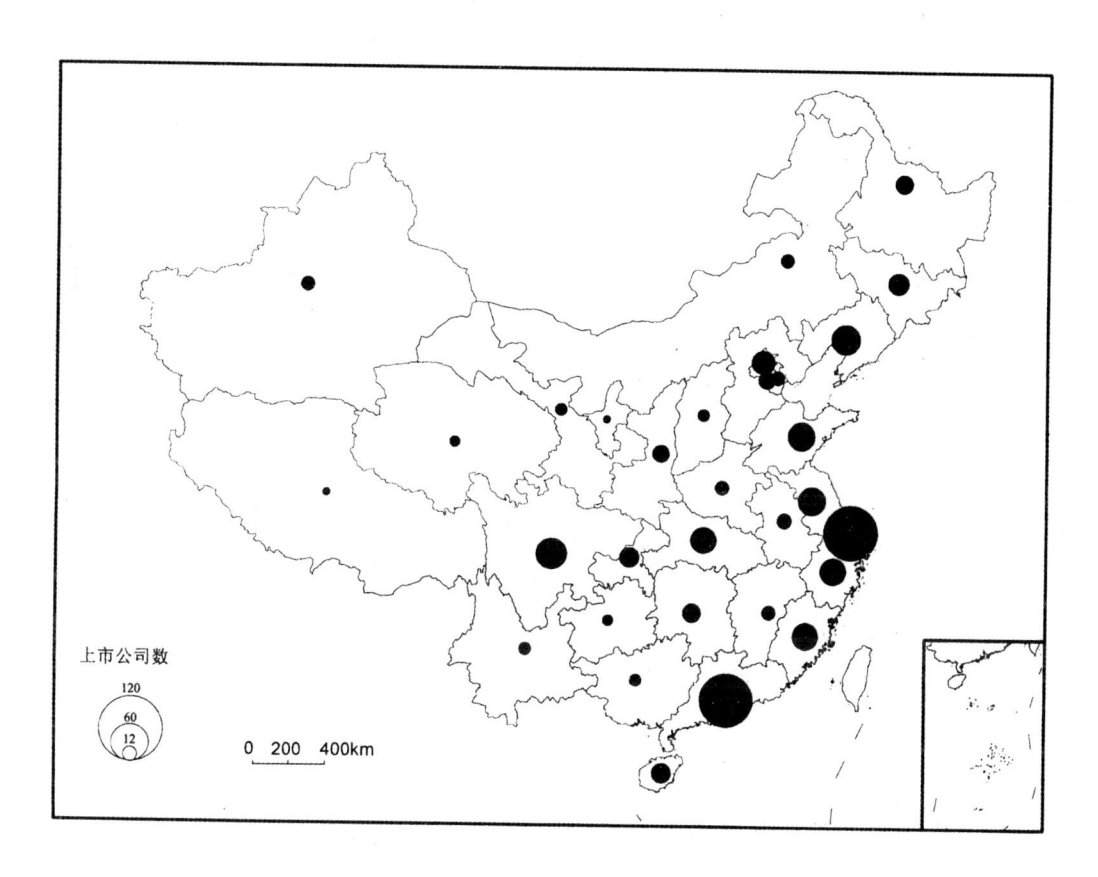

图 3-5　全国上市公司的区域分布(1997)
资料来源:中国证券管理监督委员会,1998年。

三、建立现代企业制度的区域比较:上海市与河南省

为了在国有企业建立现代企业制度,各省区市根据本地的条件,进行了多种多样的尝试。但由于各地市场经济发育程度、由计划经济向市场经济观念转变程度、经济和企业发育基础条件等因素的不同,现代企业制度的建立也表现出很大差异。这里以上海和河南为例,来说明这种差异。

1. 上海市

上海市现代企业制度的建立工作,在全国颇有影响。该市利用市场经济较为发达、市场观念较强的优势,以投融资体制改革为主线,促进现代企业制度的建立,据权威机构对上海市219家建立现代企业制度试点企业的调查[①],该市建立现代企业制度取得较大进展。

【试点企业分布广、经济总量大】 219家企业包括农业、工业、批发和零售贸易业、房地产业、建筑业、运输邮电业、金融保险业等,在全市的国民经济中占相当重要的地位。以工业为例,试点企业中主营为工业的企业132家,1998年底拥有的资产总额(2055.38亿元)占全市独立核算工业企业的23.5%。

---

① 国家统计局上海市企业调查队、上海市统计局企业改革调查办公室:《上海企业调查》,1999年第3期。

【大部分试点企业建立了现代企业制度】 试点企业中,190家(占86.8%)已改制为股份有限公司和有限责任公司,其中改制为股份有限公司的占33.3%,改制为有限责任公司的占53.5%。在改制过程中,81.7%的企业确立了出资人制度。出资人主要是国有资产授权经营机构。投资主体多元化格局基本形成。试点企业拥有注册资本790.46亿元,其中国家资本占40.2%、集体资本占3.3%、法人资本占39.2%、个人资本占6.5%、外商资本占10.9%。

【法人治理结构已基本形成】 试点企业中成立股东大会的企业96个,占43.8%;成立董事会的企业196个,占89.5%;成立监事会的企业180个,占82.2%;总经理由董事会聘任的有147个,占67%。以上比例均远高于全国试点企业。

【企业自主经营权基本得到落实】 试点企业的73.5%认为能够自主地作出重大投资决策,77.6%制订有奖励制度并且不受干扰地严格执行,66.2%认为如要裁减富余人员,不需政府部门或有关部门批准。在总经理职权上,总经理能够主持公司的生产经营管理工作,组织实施董事会决议的占98.6%;可以根据市场需求组织实施公司年度经营计划和投资方案的占96.3%;能够根据需要拟定公司管理制度及机构设置方案的占99.1%;能自主决定企业中层管理人员的占30%,由总经理提名、董事会或主管部门批准任命中层管理人员的占47.9%;能提请聘任或解聘公司副总经理、财务负责人的占80.8%。

【制度创新促进了企业发展】 根据调查,试点企业中经营状况和效果很好和较好的企业占51.6%。1998年,试点企业共分流富余人员18.83万名(其中待业人员占15.1%);试点企业资产负债率1997年比1996年下降4.9个百分点,1998年又比1997年下降1.1个百分点。1998年试点企业人均销售收入30.82万元,比1997年增长10.5%;人均创利税2.88万元,比1997年增长8.8%。

根据调查,上海市企业改革的主要障碍是:43.3%的试点企业认为"社会保障制度不完善"是最主要的因素,如果加上非第一选择的企业,该因素的总认同率达75.3%。其次,市场体系不健全、企业办社会等历史包袱沉重、缺乏对企业家的激励和约束机制、政府转变职能滞后等,也影响着企业改革的深入(表3-2)。

表3-2 试点企业对推进企业改革的主要障碍因素评估

主要障碍因素	第一选择企业数所占比例(%)	多项选择企业数所占比例(%)
社会保障体系不完善	43.4	75.3
市场体系不健全	16.0	64.0
企业办社会等历史包袱沉重	15.5	57.5
缺乏对企业家的激励和约束机制	3.7	40.2
政府转变职能滞后	15.5	38.8
产权不明晰	5.9	20.1

资料来源:国家统计局上海市企业调查队、上海市统计局企业改革调查办公室:《上海企业调查》1999年第3期。

2. 河南省

与上海市相比,河南省的市场经济发育相对落后,市场经济观念较淡薄,改革意识也有一定差距。表现在现代企业制度的建立上,差距明显。这种差距不仅表现在建立现代企业制度的数量标准上,更重要的是反映在质的方面。

【试点企业的数量与分布[①]】 河南省选定的建立现代企业制度试点的企业有100家,涵盖了国民经济的大部分行业。其中工业企业85家,1998年底拥有资产总额787.18亿元,占全省国有及同等规模以上企业的16.4%。试点企业的绝对数量和相对比例均低于上海市。

【试点企业建立现代企业制度状况】 到1998年底,试点企业中有86家初步建立了现代企业制度。其中改制为股份有限公司的39家、有限责任公司的12家、国有独资公司的35家。试点企业中有71家确立了出资人制度。企业注册资本中,国家资本金占71.2%、法人资本金占19.4%、个人资本金占4.7%、外商资本金占4.1%、集体资本金占0.6%。国家独资公司、国有资本金所占比例均远高于上海,法人资本金、个人资本金和外商资本金比例则远低于上海。

【法人治理结构状况】 试点企业中成立股东大会的企业占45%,成立董事会的占84%,成立监事会的占76%。企业总经理由董事会聘任或政府提名后董事会聘任的占51%。

【企业自主经营权】 71%的试点企业认为能够自主做出重大投资决策。84%的企业总经理可以根据市场需求组织实施公司年度经营计划和投资方案、拟定公司管理制度及机构设置方案;83%的企业总经理能够主持公司的生产经营管理工作和组织实施董事会决议;70%的企业总经理有提请聘任或解聘公司副总经理、财务负责人的职权。按照现代企业制度标准,河南试点企业的法人治理结构和企业自主经营状况均明显落后于上海。

【企业发展】 根据调查,48%的企业认为进行现代企业制度试点后的经营状况为很好和较好。1997年,试点企业共分流富余职工3.4万人,其中待业人员占8.4%。试点企业资产负债率1997年比1996年增加1.2个百分点,1998年比1997年下降3个百分点。1998年试点企业人均销售收入9.73万元,人均创利润2258.24元。

显然,河南试点企业的运营状况不如上海。其主要原因是河南的国有独资公司所占比例太大。国有独资公司的产权单一,缺乏相互制衡的产权约束机制。不少国有独资公司,名曰改制,实则"穿新鞋,走老路"。此外,市场经济不健全、国有企业历史包袱沉重、企业结构调整困难等因素,也不同程度地制约着河南试点企业的发展。

第四节 评价与结论

区域经济包括多种所有制成分。从理论上说,任何一种成分均可带动区域经济发展。然

[①] 河南省的有关数据来自河南省"统计报告"(河南省统计局编),1999年第14号;"企业调查资料"(河南省企业调查队编),1999年各期。

而,由于国有企业活力普遍下降,本报告所展示的国有企业地位、下降幅度与区域经济增长的关系(图3-1),表明国有经济对区域经济产生负面影响。这个事实,从反面给我们以警示:通过企业重组、制度创新、提高国有企业(国有控股企业)活力,是区域经济发展的一项重要任务。尤其是国有经济占重要地位的地区,更应重视这一问题。

国有企业重组与制度创新的发育,与区域环境条件密切相关。这些环境条件包括市场经济条件、创新氛围、企业家文化、国有企业结构等。中国东部沿海地区、长江沿岸地区的环境条件有利于大型企业成长发育,带来了企业重组与制度创新的快步进展;中西部地区,长期的小农经济与工商业文化、企业文化的差异甚大,加之几十年严格计划经济思想的束缚,严重制约着企业重组与制度创新。由于这里的政府部门和企业家尝试多种努力,也造就一批典型企业。但总体来说,与沿海地区差距明显。

参考文献

[1] 国家统计局:《中国统计年鉴》(1991、1998),中国统计出版社,1991年、1998年。
[2] 国家统计局:《中国统计摘要1999》,中国统计出版社,1999年。
[3] 李占祥等:《国有大中型企业活力研究》,中国人民大学出版社,1996年。
[4] 国家统计局工业交通统计司:《中国工业经济统计年鉴1998》,中国统计出版社,1998年。
[5] 唐坚等:《中国企业资产重组类型与案例》,四川大学出版社,1998年。
[6] 李小建:"外国直接投资对中国沿海地区经济发展",《地理学报》,1999年第5期。
[7] Li Xiaojian and Yeung Yue-man: Transnational Corporations and Their Impact on Regional Economic Imbalance: Evidence from China. *Third World Planning Review*, 1998, 20(4):1~24。
[8] 宋栋:"我国区域经济转型发展的制度创新分析",《管理世界》,1999年第3期,第196~201页。
[9] 陈栋生:"制度创新是加快中西部工业发展的根本动力",《中国工业经济》,1999年第6期,第57~62页。
[10] 中国证券监督管理委员会:《1998中国证券期货统计年鉴》,中国财政经济出版社,1998年。
[11] 邹东涛、张晓文:"30家现代企业制度试点企业的调查与分析",《管理世界》,1999年第1期,第154~161页。

第四章 基础设施体系建设

基础设施是区域可持续发展的最重要支撑体系之一,是区域可持续发展能力建设的重要方面,其发展建设对区域可持续发展具有重要的长远影响。任何一个区域,离开基础设施体系的建设而谈区域的可持续发展是无意义的。

支撑区域可持续发展的基础设施体系可归纳为七大方面:交通运输基础设施、信息基础设施、能源基础设施、水利基础设施、生态基础设施、防灾基础设施、社会性基础设施(如医疗卫生设施、教育设施、社会福利设施、公共管理设施等)[1]。上述基础设施体系的发展,将从不同方面促进或增强区域的可持续发展能力。

本章侧重分析评价我国 90 年代基础设施体系建设的发展状况,以及在区域上产生的效果。将重点分析交通运输基础设施、水利基础设施、通信基础设施、城市基础设施等。

第一节 区域基础设施发展政策与发展成就

一、区域基础设施发展政策

1. 国家政策的实施促进了基础设施的发展

1991~1998 年,国家始终把基础设施作为发展的重点,并在资金上不断加大投入,但其引导基础设施发展的政策先后呈现出两种明显倾向:90 年代前期以改善区域发展环境和投资环境为目的的基础设施发展政策,重在强调基础设施发展与区域经济发展要求的适应;90 年代中期以来以拉动社会需求为目的的基础设施发展政策,重在通过基础设施建设促进经济增长。在上述两种倾向性政策的引导下,基础设施建设逐步成为区域发展的重点,出现了快速发展的局面,保障社会经济发展的能力迅速提高,基础设施服务短缺的局面正在逐步改善。

国家《国民经济和社会发展"九五"计划和 2010 年远景目标纲要》中把交通、通信、能源等基础设施和基础产业作为发展重点,并提出了社会经济的可持续发展战略,这些政策都对促进基础设施的发展发挥了关键作用。1998 年国家实施了以加快基础设施建设拉动社会需求的政策,把基础设施建设作为社会经济发展的重点,并配套了相应的投资政策,发行了 1000 亿元国债,用于农林水利、交通通信、城市基础设施、城乡电网改造、国家直属储备粮库、经济适用住房六大基础设施的建设。这一措施的实施,大大促进了各地区基础设施的快速发展,区域发展环境和投资环境得到显著改善。

在宏观发展政策的引导下,许多行业性基础设施发展政策相继出台,制定了相应的发展计划和战略,促进了相应基础设施的发展。如 1992 年 7 月交通部印发了《关于深化改革、扩大开放、加快交通发展的若干意见》,1993 年铁道部出台了《关于发展与地方合资建设铁路的实施办法》,1994年邮电部印发了《关于试行联合投资进一步加快通信发展的通知》,1994年6月民航总局和外经贸部印发了《关于外商投资民用航空业有关政策的通知》,1997年发布了水利产业政策,等等。这些政策,有力地促进了相应基础设施的发展。对基础设施发展促进最为显著的政策是国家出台的"贷款修路、收费还贷"政策,极大地促进了公路基础设施的发展[2]。

2. 各地区均把基础设施作为发展重点

在国家宏观发展政策的引导下,各地区均把基础设施作为发展重点,提出了时序发展规划和实施目标,出台了一系列投资政策,促进了基础设施的发展。如山西省提出了加强农业基础、工业基础、基础设施的"三个基础"和挖煤、引水、修路、输电"四个重点"建设的发展政策[3]。浙江实施基础设施网络化建设政策,在近期建设4个现代化基础设施网络,即1000公里标准海塘;1000公里江堤,形成安全保护网;1000公里高速公路,实现4小时交通圈;发电装机达到1000万千瓦,形成能源供应网。沿海其他省区市也在政策和投资上保证了基础设施的增长和建设。中西部省区市为了改善发展环境,出台了发展基础设施的相关政策,在建设资金等方面给予了重点支持,促进了区域基础设施的快速发展。

二、区域基础设施建设成就

1. 区域基础设施的整体水平大幅度提高

经过90年代的重点建设,我国基础设施建设取得了重大进展。从行业发展上,无论是交通通信、能源、水利、城市基础设施,还是环保、生态、社会公益设施,均取得了显著成就,大大缓解了基础设施落后于社会经济发展的局面,保障社会经济发展的能力大大提高。

第一,投资规模大幅度增长。1998年各地区用于基础设施建设的资金规模都比1990年增长了2倍以上,许多地区增长5倍以上,快于国民经济的增长速度。以交通通信基本建设投资为例,福建省1998年的投资是1991年的8.6倍,河北省1998年的投资是1991年的11.1倍。再如,水利基础设施建设投资,多数省区市投资增长显著。即使经济发展相对落后的地区,基础设施的投资增长也是显著的——虽然总规模上看是有限的。如贵州省,虽然1998年交通通信基本建设投资只有43亿元,仅是广东省的1/4,但却是其1991年的28倍。

第二,基础设施规模扩大,技术等级提高。无论作为发展重点的交通通信基础设施,还是未作为重点发展的其他基础设施,投资规模均大幅度增长,空间网络不断扩展,技术等级不断提高。到1998年,我国的公路里程达127.85万公里,铁路5.8万公里,长途光缆干线20.1万皮长公里,沿海港口万吨级泊位468个,城市供水能力20.99万吨/日,道路16.4亿平方米,供水管线22.5万公里。

第三,服务水平显著提高。到1998年,一些行业的服务水平发生质的飞跃。尤以交通运输和邮电通信服务水平提高最为显著,从社会经济发展的限制因素转变为促进因素,创造了相对宽松的社会经济发展环境,服务成本相对降低。但这种基础设施服务环境在空间上存在显著差异,相对发达的地区明显优于那些欠发达的地区,彼此差距扩大。

2. 基础设施建设产生的效果存在区域差异

基础设施建设在促进区域发展和改善投资环境等方面发挥的作用越来越大,区域经济发展环境都明显改善,可持续发展的支撑和保障能力增强。

但是,基础设施建设产生的作用存在地区差异,有的地区基础设施产生的效应比较显著,有些则比较微弱,甚至短期内对其他行业的发展有一定的副作用。

概括起来,区域基础设施建设存在两类效应:一是投资能力强、相对发达地区的基础设施改善显著,基础设施的综合保障能力提高,对社会经济发展的促进作用显著,在加大基础设施投资的同时,整体经济水平和产业部门的生产水平也基本得到了相应的提高或发展;而投资能力有限的欠发达地区,由于"捉襟见肘"的投资状况,基础设施建设投资的增加——虽然这种投资对区域的长远发展是有利的或刺激了某些产业的发展,影响了其他产业部门的投资,一定程度上抑制了产业部门的近期发展。山西省近几年发展基础设施的举措一定程度上就产生了上述结果(专栏4.1)。某些省区也存在类似现象。

专栏4.1

山西省加强基础设施建设的得与失

近几年山西省基础设施建设取得了巨大成就,为全省经济发展奠定了基础,增强了后劲,拉动了相关产业的发展,改善了投资环境。

1993年以来,山西省根据省情,确立了加强农业基础、工业基础、基础设施的"三个基础"和挖煤、引水、修路、输电"四个重点"建设的发展思路。针对山川阻隔、交通落后状况,狠抓公路建设;针对水资源严重缺乏状况,投巨资引黄河水入晋;针对煤炭资源丰富、但运输困难、产品附加值低的状况,加强坑口电厂建设。

经过几年努力,以太旧高速公路、万家寨引黄工程为代表的大规模基础设施建设,进展顺利,成效显著。1993~1997年,全省公路建设累计投入资金210亿元,是1993年以前10年总和的5.7倍,新增公路里程达26300公里,是前10年增长量的2.6倍。高速公路从无到有,总里程达到300公里,尤其是太(原)旧(关)高速公路和原(平)太(原)高速公路等一批高等级主要干线公路的建成通车,不仅改善了全省的交通运输状况,缓解了晋煤外运的压力,而且打开了山西通往东部沿海地区的通道,强化了山西对外开放的区位优势。近几年公路煤炭外运量以每年300多万吨的速度增长,1998年达到3750万吨。基础设施的建设拉动了水泥、钢铁、建材等相关产业44个,提供就业岗位70多万个,新增GDP 0.96个百分点。到1998年底,全省共建成重点工程项目57项,完成投资846亿元。万家寨引黄枢纽成功实现截流,第一台机组已投入发电。农田水利基本建设得到广大农民的积极响应,连续几年累计新修和整修各类工程38万处,新增水浇地134万亩,修建基本农田421万亩,进一步夯实了农业基础。

基础设施建设和基础产业的发展促进了经济的发展,但由于投资过分偏重于上述行业,导致制造业投资不足,使得制造业的发展活力差、竞争力弱,这也是不容忽视的问题。山西省与广东省同样都重视基础设施的建设,但所产生的效果差异较大,前者投资能力有限,无充裕的资金同时发展其他行业,导致某些行业,尤其是制造业发展滞后;而后者投资能力大,大力投资于基础设施建设并未影响其他产业的快速发展,而是促进作用显著。

此外，加强基础设施建设拉动内需的政策，一定程度上拉动了基础产业的发展，因此对那些基础产业实力比较强的地区来讲，获利更显著一些。

3. 基础设施的系统性建设有待提高

虽然我国大部分省区市的基础设施在近几年有了较快发展，保障社会经济发展的能力大幅度提高，但也应看到，我国的基础设施发展水平仍然比较低，有待进一步建设完善，尤其是综合基础设施系统建设应得到加强。第一，多数省区市基础设施间还远未形成综合协同能力，防灾、生态环境保护、城市公用基础设施的建设远远落后于社会经济发展的要求。应重视社会效益突出的基础设施的建设，如生态基础设施的建设、防止污染的基础设施的建设、城市公用基础设施的建设、农村基础设施的建设等。第二，基础设施的技术等级仍比较低，网络还不完善。应在提高等级和主干网络建设方面持续重点发展。第三，基础设施的管理与利用水平有待提高，尤其是综合管理水平的提高应引起足够重视。管理体制和机制的改革也应加快步伐。

第二节　交通通信基础设施体系建设

一、总体趋势

1. 投资大幅度增长

现阶段，我国区域交通运输基础设施的发展主要决定于投资，投资规模的大小是基础设施发展快慢的最关键因素。1991年全国交通运输基本建设投资为300亿元，占全国基本建设投资的14.17%，1995年为1309亿元，占17.69%，1997年增加到1853亿元，占18.69%，1998年进一步增加到2774亿元，占23.28%，增长非常迅速（表4-1）。交通运输体系的快速发展，使其保障社会发展的服务能力大幅度提高，对经济发展的制约作用基本消除。

表4-1　全国交通运输基本建设投资规模及占全部基本建设投资比例

		1991	1992	1993	1994	1995	1996	1997	1998
投资额（亿元）	基本建设投资额	2115.80	3012.65	4453.94	6436.74	7403.62	8610.84	9917.02	11916.42
	运输邮电	330.62	448.25	886.09	1353.68	1587.53	1847.12	2197.45	3252.19
	♯ 运输	299.84	393.10	751.24	1121.55	1309.60	1544.79	1853.89	2774.33
	♯ 邮电通信	30.78	55.15	134.85	232.13	277.93	302.33	343.56	477.86
比重（%）	运输邮电	15.63	14.88	19.89	21.03	21.44	21.45	22.16	27.29
	♯ 运输	14.17	13.05	16.87	17.42	17.69	17.94	18.69	23.28
	♯ 邮电通信	1.45	1.83	3.03	3.61	3.75	3.51	3.46	4.01

资料来源：根据相应年份《中国统计年鉴》整理。

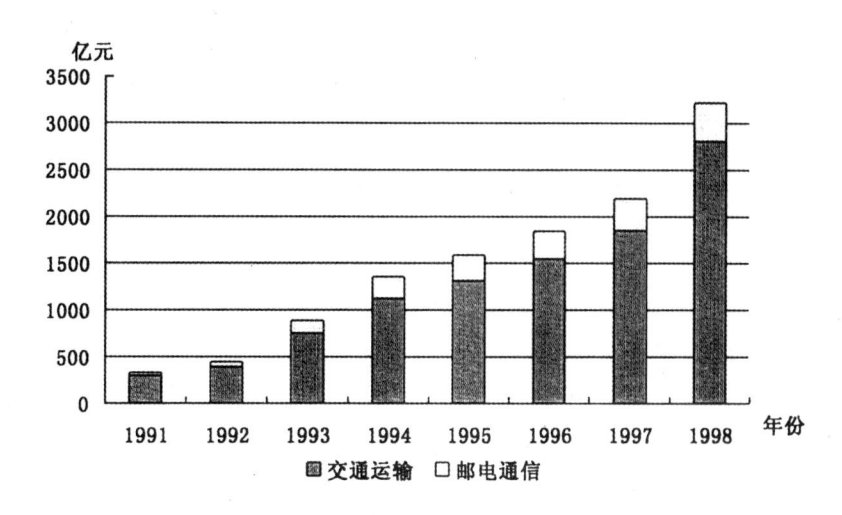

图 4-1 交通通信基本建设投资增长态势

2. 从量的扩张到质的提高

"八五"期间,我国交通通信基础设施的建设主要以增加规模、提高能力为主要目标,而进入"九五"以来,在扩大规模的同时,质量的提高和服务的优质高效已经成为区域基础设施发展的重要方向。交通通信基础设施体系质量的提高体现在下列几个方面。

第一,大能力综合性基础设施走廊建设进一步增强,在优化局部区域发展环境的同时,使得全国基础设施服务能力和服务水平进一步提高。

第二,高速公路从小区域建设向大区域网络发展,成为区域交通运输基础设施发展的重点,迅速提高了公路在运输体系中的地位。

第三,核心港口的建设和服务能力进一步增强。铁路—水路能源运输体系、集装箱运输网络进一步完善,集装箱枢纽港得到加强。

第四,以光缆干线为主体的通信网络进一步发展,服务水平显著提高。

第五,整体网络的技术等级提高。90年代初期,可以用"有无和多少"衡量区域交通通信基础设施的发展及其对区域发展的作用,而"九五"期间则可以用"优劣及便捷与否"为主要衡量标准。1995年以来,优质高效、廉价、便捷的服务网络开始从局部地区向宏观区域发展,提升了沿海等区域的经济竞争能力和进一步发展的环境,并促进了中心城市和重点区域的可持续发展能力。

3. 服务网络与质量进一步优化

随着交通通信基础设施的发展,其服务水平进一步提高优化,经济发展受交通通信短缺的限制现象基本消除,在沿海相对发达地区体现的尤为突出。由铁路、公路、沿海水运和民航构成的运输网络为我国大部分地区的生产与生活营造了相对优良的环境。其中铁路运输和高速公路运输的发展最具影响力。

由于服务水平的提高,区域投资环境和发展环境发生重大变化。在大部分地区,交通通信已经不再是经济发展的限制性因素,优质的服务在许多地区开始成为促进区域发展和吸引投资的有利条件。

由于固定设施的网络化水平和技术水平的差异,导致全国交通通信服务水平的地区差距呈拉大趋势,相对发达地区的发展环境与生活环境远远优于欠发达地区。

二、地区发展特征

1. 投资增加使得区域交通通信基础设施水平大为改观

1997~1998年,为了增强进一步发展的支撑能力,各地区在发展地方经济的过程中,均把交通通信建设作为发展的重点,同时对国家加强基础设施的政策给予了积极的响应,交通运输基本建设投资规模在"八五"的基础上均有大幅度增长,占全部基本建设投资的比例也有所增加。

90年代初期,全国大部分地区交通通信基础设施建设投资的规模比较小,占基本建设投资的比例也比较低,全国有16个省区市的交通运输基本建设投资占全部基本建设投资的比重在10%以下。与产业发展投资相比,多数地区交通通信建设处于次要地位。而自1997年开始,这种局面开始改观,目前除甘肃(1997)和西藏(1998)外,其他地区交通通信基本建设投资的比重都在10%以上,其中一些省区基本建设投资的1/3以上用于交通通信建设(表4-2)。

表4-2 交通通信基本建设投资占全部基本建设投资的比重

地 区	1991~1997	1997	1998	地 区	1991~1997	1997	1998
北 京	10.77	10.96	13.31	河 南	11.85	11.39	17.42
天 津	12.22	16.55	20.90	湖 北	11.85	10.83	17.85
河 北	15.72	22.96	25.86	湖 南	17.96	21.06	27.25
山 西	18.31	17.68	28.52	广 东	23.86	23.84	21.82
内蒙古	13.00	13.93	20.43	广 西	25.19	33.84	39.70
辽 宁	11.85	19.82	28.62	海 南	17.78	21.62	33.56
吉 林	8.34	11.49	18.89	四 川	13.38	14.19	30.35
黑龙江	14.43	17.54	25.83	贵 州	12.28	17.15	33.93
上 海	8.46	11.78	12.40	云 南	21.22	26.53	36.18
江 苏	18.21	20.24	23.00	西 藏	26.11	21.47	9.52
浙 江	20.40	20.66	25.11	陕 西	15.41	22.44	32.13
安 徽	13.83	15.77	21.06	甘 肃	7.15	8.95	17.49
福 建	31.32	35.16	27.78	青 海	10.03	12.38	14.97
江 西	26.70	37.50	40.93	宁 夏	21.80	26.63	32.23
山 东	15.34	15.55	26.02	新 疆	10.58	19.31	23.78
				全 国	20.55	22.06	27.29

2. 区域投资规模差异悬殊

由于省区市间经济实力不同,对基础设施建设的指导性政策各异,使得用于交通通信基础设施建设的投资规模相差悬殊,并由此决定了区域交通通信基础设施发展的速度和水平。投资规模最大的是广东省,1998年用于交通通信的基本建设投资达227亿元,1992年以来其每年都投资100亿元以上,1991~1998年累计投资1300多亿元,其中1991~1997年累计之和仅仅低于中部地带9省区同期交通通信投资总和170亿元,高于整个西部地带省区市同期交通通信投资总和130亿元。如此大的投资规模促进了广东交通通信的飞速发展,使其在短短几年内一跃成为全国最发达的交通通信基础设施省份之一。1991~1998年累计投资在200亿元以上的省区市有河北、辽宁、上海、江苏、浙江、福建、山东、湖北、广东、广西、四川。甘肃、贵州、西藏、青海、宁夏投资规模比较小,累计投资在100亿元以下(图4-2)。

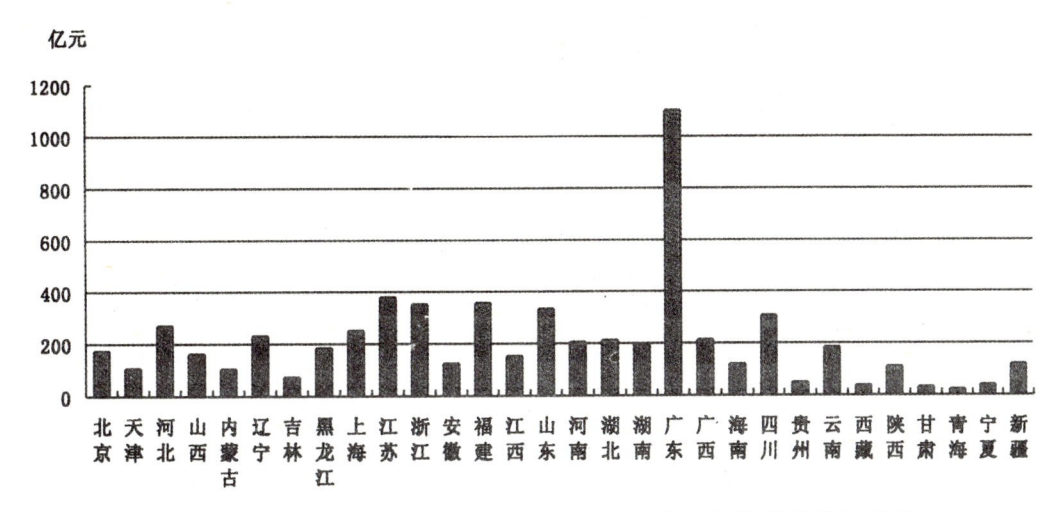

图4-2　1991~1998年省区市交通通信基本建设投资规模(重庆并入四川)

投资差距导致了区域基础设施发展水平的差距拉大,"优者更优"在区域基础设施发展上体现的更加明显[4]。虽然国家在交通通信基础设施建设中逐步实施扶持中西部地区的倾斜政策,并产生了一定效果,但在近期内还无法从根本上扭转这种发展水平扩大的趋势。

利用交通通信基本建设投资规模及其占全部基本建设投资的比重为指标,各地区所反映的特征见表4-3。

表4-3　1998年省区市交通通信基本建设投资规模及占全部基本建设投资的比例

	≥25%	20~25%	15-20%	≤15%
≥150亿元	浙江、山东、四川	江苏、广东		
100~150亿元	河北、辽宁、云南			上海
50~100亿元	山西、黑龙江、福建、湖南、广西、重庆、陕西	天津、安徽、新疆	河南、湖北	北京
≤50亿元	江西、海南、贵州、宁夏	内蒙古	吉林、甘肃	西藏、青海

3.铁路建设与服务水平显著提高

【从紧缺到适应】　在国家加强交通、能源建设的政策引导下,铁路作为区域发展最重要的基础设施,经过90年代的加速建设,大多数地区发展经济的交通运输条件得到明显改善,保障区域发展的能力显著提高,为社会经济可持续发展所创造的环境发生了质的变化,主要表现为从"紧缺型"向"适应型"的转换。

【东中部地区的强化通道与西部地区的路网扩展】 目前铁路建设在区域上表现为两种倾向:干线改造集中在东部与中部地区,包括干线的电气化改造和复线改造;而新线建设则多集中在西部,表明路网扩展的重点西移。此种趋势反映了铁路发展的宏观区域差异,国家宏观政策起了引导作用,也说明以基础设施建设为先导的西部地区发展政策开始初露端倪。

1995年以来,南昆、京九、成达铁路建成通车,完成了京沪、京广、陇海、哈大、焦枝—湘黔等铁路的复线改造和电气化改造,形成了贯通能力。新线建设方面,开工建设了南疆、西安—安康、朔黄、达万、水柏等铁路。

【干线地区和中心城市服务环境改善】 为了更好地为区域经济发展服务,铁路部门在优化区域服务环境方面实施了许多重大举措,改善了区域可持续发展的基础设施环境。

1997年在京广、京沪、京哈、陇海4大干线上开行了5000吨级的重载列车,大秦线开行了6000吨重载列车,在京广、京沪、京哈3大干线开行了道岔时速100公里、提速区段最高时速140公里、旅速达90公里的列车。

最具影响的举措是开行精品列车。1997年起以优质的机车、较快的速度、合理的发车时刻,在1500公里运距内开行了64对夕发朝至列车,优化了列车结构、降低了成本、提高了效益。这一举措,大大优化了中心城市和干线地区的出行环境和出行条件(专栏4.2)。

专栏4.2

优化出行环境的重大举措——夕发朝至列车的开行

优化服务环境是90年代中期以来交通运输基础设施发展的主要趋势。随着各种运输方式的不断发展,交通运输所营造的区域发展环境得到了极大改善,同时运输方式间在争夺服务市场中的竞争也日益激烈。除了直接与经济发展有关的货运环境得到改善外,对区域发展环境优化最具显著作用的举措是夕发朝至铁路列车的开行。

1997年4月1日铁道部根据新的市场形势,实行了新的列车运行图,开行了64对夕发朝至列车,一方面提高了铁路运输在市场中的竞争能力,另一方面也大大改善了我国局部地区的发展环境,提高了区际联系的便捷程度,时间效益以及时间的合理利用开始大规模引入运输服务市场,这种举措对区域发展具有积极意义。

开行64对夕发朝至列车的最大作用是改善了干线沿线地区的发展环境和都市化地区的出行条件。

此外,在城市相对稠密的都市化地区,铁路与公路(尤其是高速公路)形成的高效、便捷的市际运输服务网络,为市际经济合作与发展创造了优良的环境。

4. 公路网迅速扩展与结构升级

【公路建设是各地区发展的重点】 1997~1998年加强基础设施建设的政策对公路发展

的影响最为突出。在有利可图的公路建设政策("贷款修路,收费还贷")引导下,以及巨大的需求潜力驱动下,各地区均把公路建设作为社会经济发展的重点,许多地区对公路建设的重视程度远远超过铁路。伴随着投资的飞速增长,公路迅速发展是近3年交通运输基础设施发展最为突出的成就,以公路里程的大幅度增加和高等级公路的迅速发展为标志。

从投资上看,1996年公路基本建设投资为499亿元,1997年达668亿元,1998年在国家加强基础设施建设政策的引导下,公路基本建设投资飞速增长,全年基本建设投资总额达到2189亿元,大大促进了公路发展,尤其是高速公路的发展。1996~1998年三年中,我国公里新增里程12.1万公里,相当于"八五"期间的总增长量。

【公路增长的区域差异显著】 虽然各地区均把公路建设作为社会经济建设的重点,但由于投资规模不同,使得各地区公路的增长和质量的提高存在明显差异。省区市中,公路发展最快的当属广东省,1990~1998年公路里程增长了70%,而同期全国公路总里程只增长24.3%,如此快的增长与投资的大幅度增加有直接关系。公路里程增加比较快的还有山东、山西和广西,1998年分别比1990年增加了57.3%、57.7%和41.0%;增长比较慢的省区有甘肃、西藏、湖南、黑龙江和青海,其中甘肃和西藏的公路里程只增长了3.3%和2.8%。在三大地带上,东部沿海地区的公路里程增长了36.0%,中、西部地区分别增长了21.6%和15.3%。

从里程增长量的地域分布上看,也存在明显差异。1990~1998年全国公路里程增长量中,63.3%集中在河北、山西、内蒙古、山东、河南、广东、广西和云南8省,其中广东公路里程增长量占全国公路里程增长量的15.2%。三大地带中,沿海地区的公路里程增长量占全国的37.3%,中、西部地区分别占41.8%和20.9%。

公路发展在地区上存在时间差,即中西部省区市的发展要落后于沿海地区一定时段。"八五"期间是沿海地区公路快速增长的时期,而"九五"前3年中西部部分省区市才开始进入快速发展阶段。例如,山西省公路增长中,增长量的83%是1996~1998这3年中实现的。

90年代各省区市公路里程增长对全国的贡献情况见表4-4。

表4-4 省区市对全国公路里程增长的贡献度(%)

地区	"八五"	96~98年	地区	"八五"	96~98年	地区	"八五"	96~98年
北京	1.68	0.57	浙江	4.32	3.63	海南	1.49	1.74
天津	0.18	0.08	安徽	3.93	3.36	四川	2.71	6.70
河北	6.21	4.64	福建	4.32	1.19	贵州	1.03	0.92
山西	2.22	12.28	江西	1.33	1.16	云南	9.09	7.18
内蒙古	1.15	11.26	山东	10.47	8.15	西藏	0.43	0.05
辽宁	2.58	0.86	河南	5.1	6.15	陕西	1.27	2.13
吉林	3.77	2.05	湖北	0.95	3.51	甘肃	0.38	0.55
黑龙江	1.26	0.78	湖南	1.29	0.78	青海	0.38	0.59
上海	0.57	0.26	广东	23.24	6.71	宁夏	0.28	0.77
江苏	0.93	1.16	广西	3.65	8.37	新疆	3.79	2.03

【高速公路网迅速扩展】 90年代公路的发展建设除了里程的增加外,路网的技术等级也迅速提高,1998年二级以上公路里程已经占全国公路总里程的11.7%,比1990年提高了7.2个百分点,比1995年提高了3.3百分点。其中,最突出的是区域高速公路的建设。

1996开始,高速公路以前所未有的速度飞速发展,正在从局部小区域网络向大区域区际网络发展,在带动区域经济发展和改善地区环境中发挥的作用越来越大。我国高速公路发展的基本态势见专栏4.3。

专栏4.3

迅速扩展中的高速公路网

高速公路网的迅速扩展是1995年以来我国交通运输基础设施发展的主要特征之一,对我国区域基础设施的完善起了重要作用。1995年全国有高速公路2141公里,之后的3年,全国高速公路每年新增里程均在1000公里以上,到1998年总里程已经达到8733公里,建设速度之快在世界高速公路建设史上也是罕见的。

近两年高速公路开始从局部小区域网络向大区域骨架网络扩展,并围绕下列区域中心向外延伸:

①以北京为中心的网络扩展,主要扩展方向有京沈、京广、京张和京开方向,以及环北京外环高速公路。

②以上海为中心的网络扩展,主要扩展方向为杭州—宁波方向和南京—合肥方向。

③以郑州为中心的网络扩展,呈十字形向东西南北四个方向扩展。

④以广州为中心的网络扩展,向韶关、汕头、湛江等方向扩展。

⑤以成都为中心的网络扩展,主要向重庆、乐山、绵阳等方向扩展。

⑥以沈阳为中心的网络扩展,向丹东、山海关和长春方向扩展。

在上述区域网络的逐步扩展过程中,彼此间逐步连接,开始形成了大区际高速公路网络。到1999年,以北京为中心的网络已经与以郑州为中心的网络连接,北京到漯河、洛阳、太原、开封已经有高速公路连通。大连到长春、吉林也已经由高速公路连通;宁波、杭州、上海、南京、合肥已经由高速公路串通,珠江三角洲的重要城市以及广东沿海的其他重要城市也已经由高速公路连通。

除已经建成的高速公路外,在建的高速公路里程达10000公里以上,在未来的2~3年内,北起长春,南到深圳,东起宁波,西到宝鸡、成都,将形成高速公路网骨架,成为影响全国发展的重要基础设施。高速公路沿线将成为经济发展的热点地区。

随着高速公路网络的不断延伸,其运输服务网络也逐步扩展,在市际间运输中发挥的作用越来越大,快速客运和快速货运的大区域运输网络正在逐步形成,对区域发展的作用主要集中在环渤海、长江三角洲、珠江三角洲等高速公路发展比较快的地区。

除此之外,城市密集区域市际间联系越来越方便,运输方式选择的灵活性越来越大,服务成本相对减低,中心城市与郊区小城镇间的联系便捷经济,如京津唐石地区、长江三角洲地区、珠江三角洲地区等。

完善的交通运输基础设施网络和运输服务网络使得这些地区进一步发展的服务环境远远优于其他地区,为其向现代化迈进奠定了基础。

5. 港口与民航进一步发展

港口建设方面,1995年以来的发展进一步加快,沿海新增万吨级泊位74个,其中1997年增加万吨级泊位43个。到1998年,沿海港口泊位达到1321个,形成了比较完善的体系,枢纽港的地位进一步加强。在港口泊位的建设中,集装箱运输泊位发展迅速,承担的运量也快速发展。1998年全国集装箱专业泊位65个,吞吐量达到1244万标箱,上海的地位更加突出,集装箱吞吐量达306万标箱。

民航建设方面,主要集中在既有机场的改造和运输网络的完善方面,整体能力进一步提高,服务网络进一步完善,但面临比较突出的市场问题。

6. 区域综合通信能力加强

在"八五"快速发展的基础上,各地区继续加大投资力度,中西部地区发展加快,投资力度增强,与沿海地区的差距缩小。从服务能力和服务水平方面看,常规服务水平的区域差距在迅速缩小。

光缆干线的建设仍然是邮电通信建设的重点,连接了全国大部分城市和重要城镇。其中,仅1997年新增光缆干线15万公里,里程达到82万公里。建成了欧亚陆地光缆和环球光缆,以及杭州—福州—贵州—成都、大连—上海、北京—九江—广州、广州—昆明—成都等20多条干线,形成了全国性的干线通信网。服务水平、服务能力和服务类型在全国一般城市中已无大的差别。从区域上看,差别主要反映在服务密度和农村的通信服务上,落后地区的农村通信水平与发达地区的农村存在比较大的差距。西部地区通信服务的全社会覆盖水平也与沿海地区存在显著差别。

三、发展趋势

在以基础设施建设拉动需求政策的引导下,省区市交通基础设施建设仍然保持强劲的发展势头,大部分省区市都确定了发展重点(其中,公路建设成为主要方面)。根据近年来的发展情况,大部分地区规划的2010年交通运输建设发展目标,将在2002年左右实现。这主要是由于投资力度的加大和经济发展的需求所致。1999年国家下达的铁路重点建设项目10项、公路项目7项、港口建设项目6项、航道整治项目2项、民航建设项目2项。铁路重点项目中有5项分布在西部地区。西部地区开始成为我国铁路建设的重点。公路重点建设中有4项分布在沿海地区[5](表4-5)。

未来几年,我国交通通信基础设施建设还会有较大发展,基础设施环境将进一步改善。1999年铁路将增加投资,可加快1354公里在建铁路的建设进度,并增加铁路建设规模1588公里。公路总投资达1900亿元,将加快10451公里在建公路(高速公路5196公里)的建设进度,并增加公路建设规模 2937 公里(高速公路 2000 公里)。

表 4-5　1999 年国家交通重点建设项目

	沿　海	中　部	西　部
铁路	邯济线, 哈大线电化, 新菏兖石复线一、二期工程, 朔黄铁路。	安徽芜湖长江大桥, 哈大线电化, 新菏兖石复线一、二期工程, 朔黄铁路。	西安—安康线, 南疆铁路, 成昆线电化, 宝成复线, 达万线。
公路	江苏江阴公路桥, 南京长江第二大桥, 厦门海沧大桥, 京沈高速公路。	黑龙江哈同公路, 京深高速公路湘潭至耒阳段。	川藏公路。
航道	广西西江航运二期工程。	湖南湘江航运二期工程。	
港口	广州港新沙港二期工程,广西防城港二期工程,秦皇岛港戊己码头,烟台港西港池三期工程,黄骅港一期工程,天津港。		
民航	首都机场航站楼项目,上海浦东机场。		

各省区市中,交通通信基础设施建设均是发展重点,其中,北京、上海的发展趋势是以优化和完善城市交通基础设施环境为主要任务;辽宁、江苏、浙江、福建、山东、广东的高速公路建设规模大,发展势头强劲。总的来看,沿海地区围绕高速公路建设,优化和完善地区交通运输基础设施的趋势比较明朗;中部省区交通运输基础设施仍然以公路建设为重点,高速公路的发展也具有较强发展势头;西部省区市虽然受投资的限制,发展速度不如东中部地区,但铁路和公路建设也在加快发展,路网的扩展是其主要发展趋势。

四、省区市交通通信基础设施发展状态评价

综合分析全国省区市交通通信基础设施的发展状态以及对国民经济发展的保障程度,主要有下列类型:

【基础雄厚、发展强劲省区】　北京、河北、辽宁、上海、天津、江苏、浙江、山东、广东。

【基础较好、发展较快省区】　安徽、福建、河南、湖北。

【基础一般、发展加快省区】　云南、广西、新疆、山西、重庆。

【基础一般、发展一般省区】　内蒙古、吉林、黑龙江、江西、湖南、海南、四川、陕西。

【基础薄弱、发展缓慢省区】　西藏、甘肃、宁夏、青海、贵州。

第三节 水利基础设施建设

一、流域性水利基础设施建设

作为国民经济持续发展的水利基础设施,在促进经济发展、保障人民生活、提高人民生活质量中占据重要位置。建国以来,我国的水利基础设施建设取得了巨大成就。到目前为止,全国修建堤防25万多公里,兴建大中小型水库8.5万多座,总库容4500亿立方米;保护了5亿多亩耕地,500多座城市,6亿左右人口的防洪安全;水利工程年可供水量达到5300亿立方米;农田灌溉面积从2.4亿亩增加至7.7亿亩,灌溉农田生产的粮食占全国粮食产量的2/3以上,有力地支持了国民经济的发展[6]。

由于投资的增长,1991~1998年我国水利基础设施建设步伐加快。"八五"期间,水利基建投资规模达639亿元,占基本建设投资的比例由"七五"期间的2.3%提高到2.8%。"九五"前3年水利基本建设投资876亿元,其中,1996年206亿元,占基本建设投资的2.4%,1997年258亿元,占2.6%,1998年412亿元,占3.4%)。

1. 开工建设了部分流域性骨干工程

流域性综合水利枢纽的建设是90年代区域水利基础设施建设的重点,建设的重点在长江和黄河流域。一批流域控制性骨干工程,如三峡、小浪底、万家寨、江垭、飞来峡、桃林口、满拉、乌鲁瓦提、淮河与太湖治理等一批重点骨干工程相继开工建设;其中长江三峡和黄河小浪底工程已于1997年截流,进入中期建设阶段(专栏4.4)。

以流域性骨干工程为核心,流域水利的综合开发步入一个新的时期。长江流域除三峡工程外,还开工建设了二滩、五强溪、宝珠寺、隔河堰、东江、万安、安康、江垭、渔洞、大桥、南车等大型骨干工程。黄河上游水利水电综合开发、红水河水电梯级开发、珠江飞来峡水利枢纽等综合性开发工程均在建设之中。

淮河与太湖治理是我国目前水利建设的另一重点。1991太湖大水后,国务院作出了加快治理淮河、太湖的决定,要求用5年左右时间完成骨干工程建设。之后,重点骨干工程相继开工建设。在加强防洪工程建设的同时,流域性治污工程也相继启动。经过数年的建设,到目前为止,太湖、淮河流域的综合治理取得了一定成效。一批主体工程建设投产,流域防洪排涝能力增强,重点城市的防洪标准提高。但治污的任务任重道远。

2. 防洪建设速度加快

【流域性系统防护逐渐成为重点】 1997~1998年,防洪基础设施建设开始从重点防护向系统防护发展。在加强重点城市、重点区域的防洪基础设施建设的同时,流域系统的防洪建设开始引起重视,并且着手从生态、流域综合环境整理等方面实施标本兼治。

虽然流域性防洪规划和防护一直是防洪工作的重点,但由于投资有限或既有基础设施薄弱,防洪建设落后于国民经济的发展需求,流域性系统防洪建设进展有限。1997年以来,随着投资的增加和水利建设地位的提高,流域性系统防洪建设步伐加快,尤其是1998年长江、松花

专栏 4.4

超巨型水利工程——三峡工程[7]

三峡工程是正在建设的超巨型流域性综合水利枢纽工程,具有防洪、发电和航运等综合功能。工程建设工期为 17 年,静态投资 954 亿元(1993 年价)。正式开工第 9 年即 2003 年,永久通航建筑物启用,第一批机组发电。

三峡工程的主体内容是在长江上游西陵峡段修筑一座大坝,利用从重庆到宜昌延绵 600 公里的长江段(包括瞿塘峡、巫峡、西陵峡)形成一座大型水库,成为长江流域中游地区的水利枢纽。三峡大坝高 185 米,正常蓄水位 175 米,总库容量 393 亿立方米。电站装机 26 台,总容量 1820 万千瓦,年发电 847 亿千瓦时。

据估算,三峡工程土石方开挖约 8000 万立方米,土石方填筑约 3200 万立方米,金属结构安装 25 万吨,混凝土浇筑约 2600 万立方米。三峡工程将淹没耕地 2.4 万公顷,被淹地区人口 72.5 万,如考虑各种增变因素,规划移民人口约为 113 万。直接影响渝鄂两省市 22 个县市区。

防洪:未来的三峡水库可以滞蓄 221 亿立方米的洪水,使湖北省荆江大堤的防洪能力由二年一遇提高到百年一遇,确保拥有 1500 万人口、150 万公顷耕地的江汉平原和洞庭湖区免受毁灭性洪水的威胁。

发电:三峡工程建成后年发电量 847 亿千瓦时,相当于 7 座 240 万千瓦的火电站、一个年产 4000 万吨原煤的矿区和相应的运输,工程可以为经济发达但能源短缺的华中、华东地区提供大量清洁能源。

航运:三峡工程将显著改善川江和葛洲坝以下航道的航运条件,可使汉渝之间行驶万吨级船队,极大地提高川江水运能力,也有利于缓解川渝、华中、华东等地的铁路运输紧张状况。三峡水库还可以增加下游枯水流量,在供水和南水北调等方面发挥积极的作用。

江大水后,流域性防洪体系的建设开始成为防洪建设的重点。到目前为止,主要流域的防洪建设取得成效,防洪建设提高了流域的抗洪水平。长江流域、黄河流域、珠江流域、淮河流域和太湖流域的防洪建设能力均有不同程度的提高。

【五大流域是防洪体系建设的重点】 长江流域、黄河流域、珠江流域、淮河流域和太湖流域防洪体系建设是 1997~1998 年防洪建设的重点。

长江流域:干流的荆江大堤加固二期工程,下荆江河势控制工程,洪湖分蓄洪二期工程,武汉市堤防加固工程,荆江分洪区北闸加固及分洪区安全建设,洞庭湖近期防洪蓄洪工程、洪道整治工程、分蓄洪区安全设施建设,长江护岸,无为大堤加固,同马大堤加固,安庆围堤加固工程,芜湖市江堤加固工程,九江江堤加固,鄱阳湖治理工程、赣抚大堤加固工程,有的已基本完成,有的正在进行。

支流防洪建设方面:嘉岷沱、湘资沅澧、赣抚信饶修、汉江及滁河、青弋江、水阳江等长江重要支流通过兴建山谷水库、整治河道、清障和堤防加固工程,防洪能力有了不同程度的提高;洞庭湖、鄱阳湖、巢湖、洪湖经过初步整治,防洪排涝能力增强,湖区建设有了进展。

黄河流域:通过堤防加培加固、险工加高改建、宽河道整治以及水文、通信、水位自动遥测等非工程防洪措施的建设,增强了下游堤防工程的整体抗洪能力;黄河小北干流、金堤河干流、渭洛河下游、三门峡库区、黄河河口等重点河段和地区的治理也取得了进展。

珠江流域:经过江堤加固,珠江三角洲大堤围达到50~100年一遇防洪标准,确保了广州等重要城市和珠江三角洲主要地区的安全。有综合效益的南盘江龙头工程柴石滩水库业已动工兴建。海堤建设也取得进展。

海河流域:完成西河闸、屈家店节制闸及新引河闸改建、工农兵闸的改建及独流减河进洪闸加固、漳卫河治理尾工、漳河水事、千里堤加固、滹沱河北大堤加固等工程。

松辽流域:对松花江干流和嫩江干流重点堤段进行了除险加固,除险加固后的防洪标准达到了20年一遇。这些堤段的加固,提高了松花江和嫩江的防洪能力。哈尔滨市防洪标准达到100年一遇,抗拒了1998年洪水;齐齐哈尔、佳木斯市防洪标准达到50年一遇;沈阳、长春、吉林、大庆达到100年一遇。

淮河按照"蓄泄兼筹"的治淮方针,通过上游山丘区修大中小型水库、平原区利用湖泊洼地建成滞洪和综合利用水库、盐岸堤防加固工程等措施,增加了防洪调蓄能力。现在淮河中游淮北大堤基本能防御1954年型40年一遇的洪水;沂沭泗干流及淮河主要支流能防御10~20年一遇洪水。淮河流域现已初步形成了一个较完整的防洪排水系统。

3. 开展了大规模农田水利建设,扭转了多年灌溉面积徘徊不前的局面

1991~1998年我国农田水利建设步伐加快,实施了几个流域内或跨流域的引水工程,提高了农业的生产水平。1991~1998年,全国新增农田灌溉面积4000多万公顷。

1991~1998年农田水利建设以黄河流域发展最为突出。引大入秦、盐环定扬黄、东雷二期、乱井滩扬黄、禹门口抽黄等一批重点工程建成,除涝、治渍、治碱、改造中低产田等亦取得显著成效;乌拉泊水库、陆浑水库、王瑶水库、夹河子水库等全国重点病险库除险加固任务已完成并通过验收,同时开展了巴家咀、昆都仑、鸳鸯池、头屯河、三屯河等重点病险库的除险加固工作。

长江流域也开展了大规模农田水利基本建设。通过兴修各类蓄引提工程,为灌溉提供水量1200多亿立方米,其中仅"八五"期间,流域内发展灌溉面积1305万亩;通过各种工程措施,新增治碱面积125万亩,新增除涝面积170万亩;结合农田水利建设解决了5200万人、3450万头牲畜的饮水困难。

珠江流域持之以恒地开展大规模的农田水利基本建设,加强小型水利设施的建设及对中、低产田的改造,建设高产稳产农田。通过开展综合治理,改善了农业生产的基本条件,提高了农业抗御水旱灾害的能力。

4. 水电开发和城市供水进一步发展

90年代,水电建设大幅度增长,每年以200~300万千瓦的装机容量增长。目前水电装机总容量6000多万千瓦,占全国电力总装机容量的20%以上。1991年水电发电量1267亿千瓦

> 专栏4.5
>
> ## 引大入秦工程[8]
>
> 引大入秦水利工程是一项规模宏大的跨流域自流灌溉工程,即把甘肃、青海两省交界处的大通河水,跨流域东调120公里,引到兰州市以北60公里的秦王川盆地,发展灌溉农业。引大入秦工程上马已近20年,1994年9月总干渠全线竣工。其工程之艰难、投资之巨大举世瞩目,堪称"华夏第一渠",是一条名副其实的"人造地下长河"。总干渠中有85.2%穿越地下。
>
> 秦王川盆地地处甘肃中部,干旱少雨,蒸发强烈,多年平均年降水量只有250毫米左右,蒸发量却达1800~2100毫米。降雨分配不匀,导致农业生产处于十年九旱的境地,低而不稳。为了彻底改变秦王川的干旱和农业生产落后的面貌,从根本上解决当地群众的生活和生存问题,早在1956年就对引大入秦水利工程进行了踏勘,1970年开始勘测设计和规划,1976年甘肃省批准立项,正式开工建设,后由于其他原因停建。1987年复工建设,90年代中期建成,总投资为10.65亿元。
>
> 引大入秦水利工程是我国西部90年代建成的一项重大跨流域调水工程,对促进甘肃农业的发展具有重要意义。

小时,占总发电量的20.4%;1995年发电量1906亿千瓦小时,占18.9%;1998年发电量2080亿千瓦小时,占17.8%。在国民经济发展中发挥了相应作用。

90年代水电工程的建设主要集中在长江上游、黄河上游、红水河等水能富集的区段,以集中有序开发为主要特征。90年代开工建设的大型水电工程有长江中上游干支流的三峡、二滩、太平驿、宝珠寺等水电站,黄河流域的李家峡、大峡、万家寨、小浪底水电站,澜沧江上的漫湾和大朝山水电站,南盘江红水河上的天生桥一、二级水电站等。

90年代围绕城市发展,城市供水工程快速发展。长江流域各省进行了缺水城市的供水水源规划,一批供水水源重点骨干工程逐步实施,年供水量5亿吨左右。珠江流域90年代建设的重点供水工程有:东深供水工程二期扩建、深圳市梅林水库、湛江市供水、西枝江大亚湾引水、茂名市河东供水、北海市引水、桂林西城区供水、三亚市供水等。黄河流域实施南水北调东线穿黄洞、万家寨枢纽及引黄入晋、山东引黄入卫、引黄入卫穿卫立交及河北引黄济冀等5项工程。松辽流域实施建设了引碧济大等工程。

| 二、省区市水利基础设施发展 |

1. 各地区水利建设各有侧重

围绕着流域性水利基础设施的建设,各省区市根据自身的特点和能力,进行了相应的水利基础设施建设。总体上看,各省区市水利基础设施建设均有了一定程度的发展。从水利基础设施发展所形成的社会经济效益评价看,东部省区市发展比较快,整体发展水平比较高,发展势头比较好。中部省区与西部省区市发展相对较慢,其中,前者面临的水患潜在威胁比较大,后者供水设施和水土保持的任务比较繁重。

90年代各省区市水利基础设施的建设各有侧重,基本反映了各地区发展水利基础设施的政策特点。总体上看,北方地区多以供水工程和农田水利建设为重点,南方沿海地区多以水利设施体系的综合发展为重点,西南和长江中游地区以水电开发和防洪建设为重点。

综合起来,90年代省区市水利基础设施的发展特点和建设重点见表4-6。

表4-6　90年代各省区市水利基础设施的发展特点和建设重点

	发展特点	建设重点
北　京	供水、防洪和农田水利	城市供水工程和郊区节水设施
天　津	防洪、供水与农田水利	引滦工程,城市防洪,郊区农田水利
河　北	供水与防洪,既有设施加固	桃林口水库、引黄济冀,农田水利
山　西	增水、节水和水保为三大重点	万家寨水利枢纽,农田节水设施,汾河治理
内蒙古	农田水利和城市供水	万家寨水利枢纽,农田水利
辽　宁	防洪、供水、资源开发	观音阁水库、东风水库、"富尔江引水"、"引碧入连"等工程
吉　林	防洪和供水	防洪建设,吉林、长春达到百年一遇标准
黑龙江	防洪与农田水利	农田水利,松花江、嫩江干流防洪
上　海	防洪与排污建设	河道整治与港塘建设
江　苏	水利基础设施体系综合发展	防洪与农田建设,太湖与淮河综合治理
浙　江	综合性水利基础设施体系发展	江堤、海堤、太湖综合治理、海塘围垦
安　徽	防洪与农田水利	治淮,长江干流的防洪,巢湖综合治理
福　建	防洪与水电	城市防洪,海堤建设,城市供水
江　西	防洪与农田水利	长江干流和赣江干流防洪,治理水土流失
山　东	供水、防洪与农田水利	引黄工程,黄河防洪,农田水利
河　南	流域治理、防洪、农田水利与枢纽工程	治淮,黄河小浪底水利枢纽
湖　北	水利枢纽与防洪	三峡水利枢纽,隔河堰水电站,长江防洪
湖　南	水电、防洪和湖区治理	洞庭湖综合治理,防洪建设
广　东	水利基础设施体系综合发展	飞来峡水利枢纽,海堤建设,流域防洪
广　西	水电建设和防洪	红水河水电梯级开发
海　南	防汛与农田水利	海堤建设、农田水利
重　庆	供水与枢纽建设	三峡水利基础设施建设
四　川	水电、防洪和农田水利、水土保持	二滩电站,防洪,水土流失治理
贵　州	水电与水土流失治理	农田水利,乌江电力梯级开发
云　南	农田水利与电力开发	漫湾和大朝山水电站,农田水利,城市供水,滇池综合治理
西　藏	水电与农田水利	羊湖水电,农田水利,防洪
陕　西	供水和水土保持	黑河引水,东雷二期抽黄引水,盐环定扬黄工程等,流域水保治理
甘　肃	农田水利和水电开发	引大入秦,水土流失治理
青　海	水电和农田水利建设	李家峡水电站
宁　夏	供水灌溉和水土保持	盐环定扬黄工程
新　疆	农田水利和水电建设	玛纳斯河、奎屯河、古尔图河等河流治理,开都河、阿克苏河、叶尔羌河引、蓄工程

2．省区市水利基础设施发展存在不同类型

1991～1998年省区市的水利基础设施建设主要为下列发展类型：

【综合水利基础设施体系建设为主】 辽宁、江苏、浙江、广东、山东、河北。

【流域骨干工程为主】 河南、湖北、重庆、山西。

【防洪和农田水利为主】 安徽、福建、江西、湖南、广西、海南、吉林、黑龙江。

【农田水利和水土保持为主】 内蒙古、陕西、甘肃、宁夏、新疆。

【农田水利和水电为主】 四川、贵州、云南、青海、西藏。

【供水、污水处理为主】 北京、天津、上海。

三、发展趋势

未来水利基础设施建设将以跨流域水利基础设施、流域性水利工程和农田水利为重点。

在新世纪即将来临之际，围绕水利资源的综合利用，我国的水利基础设施发展将进一步加快，将从局部区域的网络化建设向大区域网络化建设发展，其重要标志是跨流域水利水电基础设施的建设。在未来5～10年内，我国水利基础设施建设的重点将集中在以下几个方面：第一，三峡水利工程的建设，三峡工程将改变长江中游和上下游局部地区的水利基础设施状态，在防洪、发电和局部区域航运条件的改善等方面发挥重要作用。第二，南水北调中线工程，将在近期开工建设，将长江中游地区和华北地区的水利基础设施联系起来，形成以城市供水和农田水利为主的综合性大区域水利基础设施网络。第三，东北的北水南调工程，将东北地区的水利基础设施连成网络。第四，黄河和长江流域防洪基础设施的建设。

第四节　省级区域城市基础设施建设

一、发展态势

1．城市基础设施建设能力快速增长

城市是社会经济增长的中心，其发展状态一定程度上代表着区域社会经济的发展态势。城市的发展除了带来区域基础设施的改善外，其内部基础设施的发展建设同样对城市的进一步发展具有重要作用。城市基础设施的发展是区域基础设施发展的重要方面。一个区域或省区，其城市基础设施的增长，既反映区域经济增长的活力，又代表着区域发展环境的改善状况。

城市基础设施发展的快慢同样决定于投资，而城市基础设施的完善与否，既决定于长期投入的积累，也决定于城市基础设施的发展政策。

90年代我国城市基础设施建设开始进入快速发展阶段，投资规模大幅度增加，基础设施水平不断提高。为居民创造的生活生产环境大大改善，生活环境质量明显提高。1990年全国用于城市基础设施建设的固定资产投资仅有121亿元，到1996年增加到949亿元，按可比价格计算，增长了3.1倍。增强了城市给排水、道路、供热等基础设施的服务能力[9]。

2．城市基础设施快速发展

投资的大幅度增长，使得城市基础设施的规模迅速扩大，为生产和生活创造的环境越来优越。1997年全国城市道路长度13.86万公里,比1990年增长46.2%;每万人拥有道路7.1公里,比1990年增长11%;排水管道长度11.97万公里,每万人拥有6.1公里,比1990年增长56%;全年供水量476亿立方米,比1990年增长1/4;人均日生活用水达到213.5升,比1990年增长21%。我国城市基础设施发展的历史概况见表4-7。

表4-7 城市公用事业基本情况

项 目	单 位	1978年	1985年	1990年	1995年	1997年
全年供水总量	亿立方米	78.8	128	382.3	481.6	476.8
其中:生活用水量	亿立方米	27.6	51.9	100.1	158.1	175.7
人均日生活用水量	升	120.6	151	175.7	195.4	213.49
用水普及率	%	81	81	89.2	93	95.16
铺装道路长度	公里	26966	38282	94820	130308	138610
平均每万人拥有铺装道路	公里	3.4	3.3	6.4	7	7.1
排水管道长度	公里	19556	31556	57787	110293	119739
平均每万人拥有排水管道	公里	2.5	2.7	3.9	5.9	6.1
煤气管道长度	公里	4717	10567	16312	33890	41475
煤气普及率	%	13.9	22.4	42.2	70	75.71
每万人绿地面积	公顷	10.6	13.7	13.2	36.7	35

3. 保护性基础设施发展滞后

目前我国城市基础设施发展的一个重要偏向是重视生产和生活性基础设施的建设,如道路、供水、供电、供热等基础设施发展比较快,在改善城市生产与生活环境方面发挥了重要作用。但另一方面,污水处理、垃圾处理、防灾等基础设施的建设滞后于社会经济的发展需求,导致部分城市自然生态环境恶化、污染严重。目前我国多数城市的污水处理率都比较低,不到25%,全国有200多座城市被垃圾包围,处理设施严重缺乏,许多未经处理的污水直接排入河道或临近水体,造成水体的污染[10]。

此外,城市基础设施的法制不健全、管理不完善、管理机制不适应城市的发展需求也是我国城市基础设施发展面临的突出问题。

二、城市基础设施发展的区域差异

1. 宏观区域发展差异突出

东部地带城市基础设施的总体发展水平明显好于中西部地带,这主要是因为投资能力的差异。从人均城市建设维护费的多寡可以充分反映这一特点。以1996年为例,全国城市人均城市建设维护费为449元,沿海地带为729元,高于全国平均水平62%;中部地带为265元,仅为全国平均的59%;西部地带为344元,为全国平均水平的77%(表4-8)。

各省区市中,人均城市建设维护费高于全国平均水平50%的有上海、江苏、浙江、广东,高于全国平均水平 25~50％的有北京和福建,为全国平均水平 75~125％的有天津、辽宁、安徽、山东、广西、海南、四川和陕西,其余地区不到全国平均水平的 75％。

表 4-8　以省区市为地域单元的城市人均基础设施水平(1997)

项　目	单　位	全国平均	东部地带	中部地带	西部地带
生活用水量	吨/年	86.5	92.1	82.4	74.1
生活用电量	千瓦小时/年	247.0	285.1	215.8	189.3
铺装道路面积	平方米/人	4.5	5.4	3.8	3.2
公共汽车	辆/万人	5.6	6.2	5.0	5.4
医院床位	张/万人	53.5	53.6	54.5	49.9
公共绿地	平方米/人	4.5	4.8	4.9	3.1
城市建设维护费*	元/人	449	729	265	344

* 1996 年数据。

2．省区城市基础设施发展各具千秋

以省区(北京、天津、上海和重庆除外)为地域单元对城市基础设施进行评价,各省区间的差异比较大。以全国平均水平为基础,选取人均居住面积、用水普及率、煤气普及率、人均拥有铺装道路面积、人均公共绿地面积等指标评价各省区城市基础设施发展的相对水平,具有如下结论(表 4-9):

(1)城市基础设施总体基础较强且人均水平高于全国平均水平的地区,包括江苏、浙江、福建、山东、广东、海南和湖北,这 7 个省的所有评价指标均高于全国平均水平,处于全国前列。1997 年,浙江省城市人均居住面积比全国平均水平高 49％,人均道路面积和人均公共绿地面积也分别比全国平均水平 55％和 16％,江苏的人均公共绿地面积比全国平均水平高 77％,山东和海南人均道路面积比全国平均水平高 77％和 94％。这些省份的城市基础设施总体水平也比较好,保障社会经济发展的能力也比较强。

(2)城市基础设施总体基础较强但人均水平低于全国平均水平的地区,包括东北 3 省和河南、广西和山西。

(3)城市基础设施总体基础不强且人均水平低于全国平均水平的地区,包括内蒙古、江西、安徽、湖南、贵州、陕西和甘肃。

(4)城市基础设施有一定基础且某些指标在全国平均水平以上的地区,包括河北、四川、云南和新疆。

(5)城市基础设施落后的地区,包括西藏、青海和宁夏。

3．大中城市的基础设施发展好于小城市

各省区市中,大中城市基础设施的发展水平普遍比较好,为生产和生活创造的环境相对优越,但也面临基础设施不配套、管理不完善、利用效率不高等问题。中西部省区大中小城市间基础设施发展水平的差异要大于沿海省区大中小城市间的差异。

表 4-9 城市基础设施相对水平

地 区	人均居住面积（平方米）	城市人口用水普及率（%）	城市煤气普及率（%）	每万人拥有公共汽车（辆）	人均拥有铺装道路面积（平方米）	人均公共绿地面积（平方米）
全 国	1.00	1.00	1.00	1.00	1.00	1.00
北 京	1.07	1.05	1.24	2.24	0.74	1.26
天 津	0.90	1.05	1.23	0.75	0.98	0.66
河 北	0.99	1.04	1.13	0.60	1.10	0.92
山 西	1.01	1.02	0.88	0.57	1.10	0.65
内蒙古	0.91	0.91	0.68	0.47	0.74	0.96
辽 宁	0.87	1.02	1.14	0.89	0.78	1.01
吉 林	0.87	0.87	0.82	0.71	0.62	0.75
黑龙江	0.87	0.90	0.88	0.69	0.82	1.08
上 海	1.10	1.05	1.25	4.11	0.63	0.42
江 苏	1.05	1.04	1.16	0.82	1.18	1.31
浙 江	1.49	1.03	1.25	1.27	1.55	1.16
安 徽	0.86	0.97	0.86	0.72	1.08	1.18
福 建	1.17	1.01	1.04	0.80	1.02	1.09
江 西	0.96	0.96	0.76	0.58	0.72	0.98
山 东	1.08	1.00	1.06	0.76	1.77	1.07
河 南	0.90	0.99	0.69	0.64	0.76	0.70
湖 北	1.04	1.01	0.97	0.94	1.14	1.28
湖 南	0.98	1.03	0.87	1.07	0.81	0.85
广 东	1.08	1.01	1.22	0.79	1.28	1.50
广 西	0.96	1.02	1.10	0.59	1.20	1.21
海 南	1.18	0.99	1.17	1.71	1.94	1.71
重 庆	0.94	1.01	0.94	0.84	0.57	0.38
四 川	1.02	1.00	0.91	0.80	0.80	0.69
贵 州	0.93	0.98	0.57	1.31	0.61	0.98
云 南	1.02	1.03	0.90	1.15	0.90	1.36
西 藏	1.45	0.68	0.74	3.06	1.91	5.34
陕 西	0.87	1.00	0.72	0.71	0.71	0.61
甘 肃	0.89	0.98	0.53	0.65	0.99	0.60
青 海	0.67	1.02	0.63	0.78	0.78	0.53
宁 夏	0.95	1.01	0.95	0.71	0.94	0.52
新 疆	0.95	1.03	1.17	1.29	1.12	1.03

第五节 评价与结论

1. 投资是促进区域基础设施增长的关键因素

在相关的发展政策引导下,90年代我国各省区市的基础设施建设,无论是固定设施建设,还是服务水平和服务质量的提高,成效均比较显著。这种发展成就受多种因素的影响,但最重要的因素是投资。由于我国基础设施建设的投资规模大幅度增长,投资力度加大,促进了各省区市基础设施的发展。

虽然地区间基础设施建设投资规模相差悬殊,但纵向比较,各地区基础设施的建设资金都达到了历史最好水平,在基本建设投资中的比例均有了一定程度的增加。这种发展趋势还将继续。

基础设施的投资积累效果,导致区域间基础设施发展水平的差距不断拉大,总体上看,沿海地区基础设施增长显著,发展水平提高比较快,拉大了与中西部地区间的差别。尤其在高等级的基础设施建设方面,沿海地区大大超前于中西部地区。

2. 基础设施发展水平差异显著

由于投资的差异,各地区的基础设施发展水平差异比较大。从相对发展状态评价,省区市间基础设施的水平差异比较悬殊。但基础设施发展水平所表现的区域差异,并不像投资所体现的那样悬殊。

以全国平均水平为参照,对交通通信基础设施、能源基础设施、防灾基础设施、环境保护基础设施、水利基础设施、城市基础设施和社会公共设施构成的区域基础设施体系进行综合评价,各省区市的基础设施发展状态表现出不同特点(表4-10,图4-3)。综合起来,大致可分为以下4种类型。

A:基础雄厚、发展强劲地区:北京、天津、辽宁、上海、江苏、浙江、山东、广东。

B:基础较好、发展良好地区:河北、山西、安徽、福建、河南、湖北。

C:基础一般、发展一般地区:内蒙古、吉林、黑龙江、江西、湖南、广西、海南、四川、重庆、云南、陕西,新疆。

D:基础一般、发展缓慢地区:西藏、甘肃、贵州、青海、宁夏。

3. 基础设施的协同建设与管理问题应引起重视

90年代重视交通通信等基础设施建设,取得了显著成就,但对防灾、环境保护等基础设施的建设则重视不够,其发展远远落后于社会经济发展的需要。区域基础设施间发展的不协调问题突出,不能形成综合基础设施服务能力。

4. 基础设施与区域经济发展的后续措施

这主要反映在欠发达的落后地区。基础设施建设对区域经济的作用,除了通过消耗物料和创造就业机会促进地区经济发展外,更重要的是通过提供便捷的服务促进产业部门的发展。

经济欠发达地区,往往在基础设施建成以后,其他经济部门未相应发展,导致基础设施的利用率不高。

表 4-10 各省区市基础设施发展状态综合评价

	交通	邮电	供电	防灾	环保	水利	城市	社会服务	面临主要问题
北京	A	A	A	A	B	A	A	A	环保与城市交通
天津	A	A	A	A	B	A	A	A	环保与城市交通
辽宁	A	A	A	A	B	B	A	B	环保与社会保障
上海	A	A	A	A	A	A	A	A	环保与城市交通
江苏	A	A	A	B	B	A	A	A	环保
浙江	A	A	A	B	B	B	A	A	环保与城市基础设施
山东	A	A	A	A	B	A	A	A	环保与防灾
广东	A	A	A	A	A	A	A	A	环保与防灾
河北	A	A	A	B	C	A	B	B	环保与社会保障
安徽	A	A	A	C	D	B	B	B	环保与防灾
福建	B	A	A	B	B	B	B	B	环保与防灾
河南	A	A	A	B	D	B	B	B	环保与防灾
湖北	A	A	A	C	B	B	B	D	环保与防灾
山西	A	A	A	B	C	B	C	C	环保
内蒙古	C	C	A	C	C	C	C	C	环保与社会保障
吉林	B	B	B	C	C	C	B	C	环保与社会保障
黑龙江	B	B	B	C	C	B	C	C	环保与社会保障
江西	B	B	C	C	C	B	C	C	防灾与环保
湖南	B	B	B	C	C	C	C	C	环保与社会保障
广西	B	C	C	C	C	C	C	C	环保与社会保障
海南	C	B	C	B	B	B	B	B	环保
重庆	B	B	C	B	C	C	B	C	环保与社会保障
四川	B	C	C	B	C	C	C	C	环保与社会保障
云南	C	C	C	C	D	C	C	C	环保与社会保障
陕西	C	C	C	C	C	C	C	C	环保与社会保障
新疆	C	C	C	C	C	C	C	C	环保与社会保障
贵州	D	D	D	D	D	D	D	D	社会保障
西藏	D	D	D	D	C	D	D	D	交通基础设施
甘肃	D	C	B	C	D	C	D	D	环保与社会保障
宁夏	C	C	B	C	C	D	C	C	环保与社会保障
青海	D	D	A	D	D	D	D	D	环保与社会保障

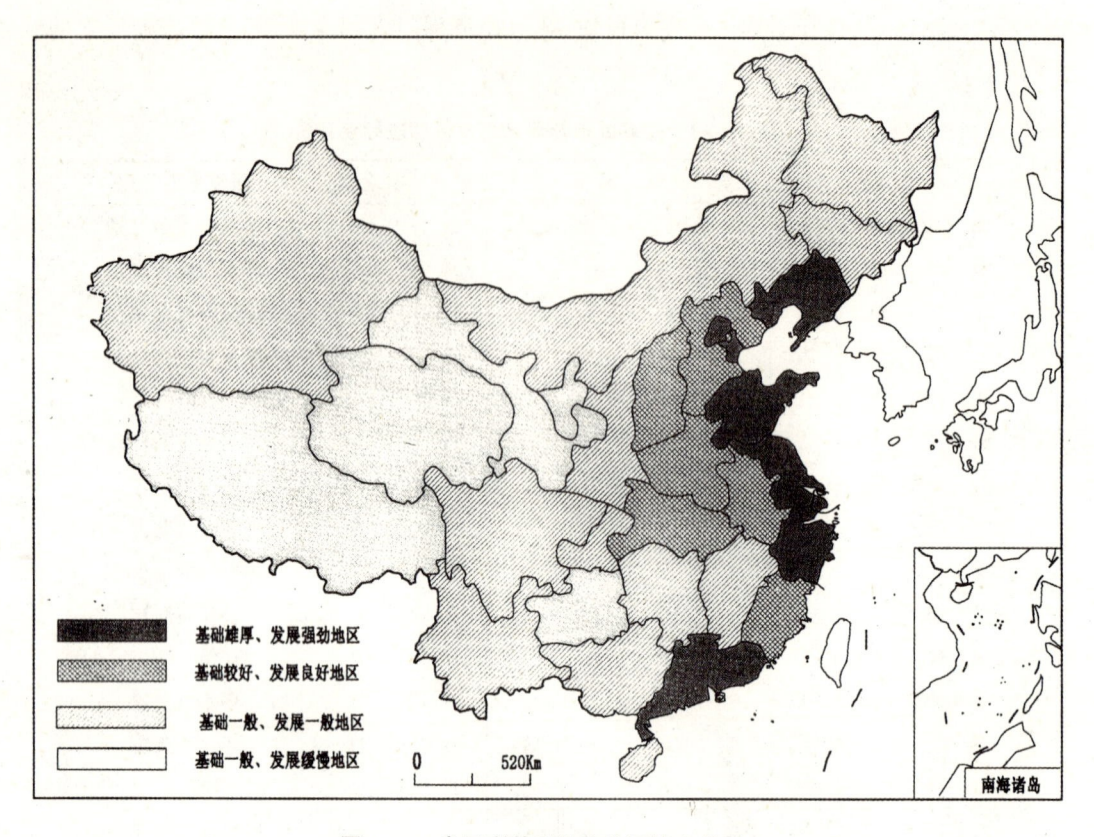

图 4-3 省区市基础设施发展状态类型

参考文献

[1] 金凤君:"关于基础设施体系的几点见解",《中国科学报》(海外版),1997年9月25日。
[2] 陆大道等:《1997中国区域发展报告》,第246~264页,商务印书馆,1997年。
[3] 山西省计划委员会:《山西省国民经济和社会发展"九五"计划和2010年远景目标》,1996年。
[4] 金凤君:"中国交通通信基础设施的地区发展类型研究",《地理科学》,1998年第4期。
[5] 综合运输研究所:《交通运输经济快讯》,1999年第6~11期。
[6] 水利部规划计划司:《跨世纪的中国水利》,中国水利出版社,1997年。
[7] "三峡工程简介",《人民日报》(海外版),1994年12月15日。
[8] 曲耀光:"人造地下长河润秦川——引大入秦工程",《地理知识》,1997年第10期。
[9] 侯捷:《1997中国城乡发展报告》,中国城市出版社,1998年。
[10] 侯捷:《1996中国城乡发展报告》,中国城市出版社,1997年。

第五章　社会发展与城市问题

我国正经历着"社会结构转型"和"经济体制转轨"的历史性变革时期。伴随着国民经济的持续快速增长,一些新的社会发展问题日益突出。诸如大规模人口流动、城市边缘区治安与环境恶化、城市失业与贫困人口增加以及社会保障制度转轨等重大问题,已成为制约区域经济持续发展的重要因素。根据零点调查公司1997年和1998年对京、津、沪等10个城市的调查,失业下岗问题高居当年国内公众关注的社会热点问题之首[1],社会治安、社会稳定、社会保障等问题也位居前列。

本章重点通过对我国社会发展过程中出现的人口流动与城市化、城市贫困、社会保障等热点问题的分析,阐述全国及各省区市社会发展目标、发展政策及发展状态。

第一节　我国社会发展综合状态

建国以来,社会发展问题一直受到党和政府的高度重视。特别是改革开放以来,我国在社会发展方面取得了举世瞩目的成就,同世界发达国家的社会发展水平的差距正在逐渐缩小。1994年10月,国务院召开了全国社会发展工作会议,进一步明确了我国社会发展的指导原则和工作重点。

一、我国社会发展概况

【社会发展平均水平已接近世界中等水平】　我国政府历来重视社会发展问题。即使在经济发展水平还不高的50~60年代,都始终致力于提高全体国民基本生活的保障能力。虽然,目前按人均国民生产总值指标排序,我国仍居于世界中等偏下的位次,但在反映社会发展水平的一些主要指标方面,如生活质量指标、人口素质指标、成人识字率、人口平均预期寿命等,都居于中等或中等偏上水平。根据UNDP《1996人类发展报告》,我国1993年人文发展指数(HDI)为0.609,在世界174个国家和地区中位居第108位,而人均GNP(按可比价计算)居世界第110位。与经济发展水平相比,社会发展并不落后。1992年我国人文发展指数排序第111位,但在经济发展水平(人均GNP)相近的18个国家中,我国人文发展指数排名第3位[2]。此外,我国上海、北京的人文发展指数已跃居世界第31位,达到世界工业化国家人文发展水平。目前,我国人均GNP排世界后列(第70位之后),但是人口素质排世界第57位、成人识字率排世界第47位、生活质量指标排世界第43位、人口平均寿命指标排世界第46位[3]。由此可见,我国的经济水平虽居世界后列,但社会发展却居世界中等水平(专栏5.1)。

> 专栏 5.1
>
> **人文发展指数(HDI)**[①]
>
> 人文发展指数(HDI)是联合国开发计划署(UNDP)于1990年创立,用以评价世界各国的社会发展水平,并得到全世界的认同。它是人均GDP一个可行的替代品,正越来越广泛地用于监测各国和整个社会的进步状况。
>
> HDI由三部分组成,即出生时的预期寿命;受教育程度,包括成人识字率(占2/3的权重),和初级、中级和大专入学综合比例(占1/3的权重);以及人均GDP。
>
> 为了构建这个指数,设各指标的最大和最小值分别为:出生预期寿命:25~85岁;成人识字率:0~100%,综合入学率:0~100%;实际人均GDP:PPP \$ 100~40000。
>
> HDI计算方法:对于任何HDI的组成部分来讲,每一个指数(HDI_i)可根据下列公式计算:
>
> $$HDI_i = \frac{实际\ X_i - 最小\ X_i}{最大\ X_i - 最小\ X_i}$$
>
> 则:综合人文发展指数 $HDI = \frac{\sum_{i=1}^{3} HDI_i}{3}$
>
> 一个国家或地区的HDI越接近1,则该国或地区的社会发展水平越高。

【社会发展进步显著但不稳定】 以衡量人民生活富裕程度的恩格尔系数为例,我国的恩格尔系数自60年代以来开始下降,到1995年已低于50%。其他社会发展的主要指标,如万人医生数、每万职工科技人员数、万人在校大学生数、人均国内生产总值和人均生活用电量分别由1952年的7.4人、269人、3.3人、118元和2度提高到1996年的15.9人、1814人、24.7人、5634元和97度[4]。根据联合国开发计划署公布的《1999人类发展报告》,在174个国家和地区中,我国排序第98位,分别比1996年、1998年的排序上升了8位和6位。说明近两年来,我国的社会发展水平又有很大提高。

当然,我国的社会发展过程并非平稳推进。建国以来,大体经历了三个不同的阶段:

第一个五年计划时期(1953~1957年)。当时比较重视社会发展,用于文教、科卫、福利等方面的社会投资比例较高,占基本建设投资的8.1%[4]。社会发展速度较快,经济与社会发展比较协调。

三年"大跃进"和十年动乱时期(1958~1977年)。这一时期是经济与社会发展都不正常的时期。总体来看,社会发展缓慢。社会发展方面的投资占基建投资的比例由"一五"时期的8.1%降为1978年的4.3%[4],经济效益停滞不前,社会发展较为缓慢。

由计划经济体制向市场经济体制转轨时期(1978~1999年)。这一时期是我国现代化建

---

① 摘自:UNDP:《1995人类发展报告》。

设过程中的重大转折时期,经济体制改革全面展开,社会经济发展水平提高很快,综合国力得到增强,人口素质稳步提高,居民生活质量有了明显改善,社会发展水平的增长速度远远高于前两个时期。但是,社会发展水平的增长速度却慢于经济增长速度。1978~1998年,全国经济效益指数年均增长4.7%,而社会发展指数年均仅增长3.8%[4],教育和其他社会发展方面的投入占GDP的比重也有下降趋势。此外,转轨时期带来的城乡贫富差距问题、城镇失业与下岗问题等都有扩大趋势。

二、1997~1998年我国区域社会发展状态

1. 区域社会发展水平

从区域发展的角度看,社会发展水平既是区域发展中财富存量的一种体现,又是区域发展能力的体现。关于社会发展水平的评价,国内外已有许多学者、机构通过建立不同的指标体系做过这方面的工作。国际上以UNDP的人文发展指数(HDI)应用比较广泛,国内以我国社会科学院朱庆芳教授提出的HDI测度指标[5]比较系统。该指标体系包括省级评价指标46个、市级评价指标39个。由于部分指标相关性很高,而HDI反映出的也只是一个地区人类发展的瞬象图,不能完整反映区域人文发展的综合质量。

综合考虑国际可比性与我国实际以及数据的可获得性,我们筛选了以下8项、15个评价指标作为评价以区域持续发展为目的的社会发展水平(表5-1)。

表5-1 区域社会发展水平评价指标体系

1. 人口指标: 　　人口自然增长率 　　文盲率	5. 城市化指标: 　　城市化水平
2. 教育指标: 　　学龄儿童入学率 　　万人在校大学生数	6. 生活质量指标: 　　恩格尔系数 　　电话普及率 　　消费水平
3. 科技指标: 　　万人科技人员数	7. 社会保障指标: 　　农村人均社会保障金额
4. 卫生指标: 　　人口预期寿命 　　万人病床数 　　万人卫生人员数	8. 社会稳定指标: 　　城镇失业率 　　农村贫困发生率

本报告采用了该指标体系,计算了我国各省区市的社会发展指数SDI(附录13),并进行了排序(图5-1)和分类(图5-2)。综合评价如下:

【社会发展水平地区不平衡】 从人口、科技、教育、卫生、城市化、社会保障、社会稳定八大指标看,无论是绝对值还是相对值都存在着或多或少的差距。从总体或人均水平看,我国社会发展水平已接近世界中等水平,少数沿海地区已达到高水平,但许多内陆地区仍处在世界低水平。

【社会发展水平区域差异规律性不明显】 不计北京、天津、上海3个直辖市(重庆并入四川省计算)的省际差异并不表现为东西差异。社会发展水平最高的省份,除3个直辖市之外,还有新疆、辽宁、广东、吉林,湖南由于农村社会保障较好,在综合评价中的位次也较高。西藏、青海、贵州3省区的社会发展发展水平最低。

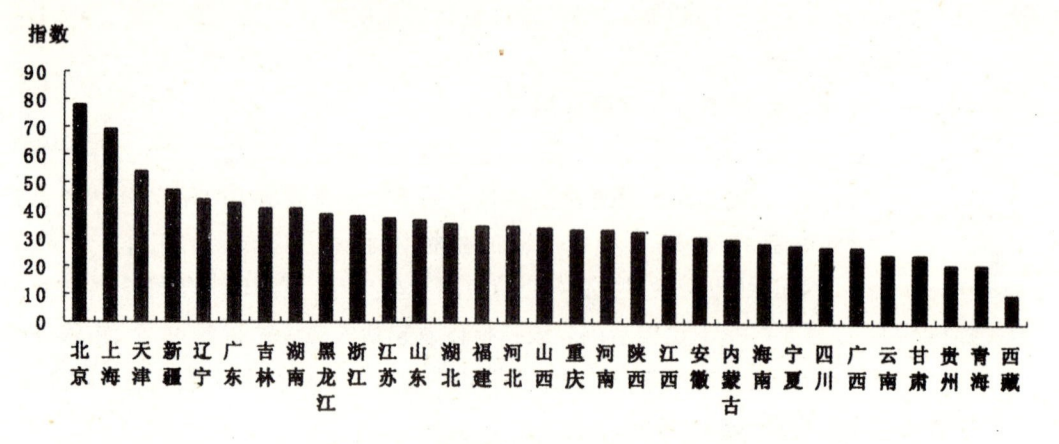

图5-1 各省区市社会发展水平排序

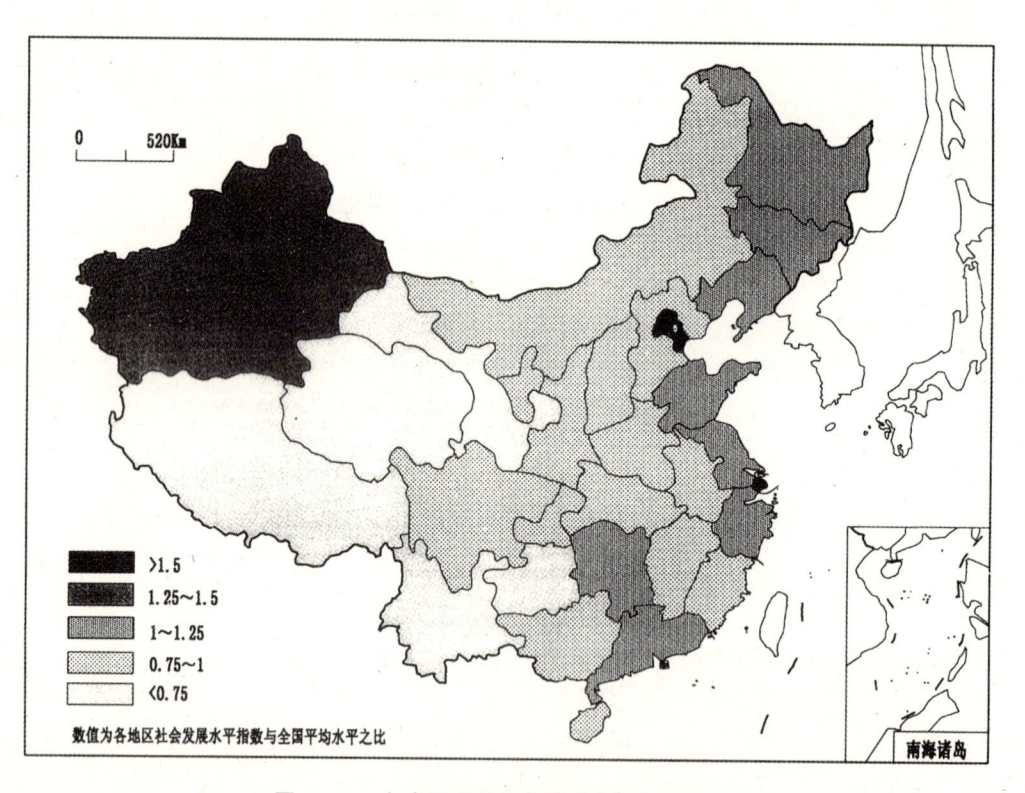

图5-2 各省区市社会发展水平综合评价图

卫生、科技、教育发展水平的省际差异较小,沿海省份并不比其他省份更为优越。不计京、津、沪3个直辖市,水平最高与最低的相差不到1倍。高于全国平均水平的省份包括京、津、沪、辽宁、吉林、陕西、宁夏、新疆等省份。而沿海地区的江苏、浙江、福建、山东略低于全国平均水平。

生活质量除北京、上海、天津,贵州、甘肃和西藏之外,其他省份差异不大,生活质量最高的省份除京、津、沪之外,东部沿海发达省份浙江、广东、江苏等较高,此外,西部的新疆生活质量也较好。贵州、甘肃和西藏等省区生活质量相对较低。

农村社会保障的省际分异明显。总体上看,中西部省份农村人均社会保障资金略高于很多东部省份。除广东省之外,其他沿海省份的农村社会保障基金都很低。中西部的新疆、湖南、西藏、河南的保障程度相对比较高,其中新疆、湖南两省区约高出全国平均水平的5～7倍。

2．区域社会发展与经济发展的协调性

经济发展是社会发展的前提和基础,社会发展则是经济发展追求的最终目标。二者的协调发展才能有效促进整个区域的可持续发展。从目前我国各地区经济发展水平与社会发展水平的实际状况来看,经济发展与社会发展的协调问题仍然值得关注。

【社会发展与经济发展的区域差异不一致】 我国经济发展的东西差异规律性明显,沿海地区的经济发展水平明显高于西部地区。而社会发展水平并不表现为东西差异。其中社会发展水平相对于经济发展水平较高的省份有:东北3省,湖南、新疆、陕西等。而近年来经济高速增长的沿海地区的社会发展相对滞后,只京、津、沪、广东社会发展与经济发展水平比较一致,浙江、江苏、福建、海南和山东的社会发展大大落后于其经济发展水平。中部地区的山西、湖北以及西南地区各省份社会发展水平与经济发展水平基本一致。

【主要指标的地区差异与人均GDP差距具有不同程度和不同方向的相关性】 人口指标、贫困发生率的地区差异与人均GDP的地区差距呈负相关。在所选的13个指标中,有8个指标的解释程度(R^2)在50%以上,有3个指标在30～50%之间,社会发展综合指标与人均GDP的相关系数为0.7529(表5-2)。

表5-2 各地区社会发展指标与人均GDP的关系(1997)

	LOG(人均GDP)		
	系　数	R^2	样 本 数
1．人口指标:			
人口自然增长率	－0.0421	0.5543	29
文盲率	－0.0155	0.2385	29
2．教育指标:			
LOG(万人在校大学生数)	0.6467	0.6166	29
3．科技指标:			
LOG(万人科技人员数)	0.2845	0.2771	29

续表

4. 卫生指标：			
LOG(人口预期寿命)	8.3431	0.5278	29
LOG(万人病床数)	1.0084	0.415	29
LOG(万人卫生人员数)	0.6137	0.3349	29
5. 城市化指标：			
LOG(城市化水平)	0.8866	0.5275	29
6. 生活质量指标：			
电话普及率	0.0387	0.806	29
消费水平	1.2665	0.9454	29
7. 社会稳定指标：			
城镇失业率	-0.1753	0.4094	29
贫困发生率	-0.0212	0.5742	29
8. 社会发展综合指标：			
LOG(社会发展指数)	1.4757	0.7529	29

第二节　人口流动与城市化

一、人口流动态势及背景

1. 区域人口流动总量的变化

改革开放以来，以农村剩余劳动力流动为主的区域人口流动，无论是数量规模、流动距离，还是对流出地区或流入地区的社会经济发展所产生的深远影响，都是前所未有的。80年代初，全国参与外出打工的农村劳动力不足200万，而1993年抽样调查显示，参与外出打工的农村劳动力已占到全国农村劳动力总数的15%左右，1997年这一比例上升到20%，全国农村劳动力流动总量估计在6000～8000万[6]。

【区域人口流动经历了四个阶段】　根据流动人口数量增长特征划分，近20年来全国流动人口数量变化过程可划分为四个阶段[1]：

1984年以前，由于受国家政策(户籍、就业及副食品供应等相关政策)以及农民自发流动意识淡薄等因素的影响，全国流动人口总量很小，并且主要集中在沿海省份一些传统的经商、流动意识比较强的地区，如浙江的温州地区、广东的珠江三角洲地区、粤西的茂名、山东的桓台、安徽的无为等地区。

1985～1988年，随着城市体制改革步伐加快，尤其是适应城市第三产业发展的需要，全国参与流动的农村劳动力总量扩大，流动半径开始由近距离(农村流向附近城镇)转向长距离(跨省区)，表现为中西部省区向东部沿海地区，特别是向珠江三角洲地区流动。在沿海一些地市，来自外省区劳动力的比例一般达到20%左右，有的占到30%。

1989～1994年，是全国流动人口总量增长速度最快的时期。年均增长速度超过10%，部分年份超过20%。其中跨省区流动和务工经商的比重明显增加。如江西省1991～1993年跨省区外出打工的农村劳动力由20万猛增到300万，安徽省则以年均100万人的规模扩大，总数超过500万。北京流动人口在5年间增加了200万,1994年达到322万。1993年全国参与省外流动的人数约占当年流动人口总量的33.6%。在河南、四川、安徽、江西等省劳动力输出的主要地市,农村外出劳动力已超过当地农村劳动力总数的20%。

1995年以来,全国流动人口总量增速趋缓。1996年、1997年全国流动人口的总量规模大体与1995年持平。但省区之间比较有升有降。安徽、河南、河北等省增幅趋缓,四川、湖南、湖北、山西、陕西、甘肃、贵州等省增幅明显。从流入地看,1997年北京流动人口总数较1994年减少40万人①,广州减少约10万人,天津、上海等市也有不同程度下降。

分析近几年全国流动人口总量增幅趋缓的原因有三方面。一是城市经济及国有企业普遍不景气,城市职工下岗与城市失业率上升,客观上减少了城市对外来劳动力的需求。二是为拓展城市下岗职工再就业空间,各地普遍将清退外来人员作为实施再就业的主要手段之一,并出台相关的限制性就业政策。如北京1995年出台行业准入制度,1996~1998年以落实"三证"为契机,加强了单位用工制度的管理,包括征收相关的用工管理费用。1998年广州在对外来劳动力进行分类管理后,用工"大户"第三产业中的金融、寻呼、保险业务员、文秘等20多个行业基本上禁用了外来打工人员。这些措施提高了外来人口在城市就业的制度性障碍与经济成本。三是国家对农业发展政策的调整,进一步加大了中西部地区农业开发的投资力度,扩大了农村、农业自身对剩余劳动力的消化能力,在一定程度上减缓了农村剩余劳动力流出的压力。

2. 人口流动的地域特征

与1995年以前相比,1997~1998年全国人口流动在较大的总量规模上平稳运行,但流向开始呈现多元化特征。反映在六个方面:

【开始向新疆、西藏及一些新兴的开发地区分流】 虽然集中流向仍以东部沿海地区,特别是京津地区、长江三角洲、珠江三角洲及闽浙沿海地区为主,但一些新兴的开发热点地区,如新疆、西藏及京九铁路沿线等地区也在成为新的流入地区。如四川省1997年流出总量虽有减少,但西出新疆的农村劳动力超过60万人以上,甘肃流向新疆植棉的劳动力也达到15万人左右。

【不发达地区与发达地区双向流动现象并存】 不少地区在大量吸纳外来劳动力的同时,本地劳动力也在向外流动。如浙江温州市每年平均吸纳外省民工超过150万,同时本地劳动力流出总量也达到150万左右;安徽阜阳市1997年外出打工人员超过200万,但流入劳动力也在150万左右。城市职工向农村流动则是该现象的另一面(学术界称之为"结构倒流现象")。1995年以来,由于城市职工下岗、分流,就业压力增大等原因,东北地区和中西部地区的一些城市,也包括京津等大城市,都出现了一定数量的职工进入郊县乡镇企业或回流农村开发或务农的现象。

【出现"回乡创业潮"】 由于家乡政府的鼓励,一些长期在外务工经商的人员开始出现返乡创业发展的势头。在安徽、河南、湖北等省的一些市县,"民工+乡镇企业+农业综合开发",

---

① 北京市统计局:"1997年11月北京市外来人口普查公报"。

已成为与"温州模式"、"苏南模式"等同具影响力的新的开发模式。仅1997年上半年四川回乡创业者总数超过40万；安徽阜南县回乡创业者约占个体私营企业的75%。湖北咸宁地区①通城县每年输出劳动力8万多人，每年民工"创汇"3亿元。由回乡打工仔创办的企业超过30家，累计投资18亿元，年产值3.4亿元。

【外来人口流入大城市谋生有长期化趋势】 根据北京、广州等城市对外来人口的调查以及国家对有关城市暂住人口的统计分析，务工经商人员约占75%以上；居住半年以上的占60%多，居住3年以上的超过15%。如北京市，1997年与1994年比较，务工经商人员比重提高了3.7个百分点；居住3年以上人员的比重提高近4个百分点。还有一部分人在京居住超过10年以上[7]。

【中西部人口大省为主要输出省】 从全国看，农村劳动力主要输出省份为河南、四川、安徽、湖南、湖北、江西、河北、山西；主要接纳省份为：广东、江苏、浙江、福建、山东沿海地区和北京、上海等大城市；新疆、西藏近年来也在成为新的流入地。与其他省区比较，东北3省城市职工流出量相对比较大。

【70%流向城市】 农村劳动力流向的地域构成上，东部地区的外出劳动力在省内流动的比例约占75%以上，中西部地区占60%；流向大城市的占27%，流向中、小城市的占45%，停留在乡村的约占20%，换言之，70%以上的农村劳动力流入各类城市[8]（图5-3）。

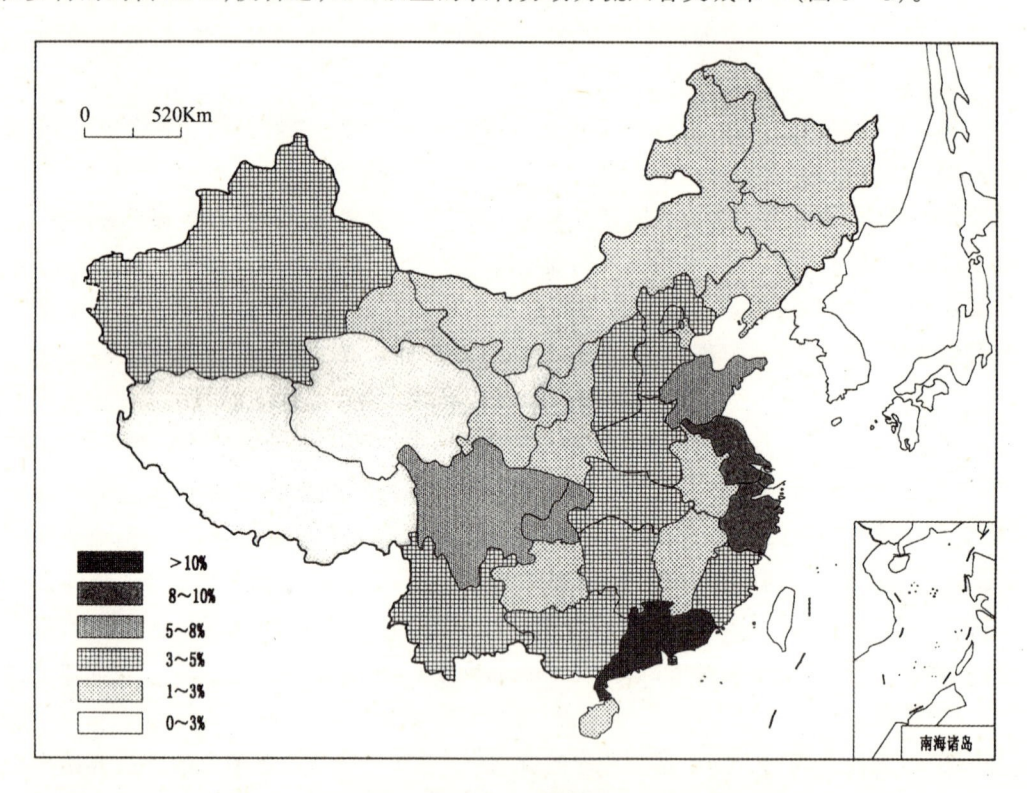

图5-3 各省区市暂住人口占全国暂住人口总量的比例

---

① 1997年6月4日中央电视台7频道"新闻调查"。

3. 流动人口规范化管理的政策措施及实施效果

自1989年全国爆发大规模"民工潮"以来,农村劳动力的有序化流动问题一直受到输出地区政府和接纳地区政府的关注。特别是北京、上海、广州、深圳、武汉、长沙等大城市,由于流动人口聚居数量较多,并已对当地的社会治安、就业、城市基础设施和环境等方面产生了较大的负面影响,因而普遍加强了外来人口的规范化管理工作。上海、北京、广州、深圳等城市率先制定了涉及外来人口管理的地方性法规,各省区市也相应地成立了外来人口管理机构,加强对流动人口的综合管理。实施效果与问题体现在以下方面:

【流动人口管理开始纳入"有法可依"的规范化渠道】 如1995年北京市出台了"北京市外来人口务工经商管理条例"及相关的10个管理法规。管理规定涉及户籍、租赁房屋、治安、务工、计划生育、集贸市场、家庭服务工作、目标管理责任制、服务费征收等10个方面。对外来人口,实行"三证"(暂住证、就业证、计划生育证)管理;对本地住户,推行房屋出租许可证和行业招聘就业申报许可制度。从一些农村劳动力输出数量较多的省区来看,普遍建立了县以上农村劳动力外出务工许可证制度(专栏5.2)。

专栏5.2

北京对外来人口规范化管理的思路

1995年以来,北京市制定了外来人口规范化管理的总体思路。即以"宏观控制,综合治理,加强服务,依法保护"为宗旨,以一个条例和10个管理规定为法律依据,按照三个有利于的原则,运用三个导向,将外来人口的管理工作逐步纳入法制化管理轨道。

搞好立法工作:1996年北京市制定和颁布了《外地来京务工经商人员管理条例》和10个管理规定,管理规定涉及户籍、租赁房屋、治安、务工、计划生育、集贸市场、家庭服务工作、目标管理责任制、服务费征收等10个方面。

遵循三个有利于的原则:有利于社会主义市场经济体制的建立,有利于经济和社会的协调发展,有利于发挥首都的功能和性质。

贯彻三个导向的方针:一是经济导向,对经济行为和工作性质符合北京市发展需要的,鼓励他们在北京发展;二是素质导向,对流入北京的人口要有素质要求;三是社会规范导向,保护合法,取缔非法,打击违法。

措施落实上:一是通过清理整顿,努力将外来人口总量控制在300万以内;二是搞好外来人口的登记造册工作;三是加强对外来人口聚居地的市政管理和组织管理。

基于上述思路,1996~1998年,北京先后进行了若干次大规模的清理整顿和专项治理工作,取得了一定成效。

【农村劳动力流动的组织化程度有所提高】 疏导结合,加强分类管理,农村劳动力流动的组织化程度有所提高。表现在流出地区和流入地区的政府,注意通过加强农村劳动力流动就

业中介组织的发展,包括开展一些输出前或就业期间的法规培训、素质培训等,加上农村劳动力流动的自身行为的调整(如通过亲缘、地缘关系等形式的自组织流动),减少了流动的盲目性,也降低了流动的成本和风险。流入地区改变"轰赶"一刀切的做法,积极与流出地区进行协调。如北京与山西、安徽、河北、河南等省,广东与四川、湖南、贵州、江西等省,上海与安徽、重庆、江西等省市的一些地区,就建立了以劳务输出为主的对口扶贫形式的协调关系。

【民工输出成为扩大地区资金原始积累的重要途径】 在经济发展比较落后,特别是中西部的一些人口密度比较大的地区,如安徽的阜阳、无为,河南的信阳、驻马店等市县,"民工+乡镇企业+农业综合开发"这一发展模式,已成为扩大地区资金原始积累的重要途径。当地政府普遍采取鼓励和引导措施,组织农村劳动力输出,以发展地方经济。有些地区甚至将组织农村劳动力的输出指标化、任务化。如陕西省针对前几年对组织农村劳动力输出重视不够的情况,1997 年提出将扩大农村劳动力输出作为大产业来抓,并确定 2000 年输出数量达到 200 万的任务指标。甘肃、贵州,以及四川、江西、湖南也提出扩大规模的要求。

【利益驱动导致管理目标错位】 对外来人口的正、负面影响,流入地区,特别是大城市在不同管理层面上的目标有一定错位。近年来,一些城市政府虽然连续开展了以清理马路市场、违章建筑等综合整治工作并在规范化管理和整治社会问题方面取得一定成效,但由于城市边缘地区的一些乡、村及街道等部门,以及当地的居民、企事业单位,出于自身经济利益的考虑,又不断违规兴建违章建筑、容留外来人口,以致形成不少如"河南村"、"安徽村"等规模庞大、管理无序、环境恶劣的外来人口聚居区。

【人口的有序流动和规范化管理的体制性矛盾日益显性化】 首先是反映在就业冲突方面。尤其在目前下岗再就业形势比较严峻的时期,一些地方盲目地将外来人口与城市居民的就业冲突扩大化。二是户籍制度导致外来人口,包括长期滞留城市的"暂住人口"的行为短期化,反映在居住行为、消费行为以及与城市主流社区认同整合等方面。三是城市管理政策波动。虽然从总体上看,流入地区对外来人口的管理由"无序"、"盲目控制"向逐步的"规范管理"过渡,但由于在现行户籍制度背景下,流入地区对外来人口的经济吸纳与社会拒入行为并存,客观上导致城市外来人口管理政策的波动,不利于暂住人口与城市主流社区的融合。

【小城镇吸纳农村剩余劳动力潜力有限】 从全国来看,与 80 年代初中期比较,目前小城镇在吸纳农村剩余劳动力方面没有起到应有的作用。究其深层原因,由于小城镇自身发展长期处在无序、放任状态,功能单一,基础设施薄弱,面对大中城市的开放,发展活力衰退。近年来,浙江、广东、江苏等省都已开始认识到这个问题。1998 年浙江省明确提出城市化发展战略,并将择优发展小城镇放在重要地位。比较而言,中西部地区对这个问题的认识尚不清晰,小城镇的实际发展仍有步东部地区后尘之虑。

二、区域城市化水平

城市化是指由于社会生产力的发展而引起的城市数量增加及其规模扩大,变农村人口为城市人口以及人口向城市集中的过程。广义的城市化也包括城市用地的扩展,城市建设水平的提高,城市居民生活方式和思想观念的演变和传播[9]。主要表现为：人口结构由农村人口向城市人口转变；产业结构由从事农业生产向非农业生产转变；人口分布由较分散的农村居民点逐步转向城市地区或有所集中的城市居民点；居民生活方式逐步改变。

城市化发展水平的测定，目前国内外最为通用的指标是"城市化水平"指数，即城市人口（或非农业人口）占区域总人口的百分比。在我国通常有三个标准：(1)非农业人口占区域总人口比重；(2)市镇人口占区域总人口比重；(3)市镇非农业人口占区域总人口比重。由于户籍政策的严格控制，使得户籍意义上的非农业人口和当前实际人口城市化水平存在严重差距，其测度值低于实际城市化水平。而市镇人口的统计则由于统计标准单元划分的不一致，一定程度上影响其统计值的可比性。市镇非农业人口比重虽然在一定程度上也会低估城市化水平，但相对来讲，还是比较接近实际城市化水平的。因此，本章中的我国城市化水平均指市镇非农业人口比重。

1. 我国的城市化水平比较低，城市化进程相对滞后于工业化

目前我国的城市化水平低于世界城市化的平均水平。1998年，我国城市化水平仅为28.2%（包括建制镇非农业人口），若包括城市中的暂住人口，建制镇中的亦工亦农人口也仅有34%左右。而世界各国的平均水平已达到45%，发达国家达到70~80%，一些发展中国家的城市化水平也达到了40~50%。如巴基斯坦34%、加纳35%、莫桑比克31%、津巴布韦31%、埃及44%、印尼33%、菲律宾52%、罗马尼亚55%等[10]。

我国的城市化不仅远远落后于世界同等发达国家的程度，而且也落后于发达国家同一发展阶段的城市化进程。绝大多数国家在工业化加速阶段，其城市化的进程也是相当快的，有时甚至超过了同期工业化的速度。如日本在1947~1975年间，工业化水平从28%提高到36%，而同期城市化水平从28%提高到57%，韩国在1960~1981年间，工业化水平从20%提高到39%，同期城市化水平由28%提高到56%。相比之下，我国城市化发展滞后，1980年到1998年，城市化水平仅由19.4%提高到28.3%，在低水平上提高约8.9个百分点。而工业化水平（第二产业占GDP比重），却从48.5%提高到49.2%，在较高水平上提高了0.7个百分点。1997年和1998年，我国工业化率已高达49.1%和49.2%，而城市化率仅为27.8%和28.2%。城市化与工业化水平分别相差21.3个百分点和21.0个百分点。尽管如此，城市化水平提高的速度却大大快于工业化水平提高的速度。1980~1998年，前者的年均增长率为0.49%，后者仅为0.04%。说明城市化与工业化水平的差距正在逐渐缩小。

2. 城市化水平与速度的地域差异明显

【东西部城市化水平差异扩大】 东部地带城市化水平明显高于西部地带，而中部地带介于二者之间。以1990年第四次人口普查时的市镇人口比重看，东部地带为27.68%，中部地带为24.93%，西部地带为20.45%。1998年，全国平均城市化水平为28.2%（以市镇非农业人口计），东部地带为33.8%，高出全国5.6个百分点；中部地带为26.6%，接近全国平均水平；而西部地带仅为20.7%，低于全国平均水平7.5个百分点（表5-3）。

表 5-3　1997 年、1998 年东、中、西三大地带城市化水平对比

地　带	1997 年			1998 年		
	总人口(万人)	市镇非农业人口(万人)	城市化水平(%)	总人口(万人)	市镇非农业人口(万人)	城市化水平(%)
东部地带	49632.33	16527.45	33.3	49994.23	16904.35	33.8
中部地带	43319.37	11372.81	26.3	43638.00	11626.49	26.6
西部地带	27631.00	5563.69	20.1	27865.86	5778.88	20.7
全　国	120582.70	33532.26	27.8	121498.09	34309.72	28.2

资料来源：根据建设部城乡规划司"全国设市城市及其人口统计资料"(1998、1999)整理计算。

从城市化发展速度来看，在 1962~1998 年间，东部地带城市化水平平均每年提高 0.48%、中部地带为 0.37%、西部地带为 0.28%，表明我国东部地带城市化发展速度快于中部地带，中部地带快于西部地带。东部地带的城市化发展速度约为西部地带的 1.7 倍（表 5-4）。东西部之间城市化水平的差距在继续加大。但 1998 年，西部地带城市化发展速度略高于东部地带 0.1 个百分点，中部地带 1998 年城市化速度最慢。

表 5-4　东、中、西三大地带城市化水平及发展速度(%)

年　份	东部地带		中部地带		西部地带	
	城市化水平	发展速度	城市化水平	发展速度	城市化水平	发展速度
1962	16.61	—	13.29	—	10.55	—
1965	15.72	-0.13	13.20	-0.03	10.19	-0.07
1970	13.50	-0.44	12.24	-0.19	9.74	-0.09
1975	13.39	-0.02	12.47	0.05	9.38	-0.07
1978	13.78	0.13	12.85	0.13	9.77	0.13
1980	15.15	0.69	13.93	0.54	10.57	0.40
1985	18.25	0.62	17.04	0.62	12.99	0.48
1990	21.45	0.64	19.18	0.43	14.12	0.23
1997	33.20	1.69	26.25	1.01	20.14	0.86
1998	33.81	0.51	26.62	0.37	20.74	0.60
年均发展速度		0.48		0.37		0.28

资料来源：1962~1990 年数据来自参考文献[11]第 48 页；1997~1998 年数据来自建设部城乡规划司"全国设市城市及其人口统计资料"(1998、1999)。

【省际差异大于三大地带差异】　我国城市化水平省际差异较三大地带更为明显。除京、津、沪 3 个直辖市之外，1998 年城市化水平最高的辽宁省为 49.5%，而最低的西藏自治区却只有 9.8%，相差 5 倍。城市化水平大于 40% 的省区有：辽宁、吉林、黑龙江和广东；介于 30~40% 的省区有内蒙古、江苏、湖北、海南、宁夏和新疆；介于 20~30% 的省区有河北、山西、浙江、福建、江西、山东、湖南、广西、四川、重庆、陕西、青海；小于 20% 的省区有安徽、河南、贵州、

云南、西藏、甘肃(表5-5,图5-4)。

表5-5 1998年各省区市城市化水平及发展速度

地 区	市镇非农业人口(万人)	城市化水平(%)	年均增长率(1980~1998)	按城市化水平排序	按城市化速度排序
全 国	34309.72	28.3	0.59		
北 京	753.93	68.7	0.23	2	25
天 津	542.26	59.5	-0.48	3	29
河 北	1334.70	20.4	0.44	22	15
山 西	874.04	28.1	0.51	16	10
内蒙古	797.83	34.5	0.33	8	22
辽 宁	2022.67	49.5	0.49	4	12
吉 林	1219.76	46.8	0.46	6	14
黑龙江	1781.80	48.9	0.58	5	8
上 海	1113.26	85.2	1.45	1	1
江 苏	2386.75	34.2	1.07	9	4
浙 江	1260.81	28.4	0.83	15	5
安 徽	1212.29	19.7	0.40	26	18
福 建	758.25	23.3	0.35	19	19
江 西	944.54	23.2	0.47	20	13
山 东	2644.59	29.8	1.10	14	3
河 南	1723.58	18.4	0.42	28	16
湖 北	1772.80	30.1	0.74	13	6
湖 南	1299.85	20.1	0.41	24	17
广 东	2916.56	41.0	1.26	7	2
广 西	928.43	20.1	0.51	25	11
海 南	242.12	33.0		10	
四 川	1690.74	20.3	0.52	23	9
贵 州	576.36	16.3	0.17	30	27
云 南	667.60	16.8	0.30	29	23
西 藏	23.95	9.8	-0.12	31	28
重 庆	723.11	23.6		18	
陕 西	783.21	22.4	0.33	21	21
甘 肃	480.48	19.3	0.23	27	26
青 海	114.94	24.4	0.26	17	24
宁 夏	166.72	31.1	0.62	12	7
新 疆	551.77	31.8	0.34	11	20

资料来源:根据建设部城乡规划司"1998年全国设市城市及其人口统计资料"整理;1980年城市化水平数据摘自参考文献[11]第156~157页。

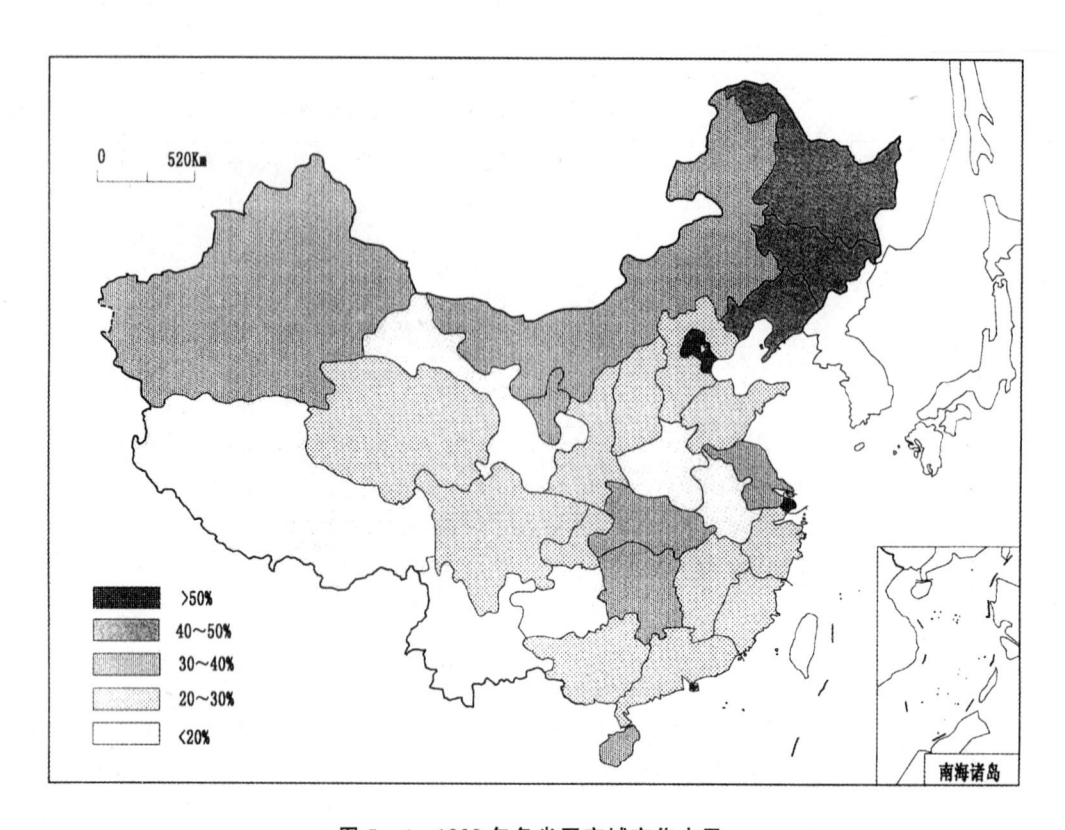

图 5-4　1998 年各省区市城市化水平

从以上分布可以看出，大多数省区的城市化水平目前仍较低，只有 1/3 的省区城市化水平高于 30%。尽管如此，自 80 年代以来，我国大多数省区的城市化过程还是明显加快了。全国 1998 年城市化水平比 1980 年增长了 8.9 个百分点。但省际差异悬殊。不包括京、津、沪，城市化发展速度最快的是广东省，平均每年增长 1.26%；其次是山东、江苏和浙江，城市化年均增长速度分别为 1.10%、1.07% 和 0.83%，这 3 个省的城市化水平在 18 年间翻了一番还多；西藏、贵州、甘肃、青海等省区的城市化发展速度相对缓慢（图 5-5）。

3. 城市化类型多样

【城市化过程具有典型的二元化特征】　即以城市经济和人口的集聚而呈现的扩展型城市化和以农村非农产业化和剩余劳动力转移和建立农村城市（小城镇）而呈现的集聚型城市化[12]。其中，以小城镇为载体，由地方政府和农民群体力量推动的这种集聚型农村城市化过程具有明显的中国特色，并在全国的城市化进程中发挥着越来越重要的作用。如广东珠江三角洲地区、苏南地区、浙江温州等地。在未来一段时期内，这两种类型的城市化形式将继续并存。在农村城市化已经发达的东部地区，农村城市化将与以城市为中心的城市化一起向区域城市化转换，共同推进区域城市化进程。在广大的中西部地区，通过乡镇企业的发展，农村城市化仍将是该地区重要的城市化道路。

【城市化发展类型多样】　从城市化发展类型看，由于不同地区具有不同的城市化水平和

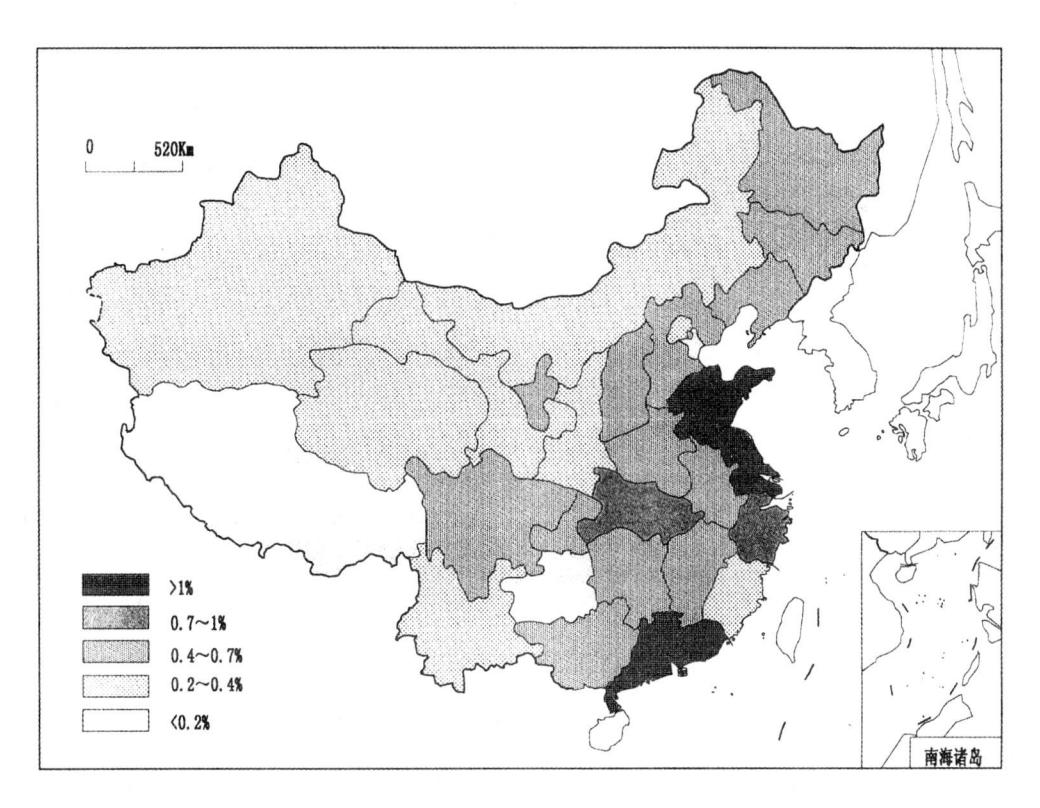

图 5-5 1980~1998 年各省区市城市化发展速度

不同的城市化发展速度,从而形成了多种多样的城市化发展类型。它是城市化水平和城市化速度的组合,反映不同城市化水平下的城市化速度。

• 根据1998年各省区市城市化水平,可将全国划分为4种类型:

(1) 发达的城市化地区(>40%),包括上海、北京、天津、辽宁、吉林、黑龙江、广东。

(2) 中等发达城市化地区(30~40%),包括内蒙古、江苏、湖北、海南、宁夏、新疆。

(3) 欠发达城市化地区(20~30%),包括河北、山西、浙江、福建、江西、山东、湖南、广西、四川、重庆、陕西、青海。

(4) 不发达城市化地区(<20%),包括安徽、河南、甘肃、贵州、云南、西藏。

• 此外,根据1980~1998年各省区市城市化速度,也可将全国划分为4种类型(海南省和重庆市分归广东和四川省):

(1) 快速城市化发展地区,包括山东、广东、上海、江苏、浙江。

(2) 较快城市化发展地区,包括黑龙江、湖北、广西、四川、宁夏。

(3) 缓慢城市化发展地区,包括河北、内蒙古、安徽、福建、江西、河南、湖南、云南、陕西、新疆、北京、山西、辽宁、吉林、天津。

(4) 极慢城市化发展地区:包括青海、甘肃、西藏、贵州。

• 将城市化水平与城市化速度加以组合,得出全国城市化发展类型:

(1) 发达的快速城市化地区,包括上海、广东,城市化水平高,且发展速度快。

(2) 中等发达的快速城市化地区,包括江苏,城市化水平较高,且发展速度快。

(3) 欠发达的快速城市化地区,包括山东、浙江,城市化水平不是很高,但发展速度很快。

(4) 发达的较快城市化地区,包括黑龙江,城市化水平高,发展速度较快。

(5) 中等发达的较快城市化地区,包括湖北、宁夏,城市化水平较高,发展速度较快。

(6) 欠发达的较快城市化地区,包括四川、广西,城市化水平不高,但发展速度较快。

(7) 发达的缓慢城市化地区,包括北京、天津、辽宁、吉林,城市化水平很高,但发展速度缓慢。

(8) 中等发达的缓慢城市化地区,包括内蒙古、新疆,城市化水平较高,但发展速度缓慢。

(9) 欠发达的缓慢城市化地区,包括河北、山西、福建、江西、湖南、陕西、青海,城市化水平不高,且发展速度缓慢。

(10) 不发达的缓慢城市化地区,包括安徽、河南、云南,城市化水平很低,发展速度较慢。

(11) 不发达极慢城市化地区,包括甘肃、青海、贵州和西藏,城市化水平很低,且发展速度极慢,甚至下降。

综上所述,可以看出,东部沿海经济快速发展的省份,如上海、江苏、浙江、广东、山东,在经济快速发展的同时,城市化也得到了较快的发展,并达到了较高的水平。东北3省老工业基地,以及北京、天津得益于早期城市化积累,虽然城市化水平较高,但发展速度明显放慢。中西部地区,除湖北、四川、广西、宁夏4省区城市化有较快发展之外,大部分省区城市化水平不高,且发展速度缓慢。因此东西部之间城市化水平的差距仍将继续扩大。

三、大城市边缘区社会问题

我国农村剩余劳动力大规模流出,并集中流向大中城市,在城市边缘区长期暂住、谋生,既为繁荣和活跃城市经济作出了贡献,也带来了比较严重的社会、治安与环境问题。近年来,北京、上海、广州、武汉等城市都普遍加强了对城市边缘区的管理,相继出台了一系列的相关政策。然而,由于体制、管理目标以及利益分配等深层次原因,总体来看,实施效果并不太理想,城市边缘区社会问题有扩大化趋势。下面仅以北京、上海、广州等部分城市为例,对大城市边缘区发展中的共性问题与管理政策的实施效果进行初步评述。

【外来人口以地缘、亲缘为纽带在边缘区聚居】 外来人口在城市边缘区长期暂住、谋生,并形成规模较大的外来人口聚居区。如北京大红门的"浙江村"、洼里的"河南村"、增光路的"新疆村",上海陆家堰、龙华镇、百部桥的"湖北村",武汉的唐家纤、复兴村等。这些外来人口聚居区,人口规模从千人至几万人不等,占地从1~2个自然村到5~6个行政村。由于户籍制度的割裂和城市管理松弛,大量的外来人口在城市边缘地带聚居,构成了新时期大城市边缘区特有的社会空间形态。其特征是人口构成复杂,流动频繁;以亲缘、地缘为纽带,集群而居,环城市边缘分布;从事非正规职业,地下经济蔓延,居区治安与卫生环境恶劣。

外来人口聚居区地缘关系过于集中的现象,值得关注。如北京"浙江村"的数万外来人口中,80%来自乐清、永嘉二县;位于五道口的"安徽村",绝大部分成员来自无为县;园明圆福缘门的"光盘村",多来自安徽潜山县源潭铺镇;收破烂"河南村",多为固始县人;上海的"湖北村",大部分为孝感人;长沙市的拾荒族来自湖北监利县分盐镇。从长远看,这种特征随着社区扩大和成员的角色认同发生动摇,权益意识增强,有可能带来较大的社会问题。

【外来人口对大城市的负面影响有增有减】 1995年以前,外来人口对大城市的负面影响,几乎覆盖了城市管理的主要领域,在社会治安、公共交通、供水供电、邮政通讯以及环境卫生等各个方面的问题都比较严峻。近两年由于城市基础设施的普遍改善,这种负面影响在公共交通、供水供电、邮政通讯等方面明显缓和,但在社会治安、环境卫生和违法违规经营等方面的问题仍比较突出。

据北京、武汉、广州等城市的调查,一些外来人口违法违规经营的现象十分严重。其中无照经营的约占25~30%以上,个别地区高达50%以上。制作、贩卖假冒伪劣商品、非法出版物,以及从事"三陪"等色情服务的现象在边缘区也比较普遍。在一些外来人口聚居地区,废品、垃圾乱堆乱放,私搭乱建,环境卫生脏乱差。治安问题更是社会关注的焦点。北京外来人口犯罪案件已占城市犯罪案件的40~50%,有些外来人口聚居区则高达70%以上。上海约占70%,广州占80%。外来人口犯罪问题突出,严重影响社会治安。为此,各大城市加强了综合治理和综合防范工作。如广州市以治保为重点的安全文明小区建设初见成效,覆盖面扩大到85%;1997年全市发案率下降10%,文明小区发案率下降25%[①]。

【城乡交叉体制调整滞后导致政策法规的有效执行乏力】 近年来北京市依据相关法规,加大了边缘区的整治力度,但由于边缘区城乡交叉管理体制调整滞后,造成多头管理的目标错位和行为的失范,实际成效并不显著。体现在:

违规、违章现象蔓延。突出反映在土地违规置换、违章建筑和违规出租等方面。乡、村及附近基层单位介入违规操作,违章建筑由个人私建转为乡、村"合法"公建。有经济利益粘连的基层管理目标与整个城市的整治目标脱节,导致日常监管乏力,甚或纵容违规、违章现象。如北京市近3年来虽然大规模清理违章建筑达数百万平方米,局部地区社会环境有所改善,但就整个城市而言,违章建筑总量却在增加,1998年违章建筑的总建筑面积超过800万平方米。

回流或异地转移现象比较普遍。据北京等城市的调查,目前对边缘区外来人口的管理,更多地重视规范外来人口的行为,或重视表面上的数量清理,忽视对深层原因的分析及相应对策的制定,忽视对本地居民及基层单位的不规范行为的整治。政策有效实施的力度在城市内部空间上存在的差异,为外来人口在城市内部的异地流动或规避规范化管理提供了较大的回旋空间。如在1995~1996年北京对城南"浙江村"进行大规模清理整顿的同时,城北大屯—洼里地区外来人口和违章建筑却大量增加。

管理措施规范与执行的不规范并存。表现在城市管理政策波动,以"运动式"的清理整顿取代日常的规范化管理。此拆彼建、今轰明聚,形成恶性循环。以"运动式"清理代替日常化管

---

① 中央电视台:1998年11月14日晚间"新闻调查"。

理的另一个负面效应是,扩大了两级政府目标的脱节,加剧了本地人和外来人口的违规操作。事实上,每次大的清理整顿过后,外来人口仍旧在原地恢复聚居,在有些地区还常常出现不同程度的扩张。

第三节 城市贫困与社会保障

经过10多年的艰苦努力,我国在消除农村绝对贫困方面取得了举世瞩目的成就。农村绝对贫困人口由80年代初的2.5亿减少到目前的4000万,我国政府还郑重承诺在2000年基本消除农村绝对贫困问题。可以这样说,我国的绝对贫困问题已经发生了质的变化,由全局性的绝对贫困转化为结构性贫困、区域性贫困和阶层性贫困并存的格局。

我国传统的社会保障体系也在经历着重大的改革和转轨。在试点、总结的基础上,1998年我国的社会保障在其主要领域全面铺开。城市居民最低生活保障制度基本建立;养老保障、失业保障及医疗保障等也在逐步展开。然而,转轨时期的问题与矛盾也比较突出,地区之间的发展并不平衡,特别是保障程度与保障水平有一定差距。

一、新城市贫困问题

应该注意到,我国90年代以来较大规模的城市贫困现象的出现,是在宏观经济持续高速增长的背景下产生的,与世界上一些国家城市贫困现象的出现背景(经济萧条或长期低速增长)是有一定差别的。由于目前我国传统的经济体制以及社会保障制度都处于大规模的转型时期,在这一特殊的背景下,我国城市的相对贫困问题表现得更为突出,显示出来的一些新特征,受到政府与社会的普遍关注。

1. 贫困面扩大,新贫困人群正在形成

传统的城市贫困问题主要是由于个人及家庭因素造成的,通常包括列入社会救济和优抚对象的以及长期从事低收入工作的家庭成员,大体上约占城市贫困人口的15%左右。90年代以来,我国贫困人群扩展到困难企业职工、下岗职工、离退休职工、城郊农转非老人和流动人口沉淀人员(目前流动人口中的贫困人口均未列入统计),其中尤以困难企业职工、下岗职工、离退休职工中的贫困人口增长较快。据国家统计局城调队调查[①],在城市贫困人口中,因企业不景气原因致贫的约占贫困人口的30%,因停发、减发退休金致贫的离退休职工约占17%。从1997年情况来看,全国还有约150万未能领到失业保险津贴的失业者,约310万未能领到下岗职工生活补贴的下岗无业者,190万停发、减发退休金的离退休人员,共计650万,这部分人最有可能陷入贫困。

2. 不同类型区域与城市的贫困程度分异较大

导致区域与区域、城市与城市之间贫困现象分异的原因,主要与区域经济结构特征和城市经济综合发展水平有关。这从各地区贫困人口的致贫原因和职业构成上可以反映出来。除个

---

① 任才方、陈晓杰:"我国城市贫困的规模、现状及变化趋势",国家统计局统计科学研究所《研究参考资料》第56期,1996年。

人与家庭因素外,直接的致贫原因是,部分企业职工下岗,工资停发减发,退休金和医疗费长期拖欠,导致生活入不敷出。其次,大范围地区的城市经济结构趋同和调整周期趋同,特别是中西部及老工业基地等国有企业比重大的城市,城市就业结构单一,调整空间较小,某一行业的不景气往往波及整个城市和地区,行业性贫困直接引发区域性贫困。

【新增贫困人口的分布显示出行业上的差异】 目前,新增贫困人口在行业分布上,集中在纺织、机械、森工、煤炭及部分政策性亏损企业,包括国有企业和城镇集体企业的下岗职工和离退休职工(约占城市贫困人口的47%)。地区分布集中在中西部欠发达地区和东部地区的一些老工业基地。如1996年中西部地区职工困难户约占总数的85%;全国停发和减发工资的职工1100万人,其中河南82万人,四川、湖南、湖北、河北4省均达60多万人,陕西、山东、江苏在43~49万人之间,辽宁、吉林和黑龙江3省333万人。1997年6月报表统计东北3省困难职工增至457万人。1998年略有减少①(图5-6、图5-7)。

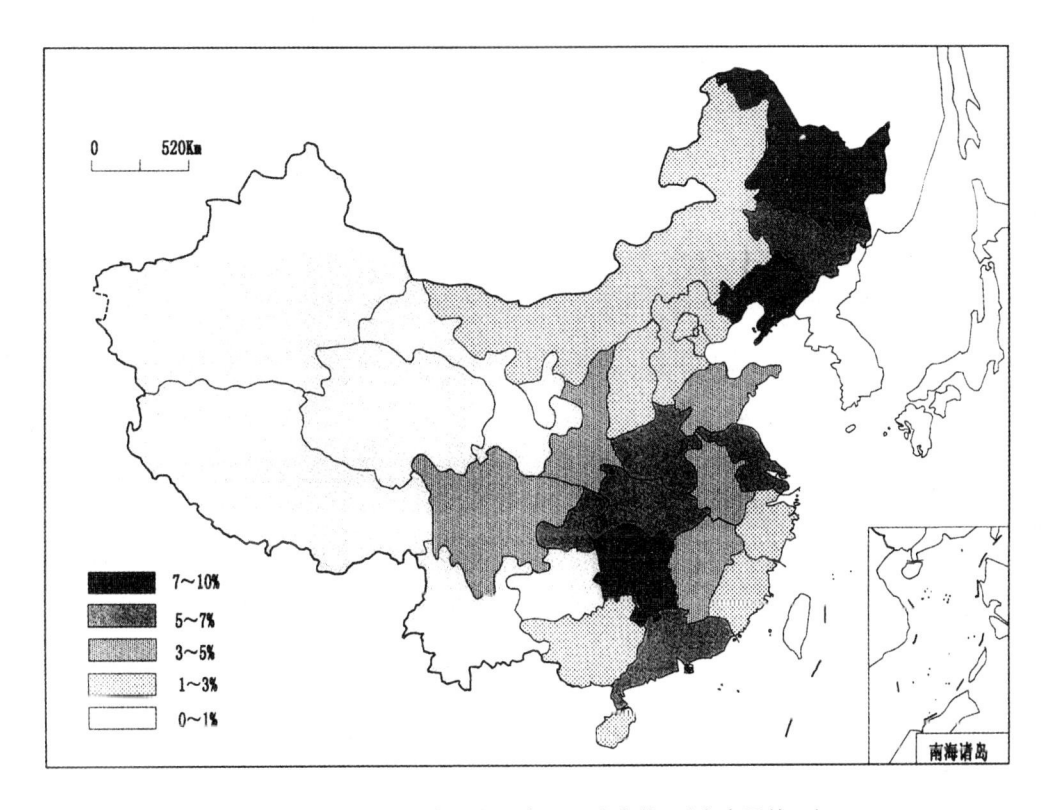

图5-6 1997年各省区市下岗职工分布状况(占全国的%)

【贫困程度及解困途径与城市规模、类型有关】 调查资料显示,在大城市或综合性城市中,由于经济增长点较多,特别是第三产业和社区服务业发展空间较大,就业机会和就业渠道相对比较广泛,地方政府在解决失业、下岗人员转岗、再就业或自谋职业等方面相对比较容易。

---

① 劳动部:"关于1998年企业下岗职工基本情况的统计报告",1998年。

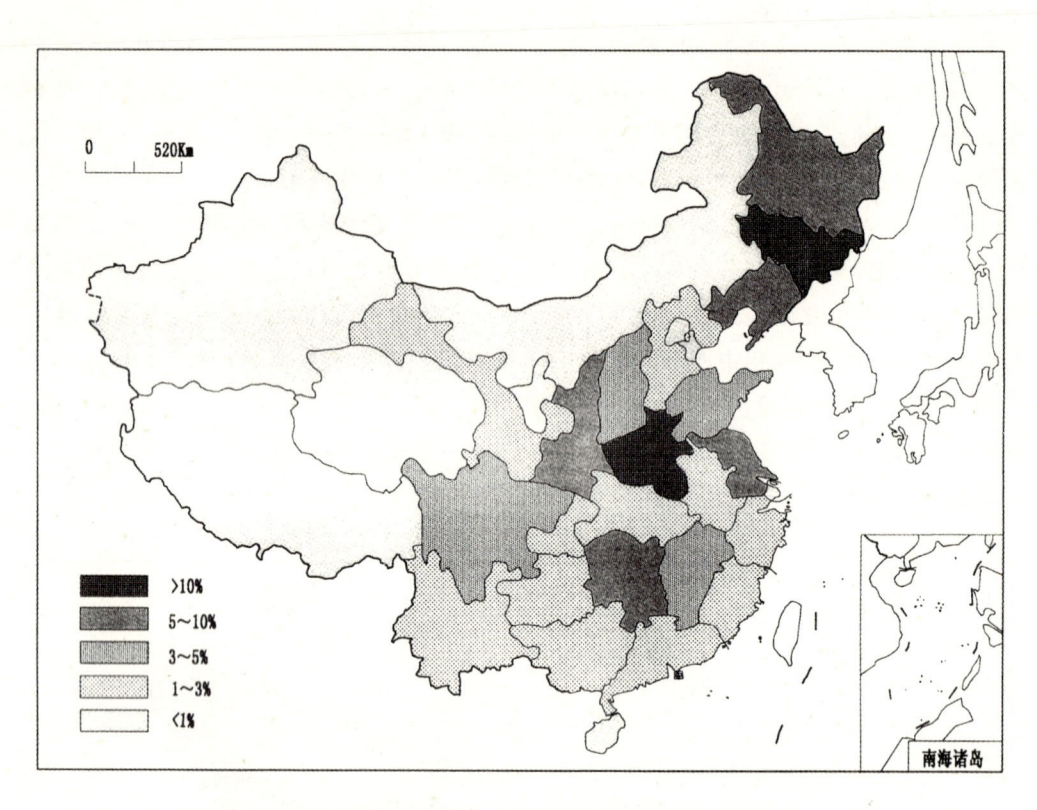

图 5-7 1998年各省区市困难职工分布状况（占全国的%）

其次,家庭从业人员同在一个单位或同一行业的比例也较低,这在一定程度上减小了家庭的贫困发生率。如北京1997年测算贫困人口约3万左右,实际领取最低生活保障金的人口约1.5万。第三,扶贫帮困资金筹措渠道较多。基于这些原因,一般而言,大城市、特大城市比中小城市、综合性城市比单一职能城市、工贸型城市比工矿型城市、沿海发达地区城市比中西部欠发达地区城市的贫困问题相对要缓和。目前我国贫困问题比较突出,解决难度较大的城市大多为煤矿、森林、纺织、机械等行业比重较大的城市。如省会以上城市中的西宁、兰州、重庆、沈阳、哈尔滨、南昌等问题比较突出;而像北京、上海、广州等综合性大城市贫困问题比较缓和,而且扶贫帮困工作进展快,保障程度也比较高。

3. 贫困人口致贫原因的类型划分

【体制转轨下的宏观经济因素是重要的致贫原因】 面上调查与抽样调查都表明,我国城市居民致贫原因主要反映在三个方面:一是宏观经济因素,即由于区域产业的结构性调整与企业破产,致使职工下岗与失业,家庭实际收入减少;二是个人因素,如个人健康问题、素质问题、择业观念等原因,导致不能从事或只能从事低收入工作;三是家庭因素,如赡养系数大或其他负担过重等(表5-6)。

表 5-6　1996年我国城市贫困居民致贫因素分析

致贫原因	占城市贫困人口总数的百分比
(1) 企业破产、不景气等	30%
(2) 失业或待业人员	20%
(3) 部分离退休职工	17%
(4) 长期从事低收入工作	10%
(5) 社会救济和优抚对象	5%
(6) 物价上涨等	10%
(7) 其他因素	8%

资料来源：国家统计科学研究所"研究参考资料"第56期,1996年。

从以上致贫因素分析来看,(4)~(6)项的致贫因素总体上没有区域差异,或者说差异比较细微,由其致贫的人口数量主要与区域人口总量有关。贫困程度则与地区经济综合保障能力密切相关。(1)~(3)项的致贫因素存在明显的地区差异,这与我国此次城市贫困化特征密切相关。

【城市贫困五种类型并存】　根据城市贫困人口的构成特征、主要致贫因子分异,我国现阶段城市贫困大体上可划分为以下五种类型：

(1) 保障欠缺型贫困。因缺少社会保障或保障力度不够而致贫的贫困群体。包括困难企业退休人员、孤老残幼、农转非老人和丧失了劳动能力的伤残人等那些完全丧失了社会竞争力的人员。这部分人员是目前贫困发生率最高的群体,但其贫困人数占城市贫困人口的比重不高,地域分布也比较散。值得注意的是,随着退休人员比重增大和企业改革力度加大,若相关的养老保障措施跟不上,退休人员的贫困面有扩大的趋势。

(2) 不充分就业型贫困。因社会就业岗位不足,失业或得不到最低工资而致贫的贫困群体。包括失业人员、临时失去劳动条件的企业富裕职工、亏损企业职工等。这也是城市贫困化问题中比较突出的社会不安定因素。目前数量比重大(涉及被抚养人口),且相对集中于中西部城市、老工业基地和城市中的老工业区。

(3) 负担过重型贫困。因各种家庭原因而致贫的贫困群体。职工本人有稳定的、甚至是比较不错的收入,但家庭中或是赡养人口多、或是需照料的病残人多而陷入人不敷出、生活艰难的困境。他们属于社会的特殊人群,在总人口中所占比例很小。其严重性取决于收入差距的大小和贫困程度,一般由政府部门实行社会救助。在这类人群中,单亲家庭、罪犯家庭、超生受惩家庭等社会特殊家庭成员(尤其是未成年子女)的贫困问题,也应当引起重视,因为此类致贫因素往往与贫困状况形成恶性循环。

(4) 社会调节型(暂时性)贫困。因国家政策性调节等原因造成的某些人群的暂时性生活困难(贫困)。主要涉及政策性亏损、限价行业(如煤炭、农用化工等)和低收入部门的部分职工。这些企业由于原材料涨价和产品限价而得不到合理利润,导致职工工资和福利调整滞后。国家虽然给予一定的政策性补贴,但滞后或让企业自身内部消化的情况也不少,有时也与地方财政状况的好坏有关。在发达地区一般不成问题,但在一些经济发展比较落后的地区,问题可能就比较严重。例如近年来国家多次给予的工资调整和副食补贴政策,在这些企业、甚至在不少地方政府部门中都难以及时兑现,滞后半年、一年的现象比较普遍。

(5) 盲流沉淀型贫困。因盲目流入并滞留于城市,无固定或正当谋生手段而致贫的贫困群体。主要分布在城市边缘的外来人口聚居地。他们的贫困反映在或生活无保障、朝不保夕,或生活居住环境恶劣,医疗卫生、教育条件欠缺。他们多为低收入打工者,有的虽能维持生活,略有节余,但缺乏抵遇病灾的能力。目前这类体制外人口的贫困问题尚未引起重视,但却是导致城市犯罪率上升的重要原因。

4. 城市最低生活保障覆盖面扩大,但保障程度比较低

在国务院"国发[1997]29号"文件和1998年初召开的全国电视电话会议后,民政部下发关于贯彻国务院29号文件的通知,并在同年11月在广东省肇庆市召开"全国城市居民最低生活保障工作汇报和经验交流会"。会上明确要求各级政府全面贯彻落实国务院文件精神。此后全国建立最低生活保障制度的进度明显加快。主要反映在以下几方面。

【加快建立城市最低生活保障制度】 1993年6月上海在全国率先实行最低生活保障制度;1994年厦门、海口、广州等近20个城市相继进行试点;1997年10月广东省第一个率先全面实行城乡最低生活保障制度。截至1998年底,全国已有584座城市(占87%)、1035个县(占61%)建立了最低生活保障制度。约有200多万贫困居民受益。天津、上海、河北、河南、江苏、浙江、山东、广东、广西、北京、吉林、辽宁、福建、安徽、甘肃、青海、新疆17个省(区、市)已经普及了这项制度(专栏5.3,图5-8)。

专栏5.3

我国基本建立城市最低生活保障制度

最低生活保障线是指国家为救济社会成员中收入难以维持基本生活需要而制定的一种社会救济标准,是社会保障体系中最后一道"安全网"。1997年9月,国务院发出《关于在全国建立城市居民最低生活保障制度的通知》。

目前,列入发放最低生活保障金范围的人群有:(1)原社会救济对象,主要为无固定收入、无劳动能力、无法定赡养人或抚养人的居民;(2)家庭中有在职人员,但因赡养、抚养系数高或所在单位经济效益差,人均收入低于当地最低生活保障线的居民;(3)失业保险期满仍不能就业,并符合社会救济条件的居民;(4)因其他原因造成收入低于最低生活保障线的居民。

1993年6月,上海在全国率先实行最低生活保障制度,1997年10月,广东省在全国第一个率先全面实行城乡最低生活保障制度。截至1998年底,全国已有584座城市(占87%)、1035个县(占61%)建立了最低生活保障制度。约有200多万贫困居民受益。天津、上海、河北、河南、江苏、浙江、山东、广东、广西、北京、吉林、辽宁、福建、安徽、甘肃、青海、新疆17个省(区、市)已经普及了这项制度。

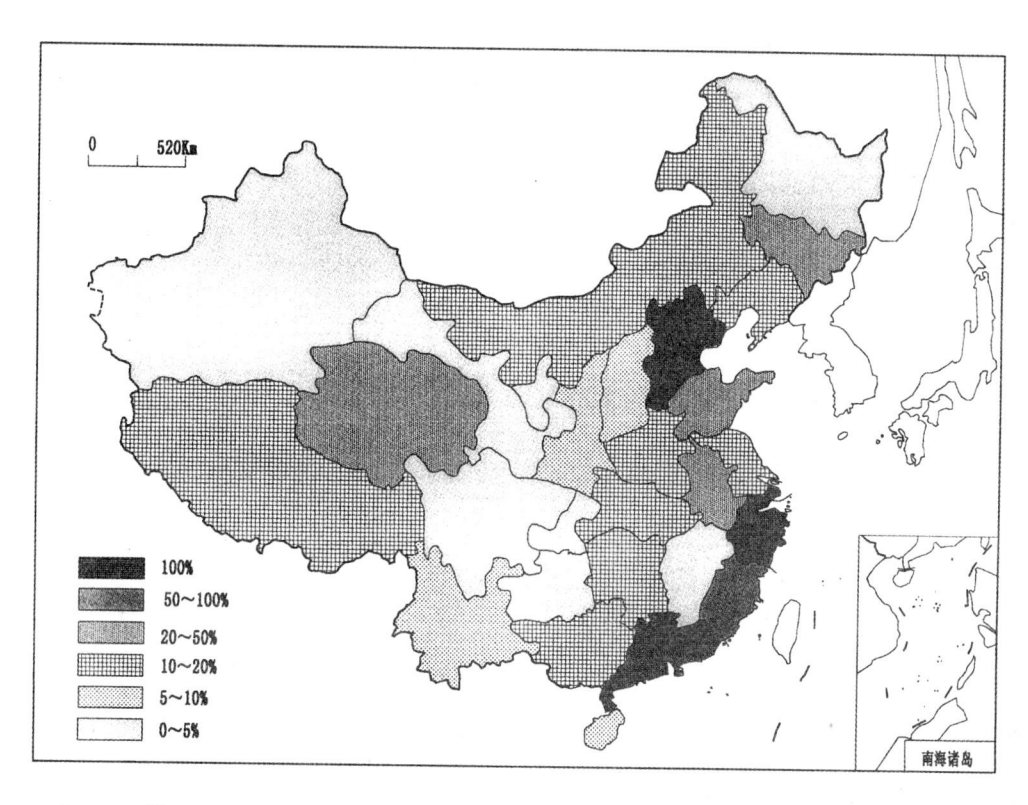

图 5-8　1997~1998 年各省区市最低生活保障制度建立状况分布示意图

【困难职工的生活问题有所缓解】　中央关于"两个确保"政策的实施和 1998 年以来的物价持续走低,一定程度上缓解了困难职工的生活问题。针对困难企业职工、下岗职工和离退休职工的实际生活困难,1998 年 7 月,经国务院批准,劳动与社会保障部在全国养老保险和再就业服务中心建设工作会议上,明确提出从 7 月份起确保企业离退休职工按时足额领到基本养老金,同年 9 月份国有企业下岗职工要 100% 进入再就业服务中心并领到基本生活费。据统计,1998 年底,国有企业下岗职工进入再就业服务中心的有 603.9 万人,占国有企业下岗职工总数的 99%。在进入再就业服务中心的下岗职工中,已有 80.5% 的人签订了基本生活保障和再就业协议,有 93.2% 的人领到基本生活费(专栏 5.4)。

【再就业工程实施成绩显著】　积极实施再就业工程,多方面扩大就业渠道,全国平均一次性再就业率为 40%,部分省区达到 50%。从各地的做法来看,一是通过发展劳动力市场,积极转换就业机制,从以行政安置为主向以市场配置为主转变。二是鼓励各地、各部门根据自身情况,增大就业安置量。一些城市对失业职工实行区、街道、居委会 3 级管理,权力下放到街道,由其根据自身特点,组织失业职工参与以服务街道为主的便民利民活动、公益劳动、家庭手工业、工艺作坊等进行生产自救。三是联合社会力量,建立生产自救基地。不少城市通过开办职工市场,鼓励失业人员从事个体经营。四是从政策上扶持再就业工程,鼓励社会提供新的就业岗位。应该说上述做法在各地区都在不同程度上实施着。区域间、城市间具体采用的措施及实施效果的差异,则主要由城市经济结构、市场经济发展水平以及组织保障力度等方面的差异所决定。在东部地区市场经济发展较早的一些城市,特别是大城市,这四个方面措施的实施效果都比较显著。如浙江、广东、福建以及北京、上海等省市再就业安置率都比较高。在东北等地的一些中小城市,由于自主就业的空间狭小,更多地依赖政府政策安置和个人自谋职业,再就业的安置率一般都很低,平均只有25～30%,并且二次失业率也比较高。

专栏5.4

再就业服务中心的职能与任务

根据《中共中央、国务院关于切实做好国有企业下岗职工基本生活保障和再就业工作的通知》(中发[1998]10号文件)精神,有下岗职工的国有企业都要建立再就业服务中心(或服务站),负责管理本企业的下岗职工。

再就业服务中心的职能:为下岗职工发放基本生活费;代下岗职工缴纳养老、医疗、失业等社会保险费用;对下岗职工进行再就业培训,提供就业指导,帮助其实现再就业。

再就业服务中心的对象:主要是实行劳动合同制度以前参加工作的国有企业的正式职工(包括部分城市集体企业正式职工)中,因国家政策调整或企业生产经营等客观原因下岗、但尚未与企业解除劳动关系、没有在社会上找到其他工作的人员。

下岗职工在再就业服务中心的托管期限最长不超过3年。进入再就业服务中心的下岗职工,需要履行必要的手续,签订托管合同。符合下列条件之一者,应终止或解除其托管合同,同时与原企业终止或解除劳动关系。(1)实行劳动合同制以后参加工作、在再就业服务中心的托管期间劳动合同期满者;(2)托管期间实现再就业以及不接受再就业培训或两次无正当理由不接受再就业服务中心介绍就业岗位者;(3)托管期期满后仍未能就业者。

再就业服务中心的经费来源:用于保障下岗职工基本生活和缴纳社会保险费用的资金来源,原则上采取"三三制"的办法解决,即财政预算安排1/3、企业负担1/3和社会筹集(包括从失业保险基金中调剂)1/3。

到1998年末,国有企业下岗职工进入再就业服务中心的有603.9万人,占国有企业下岗职工总数的99%。其中,80.5%的人签订了基本生活保障和再就业协议,93.2%的人领到了基本生活费。

【下岗职工基本生活保障任务依然十分艰巨】 整体保障水平仍较低。由于下岗职工主要集中在亏损企业(67%)和经济欠发达地区,下岗职工基本生活保障基金的筹措十分困难,虽然目前约有93.2%的下岗人员领到了生活费,但实际保障水平仍较低,还有少数地区不能做到按时足额发放。1998年末全国还有45.1万(其中6.1万未进入再就业中心)下岗职工没有领到生活费。

二、社会保障制度改革

1997～1998年是我国社会保障制度改革政策全面出台和实施的重要时期。其中失业保险和养老保险改革成为社会各界普遍关注的热点问题。

1. 失业保险制度改革逐步深化

【失业保险覆盖范围在逐步扩大】 1986年我国开始实施《国有企业职工待业保险暂时规定》,这是我国首次建立的失业保障制度,其保障面只包括国有企业职工。1998年出台了《失业保险条例》,将城镇所有企事业单位及其职工纳入失业保险覆盖范围。1997年参加失业保险的职工已达1亿多人,占全国职工总数的73%。

【再就业工程成为失业保险的重要一环】 成立再就业服务中心,实施再就业工程,是保障国有企业下岗职工基本生活和促进再就业的有效措施,是当前一项具有中国特色的社会保障制度。1997年全国有近300个城市实施了再就业工程,运用政策扶持和各种就业服务手段,充分发挥政府、企业、劳动者三方面的积极性,实行企业安置、个人自谋职业和社会帮助相结合,为失业半年以上的职工和基本生活长期得不到保障的企业下岗职工提供重点服务和帮助。1998年,全国共建立各级再就业服务中心12.4万个,有701.1万下岗职工进入服务中心,占全部下岗未实现再就业职工的98.1%,北京市实现了100%的目标。广州市建立了8000万元再就业专项基金,主要用于下岗人员培训、提供就业服务等。

【下岗职工基本生活保障制度初步建立】 1998年6月9日,中共中央、国务院下发《关于切实做好国有企业下岗职工基本生活保障和再就业工作的通知》(中发[1998]10号),规定了下岗职工基本生活保障费标准,即原则上略高于失业救济标准。各地区基本生活保障费用根据本地生活水平、经济承受能力和最低工资标准确定。经济较发达、工资水平较高的地区,基本生活保障费也较高。例如,广州市1998年下岗职工最低生活费标准为每月340元,北京210元,沈阳192元,南昌仅100元(专栏5.5)。

2. 基本建立统一的企业职工基本养老保险制度

【养老保险制度基本实现全国统一】 1997年7月,国务院发布了《关于建立统一的企业职工基本养老保险制度的决定》,标志着我国统一的基本养老制度的建立。到1998年底,除西藏、海南等个别省区尚未出台并轨方案外,绝大多数省区市都已按统一的社会统筹与个人账户相结合的养老保险制度运行,统一全国基本养老保险的目标已经基本实现。

【养老保险覆盖率提高】 1997年底,全国参加基本养老保险的企业职工8671万人,覆盖了全部城镇企业职工的79.64%,比1996年提高了1.2个百分点。其中国有企业覆盖率96.57%、集体企业53.83%、其他经济类型31.93%,分别比1996年提高了1.42、2.36、4.45个百分点。然而,由于企业欠缴和职工突击退养,1998年全国参保职工的人数出现负增长。其中,国有企业减少158.4万人、集体企业减少17万人,虽然其他类型的企业投保人数增加了88万人,但总体上仍减少87.4万人[1]。

专栏 5.5

实施最低生活保障线制度的部分城市[①]

城市名称	保障标准（元/月）	实施时间	城市名称	保障标准（元/月）	实施时间	城市名称	保障标准（元/月）	实施时间
北　京	170	1996.1	朝阳	120	1996.12	武汉	120	1996.3
石家庄	120	1996.6	吉林	105	1996.9	西宁	105	1996.11
秦皇岛	120	1996.7	延吉	100	1996.11	长沙	120	1996.12
唐　山	140	1996.7	磐石	90	1997.1	广州	200	1995.8
承　德	120	1996.11	大庆	110	1996.6	佛山	230	1996.1
衡　水	120	1996.12	上海	200	1993.6	中山	220	1996.10
廊　坊	130	1996.7	南京	120	1996.9	东莞	210	1996.10
邯　郸	120	1996.12	无锡	120	1995.3	雷州	120	1996.11
张家口	121	1996.12	苏州	120	1996.12	深圳	220	1996.11
邢　台	120	1996.12	杭州	150	1996.9	汕头	180	1997.1
保　定	120	1996.12	宁波	150	1996.7	珠海	200	1997.1
沧　州	120	1996.12	绍兴	120	1996.10	海口	170	1996.1
呼和浩特	100	1996.12	合肥	120	1996.7	重庆	120	1996.7
太　原	120	1997.7	三明	120	1996.10	玉溪	120	1997.1
沈　阳	85	1995.1	福州	135	1995.1	昆明	120	1996.7
大　连	155	1995.1	厦门	155	1993.10	拉萨	130	1997.7
抚　顺	120	1995.6	南昌	80	1997.1	南宁	125	1996.1
本　溪	150	1995.1	新余	105	1996.12	北海	130	1996.1
锦　州	120	1996.7	青岛	140	1994.6	桂林	120	1996.1
鞍　山	140	1996.4	烟台	120	1996.5	柳州	120	1996.1
盘　锦	165	1996.10	济南	120	1996.7	梧州	110	1996.1
辽　阳	130	1996.10	威海	130	1996.1	延安	70	1996.11
铁　岭	100	1996.12	德州	100	1997.1	兰州	120	1997.1
丹　东	100	1996.1	郑州	120	1996.7			

【调剂形式多样化加快了省级统筹的步伐】 按照国务院的要求，各地区加快了养老保险基金的统筹步伐。到 1998 年 10 月，已有 21 个省区市实行了省级统筹或省级调剂制度。北京、天津、上海、福建和江西 5 省市在费率、基数、统筹项目、制度等 4 个方面实行全部统一、一体化管理。而云南、广西两省区除费率分档之外，其他各项仍实行全部统一。吉林、河北、宁夏3 省区只有国有企业实行省级统筹，并实行全部项目的统一。其余一半以上的省区，如四川、山西、陕西、青海、甘肃、湖南、新疆生产建设兵团等，只建立了养老基金调剂机制。

[①] 表中数字摘自《中国社会报》(1996 年 12 月 17 日)、《中国消费者报》(1997 年 2 月 13 日)、《北京日报》(1997 年 5 月 16 日)及《新华每日电讯》(1998 年 4 月 22 日)。

【养老基金收缴难度增大】 1997年,全国基本养老保险基金收入1320亿元,比上年增加12.6%,但1997年全国地方养老保险基金平均收缴率为90.7%,比1996年略有下降。1998年收缴率再次下滑到88%左右。主要原因,一是近两年部分企业经营困难的局面不仅没有改观,而且有加剧趋势;二是社会保险立法滞后,一些有能力缴费的企业,不参加养老保险,有意欠缴、拒缴养老保险费,或者瞒报工资总额而少缴保险费的行为得不到有效的惩罚。

第四节 评价与结论

社会发展是可持续发展的重要组成部分。我国社会发展问题一直受到党和政府的高度重视。特别是改革开放以来,我国在社会发展方面取得了举世瞩目的成就,同世界发达国家社会发展水平的差距正在逐渐缩小。但是,我国目前正经历着"社会结构转型"和"经济体制转轨"的历史性变革时期。伴随着国民经济的持续快速增长,一些新的社会发展问题,如大规模人口流动、城市失业与贫困、城市边缘区问题以及社会保障制度转轨等,已成为制约区域经济发展的重要因素。

社会发展水平区域差异的规律性不明显,与经济发展水平的区域差异分布也不一致。近年来,社会发展水平相对于经济发展水平较高的省份有:东北3省、湖南、新疆、陕西等。而近年来经济高速增长的沿海地区的社会发展相对滞后,浙江、江苏、福建、海南和山东的社会发展大大落后于其经济发展水平。中部大部分地区以及西南地区各省份社会发展水平与经济发展水平基本一致。

我国绝对贫困问题已经发生了质的变化,由全局性的绝对贫困转化为结构性贫困、区域性贫困和阶层性贫困并存的格局。特别是新城市贫困问题突出,城市贫困面扩大,并表现为一定规律的区域差异。新增贫困人群主要集中分布在以纺织、机械、森工、煤炭为主导行业的中西部欠发达地区和东部地区的一些老工业基地。

全国人口流动在较大的总量规模上平衡运行,但流向开始呈现多元化。沿海地区一些大城市暂住人口数量在减少,新疆、西藏等一些新兴的开发地区流动人口数量增加。同时由于户籍制度割裂和城市管理松弛,大量流动人口在城市边缘地带聚居,构成了新时期大城市边缘区特有的社会空间结构,也带来了比较严重的社会治安与环境问题。

我国城市化水平比较低,1998年城市化水平仅为28.2%。城市化进程滞后于工业化。由于历史及经济发展水平的差异,我国的城市化水平及发展速度地域差异明显,表现为与经济发展水平地域差异相一致的东、中、西三大地带差异,而省际差异大于三大地带的差异,上海、广东在城市化水平和发展速度两个方面名列前茅。而西北、西南地区的甘肃、青海、贵州和西藏,无论城市化水平还是城市化发展速度皆处于全国最末位置。沿海与内地城市化水平的差距继续扩大。

社会保障制度改革在主要领域全面展开。养老、失业保险制度、下岗职工基本生活保障制度和城市居民最低生活保障制度,构成了现实条件下有中国特色的社会保障制度。"两个确保"政策的实施,使下岗职工、退休职工的基本生活得到保障,但地区间发展不平衡,主要体现在保障制度与保障水平有一定的差距。东部地区经济发展水平较高、市场经济较发育的一些城市,如上海、北京、浙江、广东等省市社会保障水平较高。而东北地区以及中西部经济欠发达地区,由于经济结构单一、就业空间狭小,或者经济落后、资金筹措困难,社会保障程度较低。

根据上述我国社会发展的综合状态及城市发展中出现的新问题,提出如下基本政策思路:

1. 缩小社会发展差距有利于缩小经济发展差距。由于我国各地区社会发展差距小于经济发展差距,解决前者问题比解决后者问题容易一些。因此,应该把缩小社会发展差距作为中央政府今后长期发展政策的优先位置,更有效地发挥公共政策的作用和效率,从而有利于促进缩小经济发展地区差距。在社会发展事业上不能搞哪些地区先发展,哪些地区后发展的策略,否则会出现严重的社会问题。缩小社会发展差距实质上是提高欠发达地区的人文发展水平,从而使我国整体人文发展水平登上新的台阶。

2. 我国的城市化应走"多层次,非均衡,适度、协调发展"的道路。"多层次"指大中小各规模层次的城市都要获得发展。"非均衡"指东、中、西三大地带采取不同的重点,而非齐头并进。东部地区在积极推进上海、北京进入国际化大都市的同时,应控制大城市发展规模,走内涵发展的道路;中部地区应适度发展大中城市,合理发展小城市;而西部地区则应在自然环境和经济发展允许的条件下,大力发展各类城市,特别是大中城市。"适度、协调发展"指城市化的目标不可过高,不能盲目追求西方国家不同国情的高指标、高比例,速度不宜过于超前,应与经济、社会、环境发展相协调。

3. 解决城市贫困问题是一项长期而艰巨的任务,有赖于进一步完善社会保障制度改革、扩大社会保障覆盖面和不断提高社会保障力度。目前,要重点处理好经济结构调整、职工下岗与扩大就业、保障困难职工生活的关系。通过加大宏观调控力度、规范职工下岗程序、缓和就业矛盾,努力使经济结构调整与社会承受能力相适应。

参考文献

[1] 汝信、陆学艺等:《中国社会形势分析与预测》(1998、1999),社会科学文献出版社,1998年、1999年。
[2] UNDP:《1995 人类发展报告》。
[3] 牛文元:《中国可持续发展战略报告》,科学出版社,1998年。
[4] 朱庆芳:"建国以来我国社会经济发展综合评价",《当代中国史研究》,1998年第6期。
[5] 朱庆芳:《社会指标的应用》,中国统计出版社,1993年。
[6] 中国设市预测与规划课题组:《中国设市预测与规划》,知识出版社,1997年。
[7] "北京市外来人口普查公报",《北京日报》,1998年4月10日。
[8] 农业部"民工潮"跟踪调查与研究课题组:"经济发展中的农村劳动力流动",《中国农村经济》,1995年第1期。
[9] 吴传钧:《中国经济地理》,科学出版社,1998年。
[10] 马武定:"城市化与农业现代化——中国城市化的危机与希望",《城市规划》,1997年第6期。
[11] 王嗣均主编:《中国城市化区域发展问题研究》,高等教育出版社,1996年。
[12] 崔功豪、马润潮:"中国自下而上城市化的发展及其机制",《地理学报》,1999年第2期。

第六章　建设投资规模与方向

社会经济综合能力的增长是区域发展能力建设的重要组成部分。投资是促进能力增长的关键,其规模大小与积累既反映区域发展能力扩张的一般趋势,又体现国家或地区发展政策取向及其所产生的效果。

我国区域发展能力建设基本上是围绕着如何促进经济快速发展来实施的,即长期以来一直以追求经济总量的快速扩张和经济势力的迅速增长为目标。尤其是改革开放以来,实施了以发挥优势、加快全国经济整体增长为目标的区域政策,地域投资方向上充分体现了上述政策导向。投资的地域倾斜比较突出[1]。

进入90年代,我国建设投资的地区政策开始调整。最突出的特点是行业引导政策在影响区域投资中所起的作用越来越大,开始有步骤削弱以区域优惠为核心的投资政策。90年代中期以来国家通过发布行业产业政策和鼓励发展重点产业、产品、技术等措施引导投资,同时辅以区域投资鼓励政策[2]。这种政策在区域能力建设方面上产生了不同响应。

90年代投资的主体也在逐步发生变化,以国有经济为主体、多种经济成分共存的投资体制正在形成,投资的市场因素和效果已经成为投资者关注的关键因素之一。

1997年开始,各地区的发展能力建设,开始由以经济扩张的能力建设为主的阶段转向经济发展与区域支撑体系建设并重的阶段,各地区基础设施体系如交通、通信、环保、水利等发展迅速,投资规模迅速增长,开始在拉动社会经济发展中发挥重要作用。但这一转变,在对发达和欠发达地区均有利的形势下,对那些社会经济发展潜力大的地区更为有利。

1998年,国家为了保证国民经济发展目标的实现,确立了以加大基础设施投入来拉动经济增长的政策,增发了用于基础设施建设的1000亿元国债,促进了各个地区基础设施的投入。1998年全国基本建设投资总额中,第二产业的投资只占36.2%,比1997年下降5.7个百分点。而另一方面,基础设施投资大幅度增长,在一些地区成为发展的主要方面。

投资所体现的能力增长是比较复杂的,且需要通过一定的时间积累才能体现能力建设的效果。因此,从动态和区域比较角度评价区域投资规模变化及其社会经济效果,对于系统认识我国区域的发展状态和发展潜力是有益的。本章重点从投资规模、投资方向和投资效果等方面评价90年代我国不同区域投资的演变、特征及投资取向,并用区域可持续发展的观点审视区域发展能力建设的空间经济意义。

第一节 九十年代投资的区域变化

一、投资增长的基本特点

1. 整体投资能力迅速增长

90年代,以投资为衡量标准,区域发展能力建设的基本特点是:全社会的投资能力逐年增强,投资规模逐渐增大,投资结构趋于合理,有力地支撑了各个地区的社会经济发展。

"八五"期间,全社会固定资产投资为63808亿元,远远大于"七五"的投资能力。"九五"前3年,全社会固定资产投资累计达到7.6万亿元,年递增率在10%以上。以基本建设投资指标衡量,1990年以来,基本建设投资累计达5.4万亿元(各年现价累计),其中"八五"期间基本建设投资为2.36万亿元,"九五"前3年投资分别为8611亿元、9917亿元和11916亿元,分别增长了16.3%、15.7%和20.2%(图6-1)。这些投资有力地支持了区域社会经济的发展,使我国的社会经济面貌有了比较大的改观,经济生产总供给和总需求间的矛盾大大缓解,部分行业的生产能力已经大于现阶段的社会需求能力。

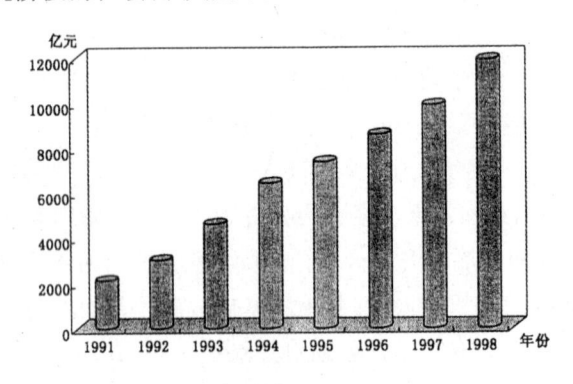

图6-1　90年代全国基本建设投资规模

2. 多数地区以实现经济总量扩张为投资的主要目标

各个地区以经济建设为核心的能力建设均有不同程度的提高和增长,但区域差异比较明显。无论增长幅度或增长规模,在地域上均显示出较大差异。沿海地区的投资规模增长迅速,中西部地区的投资规模虽然也增长迅速,但在绝对量上与沿海地区的差距拉大。另一方面,从地区基本建设投资占全国总投资的份额看,有些地区的份额在增加,有些地区的份额在减少。这与国家的宏观发展政策和区域投资政策关系密切。

地区投资中的行业间结构协同存在较大差异。90年代初期,大部分地区主要偏重于经济发展能力的建设,而对某些行业如环境保护、防灾能力等基础设施支撑体系的建设重视不够,导致区域发展的内部不协同问题突出。如环境保护、区域的防灾能力建设与社会经济发展极不适应,突出问题是流域性可持续发展能力面临比较大的环境问题,这与地区投资的行业倾斜政策有直接关系。

1995年以来,各地区对上述能力的建设开始给予不同程度的重视,结构性的协同建设开始表现出良性发展态势。以对大江、大湖、山川的治理为重点的生态环境保护能力的建设进一步得到加强。这些重大基础设施的建设,在国家政策指导下,开始从局部走向全局,即许多地区开始从宏观区域角度重视系统综合能力的建设。

3. 市场需求对投资方向的引导作用逐步加强

由于社会主义市场经济体制的不断完善,市场对经济活动的影响越来越强烈,对生产技术和生产成本的要求越来越高,这种趋势直接影响到区域发展能力的建设。"九五"计划开始以来,各地区开始把区域可持续发展能力建设放到更大的环境中去衡量,无论是政府决策还是企业自主投资,均反映出这一倾向。因此,投资的导向作用也开始上升。

1997年开始,全国经济从卖方市场转变为买方市场。"市场需求主导企业发展"的原则对投资的影响力越来越强,制造业投资的行业变化体现的比较突出。同时,服务业在某些地区开始成为投资的重点。

在近十年的发展建设中,由于市场不健全,区域间也存在大量的发展能力重复建设问题,突出反映在各产业部门的生产能力建设方面,导致能力的过剩或利用效率的降低,甚至造成生产领域的混乱,一定程度上造成了资源的浪费。

4. 区域可持续发展的观念与思想开始融入经济发展领域

这方面发展能力的建设开始得到加强,管理手段和措施也在逐步完善。绝大部分省区市在制定社会经济发展规划中均以"可持续发展"作为战略之一,并制定了相应投资扶持或优惠措施,有些省区市还进一步制定了21世纪可持续发展议程。这些措施,一定程度上提高了部分地区可持续发展的管理和技术水平。并影响到近两年的投资方向。

从建设投资所产生的社会经济效果看,一定程度上存在"流域性"区域可持续发展能力的相互抵消现象,导致投资的浪费或效益的下降。

二、基本建设投资的地域差异

基本建设投资在各个地区均有所增长,表明区域的发展能力在增强。1991～1998年省区市投资增长具有下列特点:

1. 投资规模迅速扩大,呈高速增长态势

大部分省区市的基本建设投资规模增长1倍以上,个别省市增长4倍以上,表明发展能力的增长是非常显著的。表6-1是各个地区基本建设投资增长的基本状况。

投资增长保持了高速度。1991～1998年,全国基本建设投资的平均年递增率为16.8%。其中,高于全国平均增长率25%的省区市有河北、上海、江苏、浙江、湖北、广西、云南;高于全国平均增长水平0～25%的有福建、山东、河南、湖南、四川;低于全国平均增长水平0～25%的有北京、吉林、安徽、江西、广东、海南、贵州、陕西、甘肃、青海和新疆;低于全国平均增长水平25%以上的有天津、山西、内蒙古、辽宁、黑龙江、宁夏、西藏。从大区上看,华东、中南和西南的增长水平高于全国平均水平,华北、东北和西北的增长低于全国平均水平。地带中,东部沿海地带和中部地带的增长高于全国平均水平,西部地带低于全国平均水平。

表6-1　省区市基本建设投资增长状况

省区市	1998年为1991年的倍数	平均年增率（%）	省区市	1998年为1991年的倍数	平均年增率（%）
全　国	2.97	16.84	河　南	3.43	19.25
北　京	2.53	14.18	湖　北	4.26	23.01
天　津	2.15	11.56	湖　南	2.99	16.94
河　北	3.93	21.57	广　东	2.57	14.41
山　西	1.83	8.98	广　西	4.32	23.24
内蒙古	1.84	9.12	海　南	2.91	16.49
辽　宁	1.80	8.73	四　川	3.15	17.83
吉　林	2.60	14.60	贵　州	2.56	14.36
黑龙江	2.05	10.83	云　南	4.06	22.15
上　海	3.98	21.79	西　藏	2.02	10.58
江　苏	4.16	22.60	陕　西	2.89	16.34
浙　江	6.33	30.15	甘　肃	2.35	12.95
安　徽	2.81	15.90	青　海	2.56	14.39
福　建	3.60	20.10	宁　夏	2.24	12.18
江　西	2.64	14.90	新　疆	2.79	15.80
山　东	3.14	17.76	不分地区	2.56	14.38

资料来源：根据国家统计局《中国统计年鉴》（1991、1998）计算。

2．投资规模差异悬殊

由于各个省区市的条件和自身能力不同，所集聚的发展能力有比较大的差别。按1990年不变价格计算，1991～1998年，全国累计基本建设投资总量达到3.2万亿元。以省区市为地域单元，累计投资在3000亿元（以当年价计算，下同）以上的有上海、广东，在2000～3000亿元的有江苏、山东、四川（含重庆）、北京、河北、辽宁、浙江、河南、湖北，在1000～2000亿元的有天津、山西、吉林、黑龙江、安徽、福建、湖南、广西、云南、新疆，在1000亿元以下的有内蒙古、江西、海南、贵州、西藏、陕西、甘肃、青海、宁夏（图6-2）。

从时间断面分析，1991年各省区市间最大投资规模与最小投资规模相差21倍，到1998年相差27倍。利用投资规模最大的5个地区的平均投资规模与投资规模最小的5个地区的平均投资规模比较，也同样反映上述特征。1991年两者相差7.5倍，1995年为10.6倍，1998年为8.2倍。原有经济基础比较好、相对发达的地区仍然是投资最多的地域。三大地带之间比较也同样反映这种趋势。1991年东部地区投资的总规模与西部地区投资的总规模相差1.5

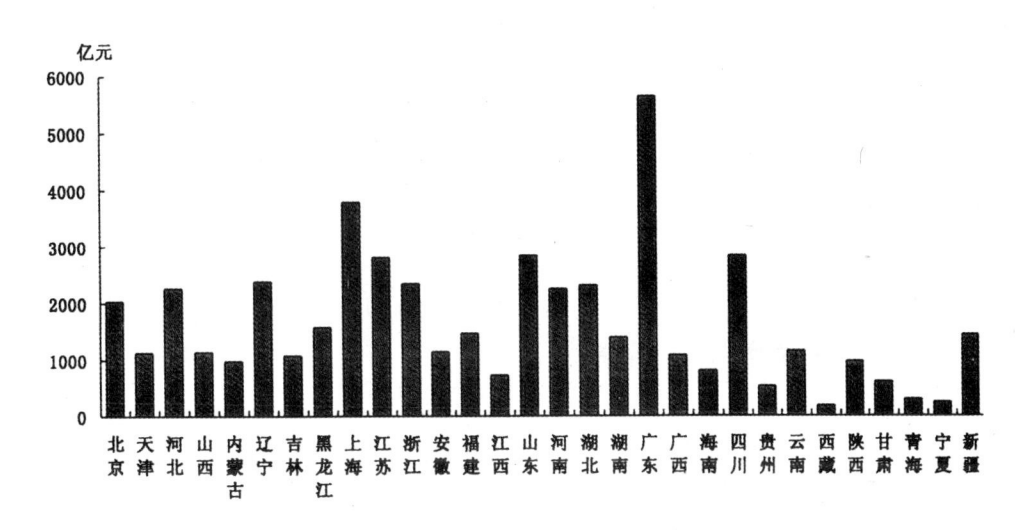

图 6-2　1991~1998 年各省区市累计基本建设投资

倍,与中部相差 1.4 倍。到 1998 年,东部地区与西部地区的差别增大到 2.1 倍;与中部地区的差别为 1.3 倍,相对量变化不大,但绝对量差距增大(图 6-3)。

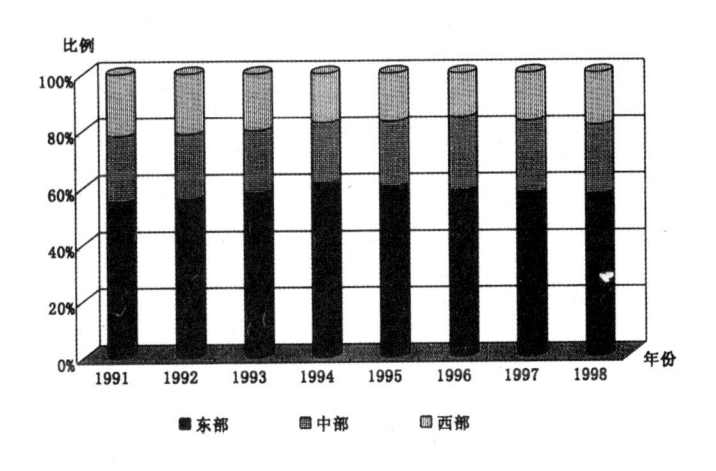

图 6-3　三大地带基本建设投资比例变化

3. 沿海地区是投资重点

沿海地区 1990 年以来基本建设投资占全国的比重始终在 50% 以上,而对全国 GDP 增长的贡献率则达到 60%。这一数据反映的结果是,在以经济发展、提高经济实力为核心的发展战略指导下,这种投资效果是比较合理的。但是,长期坚持这种投资趋向,虽然经济上可能取得比较理想的效果,但会带来区域发展差距的进一步扩大。

沿海的江苏、浙江、广东、山东是基本建设投资的主要区域,其中广东的基本建设投资占全国基本建设投资总量的比重,"八五"期间始终在 10% 以上,其生产能力在得到充分扩展的同时,社会经济发展的支撑能力(如基础设施等)也得到了迅速发展,远远超前于其他地区。1992

年起以浦东为龙头的新一轮区域发展政策,促进了相应地区发展能力的迅速增长。例如,上海市基本建设投资规模占全国的比重,1992年为4.3%,1993年提高到5.8%,1994年进一步提高到7.8%,此后3年一直在7%以上。

按传统大区分析,东北和中南的比重在下降,而华东、西北的比重提高。东北3省基本建设投资占全国的比重,从90年代初的11.56%,下降到1998年的7.81%;华北地区的比重也呈持续下降态势,从1991年的16.38%下降到1998年的13.82%;中南地区占全国的比重先增后减,1995年达到最高,之后持续下降,1998年占全国的比重为23.1%,比1995年下降4个百分点;华东地区始终是投资的热点地区,占全国的比重从1991年的23.12%上升到1998年的29.81%(表6-2)。

表6-2 宏观区域基本建设投资比重变化(%)

地区	平均	1991	1992	1993	1994	1995	1996	1997	1998
华北	13.96	16.38	15.95	14.05	13.80	13.17	13.31	14.24	13.82
东北	9.32	11.56	11.20	11.50	9.89	9.21	8.74	9.27	7.81
华东	27.98	23.12	23.58	24.19	26.19	27.78	29.48	29.96	29.81
中南	24.99	21.97	24.23	25.47	27.37	27.70	26.10	23.36	23.10
西南	8.72	9.15	8.89	8.35	7.71	8.03	8.14	9.09	9.83
西北	6.62	7.97	7.57	6.98	5.98	5.73	6.25	6.63	7.14
东部	52.94	48.66	50.24	51.65	54.97	54.15	53.81	53.26	52.12
中部	23.31	24.36	24.72	23.56	22.28	23.72	23.82	23.56	22.41
西部	15.34	17.12	16.46	15.33	13.69	13.76	14.39	15.72	16.98

注:各地区合计不等于100,差值为不分地区的投资比重。

4.投资规模的位次发生重大变化

第一,广东、上海等享受优惠政策的地区仍是投资热点地区,但所占份额在下降。从投资规模的位次变化看,广东的基本建设投资规模始终居第1位,但占全国的比重在下降;上海居第2位,比重也在下降。由此说明沿海局部地区优惠政策导致的投资取向作用正在逐步降低。

第二,老工业基地辽宁的位次下降显著。从1991年的第2位降到1998年的第10位("八五"期间居第四位),所占比重从6.7%降到4.0%,下降了2.7个百分点。

第三,中西部部分省区的位次开始上升。例如,四川省(含重庆)投资规模从1995年的第5位上升到第3位,占全国基本建设投资的比重也从5.2%("八五"为4.9%)提高到1998年的6.6%。河南、湖北等省的基本建设投资比重均有不同程度的提高。

第四,投资的地区集中程度有所提高。1991年前10位省区市投资合计占全国基本建设投资总额的57.1%,到1998年提高到60%以上(表6-3)。

表6-3 前10位省区市基本建设投资占全国的比重及累计比重(%)

1991			1995			1996			1997			1998		
地区	比重	累计	地区	比重	累计	地区	比重	累计	地区	比重	累计	地区	比重	累计
广东	11.2	11.2	广东	13.2	13.2	广东	11.4	11.4	广东	9.7	9.7	广东	9.5	9.5
辽宁	6.7	17.9	上海	8.1	21.3	上海	8.1	19.6	上海	8.3	18.0	上海	7.5	17.0
四川	6.3	24.2	山东	5.5	26.8	江苏	5.9	25.5	江苏	6.2	24.2	四川	6.6	23.7
山东	5.9	30.1	湖北	5.2	32.0	山东	5.7	31.2	四川	6.0	30.2	江苏	6.6	30.2
上海	5.7	35.8	四川	5.2	37.1	浙江	5.4	36.5	山东	5.6	35.8	山东	6.1	36.3
江苏	4.8	40.5	江苏	5.1	42.2	四川	5.3	41.8	浙江	5.6	41.3	浙江	5.6	41.9
北京	4.6	45.1	辽宁	4.8	47.0	湖北	5.0	46.8	河北	5.2	46.6	河北	5.0	46.9
河南	4.2	49.3	河南	4.7	51.7	河南	5.0	51.8	河南	4.8	51.4	河南	4.8	51.7
黑龙江	4.0	53.3	浙江	4.5	56.2	河北	4.7	56.5	湖北	4.8	56.1	湖北	4.8	56.4
山西	3.8	57.1	河北	4.3	60.5	辽宁	4.1	60.7	辽宁	4.3	60.5	辽宁	4.0	60.4

5. 人均投资水平区域差异显著

省区市中,人均基本建设投资水平差异悬殊。人均投资水平大于全国平均水平的省区市1991年有13个,其中大于全国平均水平2倍以上的有6个。到1998年,人均投资水平大于全国平均水平的省区市仍为13个,其中大于2倍以上的只有京、津、沪3市。人均投资水平低于全国平均水平25%以上的省区市1991年有12个,1998年11个。从地域分布上看,1995年以后,所有中部省区的人均基本建设投资水平均低于全国平均水平。由于西部有些省区人口规模比较小,加之国家在基础设施建设中的投资倾斜政策,使得西部某些省区人均投资水平比较高(表6-4,图6-4)。

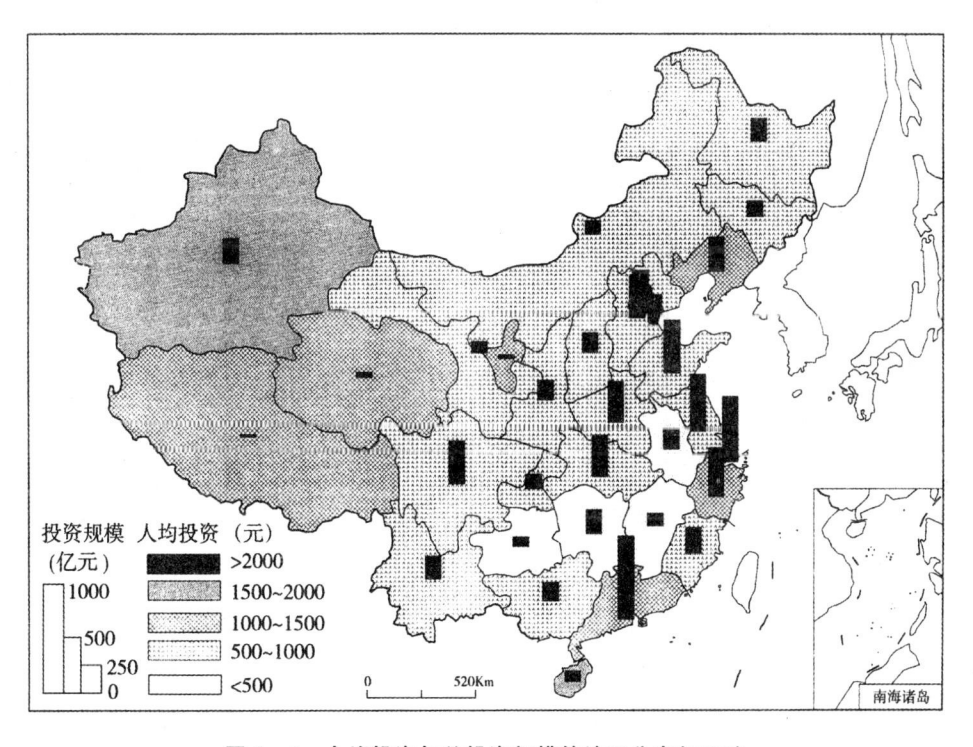

图6-4 人均投资与总投资规模的地区分布(1998)

表6-4　90年代省区市人均投资水平对比

指标	1991	1995	1996	1997	1998
人均投资为平均水平2倍以上	北京、天津、上海、海南、西藏、新疆	北京、天津、上海、广东、海南、西藏	北京、天津、上海、海南	北京、上海、天津、海南	北京、天津、上海
人均投资为平均水平1.5~2倍	辽宁、广东、青海、宁夏	青海、新疆	广东、西藏、青海、新疆	广东、西藏、青海、新疆	广东、海南、西藏、青海、新疆
人均投资为平均水平1.0~1.5倍	山西、内蒙古、黑龙江	辽宁、吉林、浙江、福建、湖北	辽宁、吉林、浙江、福建、宁夏	辽宁、黑龙江、浙江、福建、宁夏	辽宁、江苏、浙江、福建、宁夏
人均投资为平均水平的0.75~1.0倍	吉林、福建、陕西、甘肃	内蒙古、黑龙江、江苏、宁夏	河北、内蒙古、黑龙江、江苏、湖北	河北、山西、内蒙古、吉林、江苏、湖北	河北、山西、内蒙古、吉林、黑龙江、湖北、山东
人均投资为平均水平的0.5~0.75倍	河北、江苏、浙江、山东、河南、湖北、四川、云南	河北、山西、山东、河南、湖南、广西、四川、云南、陕西	山西、山东、河南、湖南、广西、四川、云南、陕西、甘肃	山东、河南、四川、云南、陕西、甘肃	河南、广西、重庆、四川、云南、陕西、甘肃
人均投资为平均水平的0.5倍以下	安徽、江西、湖南、广西、贵州	安徽、江西、贵州、甘肃	安徽、江西、贵州	安徽、江西、湖南、广西、贵州、重庆	安徽、江西、湖南、贵州

1995年以来,沿海地区人均投资水平一直高于全国平均水平25%以上。持续的高投资拉大了沿海与其他地区的差距。中部地区的人均投资只有全国平均水平的60%左右,西部地区人均投资为全国平均水平的75%左右。结合人口规模和地域范围的大小,我们可以得出结论,沿海地区的综合发展能力建设增长迅速,集聚效果显著,而内陆部分省区的集聚效果比较差一些(表6-5)。

表6-5　三大地带人均基本建设投资与全国平均水平的比值

地带\年份	1991	1995	1996	1997	1998
东部	1.18	1.32	1.32	1.31	1.28
中部	0.57	0.58	0.67	0.67	0.64
西部	0.85	0.67	0.63	0.69	0.78

第二节 基本建设投资的地区与行业取向

一、投资类型与区域分布

1. 国有经济投资是主流

1997～1998年区域发展能力建设的导向作用明显,以国有经济投资为核心的区域基础设施支撑能力建设是主流。从基本建设投资方面看,1997年第一和第三产业基本建设投资占全国基本建设投资的比重为58.1%,1998年上升为63.8%,尤其是第三产业的投资增加迅速,表明社会经济支撑体系的能力建设引起各个地区的重视。

1997年全社会固定资产投资24941.11亿元,其中基本建设投资9917亿元。在地区分布上,河北、上海、江苏、浙江、山东、广东的全社会固定资产投资规模在1000亿元以上,其中广东和江苏在2000亿元以上;上述6省市投资总规模合计占全国的45%,是整个中部地带的2倍,西部地带的3倍强。地域集中程度比较高,所形成的发展能力也远大于其他地区,新增固定资产占全国新增固定资产的34%。

如果考虑区域发展能力项目建设的周期性,所反映的地域特点同样与上述趋势相似。以全社会全部项目累计投资衡量,北京、上海、江苏、浙江、山东、广东、河北、辽宁、河南、湖北的投资规模在2000亿元以上,合计占全国的61%,其中前6个省市占全国的44%。上述10省市累计投资总规模与东部地带的规模相当,是中部地带的3倍,西部地带的4.6倍。

全社会固定资产投资按经济类型分,各个地区有一定差异。1997年全国全社会固定资产投资中,国有经济占61%,集体经济占9.3%,个体经济占7%,股份经济占5.9%,外商投资经济占9.7%,港澳台投资经济占5.5%,其他1.6%。

各省区市与全国总体情况一样,区域社会经济发展能力的增长多数依赖于国有经济投资,但在各个地区所起的作用有所差别。国有经济投资占全社会固定资产投资比重在80%以上的省区市有山西、内蒙古、黑龙江、西藏、青海、宁夏、新疆,在70～80%的有江西、贵州、云南、陕西和甘肃,在60～70%的有天津、辽宁、吉林、上海、河南、湖北、湖南、四川,在50～60%的有北京、河北、安徽、山东、广东、广西、重庆,在50%以下的有江苏、浙江、福建、海南。集体经济投资占固定资产投资比重在10%以上的省区市有河北、江苏、浙江、安徽、山东、河南、广东。外商和港澳台投资占总投资比重在10%以上的省区市有北京、天津、辽宁、吉林、上海、江苏、浙江、福建、山东、湖北、广东、广西、海南和重庆。

从三大地带上看,沿海地带在以国有经济投资为主体的状态下,各种类型的投资均占有重要比重。而中西部地带则主要依靠国有经济投资来促使其发展能力的增长。沿海地带国有经济投资占其总投资的50.9%,而中西部地带则分别占68%和71%;沿海地带的外资占总投资的比重高达20%,而中西部地带只占8.7%和5.1%。上述数字说明开放政策对促进沿海地区发展能力增长的贡献比较显著,而对中西部地区的作用比较微弱。

2. 省区市分属于不同的投资类型

综合分析,从发展能力建设所依据的投资经济类型上看,存在下列7种(表6-6):

表 6-6 1997年固定资产投资比重分类

类型	比重	省区市
国有经济	≥80%	山西、内蒙古、黑龙江、西藏、青海、宁夏、新疆
	70～80%	江西、贵州、云南、陕西、甘肃
	60～70%	天津、辽宁、吉林、上海、河南、湖北、湖南、四川
	50～60%	北京、河北、安徽、山东、广东、广西、重庆
	≤50%	江苏、浙江、福建、海南
集体经济	≥20%	河北
	15～20%	江苏、浙江、山东
	10～15%	安徽、河南、广东
	5～10%	天津、辽宁、上海、福建、湖北、湖南、广西、重庆、四川、云南
	≤5%	北京、山西、内蒙古、吉林、黑龙江、江西、海南、贵州、西藏、陕西、甘肃、青海、宁夏、新疆
个体经济	≥20%	
	15～20%	江西、湖南、广西
	10～15%	江苏、浙江、安徽、福建、河南、重庆、陕西
	5～10%	河北、内蒙古、黑龙江、山东、湖北、四川、贵州、云南、甘肃
	≤5%	北京、天津、山西、辽宁、吉林、上海、广东、海南、西藏、青海、宁夏、新疆
股份经济	≥20%	
	15～20%	
	10～15%	浙江、安徽、海南、重庆、四川、云南
	5～10%	天津、河北、辽宁、江苏、河南、湖北、广东、广西、贵州、陕西、甘肃
	≤5%	北京、山西、内蒙古、吉林、黑龙江、上海、福建、江西、山东、湖南、西藏、青海、宁夏、新疆
外商与港澳台经济	≥20%	北京、天津、上海、江苏、福建、广东、海南
	15～20%	辽宁、吉林、湖北
	10～15%	浙江、广西、重庆
	5～10%	河北、黑龙江、安徽、山东、河南、湖南、四川、甘肃
	≤5%	山西、内蒙古、江西、贵州、云南、西藏、陕西、青海、宁夏、新疆

(1) 国有经济投资占绝对优势的地区(国有经济投资占80%以上,其他任何类型投资不超过10%):山西、内蒙古、黑龙江、西藏、青海、宁夏、新疆。

(2) 国有经济投资为主体(国有经济投资占50%以上)、集体和个体经济投资地位突出(二者投资合计占总投资的比重20%以上,其他任何类型投资在10%以下)的地区:河北、河南、湖南、江西。

（3）国有经济投资为主体（国有经济投资占50%以上）、外商和港澳台经济投资地位突出（二者投资合计占总投资的比重15%以上，其他任何类型投资在10%以下）的地区：北京、天津、上海、辽宁、吉林、湖北。

（4）国有经济投资和外资投资并重地区：海南、福建。

（5）国有经济投资为主、各种类型投资均占有一定地位的地区（其他经济类型投资比重多在10%以上）：江苏、浙江、安徽、山东、广东、广西、重庆。

（6）国有经济投资为主体，其他类型投资地位均不突出的地区（国有经济投资占70%以上，其他任何类型投资不超过10%）：贵州、云南、陕西和甘肃。

（7）国有经济投资为主体、股份经济投资占有一定比重的地区：四川。

3．外资仍集聚于局部区域

虽然1997~1998年国家通过各种政策鼓励外资向中西部地区投入，但实际效果并不显著，外资仍然集中在局部地区。其中，外商和港澳台投资的地域分布充分反映了这一点。1997年全部项目固定资产投资中，外商与港澳台投资的83%集中在沿海地区，其中，北京、辽宁、上海、江苏、浙江、福建、广东7省市就占70%。中西部地区外商和港澳台投资仅仅与广东一省的外资规模相当。

4．城市是各地区投资的重点地域

城市是区域发展的核心，其发展增长的潜力主要来自于投资的增长。如果把全国固定资产投资按地域隶属关系分为城市（城市辖区，不包括辖县）投资和非城市区域投资，则反映的区域差异仍然比较突出。

1985年全国固定资产投资的64%集中在城市市区。1991~1998年全国投资的47%集中在仅占全国土地面积3.6%的城市市区。其中，1991年为47%，1998年为48%。

城市化水平高的地区，城市所占投资比重大。除京、津、沪外，其他省区市固定资产投资中，城市市区占其总投资的份额差别比较大。辽宁、吉林、黑龙江、湖北、广东、甘肃固定资产投资的60%以上集中在城市市区；经济欠发达的青海、西藏，城市投资所占份额在30%以下；浙江、福建、江西、湖南、广西、重庆、云南，城市投资所占份额也在40%以下，这些省区市的城市化水平也不高（表6-7，图6-5）。

表6-7　1991~1997年城市投资占全部投资比重

城市投资所占比重	≤30%	30~40%	40~50%	50~60%	60~70%	≥70%
省区市	西藏、青海	浙江、福建、江西、湖南、广西、重庆、云南	河北、内蒙古、江苏、安徽、山东、河南、海南、四川、贵州、陕西、宁夏、新疆	北京、山西、广东	辽宁、吉林、黑龙江、湖北、甘肃	天津、上海

比重%

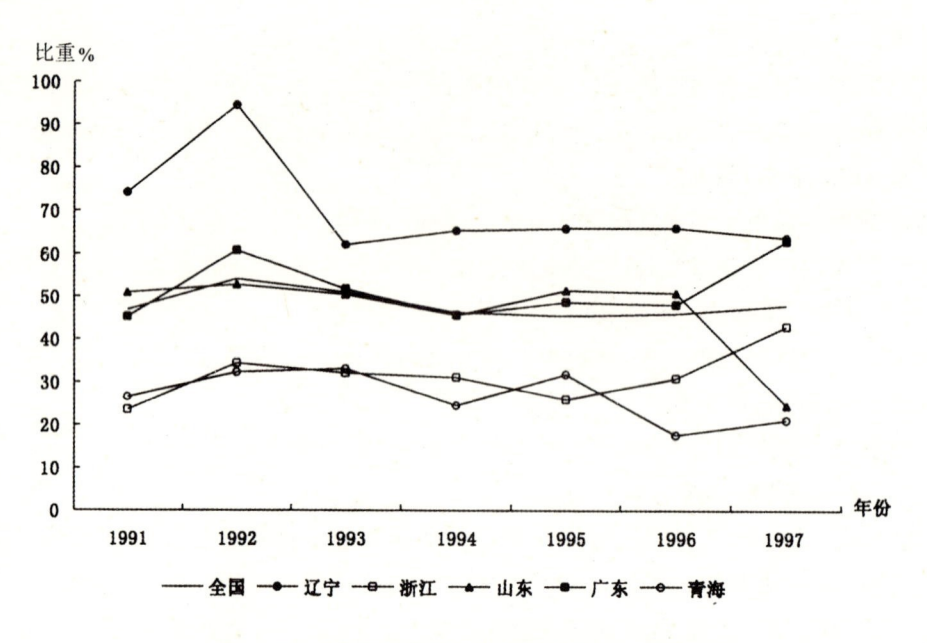

图6-5 城市固定资产投资占总投资的比重

发达地区非城市区域的投资占有相当比重,如广东、江苏等省,虽然非城市区域的投资占其固定资产投资的比重在50%以下,但仍有大量的投资发展农村经济。这些地区的城乡差异在逐步缩小,生活的"趋同"开始在局部地区有所发展。另一种现象是落后地区城市投资比重过低,投资规模过小,导致城市经济增长缓慢,不能带动地区经济的发展。例如青海省,其投资中只有1/4投资在城市,是各省区市中最低的。

> 二、投资的行业结构与投资效果

1. 区域建设的行业投资"各有所好"

从1997~1998年投资的行业分析,各个地区结合自己的特点,各有侧重。各地区的重要投资领域基本上都集中在制造业、交通运输和仓储及邮电业、房地产业、电力生产业、采掘业、农业等重要行业,即以生产能力扩张和支撑能力建设为主要投资方向。其中制造业投资占其固定资产投资比重在30%以上的省区市有天津、河北、吉林、江苏、山东,比重在20%以下的省区市有北京、山西、内蒙古、黑龙江、江西、湖南、广东、广西、海南、四川、陕西、青海、宁夏、新疆。

2. 行业投资的偏好形成各具特色的类型

利用1997、1998年的资料,选取地区固定资产投资的前5个行业进行分析,可以看出,各个地区的能力建设存在明显差别。一般情况下,多数省区市前5个投资行业占其总投资的比重都在60%以上,个别省市在80%以上(表6-8)。

(1) 以制造业为首位投资领域的地区:包括天津、河北、辽宁、吉林、江苏、浙江、安徽、福建、山东、河南、湖北、湖南、重庆、海南、四川、贵州、甘肃、云南。在这些省区市中,制造业投资规模在400亿元以上的有河北、江苏、浙江、山东,制造业投资占其全部投资30%以上的有天津、河北、吉林、江苏、山东。

表 6-8 1997年固定资产投资行业构成

地区	农业	采掘	制造	电力	交通	房地产	社会服务	机关	文教
全 国	3.71	5.29	22.87	9.36	15.05	13.80	4.51	3.42	3.85
北 京	1.37	0.42	13.35	7.81	12.40	33.78	5.85	6.56	8.35
天 津	1.39	8.90	32.99	8.17	13.67	17.89	2.71	2.53	2.99
河 北	5.78	4.07	30.80	9.48	15.67	3.84	3.16	4.16	4.33
山 西	1.74	18.50	16.47	14.72	16.79	4.95	2.44	3.49	3.34
内蒙古	7.04	18.76	16.09	13.42	14.88	4.15	2.43	4.13	5.23
辽 宁	2.47	10.01	23.87	9.92	14.32	15.38	6.77	2.51	2.76
吉 林	5.13	8.26	37.56	11.05	9.06	7.12	1.29	3.57	4.14
黑龙江	4.88	24.86	14.85	11.06	19.62	6.90	1.87	3.15	2.25
上 海	0.37	1.10	24.69	5.94	8.04	38.05	10.17	1.13	3.23
江 苏	2.44	1.52	36.32	6.36	11.08	11.73	3.76	2.53	3.22
浙 江	2.50	0.82	25.59	10.16	12.08	13.63	4.69	2.66	3.35
安 徽	6.87	7.14	25.05	6.91	11.48	7.95	2.95	3.97	3.33
福 建	2.52	0.53	20.94	9.22	20.92	17.34	3.27	2.76	3.53
江 西	4.77	2.91	16.38	8.54	23.54	7.82	2.08	4.91	2.86
山 东	6.85	8.88	33.81	6.93	9.00	6.63	2.18	3.89	3.26
河 南	6.88	7.55	21.86	9.64	8.80	4.50	2.97	4.49	3.96
湖 北	2.81	1.45	22.88	16.39	11.67	12.55	3.40	4.26	4.44
湖 南	4.37	1.76	17.66	9.22	15.59	5.24	3.31	3.46	6.08
广 东	1.34	0.62	15.80	8.14	16.87	24.15	7.90	3.74	5.06
广 西	5.46	2.11	16.00	5.69	19.09	7.36	4.95	3.78	3.96
海 南	6.05	0.84	19.02	3.58	18.84	6.82	17.14	5.70	4.69
重 庆	2.93	3.01	20.79	8.40	12.99	18.85	2.87	5.26	3.60
四 川	3.32	4.02	18.27	18.17	12.65	11.67	4.07	3.58	4.12
贵 州	5.41	8.48	23.17	16.22	15.77	7.01	3.41	2.43	2.27
云 南	4.46	2.57	20.70	9.31	19.48	7.63	7.57	5.27	4.61
西 藏	5.13	1.57	1.48	21.77	23.91	1.97	4.38	15.88	5.94
陕 西	3.20	7.45	14.31	12.07	18.01	7.59	2.51	4.32	4.98
甘 肃	3.81	6.86	27.58	14.48	13.36	7.69	1.88	4.01	3.79
青 海	5.26	16.06	17.59	26.83	11.83	2.84	1.53	5.34	2.89
宁 夏	3.89	8.04	17.93	16.99	23.02	7.13	3.45	2.71	2.80
新 疆	14.57	27.09	11.23	4.23	16.03	4.68	3.04	4.12	2.83
不分地区	4.36	12.49	0	10.59	62.41	0	0	0	0.36

(2) 以交通运输为首位投资领域的地区：包括江西、广西、西藏、陕西、宁夏。其中江西、西藏、宁夏交通通信投资占其全部投资的20%以上。

(3) 以采掘为首位投资领域的地区：包括山西、黑龙江、内蒙古、新疆。采掘业投资所占比重在18%以上。

(4) 以房地产为首位投资领域的地区：包括北京、上海、广东。投资份额占总投资的1/4以上。

(5) 以电力开发为首位投资领域的地区：包括青海。1997年电力投资占27%。

上述这种发展能力建设的空间差异，一定程度上反映了各个地区的发展政策与本地实际条件的结合，一些大城市或都市化地区开始从生产能力建设为主向服务能力建设为主转变。例如，上海、北京围绕着国际化大都市的建设开始重视服务能力的建设，山西省根据自己的特点提出了挖煤、发电、引水、修路的4个重点，其发展能力的建设也主要体现在这些方面，青海省在"九五"计划中把能源作为主导行业发展，等等。

3. 投资的经济效果差异突出

利用投资效果系数衡量1997~1998年两年的投资经济效果，区域差异是比较突出的。

综合分析，投资效果比较好的地区有安徽、福建、江西、湖南、广西；北京、上海、海南、宁夏和青海的投资效果比较差一些。从大地带或大区范围评价，中部地带和沿海地带的投资效果相对较好，西北地区各省区的投资效果相对差一些。

第三节 评价与结论

1. 投资大幅度增长，投资战略反映了地区的发展需求

随着我国经济实力的增长，为进一步发展的资金投入也在大幅度增长。90年代是我国建设投资增长比较快的时期，促进了区域的发展和可持续能力的增强。从基本建设投资的增长看，8年间增长了两倍以上。无论是发达地区，还是欠发达地区，投资规模均有不同程度的增长。

但是，纵观90年代能力的建设，反映的是"强者更强"的发展模式，即投资能力强的地区，投资规模也大，经济的增长显著。

各个地区根据自身的条件和发展目标，在发展能力建设方面采取了比较实际的发展策略，并对国家的发展政策作出了相应的反映。有些省区市采取了开发资源及其深加工的战略，如山西、内蒙古、青海等，在相应的能力建设方面取得了进展。但也存在一些问题，主要是综合发展能力的建设不够，单一行业的发展能力建设往往在抗拒市场变化的风险中易于出现问题。目前，山西、内蒙古、吉林、黑龙江等省区都面临这些问题。有些中西部省区，90年代加强了农业发展能力的建设，取得了比较好的效果。例如，新疆以棉花为主的农业发展能力建设，使得其棉花产量从1991年占全国的比重由11%提高到1998年的31%（1995年为21%）；粮食建设也是如此，吉林、黑龙江、内蒙古等加强了农业的投入，农业投资比重在总投资中的份额远高

于其他地区,使得农业生产能力大幅度提高。

虽然各个地区的发展能力均有所提高,但一定程度上忽视了市场这一越来越重要因素的作用,造成能力建设上的过剩或低水平重复等现象,这在制造业能力建设方面的反映比较突出。

2. 对国家政策的响应存在明显的空间和时间差异

第一,国家的产业和区域发展政策一般有利于两类地区的发展:反映能力迅速的地区和基于其背景制定政策的地区。基本建设的地区构成变化一定程度上体现了这种区域响应。90年代初期国家基本上延续了80年代的改革开放政策,国家所实施的发展政策以强化沿海地区进一步发展为核心,从而决定了基本建设的地区格局。

第二,各个地区对国家政策响应的时滞现象差异显著。总的特点是,沿海相对发达的地区响应比较快,而相对落后的中西部地区响应能力稍微迟缓,比发达地区落后1~2年。例如,国家开始实施以加强基础设施建设拉动内需的政策后,江苏、浙江等省的基本建设份额显著提高,增长速度高于全国平均水平,沿海多数地区也与全国保持了同步增长;但中西部有些地区则反映"迟缓"。值得指出的是,由于国家在实施此政策时,附带了对中西部部分地区重点支持的政策(1000亿元国债中有相当部分用于发展中西部的基础设施),因而,西部省区1997~1998年基本建设投资份额均有不同程度提高。例如,四川(含重庆)1996年基本建设投资占全国的比重为5.3%,1997年提高到6%,1998年进一步提高到6.6%。西部地区其他省区也有一定程度的提高。中部各省基本建设投资占全国的比重都有不同程度的下降。

发达地区在发展第二产业的同时,第三产业开始成为重点,基础设施在发达地区的改善非常显著,开始重视综合能力的建设。

3. 投资取向发生变化

在国家宏观政策的引导和市场经济的驱动下,固定资产投资的取向开始发生变化,这是1997~1998年开始的新动向。除了制造业的能力建设大大加强外,服务业和基础设施方面的能力建设也有了显著提高,所提供的发展环境发生了质的变化。有些大都市如上海、北京等,以及一些发达地区,如珠江三角洲地区等,开始以服务能力建设作为未来发展能力建设的重点。

行业和地区间能力建设的不协同和不匹配现象比较严重,但1997~1998年这一问题开始得到重视,并已有所转变。行业上,90年代的主要问题是过分重视生产能力的建设,而对环保、公共设施等方面的建设没有给予充分重视。地区能力建设上,一定程度上偏重于本地的能力建设,而忽视了区际能力协同建设的重要性,这与国家和区域的发展政策和经济政策(税收政策、金融政策)等有直接关系。因此,存在着能力建设的相互抵消现象。尤其在基础设施建设等方面,"流域性"能力相互抵消现象比较严重。

从1997年开始,尤其是1998年,国家和各级地方政府开始重视区域间和区域内部协同能力的建设,以基础设施建设为代表的支撑能力建设,开始步入发展的快车道。

4. 投资所产生的效果存在差异

总体上,各个地区在投资不断增长的条件下,国民经济均有了不同程度增长,对国家经济实力的增强作出了不同贡献。进一步分析,则存在差异,图 6-6 反映了各个地区投资占全国比重与其对全国国民经济增长的贡献之间的关系。从中可以看出,90 年代全国国民经济增长的 10% 是由广东创造的。

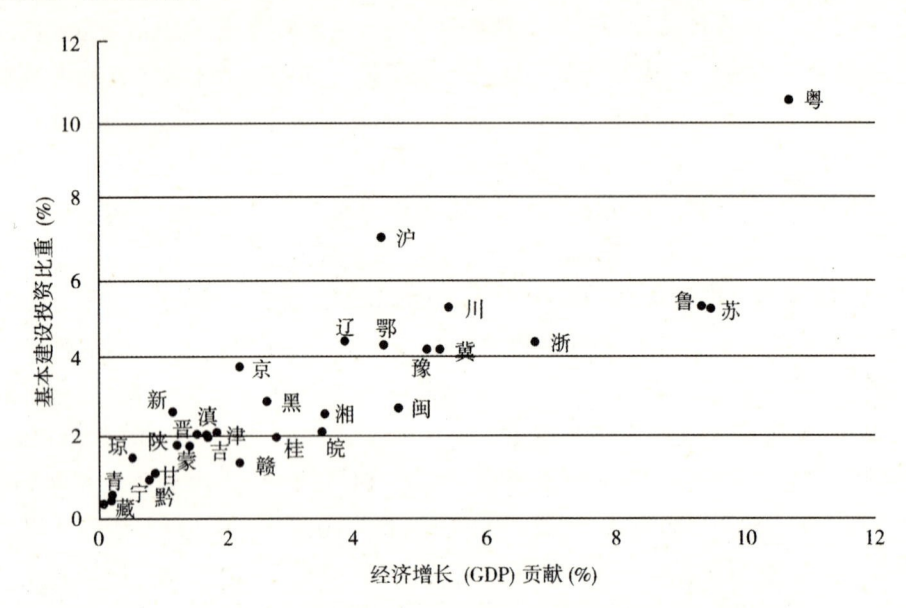

图 6-6 1991～1998 年各省区市基本建设投资比重与经济增长贡献

投资引起的人均 GDP 增长的区域差异也比较明显。90 年代,我国人均 GDP 的增长速度为 11%,远高于人口的增长速度。1997～1998 年人均 GDP 增长速度高于全国平均水平的省区市有 14 个,其中,江苏、浙江、福建等省的人均 GDP 增长速度远高于全国平均水平。

5. 城乡差别在拉大

集中发展城市是符合区域经济发展规律的,可以充分获得集聚产生的社会经济效果,有利于区域经济实力的快速增长和社会综合水平的提高。但由于投资长期集中在城市,导致城乡差距在扩大。

综合分析我国区域经济发展的历程,可以看出,城市发展比较快的地区,其经济增长也比较快。然而,长期集中发展城市而未有相应的人口转移政策与之配套,可能会带来城乡发展水平和生活水平差距的拉大,长此下去会导致社会两极分化的加剧。因此,积极转移农村人口,实施城市化战略,重视农村的发展也应是未来发展的重点。

以城乡人均消费水平相对差距的变化看,扩大的趋势是显著的。1985 年城乡居民消费水平比值是 2.3,1997 年扩大到 3.1。

但同时也存在另一种现象。在某些沿海地区,由于城市投资比重过低,使得其社会经济发展面临新的挑战。例如,浙江省开始意识到由于城市化发展缓慢使得其社会经济发展速度减缓,尤其是第三产业的发展受到限制,分散的小城镇化发展模式带来了许多环境问题。因此,浙江省在未来发展中把城市化作为区域发展的战略之一。

参考文献

[1] 陆大道、薛凤旋等:《1997中国区域发展报告》,第1～12页,商务印书馆,1997年。
[2] 国家计划委员会:《当前国家重点鼓励发展的产业、产品和技术目录》,法律出版社,1998年。

第七章　高速经济增长下的生态环境

改革开放以来,我国持续近20年的经济高速增长,一方面使我国的综合国力明显增强,另一方面,也使我国付出了巨大的生态环境代价。虽然生态破坏与环境污染并不是近几年才开始的,但其累计效应使生态与环境问题越来越突出。1998年的长江洪水与近年来日益严重的黄河断流就是我国生态环境问题的突出体现。生态破坏与环境污染对我国可持续发展的制约作用越来越明显。根据1996~1998年《中国环境质量报告书》,我国的生态环境状况均呈现为"总体恶化、局部改善"的基本格局。尽管我国政府对生态环境治理的力度不断加大,我国局部生态环境状况有所改善,但由于我国经济总量较大,到2010年前"总体恶化、局部改善"的基本格局将难以改变。

针对日益严重的生态环境问题,我国加强了环境立法与执法检查,加大了重大生态问题的治理力度。这意味着我国生态环境战略出现两个重大进展,一是以牺牲环境为代价的工业发展受到遏制,二是以牺牲生态为代价的农业发展受到遏制。前者从淮河污染治理开始,以1996~1997年全国关闭"15小"企业为标志,对污染型企业实行"关停并转",人为地消灭了一部分生产能力。1998年国家环保局升格为国家环保总局,并对其职能进行了调整与充实,为这一环境战略的转变提供了体制保障。后者从1998年洪涝灾害以后国家制定灾后恢复重建的"32字"方针为起点,以实施《全国生态环境建设规划》为标志,通过较大的国家投入,全面纠正长期以来森林砍伐、围湖造田、荒地开垦等生态破坏问题,并通过限制生态脆弱地区的农业发展来达到确保国家生态安全的目标。1998年11月国务院通过的《全国生态环境建设规划》为这次生态建设战略的转变提供了政策保障。

本章在《1997中国区域发展报告》的基础上,重点介绍1997~1998年我国生态环境态势,分析正在执行和近两年内出台的生态环境政策、措施及实施效果等。本章分为以下五个部分:我国生态环境基本状况与存在问题、黄河断流与流域生态环境建设、1998年长江洪水与灾后恢复重建、生态环境治理及其效果、评价与结论。

第一节　全国生态环境基本状况与存在问题

1997~1998年我国生态环境呈现为"总体恶化、局部改善"的态势。工业污染、农业污染与城市垃圾污染并存。生态脆弱,污染严重,边建设边破坏,边治理边污染现象普遍存在。

一、生态环境概况

1998年我国虽然遭受了亚洲金融危机和特大洪涝灾害,但国民经济仍然实现了7.8%的增长。十几年来经济持续的高速增长,给生态环境造成了巨大的压力,致使我国的生态环境问题日趋严重。各种重大污染与灾害事件时有发生,废水、废气、固体废弃物排放量逐年增加,人工合成化学品的危害逐年加重,土地污染面积不断扩大,水土流失严重,荒漠化扩展,森林砍伐与草地退化越来越严重。

目前,全国78%的淡水污染物超标,50%的地下水受污染,40%的水源水已不能饮用,65%人口的饮用水源达不到卫生质量标准,大部分湖泊富营养化严重。大气污染加剧,全国500多座城市中,大气质量符合世界卫生组织标准的不到1%,主要城市大气中的总悬浮颗粒物和二氧化硫含量已超过世界卫生组织推荐标准的2倍。在世界10个污染最严重的城市中,我国就占了8个。太原、北京、乌鲁木齐、兰州、重庆、济南、石家庄、青岛、广州、沈阳为我国大气污染最严重的10个城市[①]。

我国受污染的耕地面积近2000万公顷,约占耕地总面积的1/5。全国水土流失面积达367万km^2,约占国土面积的38%,平均每年新增水土流失面积1万km^2。沙化面积已达262万km^2,并且每年还以2460km^2的速度扩展。大面积森林被砍伐,天然植被遭到破坏,大大降低其防风固沙、蓄水保土、涵养水源、净化空气、保护生物多样性的生态功能,也加重了自然灾害。全国退化草地面积1.35亿公顷,约占草地总面积的1/3,并且每年还以200万公顷的速度增加。

虽然1998年工业废水、烟尘、二氧化硫等主要污染物排放总量呈下降或持平之势,但绝对量仍然很大,即使已经达标排放的流域或地区,也仍然处在较高的污染水平。相当多的地区环境污染和生态破坏的状况还没有得到改变,有的甚至还在加剧。环境污染和生态破坏已造成了严重的经济损失。据世界银行估算,仅大气和水污染造成的直接经济损失,就占GDP的7.8%[1]。环境污染和生态破坏已成为危害人民健康、制约经济和社会发展的重要因素。

二、生态环境恶化的特点

近年来,我国生态环境恶化呈现出三个明显的特点,一是由单纯的工业污染过渡到工业、农业和生活污染并存,二是水体污染由工业污染扩展到工业、农业复合污染,三是生态破坏由局部扩展到更大范围,由流域的一部分扩展到全流域。

【由单纯的工业污染过渡到工业、农业和生活污染并存】 一些污染环境和浪费资源严重的企业被关停,部分大中型企业总开工不足,总体上工业污染排放量比上年有所减少;随着人口增加和城市化水平的提高,生活污染物排放总量占排放总量的比例持续上升(表7-1);全国废水排放量与上年相比基本不变,但工业废水排放量呈下降趋势,特别是工业烟尘和粉尘下降的趋势比较明显。按行业统计,电力、煤气及水生产供应业排放的二氧化硫占工业二氧化硫排放量的41%,水泥行业排放的粉尘量占全国粉尘排放量的78%。工业固体废物排放量自1995年以来基本持平。1998年全国垃圾清运量达到14223万吨,垃圾围城现象普遍[②]。

---

① 《人民日报》:1999年6月27日第2版。
② 国家环保总局:《中国环境状况公报(1998)》。

表7-1　1997~1998年全国工业污染物和生活污染物排放情况　　单位:万吨

年份	1997	1998
工业废水排放量	2267174	2004660
工业污水中COD排放量	1073	806
工业SO_2排放量	1852	1593
工业烟尘排放量	1565	1175
工业粉尘排放量	1505	1322
工业固体废物排放量	18412	7048
生活污水排放量	1890896	1947776
生活污水中COD排放量	684	693
生活中SO_2排放量	694	497
生活烟尘排放量	308	277

资料来源:国家环境保护总局规划财务司"环境统计公报"(1997、1998)。

【水体污染由工业污染扩展到工业、农业复合污染】　由于化肥、农药和农用化学物质的大量使用,对地表水的影响日趋严重。从全国范围来看,水体污染正在由工业污染扩展到工农业复合污染,水体的主要污染指标是氨氮、高锰酸钾指数和挥发酚等。1998年全国废水排放量为395亿吨,其中,工业废水201亿吨,生活污水194亿吨,与上年相比,尽管工业废水排放量下降了11.5%,但是,生活污水排放量却增加了2.6%,生活污水化学需氧量(COD)排放量比上年增加1.3%。1997年和1998年废水及化学需氧量排放对比见表7-2。

表7-2　1998年与1997年废水及化学需氧量排放对比

年份	废水(亿吨)					化学需氧量(COD)(万吨)				
	总量	工业废水		生活废水		总量	生活COD		工业COD	
		排放量	占总量比例(%)	排放量	占总量比例(%)		排放量	占总量比例(%)	排放量	占总量比例(%)
1998	395	201	50.9	194	49.1	1499	806	53.8	693	46.2
1997	416	227	54.6	189	45.4	1757	1073	61.1	684	38.9
变化值	-21	-26	-3.7	5	3.7	-258	-267	-7.3	9	7.3
变化率	-5.0	-11.5		2.6		-14.7	-24.9		1.3	

资料来源:国家环保总局规划财务司"环境统计公报"(1997、1998)。

【生态破坏由局部扩展到更大范围,从流域的一部分扩展到全流域】　森林植被破坏、土地退化、生物多样性减少,生态平衡失调,生态环境问题正在由局部扩到更大范围,从流域的一部分扩展到全流域。

近年来,黄河、长江两大流域生态环境问题日趋严重。黄河断流愈演愈烈,进入90年代以来,断流的时间不断延长,断流的范围不断扩大,1995年实际断流121天,1996年断流133天,1997年断流226天,断流700多km。1998年长江洪水泛滥之时,黄河仍断流137天。长江上中游地区,由于大面积森林砍伐、过度放牧和围湖造田,致使长江含沙量不断增加,河道淤积,洪涝灾害加剧,致使1998年洪水具有"中流量、高水位、大灾害"的特点。黄河、长江两大流域的生态环境问题不仅给两个流域的经济发展直接造成严重损失,而且还影响到我国社会经济的可持续发展。

三、主要的环境污染问题

近年来,我国大气污染的主要问题是二氧化硫排放增加,酸雨区不断扩大。城市大气污染加重,污染物组成发生明显变化。水污染的主要问题是重点河流与湖泊的污染没有实现有效控制,水体富营养化问题越来越突出。固体废物的污染仍很严重,尤其是城市垃圾问题越来越严重,垃圾围城现象普遍。除了城市与工业污染外,近年来出现的农田与乡镇企业污染也不能等闲视之。

【二氧化硫排放有增无减,酸雨区范围不断扩大】 由于二氧化硫的大量排放,致使我国出现大面积的酸雨,并不断发展,我国已成为仅次于欧洲和北美的第三大酸雨区。在80年代,我国的酸雨区主要发生在以重庆、贵阳和柳州为代表的西南地区,酸雨区面积约170万km^2。到90年代中期,酸雨已发展到长江以南、青藏高原以东及四川盆地的广大地区,酸雨区面积扩大了100多万km^2。以长沙、赣州、南昌和怀化为代表的华中酸雨区已成为全国酸雨污染最严重的地区,其中心区年均降水pH值低于4.0,酸雨频度高达90%以上,已到了"逢雨必酸"的程度。以南京、上海、杭州、福州和厦门为代表的华东沿海地区已成为我国主要的酸雨地区。值得注意的是,华北的京津地区、东北的丹东和图门等地区也频频出现酸雨。年均降水pH值低于5.6的区域面积占全国面积的30%左右。可见,我国酸雨的发展速度十分惊人,目前仍呈逐年加重的趋势[1]。

【城市汽车发展加重大气污染,改变了污染物组成】 由于城市的不断繁荣,汽车数量不断增加,从90年代开始,汽车尾气污染问题在大城市已日益突出。1995年全国机动车排放的一氧化碳和氮氧化物分别为2000吨和120万吨。在大城市中,汽车排放的一氧化碳对大气污染的分担率达到80%,氮氧化物达到40%。目前31个重点城市的空气质量周报结果显示,氮氧化物已成为北京、广州、上海、武汉、杭州、合肥、大连、深圳、珠海9个城市的主要污染物,北京和广州氮氧化物空气污染指数达四级,表明已出现了中度污染。许多城市的主要交通干道,汽车尾气排放造成的污染物浓度严重超标,如北京三环内主要街道上一氧化碳100%的超标,长沙市干道中心一氧化碳超标4倍[2]。由于我国城市建设布局的特点,主要交通干道都设在人口稠密的市区,因此大众对汽车尾气污染问题的反映强烈。

此外,汽车排放的铅也是城市空气中重要的污染物。自80年代以来,汽油消费量年均增长率达7%以上,加入汽油的四乙基铅量年均2900吨。含铅汽油经燃烧后有85%左右的铅排入到大气中造成铅污染。汽车排放的铅对大气污染的分担率达到80~90%。1986~1995年的10年间,我国累计约15000吨的铅排入到大气、水体等自然环境中,并且主要集中在大城

---

[1] 解振华:"控制酸雨和二氧化硫污染,改善环境质量",《中国环境报》,1998年2月26日第2版。
[2] 国家环保总局污染控制司:"我国机动车排气污染防治对策",《环境工作通讯》,总第254期,第20页。

市,对居民,尤其是对儿童、交警和清洁工的健康已经造成不良影响。

【水污染问题愈演愈烈,水体的富营养化水平高】 我国主要流域(水系)长江、黄河、松花江、珠江、辽河、海河、淮河和太湖、巢湖、滇池的断面监测结果表明,36.9%的河段达到或优于地面水环境质量Ⅲ类标准,其中,Ⅰ类水质为8.5%、Ⅱ类水质为21.7%、Ⅲ类水质为6.7%。63.1%的河段水质为Ⅳ类、Ⅴ类或劣Ⅴ类,失去了饮用水的功能,其中,Ⅳ类水质为18.3%、Ⅴ类水质为7.1%、劣Ⅴ类水质为37.7%。与1997年相比,长江、淮河和珠江水质有所好转,黄河、海河、松花江水质变化不大,辽河水质则有所恶化。七大水系的污染程度依次为:辽河、海河、淮河、黄河、松花江、珠江、长江。大的淡水湖泊和城市湖泊均为中度污染。巢湖(西半湖)、滇池和太湖的污染仍然很重[①]。

在水污染方面,水体的富营养化问题越来越突出,许多城市湖泊达到重富营养与极富营养的水平,滇池与巢湖处于重富营养水平,太湖、洪泽湖与南四湖处于富营养水平[2]。我国部分水体氮磷污染与富营养化状况如表7-3。

表7-3 我国部分水体氮磷污染与富营养化

水体名称	①	②	③	④	⑤	⑥	⑦	水体名称	①	②	③	④	⑤	⑥	⑦
五大淡水湖								**部分城市湖泊**							
鄱阳湖			▲					磁湖					▲		
洞庭湖		▲						墨水湖							▲
太 湖				▲				滇池(草海)							▲
洪泽湖				▲				蘑菇湖水库						▲	
巢 湖					▲			甘棠湖						▲	
部分中小湖泊								西 湖						▲	
滇 池					▲			麓湖							▲
洱 海		▲						东山湖							▲
抚仙湖	▲							荔湾湖							▲
固城湖			▲					玄武湖							▲
镜泊湖			▲					流花湖							▲
淀山湖			▲					**部分水库**							
南四湖					▲			松花湖				▲			
异龙湖					▲			千岛湖			▲				
杞麓湖					▲			于桥水库				▲			
洪湖				▲				高州水库			▲				
长白山天池	▲							大伙房水库				▲			
								密云水库				▲			

注:①贫营养,②贫一中营养,③中营养,④中一富营养,⑤富营养,⑥重富营养,⑦极富营养。
资料来源:参考文献[2],经简化整理。

【工业固体废物生成量居高不下】 近几年,工业固体废物生成量均在6亿吨以上,远大于城市生活垃圾生成量。工业固体废物主要分为八大类,即冶炼废渣、粉煤灰、炉渣、煤矸石、化工废渣、尾矿、放射性废渣、其他等。其中尾矿、煤矸石和炉渣占总量的80%。

---

① 国家环保总局:《中国环境状况公报(1998)》,第2~3页。

工业固体废物集中在能源基地和燃烧地区,主要是矿业和燃煤等行业。从地区分布看,辽宁、河北、山东、四川和山西占40%以上。从行业分布看,矿业和电力蒸汽、热水供应业约占60%。

【城市生活垃圾围城现象普遍】 全国主要大中城市的城市生活垃圾增长迅速,垃圾数量增长明显超过人口增长与经济增长。全国城市垃圾平均以每年8.98%的速度增长,少数城市如北京的垃圾增长率达到15~20%。1998年全国垃圾清运量达到14223万吨,又创历史新高(表7-4)。全国,已有70%的城市被市区外围的垃圾山包围。例如,北京市日产垃圾1.4万吨,城市周围已有7000多座垃圾山,其中直径在50米以上的垃圾山就有5000多座,京郊有8000亩土地被垃圾覆盖[①]。在垃圾数量增长的同时,垃圾的组成也发生明显变化,主要表现为煤灰等无机垃圾有所减少,而纸张、塑料等有机垃圾明显增加,垃圾的热量不断增加。垃圾的无害化处理主要有三种方式,即卫生填埋、堆肥化处理和焚烧处理。目前我国主要采用卫生填埋的方式,虽然无害化处理能力不断增加,但无害化率仍需提高,处理方式有待多元化。在城市生活垃圾污染中,"白色污染"值得重视(专栏7.1)。

> 专栏7.1
>
> **一种新的值得重视的污染:白色污染**[②]
>
> 白色污染是与黑色污染(水污染)与棕色污染(工业大气污染)相对应的,是指废塑料对环境的污染,由于废塑料制品大多呈白色,所以被称为"白色污染"。白色污染主要有废旧包装用塑料膜、塑料带和一次性餐具。除农用塑料薄膜以外,白色污染主要是消费过程中的污染。据估算,北京市每年废弃在生活垃圾中的塑料袋约23亿个(1.87万吨)、一次性塑料餐具约2.2亿个(1320吨),在郊区,每年废农膜约有675万米(3000吨)。

【农田污染日趋严重】 有关资料表明,我国农田遭受污染的面积高达1.5亿亩,每年因此损失粮食达120亿公斤,全国因污染而造成的草原沙化、退化、碱化面积达13.5亿亩[③]。农药污染问题很突出,除对喷洒农药作业的农民造成伤害外,还对农产品、土壤和水体造成污染,并通过食物链影响人体健康。另外,在农药使用中还时常发生农药中毒事件。例如,1997年11月27日晨,都江堰市聚源镇几百只乌鸦惨死,原因是"乌鸦在田间采食拌有灭鼠药的小麦颗粒中毒致死"[④]。由此可见,我国农药污染问题严重。

---

① 张增强、陈同斌、李艳霞:"'垃圾城市'与城市垃圾",《科学时报》,1999年6月3日第5版。
② 国家环保总局:《环境工作通讯》,1998~1999年。
③ 《河南经济日报》,1997年8月7日第4版。
④ 《中国环境报》,1998年1月11日第3版。

表7-4　全国城市垃圾粪便清运与无害化处理　　单位:万吨

年份	1990	1991	1992	1993	1994	1995	1996	1997	1998
清运量	8851	9820	11264	11959	12337	13077	13755	13827	14223
无害化处理量	212	1238	2828	3845	4782	6014	6748	7661	

资料来源:国家环保总局"中国环境状况公报"(1997、1998)。

【乡镇企业工业污染不可等闲视之】　1997年12月23日,国家环保局、农业部、财政部、国家统计局联合发布了《全国乡镇企业工业污染源调查公报》。根据该公报,1995年乡镇企业的许多工业污染指标已占到全国工业污染的一半左右,其中,化学需氧量占全国的44.3%、烟尘占50.3%、工业粉尘占67.5%、固体废物占88.7%(表7-5)。由此可见,乡镇企业的工业污染问题已经非常严重,不可等闲视之。从工业污染排放量大的省份分布来看,河北、山西、山东、河南等中部省份乡镇企业污染较重,其次是浙江、江苏等东南沿海地区,东北、西北与西南地区相对较轻。

表7-5　1995年全国乡镇企业工业污染调查结果

污染物排放类型	全国乡镇企业排放总量	占全国工业污染的比重	排放量大的省份及其占全国乡镇企业排放总量的比重	合计
工业废水	59.1亿吨	21.0%	河南11.5%,江苏9.1%,浙江8.6%,河北8.4%,山东8.3%,福建6.8%	53.0%
其中:化学需氧量	611.3万吨	44.3%	河南18.5%,山东14.4%,河北9.8%,陕西6.5%,山西6.0%,浙江6.0%	61.2%
工业废气				
其中:二氧化硫	441.1万吨	23.9%	山东10.6%,江苏8.4%,浙江7.8%,山西7.3%,湖南6.5%,河北6.1%,四川5.8%	52.4%
烟尘	849.5万吨	50.3%	山西10.3%,河南8.6%,河北8.4%,山东8.3%,湖南6.8%,四川5.4%,浙江5.4%	53.1%
工业粉尘	1325.3万吨	67.5%	山东12.9%,浙江12.8%,河北6.5%,安徽6.4%,广东5.7%,山西5.6%	50.0%
工业固体废物产生量	3.8亿吨	37.3%	云南11.4%,山西11.0%,湖南9.6%,河北9.2%,四川7.5%,山东6.3%	66.0%
工业固体废物排放量	1.8亿吨	88.7%	云南,贵州,四川	38.5%

资料来源:国家环保总局《环境工作通讯》,总第240期。

四、主要的生态退化问题

生态退化是一个渐进的过程,我国的生态退化问题并不是近两年才出现的,但生态退化的累计效应在近两年,特别是1998年表现的最为明显,出现了赤潮、沙尘暴和洪涝灾害等三次大的生态极端事件(专栏7.2)。近年来出现的生态退化问题明显呈现出流域特征,例如,黄河断流与长江洪水均涉及到全流域的生态环境问题(详见本章第二、三节)。目前,我国的生态退化类型多样,包括水土流失、荒漠化、森林与草地退化、生物多样性丧失、河流断流、湖泊萎缩、湿地退化、地下水位下降、海水入侵等。鉴于生态过程的渐进性,对《1997 中国区域发展报告》中的已有内容,在此暂不做跟踪分析、讨论。本部分仅讨论水土流失、荒漠化与森林功能下降问题,并将黄河断流与长江洪水作为单独两节来讨论。

专栏 7.2

1998 年我国发生的三次大的生态灾害[①]

第一次是赤潮。发生在广东东部的饶平县和南粤县,从 1997 年 10 月持续到 1998 年 2 月,共 100 多天,面积达 3000km²。3 月份,在珠江口及其两侧地区,即深圳大鹏湾和香港发生了赤潮,到 3 月中旬赤潮达到了高峰。其中 3~4 月份,广东省海水网箱养鱼死亡 300 吨,直接经济损失 4000 多万元。

第二次是沙尘暴。1998 年 4 月 5 日,内蒙古自治区的中西部、宁夏的西南部、甘肃的河西走廊一带遭受了强沙尘暴的袭击。这次沙尘暴影响范围很广,波及到北京、济南、南京、杭州等地。4 月 17~19 日,新疆的北疆及东疆、南疆的一部分地区也遭到 6 级以上沙尘暴的袭击;5 月 20 日,内蒙古阿拉善盟额济纳旗,又遭到了第二次沙尘暴袭击。美国科普电视节目(Discovery Channel)在因特网上的地球警报(Earth Alert)将这一沙尘暴过程列为该周内所发生的重大自然灾害之一。

第三次是特大洪水。1998 年长江、松花江、嫩江、西江与闽江均发生洪水。洪水规模大、影响范围广、持续时间长,洪涝灾害严重。全国共有 29 个省(自治区、直辖市)遭受了不同程度的洪涝灾害。据各省区市统计,农田受灾面积 2229 万公顷,成灾面积 1378 万公顷,死亡 4150 人,倒塌房屋 685 万间,直接经济损失 2552 亿元。江西、湖南、湖北、黑龙江、吉林等省区受灾最重。

【水土流失面积大,分布广】 根据水利部遥感调查,全国土壤侵蚀总面积为 492 万 km²,占国土面积的 51%。其中,水力侵蚀面积 179 万 km²,主要分布在大兴安岭—阴山—贺兰山—青藏高原东缘一线以东地区,其中黄土高原、华南山地丘陵最为严重;风力侵蚀 188 万 km²,主要分布在长城以北,以及黄泛平原沙土区与滨海地带;冻融侵蚀 125 万 km²,主要分布在高寒山区、青藏高原。在全国 30 个省区市中(不包括重庆),四川、内蒙古、云南、陕西、新疆、山西、甘肃等 7 个省区水蚀面积超过 10 万 km²(表 7-6)。另据国家计委与地矿部的资料,全国年平均水土流失量为 48.47 亿吨(未统计西藏和海南),陕西、甘肃与四川年平均水土流失量超过 5 亿吨,山西超过 4 亿吨。山西、陕西与四川 3 省水土流失面积皆占全省面积的 60% 以上[②]。

[①] 国家环保总局:《环境工作通讯》,总第 250 期,第 16 页;《中国科学报》,1998 年 7 月 22 日第 6 版;《中国科学报》,1998 年 5 月 11 日第 1 版;水利部:"中国'98 大洪水",1998 年。

[②] 国家环保局南京环境科学研究所、中国科学院生态环境研究中心:"中国生态破坏现状报告",1997 年 6 月,第 3~4 页。

表 7-6　全国各省区市水力侵蚀面积　　　单位:km²

地区	面积	地区	面积	地区	面积
四　川	184154	辽　宁	63715	宁　夏	22897
内蒙古	158101	西　藏	62057	福　建	21130
云　南	144470	河　北	58086	广　东	11381
陕　西	120404	山　东	50373	黑龙江	11260
新　疆	113843	湖　南	47157	广　西	11143
山　西	107730	江　西	45653	江　苏	9162
甘　肃	106936	青　海	40060	北　京	4929
贵　州	76682	安　徽	28853	海　南	455
湖　北	68484	浙　江	25708	天　津	403
河　南	64755	吉　林	24097	上　海	0

资料来源:国家环保局南京环境科学研究所、中国科学院生态环境研究中心:"中国生态破坏现状报告",1997年6月,第3～4页。

【沙化面积扩大,危害严重】　我国现在沙化面积达 262.2 万 km²,相当于国土面积的 27.3%。近 4 亿人受其危害。西北及内蒙古 6 省区是我国沙化最严重的地区,总面积达 187.99 万 km²,占全国沙化面积的 71.7%。沙化给我国造成严重危害,近 1.07 亿公顷草场、800 万公顷耕地、10 万公顷林地严重退化,每年造成的直接经济损失达 541 亿元,相当于西北 5 省区财政收入的 3 倍[①]。造成沙化的原因众多,其中人口增加与荒地开垦是重要原因。例如,内蒙古商都县随着人口的增加和耕地面积的扩大,沙化比例大幅度增长(表 7-7)。

表 7-7　内蒙古商都县沙化发展情况

年　代	人口(万人)	耕地面积(万公顷)	沙化土地占耕地面积比例(%)
30 年代末	8.6	6.93	1.0
40 年代末	16.2	9.82	5.4
80 年代末	32.2	21.95	32.4

资料来源:国家环保局南京环境科学研究所、中国科学院生态环境研究中心:"中国生态破坏现状报告",1997年6月,第82页。

【森林蓄积量下降,生态功能降低】　根据联合国粮农组织公布的世界森林资源评估报告,我国森林面积为 1.34 亿公顷,占世界的 3.9%,居世界第 5 位,人均森林面积居世界第 119 位。森林蓄积量 97.89 亿 m³,占世界的 2.55% 人均蓄积量为 8.6m³,仅为世界平均水平的 1/8[②]。每公顷森林平均蓄积量为 96m³,远远低于 114m³ 的世界平均水平。1950～1995 年间,我国森林可采面积由 1200 万公顷减少到 560 万公顷。长江上游的西南林区与嫩江上游的东

[①] 九三学社中央农林委员会:"为我国沙化防治提六点建议",《光明日报》,1999 年 4 月 12 日第 7 版。
[②] 《经济日报》,1999 年 5 月 9 日第 3 版。

北林区是建国以来两大森林采伐区[①],由于森林资源减少,森林的生态功能也明显下降,1998年长江、松花江、嫩江的洪水与森林砍伐有密切关系。

第二节 黄河断流及流域生态环境建设

黄河干流全长5464km,流域面积79.6万km^2,耕地面积约2000万公顷,流域人口9000多万。黄河是我国西北和华北地区的重要水源,是沿黄地区经济发展的生命线,也是我国下一世纪内陆经济发展的轴线。长期以来,黄河存在着洪水威胁、水土流失和泥沙淤积等严重问题。近年来,又出现了缺水断流加剧和水污染严重等新问题。黄河断流已不是个简单的水文现象,而是流域生态平衡严重失调的综合反映,是人类需求与脆弱生态环境之间的矛盾反映。这些问题严重影响沿黄地区人民群众的生产和生活,黄河断流已成为国内外关注的大问题。本节重点讨论黄河断流与黄土高原水土流失及其治理。

一、黄河断流

黄河现有河道始于1885年,历史上没有断流的记载,就连1875~1878年和1922~1932年的大旱年也未出现断流。黄河断流始于1972年,90年代趋于频繁,断流时间与距离不断延长,黄河下游有变成间歇性河流的危险。

1. 黄河断流的现状与态势

黄河断流始自1972年山东省利津,后来日趋严重。1972~1998年的27年间,下游有21次断流,特别是90年代,年年断流,且首次断流的时间提前、断流时间和距离不断延长(表7-8)。断流严重的1997年,山东利津站全年断流13次、累计226天,330天无黄河水入海,断流起点已上延到开封柳园口附近,全长704km,占黄河下游河道长度的90%。不仅如此,黄河中游各主要支流也相继出现断流。黄河源头1997年开始出现断流,扎陵湖至鄂陵湖河段1999年春也出现了首次断流,完全暴露的河段达8km[3~5]。

表7-8 黄河下游断流统计(山东利津站)

项目	70年代	80年代	1991~1996年	1995年	1996年	1997年	1998年
断流长度(km)	135	179	296	683		704	
断流时间(天)	9	11	71	121	133	226	137
年内断流起止月份	5~6		2~10				

资料来源:参考文献[3~5]。

2. 黄河断流的影响

黄河断流使沿黄地区水资源出现供需失衡,工农业生产、城市生活、生态环境用水之间的矛盾日益尖锐,对沿黄地区社会经济发展和生态环境产生重大影响,并增加了下游防洪的隐患。

【给工农业生产和生活带来严重危害】 黄河下游1972~1996年因断流和供水不足造成

---

① 1998年8月21日孙鸿烈院士在中国环境与发展国际合作委员会可持续农业工作组会议上的讲话。

工农业经济损失累计约268亿元,年均损失逾11亿元。90年代,由于断流日趋严重,年均损失已达36亿元。农田受旱面积累计470万公顷,减产粮食98.6亿公斤。胜利油田因减少注水,减产原油数十万吨。黄河水每年给山东带来的经济效益达100亿元,由于断流而影响了山东经济发展,1997年那次历史上持续时间最长的断流,给山东省造成上百亿元的直接经济损失。滨州地区,仅1992~1998年的7年间,由断流和污染造成工农业损失15.8亿元,其中农业损失4亿元,全区还投入抗旱资金3.5亿元。黄河断流使三角洲面临严重水资源危机,将直接影响可持续发展战略的实施。黄河断流,也打乱了人们的正常生活和工作秩序,山东东营、滨州、德州等城市经常由于供水不足,采取限时限量供水[3~6]。

【对沿河特别是河口三角洲地区生态环境产生重大影响】 这种影响主要表现在以下几个方面:一是海岸侵蚀后退。由于入海泥沙减少,使黄河三角洲海岸线变为以净蚀退为主,造成海岸后退。二是地下水环境恶化。由于地表淡水补给减少和地下淡水用水量增加,地下水位下降,海水倒灌,咸水入侵,水质恶化。三是地表水环境容量减少,污染加重。由于污水排放量与日俱增,地表水减少,使主要河流的污染物浓度不但超过了渔业用水水质标准,而且在一些支流的中下游河段已达到或超过鱼类致死浓度,许多河段鱼类基本绝迹。四是河口地区土地盐碱化、沙化,使湿地生态系统退化。黄河三角洲地表植被十分脆弱、极易演替。植被以草地为主,现有各类草地21.8万km^2,其中天然草场18.5万km^2,由于断流,不仅土壤盐碱化,使草地向盐生植被退化,而且还影响人工草地生长。五是河口地区及近海生物多样性减少,生物种群和遗传多样性丧失。断流使三角洲湿地水环境失衡,严重威胁湿地保护区数千种水生生物、上百种野生植物、180多种鸟类的生存和繁衍,造成生物种群数量减少,结构趋向简单。断流使渤海水域失去重要的饵料来源,影响海洋生物繁衍,10多种鱼类不能洄游等[3~6]。

【河道萎缩,改变了河道冲刷模式】 泥沙淤积使河道萎缩、河床抬高,黄河下游成为地上悬河,降低了行洪能力,增加决口和改道的风险,威胁着下游人民生命财产的安全。

3. 黄河断流的主要原因

从水文上看,黄河断流属于水量季节性变化。但实质上,断流是人类对水资源用量超过其自然限度,是人类需求与脆弱生态环境之间矛盾的反映。

【用水量剧增是黄河断流的根本原因】 黄河流域的大部分属于干旱和半干旱地区。特别是90年代以来,降雨、径流偏少,人均和亩均水量都远低于全国平均水平。干旱是黄河断流的自然原因。

黄河流域的工农业生产快速发展,用水量剧增。黄河水有90%用于农业灌溉,引黄灌溉面积由建国初期的80万公顷增加到1994年的731万公顷。全流域用于农业、工业和生活的用水量逐年增加:1949年为74亿m^3,50年代为124亿m^3,90年代增加到296亿m^3。现在黄河流域实际用水量已超过370亿m^3,所以冲刷河道的生态用水(210亿m^3)根本没有保证。目前黄河径流的开发利用率已超出多年平均天然径流量的50%,超过国内其他江河和美、日等发达国家的利用水平。可见,用水量剧增是黄河断流的根本原因。

【源头和上中游地区生态环境恶化】 青海是黄河流域最大的产流区和水源涵养区,境内流域面积占全流域面积的19.6%,径流量却占黄河总径流量的近1/2。植被破坏导致草地沙化和水源涵养功能下降。80年代中期以来,黄河上游径流开始出现逐年减少的趋势,进入90年代后,减少更为明显。1997年1~3月的径流量减少23%,降到历史最低点,源头首次出现断流,下游出现历史上最严重的断流。黄河上中游的黄土高原地区,水土流失严重,泥沙俱下,每年输入黄河的泥沙量16亿吨,淤积在下游河床的泥沙年均达4亿吨,河床每年抬高10厘米,已高出两岸土地3~10米,有的高出10米,形成近千里的地上"悬河",下游河堤形成"越加越险、越险越加"的态势[7~11]。

【缺乏统一管理,水利用率低】 黄河干流骨干工程和大型灌区分别隶属于不同的部门和地区,尚未健全黄河水资源统一调度、分级管理的管理体制和运行机制,很难做到全河统筹,上、中、下游兼顾。上游灌区面积占全流域的27%,但耗水却占全流域灌溉用水的44%。农业灌溉水利用率仅为30%,工业用水重复率仅20~30%,万元产值的平均用水量高出全国平均水平1倍多,高出用水先进国家6倍以上。经营管理粗放,水资源浪费严重,是黄河断流的主要原因。另外,全流域工业废水处理率不到21%,更加剧了水资源短缺程度。

4. 缓解黄河断流的基本对策

黄河下游日益严重的断流早已引起社会各界的关注(专栏7.3)。有关部门组织专家学者对断流原因、影响和对策等进行实地考察和研讨,并提出许多观点与建议[4、12~13]。

专栏7.3

社会各界关注黄河断流[①]

1987年10月,中国科学院地学部就"黄河整治与流域开发研究工作需要总体设计和统一领导"问题,向国务院提出咨询建议。

1995年8月,国家环保局组织调查组,对黄河断流问题进行了专项调查,向国务院作了汇报。提出加强流域管理、合理调度水资源、建立节水型产业、保护生态环境等开源节流措施。

1997年4月,水利部在山东东营市召开了"黄河断流及其对策专家座谈会",有70多位专家参加,进行了实地考察,提出加强水资源规划、统一管理、采取水土保持工程措施等8项建议。

1997年5月,国家环保局在北京召开了"黄河断流生态环境影响及对策研讨会",国家环保局、水利部、地矿部、中国科学院、中国社会科学院和高校代表60多人参加,提出了加强流域生态管理、合理利用水资源、积极缓解黄河断流的7项建议。

1998年春,中国科学院和中国工程院163位院士联合签名呼吁:行动起来,拯救黄河!

1998年7月,中国科学院地学部院士将黄河断流问题作为重点咨询内容。组织两院院士、专家对黄河中下游进行实地考察,9月向国务院呈送了"关于缓解黄河断流的对策和建议"(5项)。国务院领导同志非常重视,及时做了批复。

---

① 中国科学院文件(87)科发地字1373号:"关于呈送地学部委员两项建议的报告"之附件一:"黄河整治与流域开发研究工作需要总体设计和统一领导",1987年11月;参考文献[4、12~13]。

缓解黄河断流的基本对策可以概括为以下四个方面：
(1) 加强流域水资源统一管理和保护，实行全河道水量统一调度。
(2) 坚持节水方针，发展节水型农业，建立节水型产业。
(3) 加强流域生态环境保护和建设。
(4) 加快南水北调进程。

二、黄河流域生态环境状况

黄河断流是黄河流域生态平衡严重失调的综合反映。近年来，黄河从源头到河口的生态环境日益恶化。特别是上、中游地区，是我国水土流失最严重、生态环境最脆弱的地区，过度开发加重了生态环境恶化。目前，黄河面临着生态破坏和水体污染的双重压力，严重制约着沿黄地区的社会经济发展。

1. 黄河源头的生态环境恶化

黄河发源于青海省，上游地处青藏高原，自然条件严酷、生态环境脆弱，虽经治理，但由于难度大、生态意识淡薄、投入不足等原因，生态环境不断恶化，制约着青海省的社会经济发展[7~11]。

【水土流失严重】 青海省水土流失面积达750万公顷，占黄河流域水土流失总面积的17.5%，是全流域侵蚀最严重的地区。其中东部干旱山区坡耕地流失表土为30~60吨/平方公里。由于水土流失严重，大量泥沙冲入黄河，导致黄河含沙量逐年提高。

【森林砍伐，草地退化、沙化】 青海很多山过去都生长着茂密的森林，现在许多地方都已砍光，森林覆盖率不到2.5%，为全国最低。上游地区多为高寒草甸和草原化草场，土层薄，冻蚀作用强烈。由于超载过牧、鼠害泛滥、人为破坏等综合因素作用，草地退化面积逐年扩大。目前，已退化草地面积431万公顷，沙化面积113万公顷，而且以每年4万公顷的速度扩大。植被破坏不仅诱发了滑坡、泥石流等自然灾害(专栏7.4)，而且还导致草地沙化和水源涵养功能下降，使黄河径流量减小，部分河流湖泊萎缩干涸。

水土流失和生态恶化使干旱程度加剧。1992年以来，青海省几乎年年发生旱情，农业受灾面积近20万公顷。水土流失造成土壤贫瘠，青海境内黄河流域的坡耕地每年流失氮、磷、钾肥23万吨以上。草场退化、沙化每年损失鲜草700万吨，使畜牧业损失达7亿多元。

专栏7.4

泥石流冲击龙羊峡水电站①

1997年8月，一场为时两小时、降水量58毫米的暴雨，在黄河源头的第一座水电站(龙羊峡水电站)造成泥石流。泥石流冲进机房，将4台发电机组全部损坏，迫使电站停止发电30天，直接损失1.1亿元。

---

2. 黄河上中游的水土流失

---

① 参考文献[7]。

黄河上、中游地区包括晋、陕、蒙、甘、宁、青、豫的大部或部分地区。生态环境最为严峻的是黄土高原地区,总面积约 64 万 km^2,是世界上黄土覆盖面积最大和水土流失最为严重的地区。目前,黄土高原地区水土流失面积 45.4 万 km^2,占总面积的 70%,其中水蚀面积 33.7 万 km^2。水土流失区年均侵蚀模数为 3500t/km^2,其中大于 5000t/km^2 的水蚀面积约占全国 1/3 以上、大于 8000t/km^2 的占全国 64%、15000~30000t/km^2 的占全国 89% 以上[14~16][1]。

黄河中上游的水土流失除了自然因素外,也是人门长期"滥垦、滥伐、滥牧"破坏生态环境的结果。随着人口增加和经济发展,开荒扩种、破坏植被、基本建设弃土弃渣,导致水土流失不断增加。如甘肃省环县在 1950~1980 年间人口由 9.8 万增加到 22 万,耕地面积由 10 万公顷扩大到 25 万公顷。40 多年来,子午岭、六盘山林区面积减少 52.6 万公顷,四周林缘线后退了 10~20 公里。晋陕蒙接壤地区能源和重化工基地的开发建设,使土壤侵蚀模数增加 6~9 倍、河流含沙量增加 27%(专栏 7.5)。此外,开矿、修路、建窑、铲草皮、挖药材等造成的水土流失也非常严重。据估计,近 50 年来,黄河流域新增加的近 7 万公顷水土流失面积,就是边治理边破坏造成的。

长期严重的水土流失造成生态环境恶化,阻碍经济和社会健康发展,造成群众贫困,并危及下游经济建设和人民生命财产,给黄河流域社会经济发展带来了极大危害,严重制约了可持续发展。

专栏 7.5

"黑三角"的忧患[2]

在我国的晋陕蒙接壤地区,分布着世界罕见的特大型煤田,被称为"黑三角"。现已查明,这里的优质动力煤和气化煤储量为 2800 多亿吨,可开采上千年。经过 10 多年的开发和建设,已具有年产 2000 多万吨的生产能力。然而"黑三角"地区风蚀、水蚀并存,水土流失和沙化十分严重。

目前,由于煤田开发又产生了一些新的环境问题,如地面塌陷、滑坡与泥石流等。煤炭采掘引起了地面塌陷。沿沟道、河道两岸采挖煤炭时,直接破坏了边坡稳定,诱发了河岸及上部覆盖沙层滑塌。在采挖过程中,大量废石弃渣放在山坡、沟道,一遇暴雨常爆发泥石流。由于河道土石堆积,严重影响行洪能力。开挖煤矿造成水源短缺,又加速了土地的风蚀和沙漠化。

---

3. 黄河水污染问题日益严重

随着黄河流域经济的发展,大量未处理的工业废水和生活污水排入河道,使黄河水质迅速恶化,污染事故频频发生。1997 年,Ⅳ类水质的河段占 66.7%;1998 年,Ⅳ类和劣于Ⅳ类水质的河段占 71%。在主要支流中,汾河、渭河和大汶河水质污染严重。特别是下游和河口地区由于经常出现断

---

[1] 郑新民:"加快黄土高原水土流失治理 实现可持续发展",中国西北黄土高原土地利用与可持续发展国际研讨会发言(北京),1999 年 5 月 25~26 日。

[2] 参考文献[17]。

流,环境容量减少,污染严重。小浪底污染事件的污水到滨州地区,使该地黄河水化学耗氧量最大值超过饮用水标准的2.5倍、氨氮超出4.6倍,这种水既不宜人畜饮用也不宜灌溉农田[13、18~19]。

三、黄土高原水土流失及其治理

1997年国务院在陕北召开了全国治理水土流失、建设生态农业现场会。8月5日,江泽民主席在姜春云同志"关于陕北地区治理水土流失、建设生态农业的调查报告"的批示中,发出了"再造一个山川秀美的西北地区"的伟大号召。李鹏同志提出"治理黄土高原水土流失,争取15年初见成效,30年大见成效。"① 随后,中央又相继作出"加快西部地区开发"和"发展黄河流域经济"的重要指示。1999年6月,江泽民主席主持召开"黄河治理开发工作座谈会"[20]。1999年8月,朱镕基总理在视察陕西时,进一步提出黄土高原"退田还林(草)、封山绿化、个体承包、以粮代赈"的16字调整措施,把黄土高原生态建设落到实处。

【生态环境脆弱,水土流失严重】 黄土高原生态系统脆弱,土壤结构疏松,降雨集中且强度高,植被稀疏,水土流失异常严重。黄土高原是经过250万年的黄土沉积与侵蚀而成,土质结构松散,地形支离破碎。降水时空分布不均,全年60%以上的降水集中在7、8、9三个月,土壤流失主要由几次暴雨过程产生,甚至一次暴雨所形成的土壤流失就占全年侵蚀量的60~70%,平均每年流失1厘米厚的表土②。

【水土流失地区相对集中】 黄土高原最严重的水土流失区集中在陕北、晋西北和晋陕蒙接壤地区,入黄泥沙占黄河输沙量的2/3。黄河下游河床淤积主要由大于0.05mm的粗颗粒泥沙构成,此种泥沙有2/3来自上述地区。该地区面积11万km^2,虽仅占全流域的15%,但下游河道沉积泥沙的40~60%都来自这一地区。

【水土流失治理初见成效】 新中国成立以来,黄土高原开展了大规模的水土保持工作,累计初步治理水土流失面积16.6万km^2,占水土流失总面积的1/3以上。1970年以来,水利水土保持措施平均每年减少入黄泥沙3亿吨左右。截止1998年,已兴建基本农田550万公顷,造林800万公顷(其中经济林80万公顷),种草250万公顷,建设治沟骨干工程1082座、各种小型拦蓄工程5000多万处;扩大灌溉面积33万公顷,保护耕地133万公顷,为1000多万人、1500多万头牲畜解决了饮水困难;累计增产粮食670多亿公斤,实现经济效益2000亿元[15]③。

【生态环境总体恶化、局部改善】 黄土高原生态环境局部得到改善,但整体恶化趋势尚未根本遏制,治理难度相当大。黄土高原近50年来虽累计治理水土流失面积16.6万km^2,在重点治理区取得显著效益,但治理的速度不快,质量不高,边治理边破坏的现象相当普遍。同时,大区域范围内的农耕地面积有增无减,林草植被消失殆尽。目前,在黄土高原45.4万km^{2}的水土流失面积中,仍有近29万km^{2}的土地有待治理,任务十分艰巨。

---

① 水利部水土保持司:"党和国家领导人对水土保持工作的指示摘编",第2~9页,1998年11月。
② 中国科学院:"科学规划,退耕还林(草),改善生态,富民增收——中国科学院关于黄土高原生态建设的建议",1999年9月。
③ 郑新民:"加快黄土高原水土流失治理 实现可持续发展",中国西北黄土高原土地利用与可持续发展国际研讨会发言(北京),1999年5月25~26日。

【水土保持与生态建设规划已经制定】 水利部按照国家计划委员会的统一部署,1997年10月编制了《全国水土保持生态环境建设规划》,以建设黄土高原、长江中上游、风沙区等重点水土保持工程为突破口,以大力改善我国生态环境和农业生产条件、减少大江大河泥沙、促进区域经济发展为目标。《黄土高原水土保持建设规划》提出:用50多年时间,动员和组织黄土高原人民,千家万户治理千沟万壑,加强水土保持预防监督,加快综合治理步伐,到下个世纪中叶,使恶劣的区域生态环境大为改观,建立起基本适应国民经济可持续发展的良性生态系统,初步实现江泽民主席提出的"再造一个山川秀美的西北地区"的宏伟目标[①](专栏7.6)。

> 专栏7.6
>
> **黄土高原水土保持建设规划**
>
> 水土保持建设分近期、中期、远期三个阶段进行。
>
> 近期(1998~2010年):计划每年完成治理面积1.2万 km^2,年进度2.66%。期末区内水土流失治理初见成效。水土流失面积不再扩大,人为水土流失基本得到控制,生态环境恶化的趋势基本遏制,每年减少入黄泥沙2亿吨左右。粮食自给,群众生活稳定脱贫。
>
> 中期(2011~2030年):在对近期治理成果巩固提高的基础上,继续保持较高的治理速度,每年减少入黄泥沙4亿吨左右。完成治理面积24.2 km^2。期末水土流失治理大见成效。实现粮食自给有余,群众生活步入小康,达到或接近全国平均水平。
>
> 远期(2031~2050年):整个黄土高原地区可治理的水土流失面积基本达到初步治理。已造成的人为水土流失全部得到恢复治理,减少入黄泥沙50%左右,有效地缓解黄河下游严峻的防洪形势和断流现象。

1998年11月国务院发布了《全国生态环境建设规划》,黄河上中游仍然作为全国生态环境建设重点地区。主攻方向是:以小流域为治理单元,以县为基本单位,以修建水平梯田和沟坝地等基本农田为突破口,综合运用工程措施、生物措施和耕作措施治理水土流失。优先建设天然林保护工程、水土流失治理工程、以旱作农业为主的生态农业建设工程等。主要建设任务是:到2003年累计治理水土流失面积7万 km^2,完成造林面积350万公顷,改造坡耕地30万公顷,建设一批节水灌溉旱作农业、生态农业、农村能源可持续利用工程。到2010年,累计治理水土流失面积15万 km^2,完成造林面积970万公顷[14]。

【生态环境建设的核心是退耕】 黄土高原生态建设的目标是:3~5年内退耕15°以上的坡耕地,同步造林种草,初步控制水土流失恶化趋势;10年内退耕7°以上的坡耕地,有效植被(林灌草)覆盖率达到40%以上,使生态环境有较大改观。生态建设的优先地区是水土流失最严重的陕北、晋西北和晋陕蒙接壤区。晋陕蒙接壤区以防止风蚀水蚀、确保矿产资源开发的生

---

① 水利部:"全国水土保持生态环境建设规划(1998~2050年)",1998年9月。

态安全为重点,以恢复草灌植被、建立设施农业为主要措施;陕北、晋西北以防止水土流失,恢复有效乔、灌、草植被,培育林果业为重点。

第三节 1998年长江洪涝灾害及生态恢复重建

长江干流全长6300公里,流域面积180万平方公里,占国土面积18.8%,人口和粮食生产占全国1/3以上,国内生产总值占40%以上。长江流域在我国国民经济和社会发展中具有重要战略地位。

长江流域自公元前206年(西汉)至公元1911年(清末)的2117年间,发生水灾214次,平均每10年一次。其中,唐代平均18年一次,宋、元时期平均5年一次,明、清时期平均4年一次。19世纪中叶,曾发生1860年和1870年两次特大洪水。1921年以来,发生较大水灾11次,约6年一次。近百余年间,以1849、1860、1870、1931、1935、1954、1991、1996、1998年的洪水灾害最为严重。长江干流历史洪水灾害如表7-9。

表7-9 长江干流历史洪水灾害一览表

年份	区域	水情				灾情			
		宜昌		汉口		淹没农田(万公顷)	受灾人口(万人)	死亡人数(人)	经济损失(亿元)
		洪峰(m^3/s)	水位(m)	洪峰(m^3/s)	水位(m)				
1931	全流域	64600	55.02	59900	28.28	339.3	2850	145000	13.45
1935	中下游	56900	54.59	59300	27.58	150.9	1003	142000	3.55
1954	全流域	66800	55.73	76100	29.73	317.0	1888	33169	100.0
1981	上游	70800	55.38	52900		117.1	2000	1358	25.0
1991	中下游	50400	50.33	65700	27.12	291.2	3199	514	218.0
1996	中游	42400		70300	28.66	486.7	7000	800	700.0
1998	中下游	63600	54.50	72300	29.43	460.0	7114	1464	1070.0

注:1931、1935年的经济损失单位为银元。
资料来源:中国21世纪议程管理中心、中国科学院地理研究所:"长江中游流域生态系统恢复问题与重建"(科技救灾专项课题研究报告之四),第59页。

一、1998年长江洪涝灾害及其特点

1998年长江发生了1954年以来的第二次全流域大洪水,造成巨大损失。这场洪涝灾害除了气候异常连降暴雨的原因外,多年来的生态环境破坏是加剧灾害发生的重要原因。

【"中流量、高水位"的水情特点】 与历史洪水相比较,1998年长江中游洪水的最显著特点是"中流量、高水位"。与1954年洪水相比,1998年长江流域降雨量并不大,洪水量小于1954年,例如,宜昌、螺山与汉口等长江干流主要水文站的流量普遍小于1954

年,但1998年长江中下游水位普遍高于1954年,有360公里河段的最高洪水位超过历史最高记录,其中,监利、莲花塘与螺山的水位比1954年高1.7米以上(表7-10)。

表7-10 1998年与1954年长江洪水比较

项目	地名	1954年(A)	1998年(B)	B-A
降雨量(毫米)	全流域平均*	674	577	-97
流量(立方米/秒)	宜昌	66800	63600	-3200
	螺山	79900	68600	-11300
	汉口	76100	72300	-3800
水量**(亿立方米)	宜昌	1380	1330	-50
	汉口	1730	1739	9
水位(米)	沙市	44.67	45.22	0.55
	监利	36.57	38.31	1.74
	莲花塘	33.95	35.80	1.85
	螺山	33.17	34.95	1.78
	九江	22.08	23.03	0.95
	汉口	29.73	29.43	-0.3

*6月10日至8月24日长江全流域平均降雨量;**取30天最大洪水为准。
资料来源:据有关资料汇总。

【"死亡少、损失大"的灾情特点】 在本世纪长江流域发生的三次大洪水中,1931年死亡14.5万人,1954年死亡3.3万人,1998年受灾严重的中下游5省死亡1562人,且大部分死于山区的山洪、泥石流[21]。

1998年的特大洪水给长江中游地区造成的损失惊人,仅湖南、湖北和江西3省的直接经济损失就达1089.81亿元,其中湖南329亿元、湖北384亿元、江西376.81亿元。在鄱阳湖区,包括城镇、耕地在内的受灾面积达440840公顷,受灾人口103.9万;被淹面积在1万公顷以上的县有10个,其中,波阳县、余干县被淹面积超过8万公顷,新建县被淹面积超过5万公顷,进贤县、永修县与南昌县超过2万公顷[21]。从鄱阳湖区受灾地区的分布来看,被淹农田广泛分布于河流三角洲与河谷地区,被淹居民点主要集中在波阳县与永修县,被淹草地、林地等连片分布于湖滨地区。

湖南省受灾地区主要分布在洞庭湖区,尤以长沙、岳阳、常德与益阳地区为最,这4个地区受灾人口达到946万人,被围困人口70万人,紧急转移人口353万人,受灾面积54.0万公顷,绝收面积16.6万公顷,倒塌房屋近40万间,死亡人口184人,经济损失达197亿元。在上述4个地区中,又以常德市受灾最重,经济损失达68亿元(表7-11)。

表 7-11　1998年湖南省洞庭湖区洪涝灾害统计

地区	受灾人口（万人）	被围困人口（万人）	紧急转移人口（万人）	受灾面积（万公顷）	绝收面积（万公顷）	损房（万间）	倒房（万间）	死亡人口（人）	经济损失（亿元）
长沙	166.18	13.71	38.82	8.1	2.5	3.69	1.17	20	43.31
岳阳	260.50	5.44	73.49	14.5	4.1	25.27	7.35	29	47.89
常德	290.29	34.20	80.08	17.7	6.3	61.40	29.27	122	68.12
益阳	229.40	16.71	71.94	13.8	3.7	10.41	1.77	13	37.73
合计	946.37	70.06	264.33	54.0	16.6	100.77	39.56	184	197.05

资料来源：湖南省防汛抗旱指挥部办公室，1998年8月27日。

【以堤垸为受灾的基本单元】 1998年长江中游受灾有一个重要特点，就是以堤垸受灾为基本单元。在巨大的人力、物力与财力投入的保障下，长江干堤虽然在九江段出现决口，但几天后便堵住了，没有造成长江中下游地区连片受灾的情况。但堤垸受灾却很普遍，受灾地区以堤垸为单位，零散分布在长江中游地区。

1998年长江中下游干流和洞庭湖、鄱阳湖共溃堤垸1075个，淹没总面积32.1万公顷（482万亩），耕地19.7万公顷（295万亩），涉及人口229万人。在溃决的堤垸中，除湖南安造垸为重点垸，湖北孟溪垸为较大民垸，湖南澧南垸、西官垸为蓄洪垸外，其余均为规划中的行蓄洪堤垸或一般堤垸[39]。

湖南省洞庭湖区共有142个堤垸受灾，涉及到322个村庄的37.9万人，受灾总面积为4.4万公顷，耕地面积2.5万公顷，倒塌房屋26.6万间，直接经济损失达49.6亿元（表7-12）。在各个地市中，常德市受灾最为严重，虽然受灾总面积只占5个地市合计的8%、堤垸数目占27%，但受灾户数、受灾人口与倒塌房屋却占50%以上，被淹耕地面积与直接经济损失占60%以上，死亡人数占95%。造成这种地区分布格局的原因在于常德安造垸（重点垸）的溃决，造成了极大的人员伤亡与财产损失。

表 7-12　湖南省洞庭湖区堤垸溃决情况

项目	合计	益阳	长沙	岳阳	常德	湘潭
堤垸数（个）	142	35	16	38	38	1
村（个）	322	41	45	69	154	5
组（个）	2799	184	379	454	1529	49
户数（户）	95320	6072	16040	13306	56467	879
人口（人）	378684	24607	60128	52285	225853	3600
总面积（公顷）	44231	2841	5107	4999	3711	213
被淹耕地（公顷）	24744	1466	2905	2865	16811	165
倒房（间）	266386	17009	42102	9294	158056	2406
死人（人）	121	0	3	3	115	0
直接经济损失（万元）	496008	19637	60530	72019	338346	3600

资料来源：湖南省防汛抗旱指挥部办公室，1998年8月。

【抗灾投入巨大】 为了抗灾救灾,国家投入了大量的人力、物力、财力。据水利部《中国'98大洪水》白皮书,1998年长江干堤出现各类险情9000多处,解放军、武警部队投入长江、松花江流域抗洪抢险总兵力达36.24万人,有110多位将军、5000多名师团干部参加抗洪抢险,动用车辆56.67万台次、舟艇3.23万艘次、飞机和直升机2241架次;抗洪抢险的干部群众在8月中旬达到高峰,其中长江流域670万人;铁道部门安排抗洪救灾军用专列278对,运送部队官兵12万余人,紧急运送救灾物资5万多车皮;民航系统安排抗洪抢险救灾飞行1000多架次,运送救灾物资和设备560多吨;交通部及时决定在长江中游江段实施封航;国家防汛抗旱总指挥部共调拨编织袋1亿多条,编织布1400万平方米,无纺布286万平方米,橡皮船2415只,冲锋舟760艘,救生衣59.92万件,救生圈7.74万只,帐篷4650顶,照明灯3082台,铅丝455吨,砂石料6.79万立方米,防汛车136台,抢险机械46台;调出物资总价值4.94亿元,抢险物料总价值130多亿元,各界捐款35亿元,捐物折款37亿元[20]。

二、1998年洪涝灾害发生的原因分析

造成1998年特大洪水灾害,既有气象原因,也有水文原因,更有人为因素。从生态环境角度看,1998年长江中游地区洪涝灾害发生与加重的主要原因可以概括为四个方面,一是多年来长江上中游森林砍伐与坡耕地开发,使水土流失不断加剧。二是水土流失携带的大量泥沙在中下游河道与湖泊淤积,降低了河流与湖泊的行洪蓄洪能力。三是长期以来围湖建垸的累计效应,使湖泊大面积萎缩,调蓄能力大幅度降低。四是长期以来水利建设具有加高堤防与增加排涝能力的政策偏好,长江防洪陷入了"愈险愈加,愈加愈险"的怪圈。

1. 长江中上游地区的森林砍伐与坡耕地开发

天然林砍伐与坡耕地开发这两种土地利用方式共同构成了水土流失产生与加剧的主要原因。

【天然林砍伐造成森林覆盖率大幅度下降】 建国以来,长江上游经过三次森林砍伐高峰,森林覆盖率已由建国初期的30~40%降到现在的10%。解放初期,四川省长江上游地区森林覆盖率为20%,到80年代初只有12%,四川盆地内仅有4%,有50多个县的森林覆盖率为3~5%。又如,40年来云南省金沙江下游地区的森林资源也遭受了大规模砍伐,使森林覆盖率大幅度降低(表7-13)。

表7-13 云南境内金沙江下游地区森林覆盖率变化(%)

地 区	50年代	70年代	80年代
昭通市	32.8	17.5 (1974)	14.1 (1980)
东川市	30.0		8.9
楚雄州	55.0	24.1 (1973)	

资料来源:参考文献[22]

【坡耕地开垦产生大量泥沙】 目前,长江上游约有坡耕地100万平方公里,占耕地的一半。四川、重庆、贵州、云南等省市坡耕地面积大,分别占本省市耕地面积的46.4%、53%、45%和75.6%。坡耕地的年侵蚀模数大的可达1.0万吨/平方公里以上。坡耕地耕作是造成

水土流失的重要因素。

长江中游坡耕地也很普遍。湖南省现有坡耕地占耕地总面积的22.7%,其中25°以上的陡坡地占坡耕地面积的36.4%。江西省坡耕地占耕地总面积的12.3%,25°以上的陡坡地占坡耕地面积的19.5%。这些坡耕地广种薄收,只种不养,是泥沙的重要来源,粮食生产是以损失宝贵的土壤资源为代价的[23]。

【长江源区内自然生态环境面临严峻形势】 长江源区内自然生态环境日益恶化,一是植被退化、水土流失和沙漠化不断加剧。草地退化面积达21.9~46.5%,其中严重退化的面积达18.9~27.7%。二是冰川、湿地退缩。沱沱河和当曲河河源的退缩率平均每年分别为8.25%和9%。三是生物多样性减少。物种分布范围不断缩小,草原植物遭到破坏,造成严重的黑土滩和沙漠化。1999年6月5日,在长江源头建立了环保纪念碑,是为了更好地促进长江流域的生态环境保护(专栏7.7)。

专栏7.7

长江源环保纪念碑[①]

1999年6月5日是"世界环境日",由江泽民总书记亲笔题写的"长江源"环保纪念碑竖立在长江源头。建立长江源环保纪念碑,目的是更好地促进长江流域的生态环境保护,唤起人们保护环境的意识。通过动员社会各方面力量和加大投入,建立长江源特殊生态功能保护区,调整人类不当行为,防止生态功能继续退化,减轻生态环境压力,使长江源区生态环境得以恢复,把中华大地秀美的山川带入21世纪。

---

2. 长江中上游地区的水土流失与泥沙淤积

【长江中上游地区是我国水土流失最严重的地区之一】 长江流域每年土壤侵蚀量22.4亿吨,其中70%来自上游。上游流失面积占流域总流失面积的60%以上。长江中上游地区是我国水土流失最严重的地区之一。水土流失区域包括川、黔、滇、渝、鄂、湘、赣、青、甘、陕、豫的大部或部分地区,总面积170万 km²,水土流失面积55万 km²。其中,上游水土流失区主要集中在金沙江下游、嘉陵江中下游、沱江上游及川东鄂西的三峡库区,又以金沙江流域为主,年均输沙量占长江上游年均输沙量的48.8%。中游流失区主要集中在秦巴山地的汉江上游、湘鄂山地的沅江中游、澧水、清江中上游[11、14]。

【长江中上游的水土流失导致了中下游湖泊与河道的泥沙淤积】 水土流失使江湖和水库、塘堰等水利设施淤积,增大了中下游平原地区的防洪压力。洞庭湖年淤积泥沙1.2亿吨,50年来湖泊容积缩小了43.7%,损失洪水调蓄能力100亿 m³。鄱阳湖每年淤积量也达1210万吨,湖床每年增高3cm。长江干流河床每年增高10cm。长江流域共有大、中、小型水库5万余座,总库容量达12000亿 m³以上,每年因泥沙淤积损失库容12亿 m³,相当于12座大型水

[①] 参考文献[24]。

库。长江上游各类水利工程的年淤积量达 3.6 亿 m³,其中仅四川每年淤损库容量就达 1 亿 m³。进入三峡库区淤积泥沙每年近 6 亿吨,减少库容 3.5 亿 m³。湖南省 258 座中型水库中,30% 淤积严重,13 座大型水库有 5 座淤积严重,损失库容量 1.5 亿 m³ 以上。江西赣县 1958~1980 年建的 43 座小型水库,淤积泥沙占库容的 24%,其中 9 座淤满失效[25]。

3. 长江中游地区的围湖建垸与洪水调蓄能力降低

长江中游的泥沙淤积为围湖建垸创造了客观条件,而长期以来,人们一直追求将湖泊与湿地变为农田,从而加速了湖泊萎缩与调蓄能力下降,这正是导致 1998 年长江洪水"中流量、高水位"的直接原因。

【建国后到 80 年代中期,长江中下游地区湖泊急剧萎缩】 长江中下游地区发育了我国重要的淡水湖群,这些湖泊与外江相通,湖内水位随江水涨落,历来起着调蓄江河湖水和区域径流的作用。在泥沙淤积基础上,由于大规模盲目围垦,湖泊面积日渐缩小甚至消失(表 7–14、7–15)。1949 年,长江中下游地区共有湖泊面积 25828 km²,到 1977 年仅存 10473 km²,减少近 60%。建国以来,长江中下游地区有 1/3 的湖泊被围垦,总面积达 1.3 万多 km²,相当于鄱阳湖、洞庭湖、太湖、洪泽湖和巢湖五大淡水湖总面积的 1.3 倍。因围垦而消失的湖泊有 1000 多个,围垦使蓄水容积减少 500 亿 m³,相当于淮河年径流量的 1.1 倍。素有"千湖省"之称的湖北,50 年代初有湖泊 1066 个,80 年代初剩下 326 个,面积减少了 2000 km²。昔日"八百里洞庭",全盛时期(1860 年)湖泊面积 6370 km²,经过围垦和淤积,解放后 30 多年就减少近 2000 km²,容积减少近 1/2,平均每年减少容积近 3 亿 m³,使长江干流向洞庭湖分流的比例由 50 年代初的 45% 减到 25%。由于围湖造田,鄱阳湖也处在萎缩之中,建国以来,面积缩小 1/4 以上,损失的容积达 80 亿 m³ 以上,相当于目前容积的 53%。在江苏,经过几十年的围垦,湖面也损失 1600 多 km²。目前,较大的湖泊只有洞庭湖和鄱阳湖与长江相通,其余都是建闸控制[25~29]。由于蓄洪垦殖抬高了长江的洪峰水位,增大了中游地区的洪涝风险(专栏7.8)。

表 7–14 长江中下游围湖造田湖泊萎缩概况

	1949 年	80 年代	现在	围垦
湖北省	湖泊 1066 个 面积 4708km²	326 个 2726km²		
洞庭湖	面积 4350km² 容积 293 亿 m³	2691km²(1984) 174 亿 m³(1984) 165 亿 m³(1988)	<150 亿 m³	湖区 >1 万 km²
鄱阳湖	面积 5340km²	3914km²(1983)		面积 1466.91km² 损失容积 80 亿 m³
江苏省				损失湖面 1600km²

资料来源:参考文献[25~29]。

表 7-15 洞庭湖区湖泊面积变化情况

年份	时段（年）	湖泊面积（km²）	容积（亿 m³）	面积变化率（km²/年）	容积变化率（亿 m³/年）
1825		6000			
1896	71	5400		-8.5	
1932	36	4700		-19.5	
1949	17	4350	293	-20.6	
1954	5	3915	268	-87.0	-5.0
1958	4	3141	228	-193.7	-10.0
1971	13	2820	188	-24.7	-3.08
1977	6	2740	178	-13.3	-1.67
1984	7	2691	174	-8.2	-0.57
1995	11	2625	167	-6.0	-0.64
1997	2	2145	150	-240.0	-8.5

资料来源：中国 21 世纪议程管理中心、中国科学院地理研究所："长江中游流域生态系统恢复问题与重建"（科技救灾专项课题研究报告之四），第 56 页，经整理。

专栏 7.8

蓄洪垦殖抬高了长江的洪峰水位，增大了长江中游的洪涝风险[①]

50 年代在长江中游地区开展的"蓄垦工程"，使原有的 30 多个通江湖泊大为减少，目前只有洞庭湖与鄱阳湖还保留着与长江的联系。据统计，湖南、湖北、江西、安徽各省通过蓄洪垦殖、围垦湖泊，增加耕地约 56 万公顷，其中湖南洞庭湖区 9.96 万公顷，湖北江汉平原区 28 万公顷，江西鄱阳湖区 11.7 万公顷，安徽沿江两岸 6.35 公顷。蓄洪垦殖使大多数通江湖泊失去了与长江的直接联系，使沿江湖泊失去了对长江洪水与枯水的调节作用。1998 年夏季长江中游的洪涝灾害与冬季的长江断航是这种调节作用的极端反映。据分析，在发生复式峰大水、洞庭湖围垦面积为 1000 km² 时，可抬高城陵矶水位 0.4m、汉口水位 0.34m、湖口水位 0.26m。因此，对蓄洪垦殖的效益需要重新评价。

【**蓄洪区建设与管理**】 1998 年长江中下游洪水情况与 1954 年不同。1954 年长江中下游堤防多处溃口和分洪，分蓄洪水总量高达 1023 亿 m³。1998 年主要是洲滩民垸溃决，仅分蓄洪水 100 多亿 m³[20]。由于蓄洪区安全设施建设滞后，再加上人口与财富聚集，蓄洪区的使用极为困难，在关键时刻用蓄洪区来减轻长江干堤与重点垸压力的作用很难实现。另外，由于洪涝风险与种植结构危机，部分蓄洪区经济困难，处于内外交困之中（专栏 7.9）。

[①] 参考文献[25]。

专栏 7.9

钱粮湖农场：洪涝风险与种植结构危机威胁下的蓄洪区[①]

钱粮湖农场是在1958年围垦洞庭湖基础上，于1959年1月批准成立的国营农场。与长江中游地区许多蓄洪区一样，是50年代通江湖泊"垦蓄工程"实施的结果，其发展历程带有明显的计划经济烙印。钱粮湖不仅是规划中的蓄洪区，而且曾是国家重要的粮、棉生产基地，被称为"现代农业的示范"。最近几年，钱粮湖农场连续遭受洪涝灾害袭击。1996年钱粮湖农场(南垸)受团洲垸溃口的影响，经8昼夜抗洪抢险，最后仍溃口倒垸，导致了严重的洪涝灾害。1998年虽然抵抗了洞庭湖36.21米的高危水位，堤垸经受6次洪峰的考验而未溃口，但抗洪代价巨大，农场财政已不堪重负，而且内涝面积超过2/3，绝收面积占1/3，农场农民生活困难。1999年钱粮湖农场再次遭受洪涝灾害影响，不得不加筑68公里长、1米高、1米宽的子堤来抗御洞庭湖洪水。

除洪涝风险以外，钱粮湖农场还受到种植结构调整的困扰。长期以来，钱粮湖农场形成与沿袭了三大主导作物，即水稻、棉花与甘蔗。受国内粮价偏低与洪涝灾害频繁的影响，种稻谷的经济效益很低，许多农民种稻谷属于保本经营，粮食生产已经属于自给型生产。受国家棉花库存大与"东棉西移"战略的影响，棉花种植在过去几年里经历了从"赚大钱"、到"赚小钱"、到目前的"不赚钱"甚至"亏本"的转变。甘蔗种植受到蔗糖进口与价格偏低的影响，蔗糖厂已经处于"生产越多，亏本越大"的境地，进而影响农民种植甘蔗的积极性。由此可见，钱粮湖的三大主要种植作物已经陷入结构危机的困境。受洪涝灾害与种植结构危机的双重困扰，耕地撂荒现象依稀可见，钱粮湖农场农民无钱交承包费，农场无钱给干部发工资等现象普遍。

【洪水调蓄能力下降是导致"中流量、高水位"的直接原因】 1998年长江洪水呈现"中流量、高水位"的原因主要是上游地区森林砍伐、中游地区湖荡围垦以及规划中的蓄洪区难以使用。上游森林砍伐降低了上游植被涵养水源的能力，产生了水土流失，进而加速了中下游河道与湖泊的泥沙淤积，降低了河流排蓄洪水的能力。中游地区的湖荡围垦使湖泊容积减少，又使湖泊的调蓄能力下降，进而加剧了洪涝灾害。围湖造田与泥沙淤积的累计效应导致了长江中游洪水调蓄能力的下降，再加上蓄洪区未进行分洪、蓄洪，使长江洪水呈现"中流量、高水位"格局。

4. 长江中游三省的洪涝灾害治理

长江中游地区洪涝灾害治理坚持"蓄泄统筹、以泄为主"的方针，应该说这个方针符合长江中游地区洪涝灾害治理的实际。然而，长期以来，重点是解决"泄"的问题，对"蓄"并没有给予足够的重视。这样，长江中游水利建设的结果是使洪涝灾害治理陷入"越险越加、越加越险"的

[①] 根据实地调查整理。

怪圈。在此,仅以江西、湖北与湖南为例,说明这个问题。

【50年来水利投资明显增加】 根据水利部计划司《中国水利统计资料》计算,1950~1998年间,江西省年平均水利基本建设投资8150万元、湖北省21217万元、湖南省17811万元,3省水利投资占全国的12.15%(图7-1)。

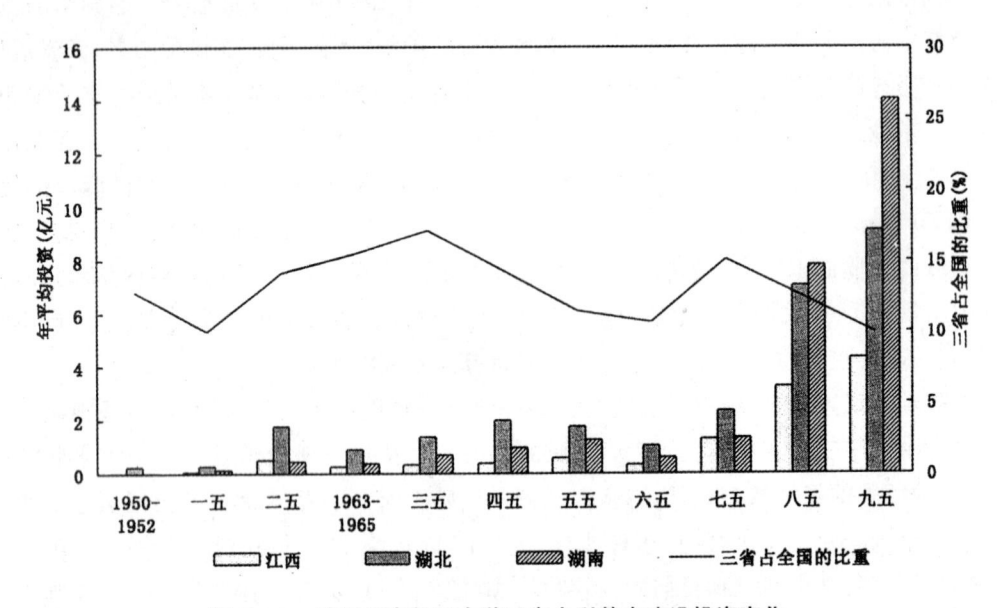

图7-1 建国以来长江中游三省水利基本建设投资变化

注:(1)图中数据为名义价格值,未进行不变价换算;(2)受资料限制,表中缺少1991年和1994年数据。

从图中可以看出,江西省水利基本建设投资由"一五"期间的605万元增加到"九五"期间的43198万元,增长了70倍。湖北省由2842万元增加到91223万元,增长了31倍。湖南省由1417万元增加到140420万元,增长了98倍。即使扣除物价上升等因素,水利投资净增加的趋势也极为明显。

【排灌动力明显增加】 长期以来,我国水利建设的重点在于增加排灌动力与加高加固堤防等。长江中游3省排灌动力从无到有,从小到大,经历了快速的增长过程。1949年江西省的排灌动力尚不足1000千瓦,湖南与湖北的排灌动力也只在1000千瓦左右。到1997年江西省排灌动力已经增加到138万千瓦,湖北省增加到400万千瓦,湖南省增加到327万千瓦。排灌动力在60年代以前缓慢增长,60年代中后期到80年代前期快速增长,80年代中期以后出现停滞与波动(图7-2)。

排灌动力的增加,说明国家、集体与个人对排灌动力进行了较大投入,农业生产条件,特别是灌溉条件有了较大改善,但在排涝方面的作用,总体上看与排灌动力变化之间的关系并不明显。

【除涝面积有所增加,但易涝面积变化不大】 从图7-3中可以看出,1978年以后各省易涝与除涝面积虽然存在着一定的消长变化,但变化的幅度非常小。将排灌动力变化图与易涝、除涝面积变化图相比较,可以看出,排灌动力的变化并不对易涝与除涝面积构成直接的影响。

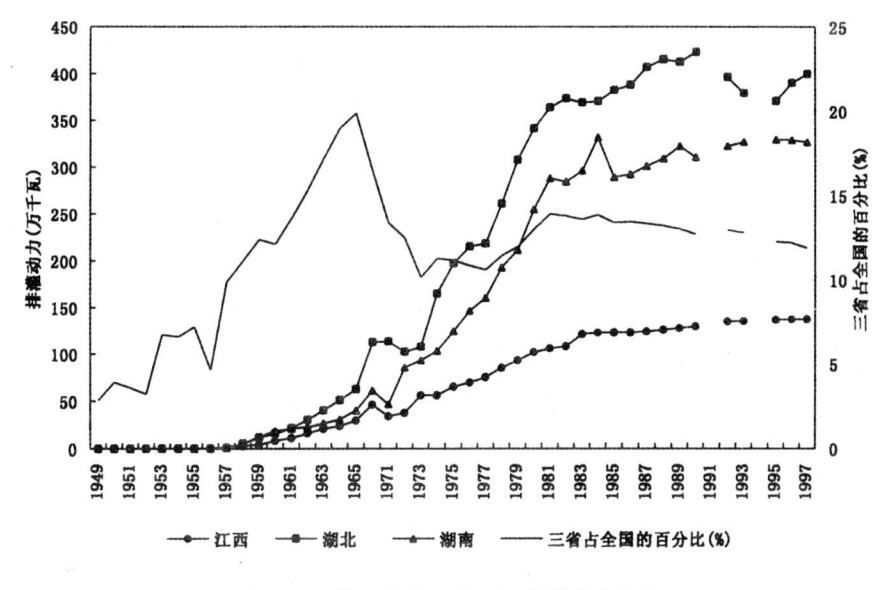

图 7-2 长江中游三省历年排灌动力变化

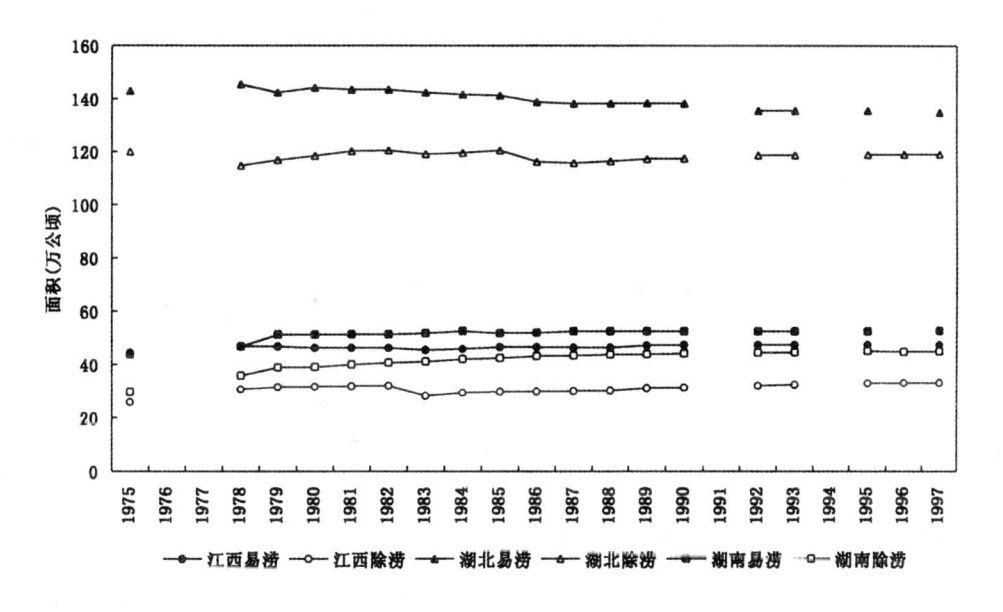

图 7-3 长江中游三省除涝与宜涝面积变化

产生这种现象的原因可以概括为两类,一是原来的非易涝区变为易涝区。假设在甲地区增加了排涝动力,使甲地区涝水外排,由易涝区变为除涝区,但是甲地区排出的涝水抬高了乙地区的水位,使原本不受洪水威胁的乙地区成为易涝区。例如,湖南省岳阳市新墙镇已经有300多年的历史,过去极少受到洪水威胁,但由于围湖建垸与排涝动力增加的影响,新墙镇已经成为易涝区,并成为长江中游地区移民建镇的典型地区。二是由于外河与外湖水位超过了允许排涝的水位,增加的排灌动力并不能发挥作用。例如,在洞庭湖区,一旦洞庭湖水位超过

34.5米,所有堤垸均不允许排涝。1999年夏天,岳阳市中洲垸和钱粮湖农场四分场等虽然都有十几台电排机组,但受外湖水位较高的影响,却不得不眼睁睁地看着田里的庄稼受淹,现有的电排能力没有发挥应有的作用。因此,虽然从单个堤垸来说,增加排灌能力是增强抗洪能力的重要措施,但从宏观角度看,进一步增加排灌能力,在长江中游防洪减灾中已经没有多大作用。

【堤防建设不断加强,但保护耕地面积变化不大】 堤防是长江流域最古老、最基本的防洪设施,延续了2000多年,逐渐形成了完善的堤防系统。长江中游的堤防系统可以分为3个区,即江汉平原区、洞庭湖区与鄱阳湖区。其中,江汉平原区主要堤防总长度约7100公里,其中干堤长1550余公里,主要堤防高8~10米,荆江干堤最高16米。圩堤保护面积在2万公顷以上的有10余处,40年来(截止到1989年,下同),全区堤防完成加培土方约22亿立方米[31]。洞庭湖区(湖南省部分)共有一线防洪大堤3500公里,二线防洪大堤1510公里,堤身高一般为7~10米。全区共有大小堤垸228座。40年来共完成加堤土方11亿立方米。鄱阳湖区共有2790公里堤防,堤身大多在5米左右。建国后洞庭湖投资40多亿元(按不变价计算),加高加固湖堤,其中西部湖堤普遍加高2.52米。

就长江流域而言,1988年以来堤防总长度不断增加,保护人口有所增加,而保护面积增加不明显。其中主要堤防长度与保护人口有所增加,但保护面积不但没有增加,反而有所减少(表7-16)。

表7-16 长江流域历年堤防长度、保护面积与水闸情况

年 份	堤 防			其中:主要堤防			水闸合计(座)
	长度合计(公里)	保护面积(万公顷)	保护人口(万人)	长度合计(公里)	保护面积(万公顷)	保护人口(万人)	
1988	48238	558.24	8192.28	13022	366.12	5855.58	4521
1989	54236	565.37	8988.54	13240	369.45	5999.72	4767
1990	55361	575.31	8744.62	13242	371.53	6186.22	4426
1992	63302	563.54	9137.17	13046	360.72	6301.14	6156
1993	63840	563.56	9248.84	13193	353.56	6339.42	5512
1995	64308	564.48	9500.34	13336	358.22	605.25	5723
1996	64387	567.87	9762.33	13924	361.73	6627	5655

注:1991年与1994年资料暂缺。

资料来源:水利部计划司:"中国水利统计资料"(历年);《中国水利年鉴(1998)》,中国水利水电出版社,1998年。

然而,仅仅从堤防长度、保护面积与保护人口等方面,并不能反映我们对堤防的偏好。长期以来,我们对堤防给予了过多的关爱。每年加高加固堤防成为长江中游地区冬季义务工的主要工作。每年夏季一旦水位达到警戒水位后,堤防成为需要人们日夜看护的"婴儿",投入的人力物力不计其数。而一旦堤防决口,滔滔洪水如凶神恶煞,吞噬着宝贵的生命与人们苦心经

营多年的家产,人们对着滔滔洪水欲哭无泪。洪水过后,人们想到的依然是继续加高加固堤防。但由于围湖建垸与增加排涝动力,同样的水量却使水位不断增高,堤防建设陷入了堤防"越加越高,越高越险"的怪圈。人们对堤防的过多的关爱,以致于限制了我们对洪水防御的思考。1998年长江中游严重的洪涝灾害,再次证明了一点,就是灾害的防御并不限于堤防建设与增加排涝动力,而在于流域的综合管理。国务院制订的灾后恢复重建的"32字"方针,正是这种思想转变的最好例证。

【受灾与成灾面积成倍增加】 江西省受灾面积由50年代的16.5万公顷增加到90年代的83.2万公顷,成灾面积由9.3万公顷增加到53.9万公顷,分别增加了4倍与4.8倍。湖北省受灾面积由50年代的27.6万公顷增加到90年代的115.6万公顷,成灾面积由33.4万公顷增加到64.2万公顷,分别增加了3.2倍与0.9倍。湖南省受灾面积由50年代的23.1万公顷增加到90年代的142.6万公顷,成灾面积由11.7万公顷增加到88.5万公顷,分别增加了5.2倍与6.5倍(图7-4)。50年代以来,受灾与成灾面积不断增加的趋势十分明显。

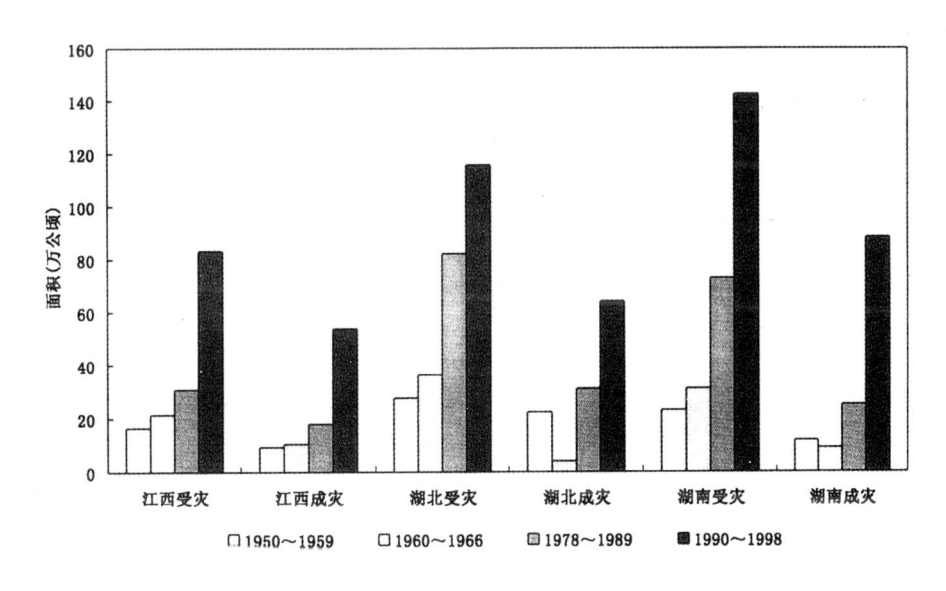

图7-4 50年代以来长江中游三省年平均受灾与成灾面积

【洪涝灾害的治理陷入"越险越加、越加越险"的怪圈】 长江中游湖南、湖北、江西3省的水利建设与洪涝灾害发生的历史表明,虽然水利投入、排灌能力和从业人员不断增加,但受灾面积与成灾面积不但没有减少,反而明显增加,易涝面积并不见减少。产生这种现象的原因是复杂的。长期以来,水利建设重视工程措施、轻视非工程措施,重视堤坝加高加固、轻视蓄洪区安全设施建设与管理,注重增加排灌能力、轻视提高蓄洪能力等政策偏好,无疑是重要原因之一。1998年洪涝灾害以后,国务院提出了包括"退田还湖、平垸行洪、移民建镇"在内的"32字"方针,应该理解为对过去治水政策的调整。从长江流域经济发展的角度看,对中游地区实行退田还湖是确保长江流域乃至全国经济与社会安全的战略措施和首要任务。

5. 1998年长江中游洪涝灾害的几点启示

1998年11月朱镕基总理在接见第二届中国环境与发展国际合作委员会第二次会议代表时指出:"今年的严重水灾对全国人民进行了一场深刻的生态环境教育。……从这次水灾情况看,长江洪水的流量并未达到历史最高记录,但水位却最高,其中,重要的原因是江河泥沙淤积。最严重的地方是我的家乡,洞庭湖。洞庭湖是长江边最大的蓄水库,50年代有湖面4350多平方公里,由于围湖造田,目前湖面仅剩下2690平方公里。这次水灾教训了我们:必须退田还湖。现在,我国粮食供应充足,我们有条件退田还湖,不需要在洞庭湖生产粮食。"

【河湖调蓄能力下降的主要原因是围湖造田】 虽然泥沙淤积对降低长江中游湖泊的调蓄能力具有重要作用。但研究结果显示,在1949～1984年的35年中,洞庭湖水面积减少了1659km^2,容积减少了119亿m^3,每年沉积于湖区的泥沙1.45亿吨,约1亿m^3。如果不考虑泥沙沉积后的压实作用,每年占据1亿m^{3}的空间,35年就是35亿m^{3}的空间,也就是说泥沙沉积使洞庭湖的容积减少35亿m^3,约占减少总量的29.4%,70.4%的减少容积是由于围湖造田和城陵矶出口处断面萎缩的结果。由此可见,在洪涝灾害增加的过程中,水流流失的作用不足30%,70%以上是由于围湖造田和出口断面积淤积减少引起的[①]。

【"蓄洪垦殖"得不偿失,通江湖泊要恢复】 蓄洪垦殖的防洪效益主要表现在两个方面,一是围垦形成的分蓄洪区可以及时分蓄洪水,保护重点地区的防洪安全。二是围湖工程保护了本围垦区的安全,使这些年年都要受淹的地区在大部分年份不受淹。蓄洪垦殖的负效益是由于围垦而抬高了中等水位的最高水位,如果超过堤垸保护区的防御水位,就可能造成洪灾损失。

根据长江水利委员会资料,建国40年来,蓄洪垦殖防洪的正效益673.98亿元(1980年不变价),防洪的负效益为270.62亿元,两者相抵,正效益超过负效益403.36亿元[31]。也就是说,"蓄洪垦殖"是"净赚"。

然而,蓄洪垦殖的效益需要重新评估,所用的资料时间序列需要延长,并要考虑湖泊与湿地的非生产成本。由于长江水利委员会的资料截止到1988年,长江中游地区在70年代与80年代多为平水年或偏旱年,因此,中等以上洪水所造成的洪涝灾害损失并不大。如果考虑90年代连续发生的洪涝灾害,特别是1996年洞庭湖水灾、1998年长江中游特大水灾与1999年的长江中游水灾。成本与收益分析的结果将会发生巨大变化,必然会得出得不偿失的结论。而且,在效益分析中,并没有考虑湖泊与湿地的非生产效益。在原来的计算中,仅仅考虑了围垦对下游堤防加高加固的影响,并没有考虑湖泊与湿地的消失的代价。从更为全面的价值评估来看,湖泊与湿地具有使用价值与非使用价值,其中使用价值包括直接使用价值、间接使用价值(功能价值)和选择价值,非使用价值包括存在价值与馈赠价值。因此,在其正效益计算中,由于对湖泊与湿地的使用价值考虑不全,因而低估了"不围垦情况的毛利益",进而高估了正效益;在负效益估算中,由于没有考虑湿地损失造成的非使用价值的丧失等,因而低估了围

---

① 中国21世纪议程管理中心、中国科学院地理研究所、中国科学院南京地理与湖泊研究所:"洞庭湖退田还湖、蓄洪防洪研究",1999年1月。

垦的负效益。

总之,应该重新评估"蓄洪垦殖"的成本—效益,恢复通江湖泊。只有恢复了通江湖泊,才可能使长江恢复生命活力,才可能避免"每年三个月防汛"的被动局面。

【增加洪水调蓄能力是洪涝灾害治理的重要措施】 我国在长江防洪问题上,历来存在着"蓄"、"泄"之争。一种意见认为长江防洪应该以蓄水为主,而以修堤筑垸的方式大肆围湖造田,削弱了湖泊的蓄水能力,因此主张退田还湖。这种意见的代表人物如清代的御史朱遴吉、湖南巡抚陈宏谋、高邮州知州魏沅等人。另一种意见则认为湖泊调蓄能力的下降主要是泥沙淤积,而非围湖造田,因此主张长江防洪应塞口还江,以泄洪为主。这种意见认为:"洞庭湖水灾之来源,不在湖田之围垦,而在于泥沙之倾积……。田虽可废,而湖终不可还,故废田还湖,不如塞口还江"。近代许多人附和这种意见,认为主要是由于上游地区的水土流失和长江来水挟带的泥沙淤积造成了湖泊容积减少,因此,湖泊消亡是自然规律,而非围湖造田的结果。从上述的分析可以看出,后一种观点具有明显的局限性。主要表现在,一方面它忽略了湖泊行洪能力下降的主要原因是围湖造田这一事实,另一方面,它将泥沙淤积看作是无法抗拒与不可改变的自然因素。但实际上,人们可以通过植树造林、绿化荒山等手段来增加植被覆盖,达到减少水土流失,进而减少泥沙淤积的作用[20]。

【退田还湖势在必行】 传统的堤垸经济是建立在围湖造田基础之上的。围垦使洪水永久地失去了容身之地。频繁的洪涝灾害说明生态环境破坏的累积效应日渐明显,围湖造田已经超出了自然生态环境所能承受的极限,由此产生的自然灾害成为长江中游经济发展的最大障碍。要实现长江中下游地区的可持续发展,必须很好地解决人水争地的矛盾,退田还湖是解决这一矛盾的重要途径。

三、长江上中游生态环境保护与建设

在1998年长江中游洪涝灾害发生后,国务院及时制定了灾后恢复重建的"32字方针",即:封山育林、退耕还林、退田还湖、平垸行洪、以工代赈、移民建镇、加固干堤、疏浚河道。其中封山育林、退耕还林(还草)是增加水源涵养、解决上中地区水土流失、减少中下游泥沙淤积的重要措施。平垸行洪、退田还湖、移民建镇是增加中游地区洪水调蓄能力的重要措施。而加固干堤、疏浚河道则是增加中下游地区河道行洪能力的关键。本部分重点讨论上中游地区的水土保持与中游地区退田还湖等方面的问题,暂不讨论下游地区的堤防建设与河道整治。

1. 长江上中游的封山育林、退耕还林还草

【国家高度重视我国的水土保持工作】 80年代以来,长江流域的水土保持工作取得很大进展。1983年,江西兴国县和葛洲坝库区被列入全国8片重点治理行列。1988年,国务院批准将长江上游列为全国水土保持重点防治区,并于1989年对水土流失严重的金沙江下游及毕节地区、陇南地区、嘉陵江中下游和三峡库区4片实施重点治理。此后又陆续于1993年、1994年和1997年启动了赣江上游贡水流域、丹江口水库水源区和洞庭湖水系的重点治理。1994年国务院批准实施《全国水土保持规划纲要》,以长江、黄河中上游的水土流失综合治理为重点,开展了七流域水土保持工程建设,并将其作为长江流域生态环境建设的主体工程和治理江

河的根本措施。到 1997 年底，长江中上游水土保持重点防治工程已扩展到流域内云、贵、川、渝、甘、陕、鄂、豫、湘、赣等 10 省(市)的 187 个县(市、区)，累计治理水土流失面积 5.7 万 km^2。各项措施每年可减少土壤侵蚀量 1.6 亿吨，可拦蓄地表径流量 23 亿立方米，有效减缓了治理区水利工程和下游河道的泥沙淤积，调节了地表径流。水土流失的治理不仅明显地改善了生态环境，而且改善了农业生产条件，促进了粮食稳产高产和农业持续发展[25、32]①。

【治理任务艰巨】 对较大支流和干流来说，流域治理程度还不高，流域系统内的水沙调整也需较长的时间。由于投资少，进程缓慢，年治理进度仅 1.4%。按照现有进度，完成上游水土流失治理任务将需要 50 多年，完成全流域治理任务将需要 70 多年。这不能满足长江流域经济快速发展对防洪减灾的要求，也与李鹏同志提出的治理水土流失"十五年初见成效，三十年大见成效"的目标和国务院批准的《全国水土保持规划纲要》的要求相差甚远。因此，加快水土流失综合治理步伐，有效减少和控制大江大河流域的洪水泥沙，是一项十分紧迫的任务[25、32]。

2．长江中游平垸行洪、退田还湖与移民建镇

【退田还湖规划已经完成】 长江中游地区平垸行洪、退田还湖是解决中游地区湖泊调蓄能力下降与行洪不畅问题的重要措施，移民建镇是确保退田还湖与平垸行洪的保障措施。1998 年洪涝灾害发生后，国家对长江中游地区实行平垸行洪、退田还湖与移民建镇计划(含安徽在内)，国家安排 35 亿元资金，计划平(退)堤垸 525 个，新建村镇 910 个，安置人口 95 万人，其中，江西省平(退)堤垸、安置人口等约占整个计划的一半左右(表 7-17)。

表 7-17 长江中游地区平垸行洪、退田还湖与移民建镇情况表

省名	平(退)堤垸(个)	新建村镇(个)	安置户数(万户)	安置人口(万人)	单退人口(万人)	资金补助(亿元)
湖北	130	80	5.0	21.77	13.2	7.5
湖南	161	150	5.2	19.60	11.9	7.8
江西	234	590	11.5	46.00	28.3	17.25
安徽		90	2.04	7.70	0.8	3.06
合计	525	910	23.74	95.07	54.2	35.61

注：(1)表中数据为有关资料汇总的近似估计，可能与国家规划与实际实施的情况有所不同；
(2)上述堤垸均是 1998 年洪涝灾害中已溃决的堤垸，不含未溃决但仍需退田还湖的堤垸；
(3)单退是指退人不退田，小水耕种，大水行蓄洪；
(4)资金补助是指为了安置灾民建房的材料补助费，每户按照 1.5 万元估算。

上述工程完成后，长江中下游可增加江湖蓄洪面积 $1530km^2$，大洪水使可增加行蓄洪量 87 亿 m^3。其中鄱阳湖可增加行蓄洪面积 $600km^2$，大洪水时相应增加蓄洪量 36 亿 m^3。洞庭湖区可增加行蓄洪面积 $280km^2$，大洪水时相应增加蓄洪量 17 亿 m^3。还江还河增加行蓄洪面积 $650km^2$，大洪水时相应增加河槽蓄洪量 34 亿 m^3。长江干流条件也有明显改善。

---

① 水利部水土保持司："党和国家领导人对水土保持工作的指示摘编"，第 2～9 页，1998 年 11 月。

【规划实施进展顺利,减灾效果明显】 通过一年的实施工作,总体上说,项目进展顺利,移民建镇的老百姓改善了生活条件,避免了洪涝淹没住房的烦恼,地方政府也从巨大的抗洪压力下解脱出来。1999年湖南岳阳市移民建镇的情况表明,这项政策是正确而明智的(专栏7.10)。

专栏7.10

1998年湖南省岳阳县的平垸行洪、移民建镇工作[①]

湖南省岳阳县1998年列入平垸行洪、移民建镇规划的堤垸共12个,总面积33025亩,计划搬迁6605户、25262人。到1999年7月已完成移民新村建设点51个,集中安置移民4955户、18918人。岳阳县的平垸行洪、移民建镇取得了明显的效果,主要表现在以下五个方面:

一是保护了人民生命财产安全。1998年高水位时,所实施平垸行洪、移民建镇的12个大小堤垸,倒塌房屋2368户(共计14208间、284160平方米),损坏家具11360件,衣被142440件,粮食4300多万公斤,成鱼27万担,直接经济损失15580多万元,造成近2万人无家可归,借屋居住,千名群众大堤搭棚度过夏天。平垸行洪、移民建镇后,1999年7月22日湖区水位涨至35.88米,无一户房屋倒塌,也无一户在大堤搭棚生活。

二是减少了救灾开支。1998年政府投入垸区救灾资金1880万元,其中,补贴房屋320万元,发放衣服21万件,絮被6000多床,粮食924吨,药品50万元。

三是节约了防汛经费。1998年12个堤垸共用去防汛费650多万元(不计劳动力),其中,动用汽车80台、手扶拖拉机280台、船只8600吨位,投入砂卵石20万吨、编织袋140万条。

四是控制了工程重复建设。1996年12个堤垸全部满溃,倒口18处,1997年重新恢复,耗资280万元,1998年仍有11个满溃,1999年洪水上涨到35.5米高危水位时放水蓄洪,未造成溃口,保护了大堤。

五是增加了蓄洪容量,减少了洞庭湖洪水压力。12个平垸行洪、移民建镇堤垸拥有面积2240万平方公里,蓄水1.8亿立方米,相当于一个大型水库。

【现有的退田还湖规模仍不能解决中游蓄洪能力不足的问题】 虽然上述工程完成后,可增加江湖蓄洪面积1530km², 大洪水时可增加行蓄洪量87亿m³,但仍不能解决中游蓄洪能力不足的问题。例如,1954年长江洪水有1023亿m³的超额洪量,若1954年洪水再现,现有退田还湖所增加的洪水调蓄能力,显然是杯水车薪。1998年由于堤垸决口等调蓄了100多亿m³的洪水,若1998年洪水再现,不仅长江干堤仍要承受1998年那样的抗洪压力,而且仍有13亿m³洪水需要寻找出路(假定规划的退田还湖工作全部完成)。而且从1999年洪水情况来看,长江干流宜昌最大流量只有57600m³/秒,属于平水年份(按照水利部资料,宜昌5年一遇

[①] 湖南省岳阳县灾后重建办公室,1999年7月22日。

的洪峰流量为60300m³/秒[20]),但长江干流水位已经是建国以来的第二高水位,洞庭湖最高水位也超过警戒水位3米以上。因此,需要强化蓄洪区的管理,逐步恢复通江湖泊,增大洪水调蓄能力。

【退田还湖尚没有解决农民的生活出路问题】 通过移民建镇,农民虽然避免了住房受淹之苦,但退田还湖和"小水耕种、大水还湖"并没有解决农民的生活出路问题。根据对岳阳市新墙镇友谊新村的实际调查,在1999年夏天洪涝灾害时平垸蓄洪,移民后的农民虽然有好房子住,但由于庄稼被淹,生活并没有保障。因此,在平垸行洪、退田还湖与移民建镇政策实施后,还应制定相应的政策促进这些地区替代产业的发展,特别是促进湿地型产业群的发展,并加快重点堤垸的城市化与工业化进程,增强对退田还湖后的农民的吸纳能力,支持一般民垸与蓄洪垸实现产业替代。

第四节 污染治理与生态建设及其效果

一、环境污染治理及其效果

根据1996年《国务院关于环境保护若干问题的决定》和"九五"计划,1997~1998年环境污染治理主要采取重点治理的思路。重点治理区概括为"33211"工程,即三河、三江、两控区、一市与一海。

【"九五"环保目标与主要措施】 国务院批准的"九五"环保目标是:到2000年,力争使环境污染和生态破坏的趋势得到基本控制,部分城市和地区的环境质量有所改善。到2010年,基本改变生态环境恶化的状况,城乡环境质量有比较明显的改善,建成一批经济快速发展、环境清洁优美、生态良性循环的城市和地区。

"九五"期间环境污染治理所采取的主要措施有两项,一是实施"总量控制计划"和"跨世纪绿色工程规划"两大举措。二是抓紧抓好"33211"工程。其中,总量控制计划是控制污染趋势、促进经济增长方式转变的措施。按照总量控制的要求,首先要切实控制新建项目污染物排放量,做到"增产不增污"和"增产减污"。其次要加速治理污染源,淘汰落后的生产工艺和设备,实现工业污染源达标排放,有效削减排污总量。再次要结合产业、产品结构调整,推动企业实行清洁生产和ISO14000工作,强化企业环境保护的责任。跨世纪绿色工程规划是改善重点流域、区域环境质量的一项举措。在"九五"期间完成1500多个污染治理和生态恢复工程,投资总额约1800多亿元。

【"33211"工程及近期治理措施】 "33211"工程是指三河(淮河、海河、辽河)、三湖(太湖、滇池、巢湖)、两区(二氧化硫控制区、酸雨控制区)、一市(北京市)、一海(渤海)治理。"33211"工程是全国污染防治的重点①。

淮河流域防治是到2000年实现水体变清。重点措施是加大执法力度,巩固达标成果,建设城市污水处理厂,削减生活污水负荷。太湖流域1998年底实现工业、集约化养殖厂和湖滨

---

① 国家环保总局:《环境工作通讯》,总第247期,第5页。

的宾馆饭店污染源达标排放。滇池治理近期目标是,1999年5月1日前实现工业污染源达标排放,水质和旅游景观明显改善。"两区"大气污染防治已经启动。"两区"总面积为109万km^2,占国土面积11.4%,涉及27个省、自治区、直辖市。主要措施是:逐步限产和关停含硫3%以上的高硫煤矿,对煤炭进行洗选,禁止在大城市附近新建燃煤电厂,淘汰小型发电机组,新建燃煤电厂必须使用固硫型煤。北京市防治污染的主要措施是:改善能源结构,推广低硫优质煤,扩大集中供热面积,防治煤烟型污染;加强施工管理,扩大机械化撒水和清扫面积,防治扬尘;严格执行旧车报废制度,禁售尾气超标汽车,禁用含铅汽油,防治机动车尾气污染;保护饮用水源,加强河道清淤,贯通水系,改善水环境。

【淮河流域水污染治理】 1994年7月,淮河流域发生特大污染事故,2亿m^3污水顺流而下,使下游20多个乡镇的淡水养殖业遭受灭顶之灾,工厂停工,几十万群众饮水困难。1994年5月,淮河治污正式开始。1995年8月,国务院颁发《淮河流域水污染防治暂行条例》。

从1994年开始到1997年底结束的淮河流域污染治理工作第一战役已初战告捷。淮河水污染治理的主要措施有三个,一是关停污染重的企业,尤其是"15小"企业。到1997年底,全流域取缔和关停了4987家污染严重的小企业(其中小造纸厂1111家)。全流域对日排废水100吨以上的1562家超标准排污企业实行限期治理,完成任务的1140家,占73%;停产治理214家,占13.7%;因各种原因停、转、破产190家,占12.2%;治理无望、责令关闭的18家,占1.1%。其间,河南省曾对159名违法的厂长执行行政拘留,并处分了有关县的领导干部。流域各级环保部门查处违法行为2200多起。二是对工业污染源实行达标排放。从1997年9月起,对593个入河排污口、1562家企业和82个水质目标断面实施每半个月一次的监测,并对全流域进行了10次同步监测。在"零点行动"中,沿淮4省共出动监理人员3143人次,确保工业污染企业实现达标排放。三是建立污水处理厂与引水工程。到1997年底,淮河流域已有14座城市污水处理厂动工兴建,设计处理能力151万吨/日。沿淮4省在污染严重地区共打井2244眼,江苏连云港市、盱眙县和安徽蚌埠市、怀远县先后完成了引水工程,解决了400多万居民的饮水问题。

通过关停企业和实现工业污染源达标排放,全流域共削减入河排污量COD约70万吨,占规划排污总量的40%以上。1998年1月1日零时,国家和地方环保部门对593个入河排污口和82个水质目标断面监测的结果表明:淮河干流水质有较明显改善,总体达到国家地表水III类标准,实现了《淮河流域水污染防治规划及"九五"计划》的目标要求[1]。

淮河流域污染治理行动说明,我国政府有能力对社会和环境事务进行有力管理,资金等问题并非是不能突破的瓶颈,治理污染对当地经济发展并无大的影响,结构性污染问题要通过结构调整来解决[2]。

【太湖污染物达标排放】 1998年国务院召开太湖流域水污染防治工作会议,温家宝副总

---

[1] 张坤民:"关于中国环境问题解决途径的调研与思考",《环境工作通讯》,总第246期,第15~22页。
[2] 国家环保总局:《环境工作通讯》,总第246期,第16页。

理提出了太湖流域水污染治理"决心不能动摇,目标不能改变,期限不能延长,要求不能降低"的要求。截止到1998年12月31日(达标排放零点行动),排污单位基本实现达标排放。太湖流域日排放废水100吨或日排放化学需氧量30公斤以上的1035家重点排污单位中,验收达标的有863家,占总数的83%,正在进行调试或停产治理的29家,勒令关闭的42家,由于其他原因破产停产的101家,总达标率为97.3%。另外,日排废水100吨或日排化学需氧量30公斤以下的1052家非重点排污单位的治污设施也已完工70%。在太湖流域的3省1市中,江苏省列入国家治理计划的770家重点企业有768家完成治理任务,只有2家企业因不能按期达标被责令停产治理,江苏省太湖流域每年可削减化学需氧量12万吨①。城市污水处理厂建设已完工2座,正在施工的3座,占第一阶段总处理规模的33.2%。

生态农业示范区建设和太湖流域部分河道底泥的清淤工作取得进展,饮用水源地的保护得到进一步加强。禁止和限制销售、使用含磷洗涤剂的准备工作基本完成,围网养殖规模和船舶污染得到一定控制②。例如,江苏省在渔业水污染防治方面,累计拆除太湖围网养殖面积7000多亩,机械吸螺蚬作业船只由原来的500多条控制在目前的200条以内,养殖水产单产由1993年的451公斤/亩下降到87公斤/亩左右。

虽然太湖流域达标排放基本达到了预期目的,取得了阶段性成果,但是太湖水污染问题依然严峻。根据《中国环境状况公报(1998)》,太湖氮、磷污染较重,五里湖、梅梁湖等湖区富营养化严重,全湖处于中富营养化状态。由于氮、磷污染,太湖湖体水质介于Ⅳ~Ⅴ类之间。

由此可见,现行的基于浓度的达标排放管理办法,不能达到控制排污总量,改善水环境的目的。由于水环境吸纳污染物的容量是有限的,而且太湖水交换周期长达273天,再加上太湖淤泥与太湖水体之间(水土界面)存在着复杂的交换关系,所有这些都决定了太湖水污染的治理不是一蹴而就的,采用"零点行动"这种限期强制命令式的方法来管理环境问题并不十分凑效。

【滇池水污染治理】 滇池的污染问题主要是富营养化问题,造成滇池污染的原因可以概括为四个方面。一是由于工农业生产、居民生活污水未经处理而过度排放,使滇池水体中的总磷、总氮含量极大地超过限度指标,导致藻类植物在水中快速生长。二是昆明气候温差小、湿度大的特点适于藻类繁殖。三是滇池水体交换周期长,交换一次需要3年时间,不利于污染物的外排。四是滇池底部污泥中沉积了大量的污染物,总磷、总氮的含量极高,即使断掉了陆上污染源,在相当长的时间里,底部的污染淤泥依然是重要隐患。鉴于滇池的严重污染以及1999年在昆明召开世界园艺博览会的需要,我国加大了滇池水污染治理的力度,主要是完成142家重点企业的污染治理任务,污染排放量减少31%;建成4座城市污水处理厂,清理了部分湖底和河道的淤泥,滇池水质有所改善,但要根治滇池的水污染问题,难度仍然很大。

【二氧化硫控制区与酸雨控制区】 1998年1月12日,国务院作出"关于酸雨控制区和二氧化硫控制区有关问题的批示",原则同意《酸雨控制区和二氧化硫控制区划分方案》。二氧化

---

① 张连珍:"江苏省太湖水污染防治工作情况汇报",1999年6月。
② 国家环保总局:《中国环境状况公报(1998)》,第3页。

硫控制区与酸雨控制区范围如图 7-5。

(a) 二氧化硫控制区

(b) 酸雨控制区

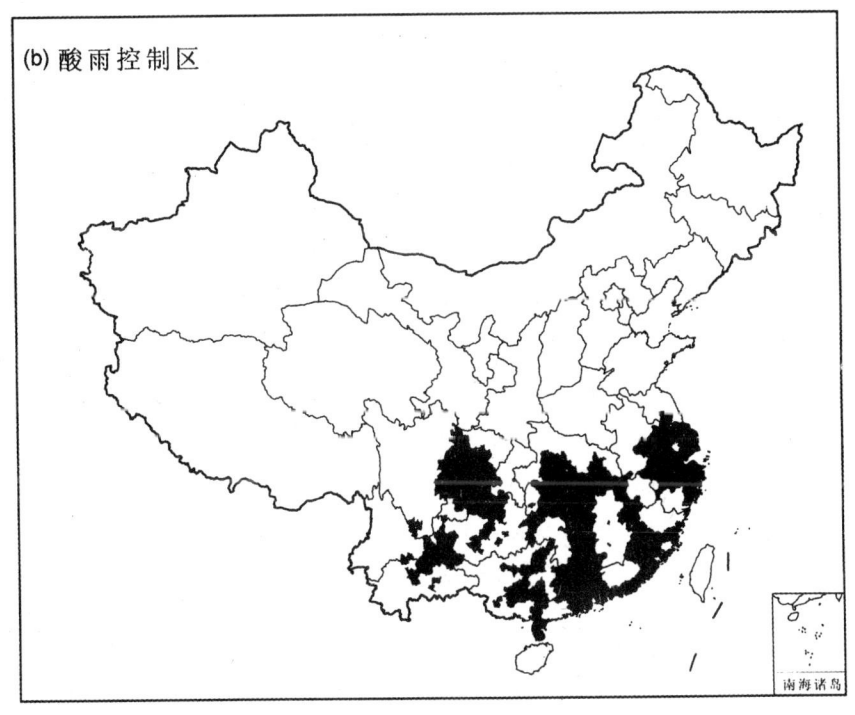

图 7-5 二氧化硫控制区与酸雨控制区分布
a：二氧化硫控制区；b：酸雨控制区

二氧化硫控制区与酸雨控制区的控制目标是：到2000年，排放二氧化硫的工业污染源达标排放，并实行二氧化硫排放总量控制。有关直辖市、省会城市、经济特区城市、沿海开放城市及重点旅游城市空气中的二氧化硫浓度达到国家环境质量标准，酸雨控制区酸雨恶化的趋势得到缓解。到2010年，二氧化硫排放水平控制在2000年排放水平以内，城市空气中二氧化硫浓度达到国家环境质量标准，酸雨控制区降水pH值小于4.5的面积比2000年有所减少[1]。

严格限制开采硫份大于3%的高硫煤，是实现上述目标的重要措施。原因有三：第一，我国高硫煤分布和生产集中在浙江、湖北、海南、广西和四川，这些地区使用高硫煤比重最大，产生的二氧化硫问题最严重，应首先解决。第二，我国高硫煤的储量和产量不大，1996年全国高硫煤产量为9555万吨，仅占煤炭总产量的7.36%。因此，从总体上看，限制高硫煤产量不会影响我国能源生产和消费的平衡。第三，严格控制高硫煤，减少大气污染的效果最明显，经济损失也比较小。

【北京市大气污染治理】 北京市的大气污染一直较为严重，大气中总悬浮颗粒物、二氧化硫、氮氧化物年日均值均超过国家空气质量二级标准；采暖期各项污染物浓度严重超标；汽车尾气污染日益加重，主要交通干线和路口的一氧化碳和氮氧化物常年超标[2]。

1998年12月17日，北京市召开"贯彻落实防治大气污染紧急措施动员大会"，决定采取紧急措施控制首都的大气污染。北京市的主要污染源来自每年燃烧2800万吨煤，140多万辆机动车排放的尾气，5000多个建筑工地的扬尘，以及自然降尘等[3]。主要措施为控制煤烟型污染、控制机动车污染、控制扬尘污染、加强行政监督。具体措施包括：加速建成陕甘宁天然气进京市内工程，使用天然气总量达到7亿m^3，置换天然气用户8.5万户。四环路内工地炉和大灶、三环路内餐饮业、长安街及其延长线两侧200m内的燃烧设备均须使用清洁燃料。1998年将建成高碑热电厂和双榆树供热厂，发展集中供热面积300万m^2。强制推广使用低硫低灰优质煤350万吨。继续执行新的机动车尾气排放标准，强制安装净化装置，严格执行机动车淘汰报废制度。北京市使用清洁燃料的公共汽车将达到3600辆，改装出租汽车1.4万辆，建设液化气、天然气加气站49座。对5000多个大小建筑工地实行严格的现场管理，防止道路遗洒，扩大道路冲刷面积，尽量减少扬尘污染[4]。

虽然北京市对控制大气污染采取了许多行动，但由于大气污染问题本身的复杂性，北京市的大气环境质量并没有很大改观。据监测，1998年北京市区大气中总悬浮颗粒物、二氧化硫、氮氧化物年平均值分别超过国家空气质量二级标准89%、100%和204%，9～10月份连续出现空气污染指数四级的状况。根据中国环境监测总站对45个国家157个城市（包括我国44个主要城市）大气质量的比较分析，北京市空气污染综合指数在1995年排第

---

[1] 国家环保总局：《中国环境状况公报(1997)》。
[2] 国家环保总局：《环境工作通讯》，总第245期，第11页。
[3] 《人民日报》，1999年6月27日，第2版。
[4] 国家环保总局：《环境工作通讯》，总第254期，第6页。

7位,1998年排第3位。比世界上大气污染最严重的墨西哥城的总悬浮颗粒物高出35%、二氧化硫高出62%,比上海、天津、重庆的大气污染综合指数分别高出40%、33%、37%[①]。

二、生态建设及其效果

我国的生态环境问题已经引起我国政府、公众、非政府组织与国际社会的广泛关注。我国政府出台了一系列旨在改变生态环境状况的政策与措施,特别是1997~1998年,相继出台了《全国水土保持生态环境建设规划》、《天然林保护工程》、《全国生态环境建设规划》等一系列政策。

【天然林保护工程】 天然林保护工程是为了确保国家生态安全而实施的重大工程。1998年3月,国家林业局提交了《重点国有林区天然林资源保护工程实施方案》,报请国务院批准。工程的实施范围包括四川、云南、新疆、甘肃、陕西、内蒙古、吉林、黑龙江以及国有林区的135个森林工业局等,工程分两期实施,1998~2000年为一期,以调减天然林采伐量和分流、安置人员为主要内容。2001~2010年为二期,以建设转产项目、培育后备资源、提高木材自给能力和恢复林区经济为主要内容。一期工程总投入282.73亿元,二期工程总投入828.48亿元[②]。

在我国市场经济与政企分开的大环境中,林业是以行政手段得到强化的唯一部门。天然林保护工程的实施将对全国的森工企业带来革命性的变革,"放下斧头,拿起锄头","砍树人变种树人"是这场变革的核心。1998年8月中,国务院发出紧急通知,冻结各项建设工程征用和占用林地一年,要求坚持制止毁林开垦和乱占林地的行为,禁止砍伐天然林,要求大力植树造林。天然林保护工程制定与实施以后,我国东北林区与西南林区基本完成了天然林保护工程的规划,四川、重庆、云南等地纷纷出台禁伐天然林的禁令。例如,1998年8月20日,四川省发出关于停止长江上游地区天然林采伐的命令,规定从9月1日起,川西天然林区实行禁伐,并关闭木材交易市场。9月初开始,川西4万余名采伐工人全部转为植树造林人员。10月1日起又实行全省天然林禁伐,全面启动天然林保护工程。9月1日,云南省决定10月1日起,金沙江流域禁伐天然林,3.7万林业采伐工人全部转为绿化人员。9月初重庆市向全国人民承诺:禁伐天然林,将1.2万名林业工人全部转为造林、护林人员[30]。

天然林保护工程实施前与实施过程中,还存在一些问题,突出表现在三个方面,一是在实施前,突击砍伐天然林现象普遍(专栏7.11);二是在禁令发出后,在部分地区盗伐砍伐天然林的现象仍时有发生;三是在实施过程中,还面临着诸多转制过程中的问题,如森工企业职工下岗分流与生活保障问题等。

【全国生态环境建设规划与实施】 1998年11月国务院通过《全国生态环境建设规划》,1999年1月6日颁布实施,使我国生态环境建设进入大规模的实施阶段(专栏7.12)。

---

① 《人民日报》,1999年6月27日,第2版。
② 《黑龙江经济报》,1998年10月21日,第4版。

> 专栏 7.11
>
> ### 长江上游突击砍伐天然林[①]
>
> 朱镕基总理针对天然林保护已有多次讲话,指示天然林一棵也不能再砍了。尽管各级管理部门三令五申,可是由于利益驱动,林区砍伐声仍不绝于耳。1998年春,天然林保护工程即将启动的消息传出后,长江上游森工企业突击砍伐,要赶在天然林保护工程启动之前,认为能多砍一棵就多到手一笔钱,特别是四川、重庆、贵州、云南以及湖北神农架等林区尤为严重。在四川省合江县,有的山完全"剃秃",境内有木材加工厂30多家,其中一个山沟竟有20多家;川西的瓦屋山区,每天有几十辆卡车运输原木。四川省9月1日在川西天然林区实行禁伐,但是其他林区仍存在突击大量采伐现象。

> 专栏 7.12
>
> ### 山川秀美不是梦:全国生态环境建设规划[②]
>
> 1998年11月,国务院通过了《全国生态环境建设规划》。该规划从我国生态环境保护和建设的实际出发,对全国陆地生态环境建设的一些重要方面进行规划,主要包括:天然林等自然资源保护、植树种草、水土保持、防治荒漠化、草原建设、生态农业等。
>
> 我国生态环境建设的总体目标是:用大约50年左右的时间,动员和组织全国人民,依靠科学技术,加强对现有天然林及野生动植物资源的保护,大力开展植树种草、治理水土流失、防治荒漠化,建设生态农业、改善生产和生活条件,加强综合治理力度,完成一批对改善全国生态环境有重要影响的工程,扭转生态环境恶化的势头。力争到下个世纪中叶,使全国适宜治理的水土流失地区基本得到整治,适宜绿化的土地植树种草,"三化"草地基本得到恢复,建立起比较完善的生态环境预防监测和保护体系。大部分地区生态环境明显改善,基本实现中华大地山川秀美,建立起基本适应可持续发展的良性生态系统。
>
> 到下个世纪中叶,我国生态环境建设分近期(从现在起到2010年)、中期(2010~2030年)、远期(2031~2050年)三个阶段进行规划。

1998年全国在19个省、市、自治区和新疆生产建设兵团的107个县实施生态环境建设工程,中央累计投入资金92300万元,地方配套资金56444万元,共计投入资金148744万元。在19个省、市、自治区和新疆生产建设兵团中,陕西与四川安排的重点县最多,各有14个县;其次是云南,11个县;山西与内蒙古各有10个县(表7-18)。从地区分布来看,长江与黄河中上游地区是生态环境建设的重点。

---

① 参考文献[32~33]。
② 参考文献[14]。

表 7-18 1998年生态环境建设重点县投资情况

省区市	中央投资（万元）	地方配套（万元）	重点县个数	重点县名称
北京	1800	1800	2	怀柔、昌平
河北	2000	800	2	丰宁、怀来、(刑台县)
山西	8600	4770	10	河曲、偏关、兴县、方山、岚县、原平、神池、静乐、大宁、永和
内蒙古	9500	4151	10	准格尔旗、东胜市、达拉特旗、伊金霍洛旗、乌审旗、鄂托克旗、杭锦旗、和林格尔县、卓资县、磴口县
辽宁	1500	1500	2	建平、彰武
吉林	1000	500	1	白城市(通榆县、洮北县)
江西	1000	800	1	赣州地区(兴国县、南康市、信丰县)
河南	2600	1800	3	灵宝、新安、渑池
湖北	3400	1700	4	姊归、巴东、宜昌、兴山
湖南	1000	800	1	益阳市(安化、桃江)
重庆	8400	5976	10	巫山、云阳、奉节、开县、江津、万州区、合川市、涪陵区、武隆县、巴南区
四川	11900	8718	14	旺苍、苍溪、朝天区、剑阁、遂宁市中区、汶川、茂县、大邑、绵阳市涪城区、中江、九寨沟、黑水、阆中市、盐亭
贵州	3400	1700	4	丹寨、大方、毕节、织金
云南	8900	6500	11	永胜、姚安、牟定、会泽、元谋、昭通、绥江、永善、宾川、大姚、禄劝、(彝良)
陕西	11600	6248	14	榆林市、神木、府古、延安宝塔区、子长、延长、甘泉、米脂、清涧、横山、宜君、宜川、富县、绥德
甘肃	5100	2550	6	渭源、甘谷、庄浪、宁县、成县、泾川
青海	5400	3090	6	平安、乐都、共和、贵德、西宁市城东区、湟中、(刚察)
宁夏	2600	1300	3	彭阳、固原、隆德
新疆	1800	941	2	伊犁地区(巩留、特克斯、新源)、木垒
新疆兵团	800	800	1	和田兵团农场(47团、皮山农场)
合计	92300	56444	107	

注：括号内所列县为生态示范区所在县或国家计委预算内资金安排的生态建设县。

三、政策法规建设

【生态环境立法稳步发展】 1997年，环境立法取得了新进展。修改后的《中华人民共和国刑法》中增加了"破坏环境与资源罪"，实现了国家立法中有关环境犯罪规定的重大突破[①]。1998年7月山西运城市人民法院审理

---

① 国家环保总局：《中国环境状况公报(1997)》。

了全国第一起环境污染犯罪案(专栏7.13)。1998年11月,国务院发布《建设项目环境保护管理条例》。该条例适应社会主义市场经济条件下建设项目的环境管理,增加了清洁生产、排污总量控制等重要内容,并明确了相应的法律责任。截至1998年,国家已颁布环境法律6部、资源保护法律9部、环境行政法规29件、环保部门发布环境规章70余件,我国生态环境法规体系趋于完善[①]。

地方环境立法工作也取得了进展。例如,1998年9月29日,山西省人大常委会审议批准了《太原市大气污染排放总量控制办法》,成为我国实行总量控制的第一部地方性法规。

专栏7.13

山西运城市人民法院审理全国第一起环境污染犯罪案[②]

山西运城市人民法院对于1998年9月17日就天马文化用纸厂特大环境污染案作出一审判决,被告人天马纸厂法定代表人、厂长杨军武因触犯《刑法》第338条关于"重大环境污染物事故罪",被判处有期徒刑2年,并处罚金5万元,判令天马纸厂赔偿经济损失358815元。该案成为全国审理的第一起环境污染犯罪案。

【环境执法检查力度加大】 2000年前,全国环境执法检查的重点是《国务院关于环境保护若干问题的决定》的贯彻执行情况。检查内容包括:①新建、扩建、改建和技术改造项目的环境管理及达标状况,②超标排污单位的限期治理及达标状况,③"三河"、"三湖"、"两区"污染防治计划和措施的执行情况,④流域水污染防治工作中实行重点污染物排放总量控制制度和核定制度的情况,⑤执行有关禁止进口废物的法律规定的情况,⑥排污费征收、使用和管理情况,⑦环境执法机构及执法人员实施行政处罚情况。全国人大环境资源委员会曾组织了对内蒙古自治区《草原法》、晋陕蒙接壤地区《水土保持法》、淮河与太湖流域《水污染防治法》等多次执法检查[③]。

【依法行政有了良好开端】 随着《行政处罚法》的颁布实施,环境行政处罚走上了法制管理的轨道。1998年1月26日,原国家环保局对四川省聚酯股份有限公司违反建设项目污染防治措施"三同时"制度的行为,依法进行处罚,"责令停止生产,缓期至6月30日执行,并处罚款5万元"。在处罚前,根据被处罚人的要求,依法举行了行政处罚听证。这是国家环保局第一次依法直接行使行政处罚权,也是《行政处罚法》实施以来,中央国家机关主持的首例行政处罚听证[④]。

【环境政策日臻完善】 1997~1998年间,国家环保总局出台了一系列旨在规范环境行为、改善生态环境方面的强制性政策。例如公布了淘汰工艺设备名录,限制氯氟化碳(CFCs)

---

① 国家环保总局:《中国环境状况公报(1998)》。
② 国家环保总局:《1998年中国生态环境状况》;《环境工作通讯》,总第239期,第28页。
③ 国家环保总局:《环境工作通讯》,总第245期,第18页。
④ 国家环保总局:《环境工作通讯》,总第248期,第24页。

类物质使用,限期停止生产、销售、使用含铅汽油等(专栏7.14)。

专栏7.14

1997~1998年国家出台的环境限制政策[①]

1997年6月5日,国家经贸委、国家环保局和机械工业局公布了第一批严重污染环境(大气)的淘汰工艺和设备名录,共15项。

1997年6月5日,国家环保局等发布在气雾剂行业禁止使用氯氟化碳类物质,履行《关于消耗臭氧层物质的蒙特利尔议定书》。按照《议定书》规定,我国应在1999年将氯氟化碳类物质的生产和消费冻结在1995~1997年3年的平均水平,到2010年完全停止氯氟化碳、哈龙等主要消耗臭氧层物质的生产和使用。

1997年10月23日,国家环保总局印发《关于加强氟化盐企业污染治理的通知》,并针对不同情况作出关闭、限期治理、停止建设和审批等决定。

1998年3月26日,国家环保总局印发"关于加强环境保护行政办法工作的若干意见"。对"15小"企业要切实做到断水断电、拆除设备、吊销执照、消毁原料,杜绝死灰复燃。

1998年9月2日,国务院办公厅发出"限期停止生产、销售、使用含铅汽油的通知"。明确直辖市及省会城市、经济特区城市、沿海开放城市和重点旅游城市的所有加油站停止销售含铅汽油,自2000年7月1日起,全国所有汽车停止使用含铅汽油,改用无铅汽油。

1998年9月22日,国家环保总局下发"关于加强重点交通干线、流域及旅游风景区塑料包装废物管理的若干意见"。

【生态环境投资不断增加】 1997年全国环境污染投资502.4亿元,其中,城市环境基础设施建设投资257.2亿元,老污染源治理更新改造投资116.4亿元,新建项目"三同时"环保投资128.8亿元。1998年在1997年基础上有较大幅度提高,全国环境污染投资721.8亿元,其中,城市环境基础设施建设投资456亿元,比1997年增加了77%;老污染源治理更新改造投资123.8亿元,比1997年增加了6.3%,在老污染源治理投资中,安排了废水处理投资73.3亿元、废气治理32.5亿元;新建项目"三同时"环保投资142亿元,比1997年增加了10.2%[②]。

【实行排污收费制度改革试点】 1998年4月26日与5月26日,国家环保总局等部门联合发出通知,实行总量控制与排污收费改革试点。1982年国务院发布《征收排污费暂行办法》(国发[1982]21号),在全国实行了排污收费制度。但已不适应我国社会主义市场经济条件下环境保护的需要。为落实《国务院关于环境保护若干问题的决定》中提出的"要按照'排污费高于污染治理成本'的原则",提高现行排污收费标准,促使排污收费制度的改革,决定在杭州、郑

---

① 国家环保总局:《环境工作通讯》,1997~1999年有关各期。
② 国家环保总局:《中国环境状况公报》(1998)。

州、吉林 3 城市进行总量排污收费试点工作(专栏 7.15)。

> **专栏 7.15**
>
> **实行排污收费制度改革试点的内容与范围**[①]
>
> 　　总量排污收费试点范围包括水、大气、固体废物、固定噪声源、机动车污染和飞机噪声等,收费标准按排污单位排放污染物的种类和数量,以污染当量计算征收排污费。
>
> 　　对超标排污单位一律按照本通知附件征收排污费。对于废水、废气排放已经达到国家或地方规定的污染物排放标准的,经试点城市人民政府批准,可以减半征收排污费。凡已经开征城市污水处理费的,废水排放达到国家或地方规定的污染物排放标准的,暂不再征收水污染物排污费。
>
> 　　试点的范围为杭州、郑州、吉林 3 城市辖区内的所有排污单位,原征收体制不变。试点时间为 1998 年 7 月 1 日至 1999 年 6 月 30 日,为期 1 年。

　　从试点的内容与方法中可以看出,我国实行了 16 年之久的排污收费制度可望得到改革与发展,它改变了过去以污染物浓度作为排污收费标准的作法,变为以污染总量来征收排污费,应该说这是一个不小的进步。然而也不能不看到,目前的试点给人一种"千呼万唤始出来,犹抱琵琶半遮面"之感,试点办法尚有诸多不到位的情况。主要表现在以下三方面:一是收费办法没有考虑排污收费标准与年通货膨胀之间的协调关系;二是对排污单位尚未做到一视同仁,为"网开一面"提供了政策庇护;三是未触及弊端日益明显的征收体制,特别是将 20% 排污费作为环保系统事业费补贴这种不规范行为。

　　另外,1998 年 4 月国家环保总局、国家发展计划委员会、财政部、国家经济贸易委员会等部委联合发出通知,扩大在酸雨控制区与二氧化硫控制区开征二氧化硫排污费扩大试点,使我国在污染物总量控制与排污收费方面的改革又向前迈了一大步。

　　【**推进环境信息公开,实行城市环境整治考核**】　　北京、南京等 46 座城市向社会发布了空气质量周报。在全国 510 座城市实行城市环境整治考核,其中张家港、大连、深圳、厦门、珠海、威海 6 城市,在经济快速增长的同时,环境质量明显改善,被授予国家环境保护模范城市称号。

第五节　　评价与结论

1. 我国生态环境状况与问题

　　【**我国生态环境"总体恶化、局部改善"**】　　主要表现在以下几个方面,一是全国大气环境继续恶化,二氧化硫排放居高不下,酸雨区不断扩大,城市汽车尾气排放增加。二是水环境问题

[①] 国家环保总局:《环境工作通讯》,总第 247 期,第 9 页。

突出,七大江河与主要湖泊水污染问题依然突出,城市湖泊与部分淡水湖泊的富营养化问题突出。三是城市垃圾围城现象普遍,居民消费污染进入了一个新阶段。四是农田污染问题越来越严重,乡镇企业工业污染的部分指标已经占据了全国工业污染的半壁江山。五是黄河断流与长江洪灾反映了我国生态环境与经济发展之间的矛盾已经非常尖锐,我国水土流失、荒漠化、草地退化等生态恶化趋势没有扭转。

【现阶段我国生态环境呈现出新特点】 随着我国工农业发展与人民生活水平的提高,我国生态环境呈现出三个新特点,一是由单纯的工业污染过渡到工业和大众消费形成的污染并存,而且乡镇企业污染问题越来越突出。二是水体污染由工业污染发展到工业污染加农业污染的复合污染。三是生态环境问题正在由局部扩展到更大范围,从流域的一部分扩展到全流域。

【我国为经济高速增长付出了巨大生态环境代价】 虽然没有公认的生态环境损失的经济评估,但是从已有资料来看,我国生态环境损失巨大。据世界银行估计,中国大气污染与水污染的损失约占当年GDP的7.8%(未包括固体废物污染和生态破坏)[1,34]。按照生态破坏损失是污染损失的2倍来推算[35],我国环境污染与生态破坏的总损失约占GDP的23%左右,可见我国高速经济增长所付出的生态环境代价。近20年来,我国在总体上承袭了"先污染、后治理"的模式。

2. 我国生态环境治理与效果

【全国生态环境建设取得重大进展】 主要表现在以下三个方面,一是在国家机关体制改革中,国家环境保护局升格为国家环境保护总局,并完成内部的机构改革。二是国家实施《绿色工程计划》与《污染物总量控制计划》,"33211"工程与"一控双达标"均有一定进展。三是国家制定灾后恢复重建的"32字方针",出台了《全国生态环境建设规划》,目前,天然林保护工程、退耕还林还草、退耕还湖与移民建镇等生态恢复计划进入实施阶段。

【实施了一系列生态环境治理的重大举措】 中央政府和有关地方政府采取的重大政策和行动有:淮河流域水污染治理,太湖污染物达标排放,划定二氧化硫控制区与酸雨控制区,进行北京市大气污染治理,推行总量排污收费试点工作。另外,近年来,在全国范围内,实施了信息公开,开展了大规模的环境宣传教育工作等。

【生态环境治理初见成效】 1997年底淮河流域通过关停企业和实现工业污染源达标排放,全流域共削减入河排污量COD约70万吨,占规划排污总量的40%以上。截止到1998年12月31日,太湖流域排污单位基本实现达标排放。在日排放废水100吨或日排放化学需氧量30公斤以上的1035家重点排污单位中,总达标率达到97.3%。日排废水100吨或日排化学需氧量30公斤以下的1052家非重点排污单位的治污设施也已完工70%。江苏省太湖流域每年可削减化学需氧量12万吨。1998年工业废水、烟尘、二氧化硫等主要污染物排放总量呈下降或持平之势。因此,我国重点地区的生态环境治理取得了一定效果。

【生态环境治理的成效仍有不尽人意之处】 我国实施了一系列生态环境治理的重大举措,生态环境治理取得了重大进展,但实施效果仍有不尽人意之处。主要表现为重点治理区的污染物排放虽然基本实现达标排放,达到了预定的目标,可是生态环境状况并没有根本改变,例如淮河、太湖、滇池等水污染问题依然突出,酸雨区仍呈现扩大的趋势,北京市的大气污染问题依然很严重。造成这种状况的原因可简单概括为三个方面,一是我国经济总量巨大,庞大的经济总量势必对生态环境造成巨大的压力。二是生态环境问题本身具有复杂性,生态恢复有一个过程。三是我国现行的生态环境政策仍不够完善,尚没有完善的环境经济政策来激励企业或消费者主动采取措施控制污染和改善生态环境。

【巩固现有治理成果的难度很大】 近年来生态环境治理初见成效,但巩固这些成果难度很大。中国近年来的重大资源与环境事件,要从根本上杜绝,是很难的。这种在短期内以强制命令实现的污染控制措施和效果有时难以维持。主要表现在:一是污染"回潮"现象普遍,随着短期强制性措施的结束,一些污染事件随之发生。二是带来许多新的社会问题,例如失业问题。三是不利于企业转制或转产。这些措施仍带有计划经济的烙印,管理和监督的成本很高。

3. 近期政策建议

【扩大污染物总量控制试点】 目前的污染物总量控制试点主要局限在"两控区"和3个试点城市,试点的范围有待扩大,试点内容有待增加,试点办法有待完善。今后二氧化硫排放总量控制的试点范围可适当扩大到一些大中城市与部分城市化区域,试点内容应从目前的大气污染扩展到流域水污染总量控制,试点办法由目前的静态收费扩展为动态收费,充分考虑物价波动因素,并克服可能存在的"网开一面"的政策漏洞。在试点中充分利用市场手段,充分利用现有市场,并创建排污权交易市场等,降低环境控制的总成本。

【改革排污收费制度】 现行的排污收费制度的主要问题是收费标准低、排污费使用体制不顺。过低的收费标准不利于刺激企业或消费者采取积极主动的措施来降低污染物排放,也不利于已有的污染控制与污染物处理设施发挥作用。因此,应该逐步提高排污费收费标准,落实《国务院关于环境保护若干问题的决定》中提出的"要按照'排污费高于污染治理成本'的原则"。在现行排污费使用制度中,20%的排污费用于补贴国家环保总局及其下属部分的事业费不足,并将"四小块"也作为环保局的事业费收入。这种排污费使用办法的一个负面影响是,谁的辖区内污染问题越严重,谁的排污费收入就越高,谁从排污费中提成的事业费就越多,因而,很可能由此滋生腐败甚至纵容管辖范围内污染现象的发生,不利于激励环保局系统加大环境污染治理的力度。随着我国综合国力的增强与生态环境治理投资力度的加大,这种排污费使用办法已经越来越不能适应我国环境保护的需要。因此,必须割断排污费与环保局事业费之间的联系,积极推进环境税的建立。

【加大环境信息披露的力度】 环境信息披露是环境治理的有效手段。目前的信息披露主要有两大类,一类是政府(主要是环保系统)发布的一年一度的环境状况公报或部分城市的大气污染周报等,这种信息公开的内容往往比较笼统,而且大多数人很难把握公布的数字到底意味着什么,给人一种"事不关己"之感。另一类是新闻媒体披露的生态环境事件,这主要集中在国家重点治理地区,往往采用"电视曝光"等一时痛快的披露形式,并没有将某某环境事件可能对人体健康或生产生活的影响披露出来。总之,我国环境信息披露缺乏广泛的公众参与,还没有走上"规范化"、"制度化"的轨道。因此，要加大环境信息披露的力度，通过制定相应的制度，披露那些与公众健康或利益密切相关的环境信息，一方面对污染者造成强大的舆论压力，另一方面有利于开展环境教育，提高全民族的环境意识。

【加强生态环境建设的科技支撑】 现行的生态环境建设项目的立项与实施带有明显的计划经济体制的烙印，在重点县与项目的选择上难免带有主观意志，在项目执行中难免有些长官意志，缺乏必要的科技支撑。应该说，我国还不富裕，能拿出一些钱来搞生态环境建设实属不易。我国的生态破坏严重，需要解决的问题很多，而且生态环境建设本身又有其复杂性与综合性，因此，要加强生态环境建设中的科技支撑，用尽可能少的钱办尽可能多的事。生态环境建设中科技支撑的作用主要体现在研究、开发、示范与推广四个环节，研究就是要研究生态环境建设中遇到的科学问题，开发就是要开发一系列适用技术，示范就是在研究与开发的技术上，选择适当地区做些样板给人看，推广就是将示范所取得的成功经验在相同或相似的地区进行推广，起到以点带面的作用。

参考文献

[1] 世界银行：《碧水蓝天——21世纪的中国环境》，中国环境科学出版社，1997年。
[2] 金相灿："中国湖泊富营养化"，载金相灿等：《中国湖泊环境》，第267～322页，海洋出版社，1995年。
[3] 李玉山："千里黄河缘何断流"，《中国科学报》，1998年1月7日。
[4] 中国科学院地学部："关于缓解黄河断流的对策与建议"，《中国科学报》，1998年10月28日。
[5] 李杰："黄河断流:治黄新课题"，《人民日报》，1997年5月24日。
[6] 杨朝飞："黄河断流的生态思考"，载国家环境保护局自然保护司编：《黄河断流与区域可持续发展》，第1～9页，中国环境科学出版社，1997年。
[7] 熊蕾："生态压力直逼江河源头"，《科学时报》，1999年1月7日。
[8] 李志伟："母亲河还能孕育我们多久"，《科学时报》，1999年3月24日。
[9] 王文刚："解决黄河断流重在源头地区"，《科学时报》，1999年2月3日。
[10] 贾达明、陈文生："加强江河源头生态环境保护"，《中国绿色时报》，1999年3月15日。
[11] "长江黄河源头生态环境继续恶化"，《光明日报》，1999年4月22日。
[12] 《中国环境年鉴》编委会：《1996中国环境年鉴》，中国环境年鉴出版社，1996年。
[13] 《中国环境年鉴》编委会：《1998中国环境年鉴》，中国环境年鉴出版社，1998年。
[14] "全国生态环境建设规划"，《人民日报》，1999年1月7日。
[15] 刘景发、刘德夫："标本兼治 重在治本"，《中国水土保持》，1998年第11期，第17～19页。
[16] "水土保持——黄土高原生态建设的重大课题"，《经济日报》，1999年3月24日。
[17] 兰月："黑三角的忧患"，《中国科学报》，1997年2月14日。
[18] 国家环境保护总局：《中国环境状况公报(1997)》。
[19] 国家环境保护总局：《中国环境状况公报(1998)》。
[20] 新华社："江泽民主持召开黄河治理开发工作座谈会"，《人民日报》，1999年6月22日。
[21] 国家遥感中心：《'98中国特大洪灾遥感图集》，北京大学出版社，1999年。
[22] 张信宝、文安邦："长江上游减沙 任重道远"，《中国水土保持》，1998年第11期，第24～25页。
[23] 曾大林、蒲朝勇："湘赣两省水土保持工作调查报告"，《中国水土保持》，1998年第11期，第7～9页。
[24] 宋瑞祥："在长江源环保纪念碑揭碑仪式上的讲话"，《中国环境报》，1999年6月8日。
[25] 史立人："水土保持是治理江河的根本"，《中国水土保持》，1998年第11期，第13～16页。

[26] 景可:"长江特大洪水原因与防灾方略探讨",《中国水土保持》,1998年第11期,第30~31页。
[27] 虞孝感、姜加虎、窦鸿身等:"应重新审视中游长江治水战略——对今年洪水的思考之一",《中国科学报》,1998年8月26日。
[28] 虞孝感、姜加虎:"洞庭湖重负难当 根治出路在长江——对今年洪水的思考之三",《中国科学报》,1998年9月30日。
[29] 许厚泽、赵其国等:《长江洪涝灾害与科技对策》,科学出版社,1999年。
[30] 孙丹平:"顺应自然 探索发展",《北京青年报》,1998年9月18日。
[31] 洪庆余等:《中国江河防洪丛书——长江卷》,中国水利水电出版社,1998年。
[32] 严峻:"投入195个亿能否保住天然林",《北京青年报》,1998年7月14日。
[33] 孙丹平:"川西采伐缘何困难重重",《北京青年报》,1998年10月13日。
[34] 夏光:《1998 中国环境污染损失的经济计量与研究》,中国环境科学出版社,1998年。
[35] 徐嵩龄:"中国环境破坏的经济损失研究——它的意义、方法、成果及研究建议",《中国软科学》,1997年第12期。
[36] 《中国环境年鉴》编委会:《1997 中国环境年鉴》,中国环境出版社,1997年。
[37] 王礼先:"抓紧水土流失治理 改善生态环境",《中国水土保持》,1998年第11期,第22~23页。
[38] 水利部:《中国'98大洪水》,中国水利水电出版社,1999年。

第八章 主要自然资源的利用与保护[①]

自80年代以来,我国国民经济发展取得了举世瞩目的巨大成就。然而,长达20年的经济快速增长,在一定程度上和一定范围内是以过度消耗资源和牺牲环境为代价的。我国是自然资源相对短缺的发展中大国,快速、粗放的经济增长方式对资源与生态环境的长期支撑能力形成了严峻的挑战。自然资源的可持续利用和保护,是区域可持续发展的重要内容。本章将从水资源利用与保护、土地资源开发利用与保护、能源保障与可持续发展等三个方面,论述我国主要自然资源的利用与保护状态。

第一节 水资源的开发利用与保护

水是战略性资源,是国家资源基础的最重要的组成部分。要保障社会经济的可持续发展,需要有一个安全、健康的水环境和可持续利用的水资源基础。

一、全国水资源基本态势

从总体上看,我国水资源呈现如下基本态势。

【缺水情况仍在加重】 我国人均水资源量不足2400 m^3,仅及世界平均水平的1/4,并且时空分配极为不均,影响了有限资源的可利用性。随着人口增长,人均水资源占有量和可供应量继续呈现下降的趋势。如果国家在法律、经济和技术上没有一些重大措施,到下世纪初我国很可能出现严重的水危机。

【水利用能力、利用率和利用效率均偏低】 在我国的全部用水中,80%以上为农业用水,但农业用水效率较差,制约了用水总体效率的提高。自流灌水利用率仅为40%左右,井灌也仅为70%左右。单位水量的农产品产量更有较大的区际差距。工业用水情况亦是如此。单位工业产值水耗虽在过去10年间下降了3倍以上,但仍为世界发达国家的10倍左右;工业用水重复利用率约为60%,而发达国家均在75%以上。

【水污染严重制约了水的可利用性】 全国水污染形势仍然十分严峻,治理的速度赶不上污染增长的速度,水污染正从城市扩展到农村,从局部河段扩展到整个流域。全国的江河湖泊及近岸海水域普遍受到不同程度的污染,水环境质量呈继续恶化趋势。1997年与1990年相

[①] 本章内,南方包括16省区市,即上海、江苏、浙江、安徽、福建、江西、湖北、湖南、广东、广西、海南、四川、重庆、贵州、云南、西藏;北方包括15省区市,即北京、天津、河北、山西、内蒙古、辽宁、黑龙江、吉林、山东、河南、陕西、甘肃、青海、宁夏和新疆。

比,城市生活污水排放量翻了一番;水域污染不仅没有遏止,反而有所加剧;水环境质量虽然局部地区有所改善,但总体上仍在恶化。目前,全国污水年排放量约190亿吨,而污水处理率只有13.6%。水体严重污染降低了水资源的利用价值,损害了水的环境和生态功能,减少了水资源的有效供给,并直接威胁人畜的饮水安全和工农业生产的正常进行。

【缺水严重制约了经济发展】 目前,全国668座城市中有近400座城市不同程度缺水,其中严重缺水的有108座。全国城市日缺水量为1600万吨,农业每年缺水300亿m^3,因缺水每年损失工业产值约2300亿元,粮食减产约200亿公斤。

二、水资源供需的基本态势

我国是世界少数贫水国家之一,缺水是极为普遍的。北方缺水,南方不少地方也缺水;城市缺水,农村也缺水;江河沿岸缺水,沿海地区也缺水;东部发达地区缺水,中西部地区也缺水。

1. 水资源分布的地区格局

【水资源总量的区域分布南多北少、东多西少】 南方水资源总量达22001亿m^3,北方水资源总量仅为5451亿m^3,分别占全国总量的80.2%和19.8%;东、中、西部水资源总量分别为7423亿m^3、6922亿m^3和13107亿m^3,分别占全国水资源总量的27.1%、25.2%和47.7%,其中西部份额接近一半(主要集中在西南地区)。

【地均水资源量的区域差异南多北少、东多中西少】 地均水资源量,又称产水模数,是反映水资源自然丰度的指标。其基本态势是:南方多(57.3万m^3/平方公里)、北方少(9.5万m^3/平方公里),南方水的富集度是北方的6倍;东部多(57.3万m^3/平方公里)、中西部少且彼此相当(分别为24.4万m^3/平方公里和24.0万m^3/平方公里),东部水富集度是中西部的2倍以上。

2. 水资源的区域供需关系

【人均水资源量区域差异南多北少、西多东少】 人均水资源量,反映各地区的水资源相对充裕度。其基本态势是:南方多(3122m^3/人)、北方少(1073m^3/人);西部多(4737m^3/人)、东部少(1601m^3/人)、中部更少(1470m^3/人)。

【华北及西北缺水最为严重】 从大区看,西北、华北是我国最缺水的区域,特别是华北地区。从省区市看,宁夏、天津、上海、北京、河北、河南、山东、山西、江苏等省区市,人均水资源量在500m^3以下,是重度缺水地区,其中宁夏、天津和上海人均水资源量均不及200m^3,是极度缺水地区;而地广人稀的新疆、云南、青海和西藏人均水资源量均在5000m^3以上,是我国水资源最富集的地区(表8-1)。

【城市缺水问题日趋严重】 目前全国668座城市中,已有300多座城市缺水,其中严重缺水的有108个。城市缺水与城市规模的无序扩张有关,也与城市用水制度建设的滞后有关。缺水导致对地下水的过度开采。目前,全国城市地下水总开采量约占全国城市总供水量的1/3左右,有310多个城市将地下水作为城市的供水水源。此外,在北方地区的农业总用水量中地下水约占1/4,在工业用水量中,地下水占1/2以上。多数城市地下水已出现过度开采的情况,并有加重趋势。1997年北京全市地下水实际开采量为27.04亿m^3,较多年平均可开采量增加2.54亿m^3。

例如,过量开采已导致 22 片规划市区中,有 20 片的地下水处于超采和严重超采状态,地下水储量也比 1980 年累计减少 28 亿多 m^3,并使地面以每年 10~20 毫米的速度下沉,1997 年底全市地下水位平均比上年下降了 1.6 米,比 80 年代初下降了 5.52 米(专栏 8.1)。

表 8-1 各地区人均水资源量的分组情况

分组 (m^3)	地区	人均水资源量 m^3	分组 (m^3)	地区	人均水资源量 (m^3)	分组 (m^3)	地区	人均水资源量 (m^3)
<200	天津	159	500~1500	辽宁	887	2500~3500	湖南	2545
	上海	191		甘肃	1124		广东	2647
	宁夏	195		安徽	1126		四川	2767
200~500	北京	328		陕西	1258		贵州	2950
	河北	368	1500~2500	吉林	1505		江西	3500
	山东	385		湖北	1700	3500~4500	福建	3611
	河南	448		浙江	2077		广西	4138
	江苏	460		黑龙江	2097		海南	4365
	山西	468		内蒙古	2220	>4500	新疆	5316
							云南	5566
							青海	13015
							西藏	186750

专栏 8.1

首都缺水情况不容忽视

据北京市节约用水办公室资料,北京市缺水情况十分严重。多年平均可利用水资源量 36~40 亿 m^3,人均水资源量不足 300 m^3,是全国人均水资源量的 1/8、世界人均水资源量的 1/30。近年来水资源总量还有减少的趋势。以地下水储量为例,1997 年 5 月地下水埋深为 14.8 米,比上年同期下降 1.6 米,储量减少 7.68 亿 m^3。照此下去,再有 2~3 年,北京将可能出现第四次水危机。与水资源减少相伴而来的,是全市用水量的连年上升。统计显示,1995 年市区用水数量比上年增加 1.54%,1997 年增加到 4.74%。据预测,按维持全市用水量的现状计算,今后 3 年共需供水 32.4 亿 m^3,累计缺水将达 5~10 亿 m^3。面对严重的缺水危机,多年来北京市采取了计划用水、控制地下水开采量、推广节水型用水器具和提高工业用水重复利用率等多项节水措施。据统计,十多年来全市已累计节水 12.6 亿 m^3。

【水资源供给能力——水库库容偏低】 水库是水控制力的主要标志,库容的大小反映水控制力的高低。全国已建成水库的库容分布情况为:南方 61.8%,北方 38.2%;东部 45.4%,中部 44.0%,西部 10.6%。显然,与区域水资源量分布格局相比,北方水库库容较南方略大;而作为全国水源地的西部地区,水库库容较小,东部和中部地区水库库容基本相当。

【水源结构的区域差异北方过分倚重地下水】 南方水资源总量 22001 亿 m^3,其中地表水和地下水分别占 80% 和 20%；北方水资源总量 5451 亿 m³，其中地表水和地下水分别占 65% 和 35%。显然，南北方水资源结构有着明显差异，北方较之南方更多地依赖于地下水。特别在华北及西北地区，地下水的比例更高。其中，北京、天津、河北、山西、宁夏、新疆和甘肃分别为 51%、35%、47%、45%、40%、66% 和 42%。

3. 用水的南北及东中西差异

【农田灌溉面积全国及北方稳定小幅增长】 从全国看，农田有效灌溉面积基本上是持续增加的，这一方面可视为国家农业综合生产能力提高的一个重要标志，但另一方面也无疑加重了农业对水资源基础的压力。从农田灌溉面积的区域变化看，北方稳定地以小幅度增长，南方则以小幅度下降。

【农田灌溉的分布北多南少、东多西少】 农田有效灌溉面积的区域分布：南方 48%，北方 52%；东部 40%，中部 39%，西部 21%。表面上北多南少，但与耕地的分布相比，却是南多北少；而东中西的基本格局是东多、西少、中部居中（图 8-1）。

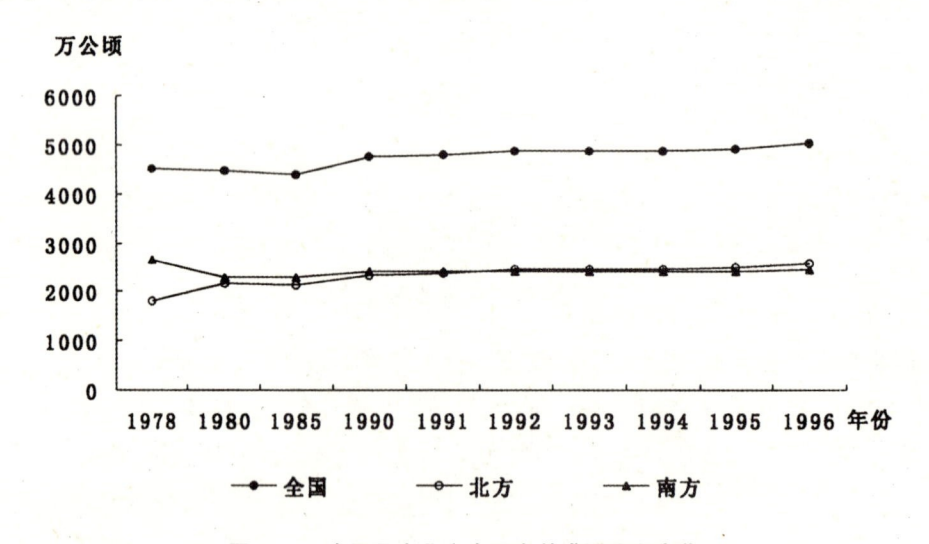

图 8-1 全国及南北方农田有效灌溉面积变化

【河流灌区的分布南北大体相当】 全国万亩以上灌区个数的分布为：南方 52.8%，北方 47.2%；灌区面积分布为南方 49.2%，北方 50.8%。在北方，河灌区主要集中在沿黄的陕西、甘肃、山西、内蒙古、山东和河南；南方河灌区则分散于长江、淮河、珠江等流域。

【地下水的开采 90% 以上集中在北方】 全国水井分布的南北格局为南方占 6.2%，北方占到 93.8%；东中西格局是东部占 50.8%，中部占 42.8%，西部仅占 6.4%。北方水井的报废率在逐年上升，尤其在河北、河南、山东一带更是如此；但同时，各地又在不断打新的机井。在华北一带，高报废率、高新增率、高更新速度和井深不断加大，是机井发展的基本特征。由此而导致对地下水的过度开采，并进一步导致地下漏斗的形成和地表沉降。北京、西安、石家庄、邯郸等地区，均出现了大范围的地下水位持续下降，引发了地面沉降。

【地下水提取井的深度和密度均在不断增加】 首先，机井加深的趋势愈来愈明显，在北方尤其如此。深井所占比例，北京、天津、河北、山西、内蒙古、辽宁、甘肃、宁夏和新疆依次为16%、31%、11%、34%、17%、37%、41%、16%和41%，而全国平均水平不足8%。其次，机井的密度也在提高，全国机井保有量和深水井每年都以5%以上的速度增加。

4. 水污染与水浪费

全国水污染形势十分严峻，水环境质量总体上继续恶化，水资源短缺趋于严重。治理的速度赶不上污染增长的速度，水污染也开始从城市扩展到农村，从局部河段扩展到整个流域，全国的江河湖泊及近岸海域普遍受到不同程度污染，水环境质量呈继续恶化趋势。

【水污染北方重于南方】 据水利部水环境监测评价研究中心的监测结果显示，1997年全国各大流域主要水系水质继续恶化，北方河流水污染重于南方河流，沿海地区水污染加剧，城市江段水污染比1996年有加重趋势。黄河流域污染水体已达到80%。

【水污染与水浪费农村重于城市】 以往水利以城市和工业为重点，故而有城市水利、工业水利之称。对于农业和农村水问题长期疏于管理，导致农业用水的低效和水资源的普遍浪费；农村的水污染，特别是对水源地的污染缺乏有效的管理，无疑从源头减少了水资源的可利用性。

三、区域水资源管理

1. 水资源管理的总体发展态势

【价格手段在各地均得以强化】 随着市场经济体制的确立，用价格手段管理水资源的趋势得以不断加强，在发达地区和欠发达地区均是如此。尽管各地都在以水价为重要手段来管理水，但对水价的认识却有相当大的出入。多数地区只是认为水价是对供水单位成本回收和一定比例利润的保证，只有极少数地区认识到，水价不仅仅是对供水成本的回收，更包含了对水资源耗用的经济补偿（专栏8.2）。

专栏8.2

中国近期水价改革

改革原则：对农业用水、工业用水和居民生活用水，均应实行计划管理，多种水价，超用加价，浪费罚款，充分利用价格的杠杆作用，促进水资源的节约，提高使用效率。

在工业企业等大的用户中，可将现行计划供水、超计划加价的做法，逐步改革为实行容量和计量两部制水价制度。由用户提出用水数量申请，以经过批准的计划用水量作为容量水价的计价基础。容量水价按照补偿供排水设施固定成本的原则核定。用户无论是否用水，均应交纳容量水价的水费。计划内的用水按实际用水数量实行计量水价。计量水价按照补偿供排水运行成本的原则核定，用户按实际用水数量交纳计量水价的水费。

水利工程供水也应逐步实行两部制水价。在城市居民中，逐步实行累进制水价。可以月或年度为计算单位，核定居民基本用水数量，超过基本水量的用水，实行高水价。对于浪费水资源的行为，要按照水资源浪费的数量实行惩罚性水价。与此同时，要求农民改变传统的大水漫灌的落后灌溉方式，采用喷灌、滴灌、微灌等先进的灌溉方式。在农业用水价格上，要逐步提高到节约的水费能够补偿改变灌溉方式增加的投入并有一定收益的水平。

【由重视水工程管理向重视水资源管理转变】 水利部门的观念在变化,已由单纯的工程管理向工程管理与资源管理并重的方向发展。这种趋势是符合水资源可持续利用要求的。然而,这一趋势的地区发展也不平衡。西部地区仍在相当大程度上停留在水工程管理的阶段,而在发达地区,特别是水资源较为短缺的发达地区,水资源管理的意识、组织、技术手段均在加强。值得指出的是,作为一个经济并不十分发达的山西省,却是全国最早实行水资源管理的地区,早在15年前就成立了"山西省水资源管理委员会",并制定和发布了《山西省水资源管理条例》。

【对城市水源质量已开始重视:重点城市水资源质量状况按旬公布】 为切实履行《中华人民共和国水法》赋予水行政主管部门统一管理水资源的职能,水利部决定发布《重点城市主要供水水源地水资源质量状况旬报》。首批发布的有北京、天津、重庆、武汉、南昌、昆明、深圳、大连等16个大中城市。旬报的发布旨在唤起政府、社会和公众共同关注水资源质量。这有利于增强全社会水忧患意识和保护水资源的自觉性。对于水质良好的城市,有助于树立良好的国内国际形象;对于供水地水质尚不达标的地区,有助于促进该地区下大力气治理、尽快达标。

2. 区域水资源管理

【区域水资源统一管理在加强】 区域水资源供求矛盾时常发生,一方面,不少大中城市和乡村工业、农业和人民生活严重缺水;另一方面,由于地理位置上的相对劣势、资金不足、科技落后和管理薄弱等多方面的原因,导致部分地区水能资源开发利用程度极低,水资源浪费惊人。随着人口增长和社会经济发展,缺水问题已经成为主要制约因素之一。加强区域水资源统一管理已势在必行,在西部地区尤其如此。一个以水权管理为中心、分级管理、监督到位、关系协调、运行有效,对水资源的开发、利用、保护实施全过程动态调控的统一管理体制,正在各地形成。

【区域地下水资源管理规划正加快制订】 全国地下水资源量有8700亿 m^3,但其中可供开采的仅2900亿 m^3。60年代以前,全国主要在上海、天津和北京等少数大城市集中开采地下水,到60年代末,开采量还不到30亿 m^3。但进入70年代后开始大规模开采,造成许多地区地下水采补失衡、严重"透支",且污染程度加重。目前中国拥有各类机井345万眼,开采水量900亿 m^3。在中国供水总量中,地下水占1/5。然而,过量开采地下水造成水质恶化、地下水位下降、地面下沉和岩溶塌陷,危及城市发展,华北尤为如此。为此现在许多地方已提出了"总量控制,先地表水后地下水"的原则,加强地下水资源的统一调度。

【水管理轻农问题突出】 农业和农村是我国的用水大户,80%以上的水为农所用;同时也是水浪费的大户,农业和农村用水粗放的问题长期得不到有效解决;农业和农村还是水源保护的重点区。受水工程管理至上、服务于城市和工业等思想的支配,加之农业和农村水工程分散、规模小,以及用户多、用户规模小,长期以来对农业和农村水问题疏于管理。从国家和区域水资源可持续利用与保护的角度看,已到了非改变此种管理状况不可的地步了。

【各省区市水资源管理的重要举措】 进入90年代,特别是自90年代中后期以来,各省区市均开始在不同程度上关注水资源管理问题,并采取了一系列的举措。这些举措,总的看有如下特点:其一,受国家水资源管理策略调整的影响或推动的成分较大,自主创新的成分较小,这在一定程度上也反映出多数地区仍将水管理作为"事业"管理,而非全面引入"企业"机制;其二,仍在相当程度上重水工程管理、轻水资源管理,未切实将水作为国家及区域战略性资源管好用好,这也是长期以来水资源利用效率较差的一个主要原因;其三,市场机制已开始引入水管理,这种趋势符合市场经济建设的要求,但各地水资源市场化管理发展不平衡,东部地区,特别是东部大中城市很重视用市场手段管理水,山西等中西部个别省区也将市场管理放在重要位置,而多数中西部省区发展较为迟缓。

【各流域水资源管理亦有重要举措】 长江流域、黄河流域、珠江流域、海河流域、松辽流域、淮河流域和太湖流域等七大流域,均在不同程度上加强了以市场化管理为取向的水资源规范化管理。各流域水资源管理的重要举措见表8-2。

表8-2 近年来(1994~1997年)七大流域水资源管理重要举措

流 域	水资源管理重要举措
长江流域	将取水许可制度与水资源保护结合起来,提出了"长江流域取水许可制度实施中的水资源保护工作意见"及"取水许可制度实施细则";开展城市水资源保护试点;筹备成立"长江水资源保护委员会";制定"长江流域水资源保护管理办法"、"长江流域水资源保护委员会章程"、"长江流域水资源保护规划若干规定"、"长江流域水资源监测条例"等;完成近岸水质调查;颁布"丹江口水库水源区水土保持重点防治工作暂行规定";配合南水北调做了一系列的论证工作。
黄河流域	制定"黄河取水许可实施细则";加强对干流及主要支流的水质监测;提出"黄河水法规体系总体规划方案";印发"关于建立黄河水利法制体系的实施意见";制定"黄委会入河排污监督管理办法"等;修订"水资源费征收和管理办法"、"加强流域开发与管理的政策和措施"等;制定"黄河流域占用农业灌溉水源、灌排工程设施补偿实施细则";开展"黄河法"调研;完成"黄河流域水污染防治暂行办法"、"黄河取水许可水质管理实施细则";加强全流域取水监管。
珠江流域	完成"珠江流域入河排污口调查";开展对上游水质调查;推进了省区水立法;颁布"珠江流域(片)取水许可制度实施细则",全流域实施取水许可管理制度;推动有关省区市的水利立法,包括"广东省取水许可制度与水资源费征收管理办法"等;成立"珠江流域水资源保护领导小组";完成"缺水城市供水水源规划"。
海河流域	加强处理省际水纠纷;完成"海河流域入河排污口调查"、"海河流域地下水水质调查与评价";编制"海河流域水资源保护规定"、"白洋淀水资源保护规定"、"漳河水资源保护规定";修订"海河流域水资源保护管理规定";出台"海河流域实施'取水许可制度实施办法'细则";完成"海河流域中长期水供求计划";制订"海河流域省际间边界水事协调规约";修订"海河流域水污染防治条例"、"引滦水资源保护条例";编制"海河流域水污染防治规划";编制"海河流域省界水体水环境监测站网建设规划方案"。

续表

松辽流域	制定"松辽流域取水许可制度实施细则",黑、吉、辽3省也相应制定了取水许可制度实施细则;调解省际水纠纷;制定"松辽流域国际河流、国境边界河流(湖泊)取水许可管理权限的意见";制定"松辽流域水污染防止暂行办法"等;编制城市供水水源规划;制定"松辽流域取水许可水质管理实施细则";完成流域中长期水供求计划;编制"松辽流域水污染防治'九五'计划与2010年规划"。
淮河流域	制定"淮河流域省际水事协调工作规约",加强调处省际水纠纷;下达"沂沭泗水系实施取水许可管理有关规定的通知";提出2000年水变清的目标;颁布"淮河流域水污染防治暂行条例";加强水质月检;完成"使用水域申请审批程序"、"占用农业灌溉水源、灌排工程设施补偿办法"、"水污染防治法实施细则"、"取水许可监督管理办法"等。
太湖流域	制定"太湖流域及浙闽地区限额取水许可管理办法";成立"太湖流域水资源保护委员会";制定"太湖流域水环境长期规划";建立省际水政联络体系,加强省际水纠纷预防与处理,制定"省际边界水事活动管理规约";完成太湖流域及浙闽地区缺水城市水源规划;制订和修改了"太湖流域上游水资源保护条例"等;编制"太湖流域水污染防治'九五'计划和2010年规划"。

资料来源:根据《中国水利年鉴》(1995~1998年)整理,中国水利出版社。

第二节 土地资源的开发利用与保护

土地资源是区域社会经济可持续发展不可或缺的自然资源基础,其数量多寡、质量优劣,具有重要影响。应当看到,人口增长、工业化和城镇化发展,对区域土地利用结构和利用格局都产生了重要影响,土地开发利用和保护中的一些新问题不断出现。其中耕地减少和质量退化问题对区域农业发展已构成潜在威胁。

一、全国土地资源基本态势

【总体质量较差,有效生存空间较小】 首先,山地及丘陵比例大。据《中国1:100万土地资源图》,全国土地面积中42.2%为山地,13.7%为丘陵,仅有32.5%为平地。复杂的地形极大地制约了土地的有效利用。其次,人地比高,国土农用地比率偏低。我国的国土农用比率为56.0%,是世界最低的,仅相当于世界平均水平的89%、亚洲平均水平的83%。与国土面积同居世界前列的俄罗斯、加拿大、美国和澳大利亚等国相比,也有显著的差距。这说明,从农业角度看,我国的国土资源质量较差。这是我国农业生产最为不利的因素之一,决定了我国农业的有效空间是极其有限的,加之人口因素,这种空间更受到限制。第三,土地垦殖率偏低。我国的土地垦殖率为9.9%,低于世界10.3%的平均水平和16.0%的亚洲平均水平,更低于印度(55.9%)、美国(20.3%)和欧洲(25.8%),但高于受干旱困扰的非洲(4.9%)、原始森林茂密的南美洲(5.2%)、地广人稀的俄罗斯(7.7%)和牧场辽阔的澳大利亚(6.1%)。

【耕地资源减少趋势未得到有效遏制】 近十年来,全国每年耕地净减少量在20万公顷左右。近年虽然经过冻结耕地占用、实行耕地总量动态平衡,耕地减少的趋势得以遏制,但耕地变化中等量不等质的问题十分突出,严重影响了耕地的实际综合生产能力。另一方面,盲目开垦引致的生态失衡和环境破坏等问题也比较突出。

二、区域土地资源基本态势

1. 耕地资源的区域分布

【南少北多、东少中西多】 在我国全部耕地中,南方占39.2%、北方占60.8%(国家统计局数据),南方38%、北方62%(原国家土地管理局数据);东部32.0%、中部44.3%、西部23.7%(国家统计局数据)。由此可见,从南北看,耕地多在北方;从东中西看,耕地以中部地区最多。因此,今后农业发展的重点在于北方、中部,如黑龙江、吉林、内蒙古、河南、湖北、湖南、江西等地。这些地区是中国农业的希望所在。

【水土资源匹配南北差异极为显著】 南方拥有全国80%的水资源,而仅仅拥有全国不足40%的耕地;北方仅仅拥有全国20%的水资源,却有60%以上的耕地。显然,不匹配的水土资源严重制约了全国的农业综合生产能力,也限制了水资源的高效利用。

【耕地人均水平的区域差异:东南地区压力最大】 1995年各省区市的人均耕地面积(亩)由高到低依次为:内蒙古(5.61)、黑龙江(4.84)、宁夏(3.78)、新疆(3.53)、吉林(3.37)、甘肃(3.25)、陕西(2.48)、云南(2.45)、山西(2.37)、西藏(2.29)、贵州(2.20)、青海(2.18)、河北(1.69)、海南(1.64)、辽宁(1.61)、安徽(1.57)、广西(1.48)、河南(1.40)、山东(1.39)、湖北(1.32)、四川(1.25)、江西(1.15)、江苏(1.10)、湖南(0.93)、浙江(0.85)、广东(0.80)、天津(0.79)、福建(0.74)、北京(0.54)、上海(0.37)。很显然,人均耕地面积存在着显著的地区差异,这种差异主要表现为南北差异。人均耕地2.5亩以上的省区全在北方,而人均耕地低于1亩的省区市,除京津两大都市外全在南方。东南地区的上海、福建、广东、浙江、江苏等地,均列入人均耕地最低的省份行列。

【低于耕地警戒线的地区分布呈现东中西差异】 低于联合国粮农组织所确定的人均0.8亩耕地警戒线的地区,依次(低于警戒线的程度由高到低)为上海、北京、福建、天津及广东。以县为单元,全国2800多个县市旗区中,低于此警戒线的有666个。其中,东部占50.9%、中部占35.3%、西部占13.8%(表8-3)。

2. 耕地后备资源的区域分布

耕地后备资源是仅次于耕地的优质土地资源,其数量、质量和分布基本反映出今后可增加耕地的数量、质量和分布。耕地后备资源的垦殖率一般为60%。倘以此垦殖率计算,全国耕地最大潜在增量为811万公顷。

【耕地后备资源的区域分布北多、南少,中西部多、东部少】 耕地后备资源主要分布在北方,占80.8%,南方只占19.2%;中西部占90.1%,东部只占9.9%。其中,东北占24.4%,西北占47.7%。

【耕地后备资源集中在极少数省区】 主要集中在东北和西北的若干省区,其中以新疆、黑龙江、内蒙古、甘肃最为集中,分别占全国的35.7%、14.8%、7.6%和5.6%,合计占63.7%;其次,在西南地区也有较大面积,主要分布在四川、云南两省(表8-4)

表 8-3　各地区以县为单元的人均耕地占有情况

地区	<0.5亩	0.5~0.8亩	0.8~1.0亩	1.0~1.5亩	1.5~2.0亩	2.0~2.5亩	2.5~3.0亩	3.0~4.5亩	>4.5亩	县级单元总数
北　京	10	0	1	4	2	1	0	0	0	18
天　津	0	13	0	1	2	0	2	0	0	18
河　北	31	0	5	40	42	26	10	7	5	166
辽　宁	17	12	15	9	20	9	7	8	3	100
上　海	14	1	0	5	0	0	0	0	0	20
江　苏	37	8	10	32	12	5	1	0	0	105
浙　江	21	25	17	24	1	0	0	0	0	88
福　建	23	15	17	17	7	0	0	0	1	80
山　东	15	7	10	42	47	10	2	1	0	134
广　东	40	21	16	24	11	0	0	1	2	115
广　西	19	6	7	32	17	9	11	4	0	105
海　南	3	1	2	3	3	6	2	0	0	20
东　部	230	109	100	233	164	66	35	21	11	969
山　西	10	0	1	11	20	18	11	24	23	118
内蒙古	25	0	0	5	2	4	1	9	53	99
吉　林	8	8	0	1	4	2	8	14	12	57
黑龙江	7	24	6	23	8	2	0	11	53	134
安　徽	14	10	4	31	20	12	7	5	0	103
江　西	11	16	11	33	21	7	0	0	0	99
河　南	38	5	5	52	41	14	1	0	0	156
湖　北	19	4	9	31	21	12	0	0	4	100
湖　南	23	13	36	45	4	1	0	0	0	122
中　部	155	80	72	232	141	72	28	63	145	988
四　川	18	6	9	85	47	23	9	16	1	214
贵　州	1	0	7	7	6	33	20	9	2	85
云　南	4	1	1	8	24	30	23	26	11	128
西　藏	12	1	1	12	5	6	13	15	7	72
陕　西	9	1	3	12	21	7	12	17	25	107
甘　肃	8	0	0	1	5	16	9	30	16	85
青　海	15	1	0	5	1	8	7	4	5	46
宁　夏	3	3	0	1	3	1	1	6	6	24
新　疆	8	1	1	4	7	7	14	22	22	86
西　部	78	14	22	135	119	131	108	145	95	847
北　方	204	74	47	211	225	125	85	153	223	1347
南　方	259	129	147	389	199	144	86	76	28	1457
全　国	463	203	194	600	424	269	171	229	251	2804

资料来源：原国家土地管理局统计数。转引自《生存与发展——中国保护耕地问题的研究与思考》，中国大地出版社。
注：四川省包含重庆市。

表8-4 耕地后备资源的区域分布　　　　　　　　　单位:千公顷

地 区	数 量	地 区	数 量	地 区	数 量
北 京	17.9	山 西	418.7	四 川	516.0
天 津	13.5	内蒙古	1027.9	贵 州	85.7
河 北	128.9	吉 林	81.7	云 南	511.4
辽 宁	186.7	黑龙江	2002.9	西 藏	133.3
上 海	7.3	安 徽	131.5	陕 西	77.5
江 苏	246.7	江 西	132.2	甘 肃	761.9
浙 江	55.9	河 南	214.7	宁 夏	333.3
福 建	130.0	湖 北	188.8	青 海	457.1
山 东	382.0	湖 南	281.9	新 疆	4818.7
广 东	66.9				
广 西	102.3				
海 南	0.2				
东部合计:1338.2,占9.9%		中部合计:4480.3,占33.2%		西部合计:7694.9,占56.9%	
全国合计:13513.4		北方合计:10922.8,占80.8%		南方合计:2590.6,占19.2%	

资料来源:原国家土地管理局统计数。转引自《生存与发展——中国保护耕地问题的研究与思考》,中国大地出版社。

注:四川省包含重庆市。

3.非农建设用地变化

【非农建设用地进入快速增长阶段】　非农建设用地进入快速增长阶段,标志之一是城镇化进入较快发展阶段,城市数目激增,由1985年的324个增至1997年的668个,13年增加了一倍多。标志之二是城市建成区面积扩大,由1985年的9386平方公里增至1998年的23000平方公里以上,也增加了一倍多。标志之三是城镇建设速度快于管理调整的速度,管理落后于建设,导致城镇无序扩张、建设失控、乱占土地普遍而严重。据不完全统计,闲置土地占建成区土地面积的15%左右,亦即有3400平方公里土地处于闲置状态。标志之四是农村建设用地也呈上升势头,特别是自80年代中期以来,随着农民收入的增长,农村进入了持续改善居住条件的阶段,占用耕地的现象和规模大增,并导致非农建设用地的增加。标志之五是基础设施进入快速发展阶段,能源、交通、水利和工矿建设用地出现较大增幅,特别是为刺激内需而增加的基础设施投资,既拉动了国民经济增长,也加大了对土地的占用。

【部分地区非农建设用地失控】　中小城镇及农村非农建设用地,在多数地区处于基本或部分失控的状态。近年来土地违法案件数量居高不下,擅自占用、越权审批、私自买卖和非法转让的案件,在全国各地均普遍发生。从违法性质看,擅自占用的案件占案件总数的60%以上;从违法主体看,农民个人土地违法占总案件的70%以上。

三、耕地资源开发利用与保护

1. 区域耕地目标类型

区域耕地目标的确认主要取决于两大压力:粮食的压力、建设用地的压力。区域耕地目标,可以分为以下五种类型。

【耕地面积维持型】 此类型多出现在经济欠发达、农业生产条件较为恶劣、耕地总面积较多而水是最大制约因素的地区,包括西北4省区(新疆、甘肃、宁夏、青海)、西南3省区(贵州、云南和西藏)、华南2省区(广西和海南)及华北1市(天津)。

【异地开发增加可用耕地型】 多在发达的沿海地区和大都市地区。上海市粮食局与黑龙江兴凯湖农场签约投资1亿元,在北大荒开垦荒地10万亩,兴建高起点的粮食生产基地。经双方磋商和多次勘察,上海市粮食局选中兴凯湖地带作为开发基地,双方旨在利用互补优势,以"资本结合"为纽带,"一次规划,分期开发",三年滚动发展。部分地区甚至出国租赁荒地生产经营。

【保护性开垦增加耕地型】 多在土地资源总量丰富、土地垦殖率尚低、经济尚欠发达的地区,如内蒙古和黑龙江等地。黑龙江省发布《关于加强湿地保护的决定》,明确规定,凡未被开垦的湿地,一律停止垦殖和采掘,任何个人和单位都无权批准湿地的开垦。内蒙古依法保护耕地资源,并已同时限制对草地的开垦。

【减缓耕地下降型】 控制耕地减少速度主要是在沿海发达地区,如福建省积极采取措施抑制耕地减少的势头。主要措施包括:开展基本农田核查;实行严格的耕地占用补偿制度,建立专项资金,积极开展耕地开发复垦整理;严格控制土地供应总量,建立合理的土地供应机制,对所有占用耕地项目,土地管理部门均要事先参与预审;切实盘活存量土地,通过调整业主、收取闲置费、收回使用权、缩减用地规模等办法,加快城镇闲置土地的开发利用;强化土地执法和监察工作,对土地违法行政案件进行督办或直接查处等。

【通过水保提高耕地质量、减少耕地扩张型】 陕西省已治理水土流失8.3万平方公里,经过多年坡改梯和退耕还林,虽然农耕地面积已由治理前的7万公顷减少到5万公顷,但粮食总产量却由8332万公斤增加到1.14亿公斤,单产翻了一番,人均占有粮由356公斤提高到482公斤,基本解决了群众的温饱问题。湖南启动一批重点水土保持工程。

2. 基本农田保护区重名义、轻实际,效果欠佳

【名义基本农田保护区的划定以耕地统计面积为主要依据】 国家基本农田保护区条例规定,各地均要实行基本农田保护制度,要求各省、市、自治区划定的基本农田占本行政区域内耕地的80%以上,经济发达的沿海地区应在90%以上。受地方经济利益的驱动,多数地区错误地认为基本农田保护所保护的是落后和贫穷,故而各地通常有意识地压低保护率、限制保护区,往往根据统计耕地面积确定基本农田保护面积定额,这就是名义基本农田保护面积,一般名义基本农田保护率在80%以上,不少经济发达地区名义上规定在90%以上。

【实际基本农田保护率部分地区极低】 多数地区均达不到80%的要求,甚至有的地区在40%以下。实际基本农田保护率的高低取决于耕地实际面积与统计面积的比例关系,二者相

差大,则实际保护率低,反之亦然。据此,所有地区的基本农田实际保护率均低于名义保护率,在部分地区甚至实际保护率不及40%(如贵州、云南等地)。因此,从全国及各地区看,基本农田保护区的实际效果是极其有限的。如何提高基本农田保护区制度的有效性,已成为重要的课题之一(表8-5)。

表8-5 1995年各地区耕地面积统计数与实际数的关系　　　单位:千公顷

地区	统计数	实际数	实际数/统计数	地区	统计数	实际数	实际数/统计数	地区	统计数	实际数	实际数/统计数
北京	399.5	384.0	0.96	浙江	1617.8	2356.5	1.46	海南	429.2	756.9	1.76
天津	426.1	489.3	1.15	安徽	4291.1	6022.6	1.41	四川	6189.6	9183.6	1.48
河北	6517.3	7026.8	1.08	福建	1204.0	1541.1	1.28	云南	2870.6	6532.3	2.28
山西	3645.1	4712.2	1.29	江西	2308.4	3056.3	1.33	贵州	1840.0	4960.5	2.70
内蒙古	5491.4	8012.7	1.46	山东	6696.0	7970.7	1.19	西藏	222.1	360.5	1.62
辽宁	3389.7	4197.4	1.24	河南	6805.8	8326.7	1.23	陕西	3393.4	5337.1	1.57
吉林	3953.2	5683.3	1.44	湖北	3358.0	4921.4	1.47	甘肃	3482.5	5163.6	1.48
黑龙江	8995.3	11465.8	1.27	湖南	3249.7	3778.9	1.16	青海	589.9	630.3	1.07
上海	290.0	323.7	1.11	广东	2317.3	3214.1	1.39	宁夏	807.2	1273.3	1.58
江苏	4448.3	5068.7	1.14	广西	2614.2	4434.7	1.69	新疆	3128.3	3927.2	1.26

注:实际数为1995年国家土地管理局数据;统计数来自《中国统计年鉴》(1996),中国统计出版社。

3. 耕地总量平衡等量不等质

【近半数省份未实现耕地动态平衡目标】 1998年,我国多数地区实现了建设占用耕地的占补平衡。其中,天津、辽宁、云南、西藏、宁夏、新疆实现了耕地净增加,共增加耕地5万公顷;山东、江西、浙江、江苏等11个省份实现了建设占用耕地的占补平衡。但还有14个省份去年没有实现占补平衡,其中上海、河南、安徽、福建、重庆、贵州、青海已连续两年未实现建设占用耕地的占补平衡(图8-2)。

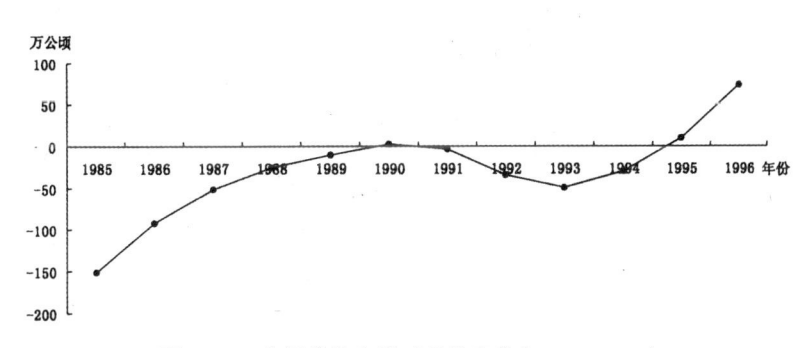

图8-2 全国耕地净增减量的变化(1985~1996)

资料来源:《中国农村经济统计资料》(1949~1996),中国农业出版社。

【耕地统计面积的历史变化】 从耕地统计面积变化看,全国耕地净减少量自1985年以来基本呈下降之势,这仅仅是从全国耕地数量本身衡量的,有必要分析各地耕地面积的变化。从表8-6中可以看出,5年间全国耕地净减少68.28万公顷,平均每年净减少13.66万公顷。其中,净增加的地区均集中东北、西北和西南,而净减少的地区主要集中在东南地区的广东、上海、江苏、浙江和福建,合计净减少达462.9万公顷。

表8-6 各地区耕地净增减面积(1991~1995)　　单位:千公顷

地区	增减量	地区	增减量	地区	增减量	地区	增减量	地区	增减量
北　京	-11.7	吉　林	+15.3	福　建	-30.7	广　东	-202.5	西　藏	-0.6
天　津	-5.5	黑龙江	+143.0	江　西	-35.3	广　西	+1.3	陕　西	-127.7
河　北	-32.4	上　海	-30.9	山　东	-138.1	海　南	-8.1	甘　肃	+3.2
山　西	-42.8	江　苏	-101.7	河　南	-114.2	四　川	-91.1	青　海	+10.7
内蒙古	+486.7	浙　江	-97.1	湖　北	-100.5	云　南	+12.2	宁　夏	+9.6
辽　宁	-70.5	安　徽	-62.4	湖　南	-60.5	贵　州	-12.9	新　疆	+12.4

全国1991~1995年间耕地净减少68.28万公顷,平均每年净减少13.66万公顷。

资料来源:《中国统计年鉴》(1992~1997),中国统计出版社。
注:四川省包含重庆市。

【各地耕地标准面积折算系数】 各地的耕地农业综合生产能力是不一样的。为了更准确地反映各地耕地变化对全国耕地总体生产能力的影响,需要用标准面积(或标准亩)对耕地统计面积的变化做一校正。即以全国平均水平的播种面积粮食单产、农作物复种指数等指标,作为确定标准面积的基础。由表8-7可以看出,南北方的耕地生产力有相当大的差距,大致上南方单位面积耕地生产力是北方的2.5倍。南方是我国耕地减少的主要地区,耕地增加主要发生在北方。因此,要使全国农业生产能力保持不变,南方每减少1公顷耕地,需要在北方增加2.5公顷耕地。更有甚者,倘若在江浙沪一带减少1公顷耕地,则需要在内蒙古增加5公顷以上耕地才能对农业生产能力加以弥补。除此之外,即使在同一地区,新垦耕地的生产力也与长期耕种的耕地有明显差距,难以用1公顷新耕地置换1公顷老耕地。

【各地标准耕地面积变化与统计面积变化反差极大】 用上述各地标准耕地面积折算系数,可以得出各地及全国标准耕地面积的变化量(1991~1995年)。从表8-8可以看出,通过标准耕地面积的折算,北方多数地区的耕地增减量被大大缩小了;相反,南方耕地面积的增减量被大大放大了。由此,全国耕地净减少量被扩大了2.2倍,每年耕地净减少量达30万公顷以上,而这才是全国耕地变化的真实情况!

表8-7 各地区耕地标准面积折算系数

地区	折算系数	地区	折算系数	地区	折算系数
北京	1.241	浙江	1.841	海南	1.064
天津	0.941	安徽	1.283	四川	1.361
河北	0.802	福建	1.605	贵州	1.130
山西	0.464	江西	1.765	云南	0.842
内蒙古	0.352	山东	1.263	西藏	0.548
辽宁	0.750	河南	1.049	陕西	0.475
吉林	0.855	湖南	1.694	甘肃	0.357
黑龙江	0.489	湖北	1.897	青海	0.428
上海	1.709	广东	1.699	宁夏	0.472
江苏	1.518	广西	1.353	新疆	0.654
全国	1.000	北方	0.722	南方	1.821

资料来源:《中国农村统计年鉴》(1998),中国统计出版社。
注:四川省包含重庆市。

表8-8 各地标准耕地面积变化(1991~1995)　　单位:千公顷

地区	增减量	地区	增减量	地区	增减量	地区	增减量	地区	增减量
北京	-14.5	吉林	+13.1	福建	-49.3	广东	-344.0	西藏	-0.3
天津	-5.2	黑龙江	+69.9	江西	-62.3	广西	+1.8	陕西	-60.6
河北	-26.0	上海	-52.8	山东	-174.4	海南	-8.6	甘肃	+1.1
山西	-19.9	江苏	-154.4	河南	-119.8	四川	-124.0	青海	+4.6
内蒙古	+171.3	浙江	-178.8	湖北	-170.2	云南	+13.8	宁夏	+4.5
辽宁	-52.9	安徽	-80.1	湖南	-114.8	贵州	-10.9	新疆	+8.1

全国1991~1995年间标准耕地面积净减少151.57万公顷,平均每年净减少30.31公顷。

资料来源:根据表8-6和表8-7计算。
注:四川省包含重庆市。

4."四荒"拍卖

【90年代各地竞相拍卖"荒地"】 荒地是包括荒山、荒坡、荒滩和荒沟在内的统称,通常称作"四荒"。拍卖的主要驱动因素,一是各种用地供给普遍偏紧,特别是90年代初"谁来养活中国"的世界性恐慌,无疑加大了对农用土地的需求;二是联产承包责任制已实行近20年,各地均进入土地制度调整准备期,在集体经济薄弱、土地相对较多的地区,开始了以"四荒拍卖"为主要内容的新的土地制度探索,力求找出进一步扩大农业综合生产能力的途径。

【土地拍卖模式区域多样化】 各地均有不同程度的土地拍卖，拍卖范围因荒地多寡而异，大体格局是北方较南方更为普遍。荒地拍卖主要有三种模式：一是先治理后拍卖。对流域面积大、土地条件差、近期效益不明显、难以分散治理的地块，根据规划，利用农田基本建设积累金，由集体组织统一治理，然后卖给农户，农户购买后，按规划要求造林、栽果或搞其他开发项目。二是先拍卖后治理。对流域面积小、土地条件好，群众称之为"肥荒"的、但又不便于集中治理的零星地块，则搞统一规划，先拍卖后治理。三是由包转卖。对原有承包治理的荒山进行调查后，为保持政策的稳定性和完整性，对履行治理协议好的农户，实行由包转卖。其中，愿意由承包转为购买的，在妥善处理好原合同关系后由包转卖；原承包户想退包的，对地面附着物给予适当补偿后，转卖他人；原承包户不履行合同、弃治弃管的，则由集体收回再重新拍卖。

【土地拍卖的正效应短暂，负效应持久】 土地拍卖的正面效应是提高了土地利用率，通过利用增加了土地植被，在一定程度上抑制了水土流失；负面效应是土地用途的转变并非都是适宜的，在许多地区，不适宜的土地用途转变导致了严重的生态问题，如破坏湿地、草场退化等。对正负效应的权衡，关键在于对拍卖后的土地用途的控制和管理。土地拍卖后的开荒可能改变土地、水及植被等基本条件，不适度的开荒会造成自然生态环境的破坏；开荒的成败，在北方、特别是西部地区，往往取决于水源，水源不足往往导致土地生产力的不稳定、土地退化。

四、区域非农建设用地

1. 建设用地普遍存在的问题

近期结束的中国非农建设用地清查结果表明，建设用地主要存在如下问题。

【用地总量失控，耕地大量减少】 从全国看，各地区都在抱怨非农建设用地的供给不足，有些地区、特别是东南沿海地区甚至将非农建设用地的供给不足视为影响境外投资到位率的主要因素之一。受投资、城市化发展及农业比较效益低等因素的影响，各地均不同程度地突破了对建设用地的控制指标。1991~1996年，全国各类非农建设项目实际用地总量达222万公顷，其中耕地占50.7%，分别超过同期用地计划的28%和18.3%。

【各类违法占地、批地问题严重】 1991年以来，全国违法用地总量达到49万公顷，其中耕地28万公顷，分别相当于同期依法用地和占用耕地总量的32%和38.7%。违法占地、批地，既有政府管理不力和超越职权的责任，也有农民、企业等擅自占地的责任。

【土地闲置浪费严重，耕地大量破坏】 到1996年底，全国闲置土地中耕地为6.3万公顷，相当于当年占用耕地总量的31.4%，闲置耕地中有55%种植条件已经破坏，无法复耕。土地先征后用、多征少用、征而不用、不征而用的情况十分普遍，尤其在经济发展较快、较发达的地区更是如此。

【各类开发区过多过滥是耕地流失的重要原因】 90年代是我国改革开放后第二个经济快速增长的时期，各地对外开放的力度进一步加大，各类开发区迅速建立起来，并成为各地经济增长的排头兵。但同时，也进一步加重了对土地供给的压力，并由此导致土地供需失衡的加重,其直接结果是非农建设用地往往突破计划指标。更为严重的是许多地方由于资金到位情况不理想而导致土地大量闲置。1991~1996年,中国各类开发区实际用地总量占全国同期非农建设项目用地总量的11.5%,其中55.2%是耕地,全国闲置土地总量的30.4%分布在各类开发区中。

2. 城镇化发展对区域土地利用格局的影响

【城市的区域分布南多北少,东多西少】 首先,从城市数量分布看,1998年东部占44.7%,中部占36.8%,西部占18.5%;南方占53.8%,北方占46.2%。其次,从城市人口区域分布看,东部占51.5%,中部占32.6%,西部占15.9%;南方占49.7%,北方占50.3%。第三,从城市土地面积区域分布看,东部占26.0%,中部占38.2%,西部占35.8%。

【非农建设用地增长南方快于北方,东部快于中西部】 城市占地增速大大快于城市人口增速,并由此导致城市人均占地面积的扩大。国家规定城市人均占地面积上限为100平方米,而实际上,已有数十个城市的人均占地面积突破了100平方米。特别值得指出的是,北方城市粗放用地问题十分突出,包括石家庄、唐山、太原、包头、大连、抚顺、吉林、哈尔滨、齐齐哈尔和兰州等特大城市在内的多数北方城市,已超过国家规定的人均100平方米的标准。

3. 大城市用地的区域格局变化

【特大城市占地规模均在扩大且部分城市扩张过快】 据原国家土地管理局测算,全国31个特大城市占地面积在1986~1996年的10年间,增长了51%,达到5645平方公里。从各市的占地增速看,大连、石家庄、广州等3市均超过了一倍,其中大连增长了213%、石家庄增长了110%、广州增长了109%。占地增速较高的其他城市依次为:上海(78%)、杭州(61%)、济南(60%)、乌鲁木齐(60%)、鞍山(56%)、青岛(53%)、郑州(52%)和成都(50%)(图8-3)。

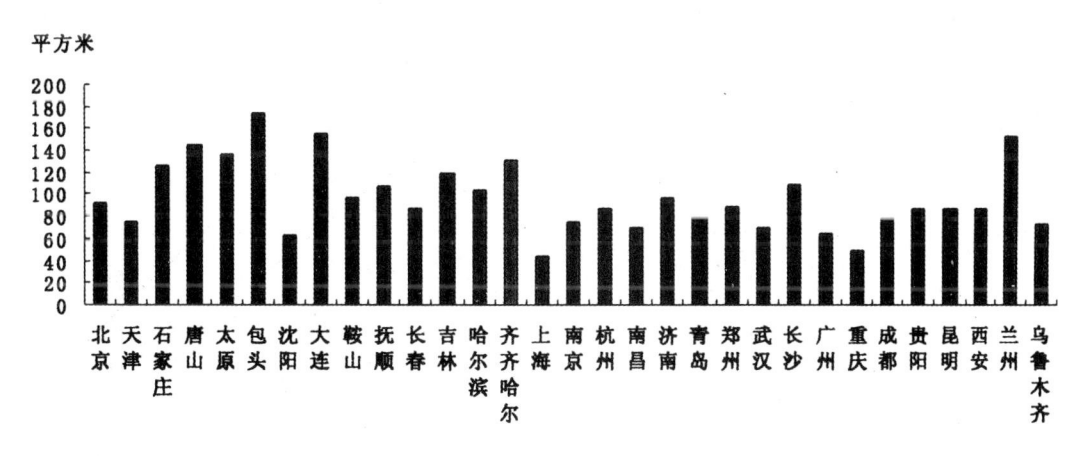

图8-3 城市人均占地面积

资料来源:《中国城市统计年鉴》(1998),中国统计出版社。

【发达地区建设性用地紧缺问题突出】 由于人口的刚性压力、城市化不可逆转的发展势头、政策性控制等原因,加之土地出让收益地方留成的下降和基本农田保护区的划定,各地均不同程度地出现建设性用地供应偏紧的现象。这一现象已持续了几年,在发达地区尤其普遍,相信仍会持续下去。建设性用地供应偏紧固然于城市建设、吸引资金等不利,但从地区可持续发展、特别是从国家可持续发展角度看,却是必然的。

【东南沿海地区建设性用地问题极为突出】 首先表现为耕地占用速度失控,中国东部沿海12省市的总用地和占用耕地分别占全国用地总数的53%和57%;其次表现为土地闲置严重,东南沿海地区闲置的土地和耕地均占全国总数的80%以上,多为开发区和经营性房地产闲置的土地;第三是土地违法行为突出。

五、土地资源管理

1. 土地资源开发利用与管理的背景及变化

【推行最严格的土地管理制度】 在1999年3月中央人口、资源、环境工作座谈会上,江泽民主席指出,在我们这样一个人口众多的发展中大国,必须实行世界上最严格的土地管理制度。要认真贯彻执行《土地管理法》,各地区都要确保本行政区域内耕地总量不再减少。任何部门、任何单位都不许非法占用农民承包经营的土地。国土资源部指出,要采取最严厉的措施加强全国土地管理和耕地保护,以确保耕地面积不再减少。目前已制定并实施了对耕地的特殊保护措施、占用耕地补偿制度、售地收益分配制度、征用耕地审批权制度以及对违法行为的法律制裁措施等。采取这些制度措施是为了保证中国现有耕地面积总量只能增加、不能减少,同时有效控制建设用地的数量。建设用地的规模必须纳入国家整体规划,城市的发展也不能突破用地总量规划(专栏8.3)。

专栏8.3

中国实行世界上最严格的土地管理制度

提出时间:1999年3月。

主要背景:现有耕地1.3亿公顷,人均0.1公顷,逼近联合国粮农组织设定的人均耕地0.05公顷的警戒线。

提出场合:中央人口、资源、环境工作座谈会。

最高决策人:江泽民。

主要内容:基本农田保护制度、占用耕地补偿制度、售地收益分配制度、征用耕地审批权制度、违法行为制裁制度、非常时期的耕地占用冻结制度、闲置征地没收制度和土地用途管制制度等。

主要目的:保护耕地,提高土地总体利用率和利用效率。

【继续冻结非农建设项目占用耕地】 1999年初国土资源部下达《关于继续冻结非农建设项目占用耕地的通知》,明确冻结耕地占补失衡地区农用地转用指标,决定今后未实现耕地占补平衡的地区将被冻结农用地转用计划指标,并暂停农用地转用审批。

【重视灾后国土整治】 国家计委、水利部和国土资源部均十分重视灾后国土整治。国家计委和水利部明确提出了灾后重建工作重点,即按照整治国土、保护生态环境的要求防治江河水患;按照江河流域规划,加固干堤和疏浚河湖,有计划、有步骤地实施平垸行洪、退田还湖;按照防洪和发展经济的要求抓好以工代赈、移民建镇工作。国土资源部开展土地整理工作,要求重点放在现有农地、灾毁土地和各类工矿废弃土地、撤并村庄废弃土地的整理复垦上;通过对田、水、路、林、村的综合治理,调整用地结构,增加有效耕地面积。通知强调,禁止违反规划毁林开荒和在牧草地上开荒,禁止在大于25度以上坡地开垦耕地,禁止围湖造田和侵占江河滩地;对过度开垦的土地要有条件、有步骤地退耕还林、还牧、还湖。总的原则是"谁整理、谁受益"(专栏8.4)。

> 专栏8.4
>
> **设立土地开发整理示范区**
>
> 国土资源部1998年底确定,将湖南澧县、湖北公安县、江西省进贤县、吉林省镇赉县、黑龙江省嫩江下游地区、内蒙古自治区兴安盟科右中旗等6个遭受严重洪涝灾害的地区,以及北京大兴县、上海奉贤县、江苏苏州市和无锡市等14个具有土地开发整理工作基础的市、县,列为首批土地开发示范区。要求:灾区的示范区要结合灾区移民建镇、平垸行洪、退田还湖等工作,搞好田、水、路、林、村的统一规划;要以水毁农田的整复和移民后旧宅基地复耕为重点,增加耕地面积,为灾区重建、安置灾民、恢复农业生产创造有利条件。非灾区示范区要以改善农业生产条件,保护和改善生态环境,增加有效耕地面积,降低生产成本,提高土地产出率为目标。

2. 各地竞相转变土地利用和管理方式

各地转变土地利用和管理方式的总体方向是集约化、市场化。

【山地及高原地区增加和改良耕地】 云南根据本地区山地较多、土地利用不充分、耕地资源相对匮乏的问题,特别注重节地挖潜、增加耕地;贵州则根据山坡地多、旱地多、耕地质量较差的问题,结合扶贫,通过以工代赈等方式,进一步加强坡改梯工程建设,以此为解决贫困问题、食物不足问题及水土流失问题的突破口;西藏自治区则针对牧场退化问题,开始注重推行牧场承包,加强牧场保护和改良。

【非都市较发达地区减少耕地占用】 非都市发达地区,面临着工业化和城镇化的双重压力,土地供给相对比较紧张,但同时也存在着一定的土地利用潜力,主要体现在村镇建设用地粗放方面。为此,与加速城镇化发展、改善村镇建设、提高土地农业规模经营相配合,河北、山东等地注重治理空心村、规范农村宅基地,减少村镇非农建设用地,以减缓非农建设用地增长速度。

【大都市盘活和高效利用土地】 上海推行"三个集中"(工业园区集中、人口向城镇和中心村庄集中、耕地向种田能手集中),挖掘存量土地潜力、节约耕地、提高土地利用效率。天津盘活存量土地,用于发展金融、商贸等第三产业及安居工程。更多的地区重视开发利用荒山、荒滩、荒水、荒地,以减缓用地需求对耕地的压力,如大连通过搬迁市政府将原用地置换,以换取必要的建设资金,实现政府建筑的更新换代。

【发达地区开始控制非农建设用地规模】

(1) 沿海地区已开始控制高尔夫球场建设,认为中国国情不容许建过多的高尔夫球场。要建成绿毡般的高尔夫球场,就必须选择比较肥沃的土地,每建1个高尔夫球场要损失200公顷耕地。另外,太多、太滥的高尔夫球场,不仅占用了大量土地,而且为了促进绿草生长使用的化学试剂易对环境造成污染,同时也浪费大量的水资源,这些对于当地实现可持续发展都是有害无益的。

(2) 北京注意处理非农建设项目违法用地。处理违法用地指饭店、商厦、写字楼、旅游、别墅、渡假村、跑马场、高尔夫球场、赛马场、商品住宅等经营性房地产的违法建设项目,以及未经主管部门审批的市政配套设施等公益、公共事业违法用地项目,未经批准或擅自扩大批准用地面积取土烧砖、挖沙采石、采矿、建墓、倾倒垃圾及废弃物等的违法用地。

(3) 广东停止对庄园、果园项目用地的审批。省政府下达《关于清理果园、庄园有关问题的通知》,要求各级政府和有关部门立即停止对果园、庄园项目和用地的审批,采取措施对已经上马的果园、庄园开发项目进行清理整顿,禁止以果园、庄园开发为名,建造大型游乐、商业、宾馆设施和进行房地产开发;已开发的果园、庄园,所使用的土地必须是"四荒"或疏残林地,不得占用耕地,不得开垦25°以上坡地。

(4) 上海进一步控制用地总量。自1998年起,上海通过指令性计划,对下列用地项目实行用地总量控制:六类经营性项目,包括商业、旅游、娱乐、金融、服务业和商品房屋;城市基础设施建设和改造工程项目,包括危棚简屋改造项目、市中心"退二进三"、"三废"搬迁原址改造项目,市政重要道路拓宽、高架、地铁等沿线联动开发项目;市土地发展中心储备土地的开发上市项目。

(5) 福建着手撤销30片"开而不发"的省级开发区。目前全省拥有省级以上开发区123片,真正完成开发面积的占80%,闲置20%。其中,基础设施配套、形成规模、项目落实的有54片,占44%,用地占总用地的83%,这些开发区不少已成为闽东南沿海地区重要的经济增长点,今后将采取措施进一步加快其发展步伐;需要进一步调整、完善、配套的有39片,对这些开发区将采取限期开发、实行"二次招商"或缩小开发规模、改为项目用地等措施;对实际用地不足5%的长期"开而不发"、有名无实且布局不合理的30片开发区,拟予以撤销。

| 六、林地保护 |

1. 森林禁伐令的下达

针对1998年长江流域、松嫩流域出现的特大洪涝灾害,国家开始重视河流源头的水土流失治理问题,提出以森林禁伐和退耕还林、还草、还湖为核心,加强对河流上中游地区进行生态环境保护和治理。为此,国务院于1998年8月发出紧急通知,要求立即行动起来,保护森林资源、制止毁林开垦和乱占林地(专栏8.5)。

> 专栏8.5
>
> **关于保护森林资源、制止毁林开垦和乱占林地的通知**
>
> 通知下达背景：毁林开垦或乱占滥用林地搞开发区、房地产和其它工程建设等现象日益严重；对林地化整为零，少批多占，不批也占，占而不补，造成林地的大量流失和森林资源的严重破坏；越穷越垦、越垦越穷的恶性循环极为严重。森林资源再生能力下降或丧失，生态环境恶化而丧失基本的生存条件，水土流失严重而进一步引致洪涝灾害。直接原因是1998年7、8月份的长江及松花江—嫩江出现的全流域性特大洪涝灾害。
>
> 通知主要内容：一、要把保护和培育森林资源作为改善生态环境的重要任务来抓。二、立即停止一切毁林开垦行为。三、对已经发生的毁林开垦行为进行全面清查。四、切实做好退耕还林工作。五、依法严厉打击毁林开垦的违法犯罪行为。六、严格实施林地用途管制。七、加强对林地保护工作的组织领导。

2．禁伐令下达后各地的行动

【天然林资源保护工程率先在四川启动】 四川省为保护森林资源，改善长江上游生态环境，从1998年9月1日起，阿坝、甘孜、凉山3州，攀枝花、乐山2市以及雅安地区立即无条件全面停止天然林的采伐，关闭木材交易市场，全面启动四川天然林保护工程。川西54个县460多万公顷原始天然林将告别斧锯时代；长江上游的岷江、金沙江、雅砻江、大渡河四大流域的水土流失，将从根本上得到治理。川西林区是我国三大林区之一，是长江流域的主要水源涵养区。经国务院批准率先启动的四川天然林保护工程，将按四川省政府颁布的《四川天然林资源保护工程实施方案》，在停止采伐后，对现存463万公顷天然林严格管护，同时实行造、管、育结合。从1998年到2010年，在川西天然林保护区内及周围地区人工造林183万公顷、封山育林897万公顷、森林抚育364万公顷。为了长江流域和全国的大局，四川还注重开发农牧业、旅游业、水电业、矿产业等，扭转部分县"木头财政"的局面；安排森林职工转产，使"砍树人"变成"栽树人"和"管树人"。

四川省政府发布了《关于停止天然林采伐的布告》；省纪委、省监察厅、省林业厅联合发布了《违反天然林资源保护工程政策规定的党纪政纪处理意见》；1999年1月通过制定《四川省天然林保护条例》，把天然林资源的保护工作纳入法制化、制度化的轨道。

【东北调减木材产量指标】 黑龙江省是我国最大的国有林区，也是实施国家天然林保护工程的重点地区。全省现在已编制木材产量及年森林采伐限额调减方案，方案规定：1999年将木材产量控制在618万 m^3 之内，到2000年木材产量调减到419万 m^3，实行采伐限额管理和采伐量、运输量、销售量的"三总量"控制。吉林省已把湾沟、大石头、泉阳等7个林业局划为全部停止天然林采伐企业，其余11个林业局和4个森林经营局划为部分停止天然林采伐企业。吉林省制定了木材产量调减目标，1998年18个森工企业和4个森林经营局的木材产量，由"九五"限额的405万 m^3，调减到345万 m^3，1999年进一步调减到290m^3，2000年调减到217万 m^3。内蒙古木材产量也逐年调减，到2000年要调减至230万 m^3。

【山西站在全国角度保护森林资源,遏制水土流失】 山西省地处黄河中游而思下游,居高原而虑平原,爱护绿色,减少恶性毁林事件,有效遏制了水土流失,改善了生态环境。初步建成了五大生态体系,包括国有林区水源涵养林体系、防治荒漠化和沙化产业开发体系、粮棉产区农田防护林体系、"三北"防护林体系和太行山绿化体系。采取的小流域分户治理水土流失、拍卖"四荒"、股份制治荒等多种治理模式,起到了很好的作用。

【青藏高原已开始重视保护江河源头森林资源】 地处长江、黄河发源地的青海省,近年来非常重视江河源头的生态环境保护,制定了"青海黄河(长江)源头生态环境林业重点治理工程"计划。西藏大力保护长江上游金沙江段的原始森林资源,特别在昌都地区采取措施,大力保护区内原始森林资源。为保护原始森林资源,西藏先后制定了《西藏森林保护条例》、《西藏自然保护区管理条例》、《西藏护林防火八项规定》、《西藏野生动物保护实施办法》等法规。

3. 严格林地占用审批

为严格执行国务院关于保护森林资源、制止毁林开荒和乱占林地的通知,国家林业局要求各地切实处理好冻结征占用林地期间特批征占用林地的有关问题,遏制毁林开垦和乱占林地的歪风。各级林业主管部门要从严把关,严格审核,防止以改变用地类型的方式征占用林地;各类工程建设确实需要征占用林地的,必须由省、自治区、直辖市人民政府向国务院提出书面申请,并附有关材料。按照法律规定,征占用各类土地总面积属于国务院批准权限的仍按过去的规定一次报批;属于省、自治区、直辖市批准权限的,只上报林地部分。国家林业局根据国务院意见,依据森林法、土地管理法和国家有关规定对各省、自治区、直辖市政府的审批报告进行审核。征占用林地面积在70公顷以下的,国家林业局根据国务院的授权直接批复;征占用林地面积在70公顷以上的,国家林业局将审核意见报国务院,经国务院批准后,再由国家林业局批复。

4. 森林禁伐的影响

【各重点林区开始削减木材砍伐量】 我国政府于1998年9月开始实施的天然林资源保护工程,已取得显著成果。各地重点林区已开始大量削减木材砍伐量,切实保护和发挥重点林区森林对生态环境的保护和改善作用。从国家林业局东北、内蒙古片天然林资源保护工程实施情况座谈会上获悉,我国政府决定采取"少砍树、多栽树"的方式,扭转日益恶化的生态环境。

【不会依赖大量进口解决木材短缺】 虽然木材供应会因1999年全面开展森林保护而出现短缺,但我国不准备大幅度增加木材进口。国家林业局表示,"中国今后木材进口仍限于珍贵品种和大径材等稀缺产品,国内需求主要靠培育人工林、速生丰产林以及提高木材利用率和研制替代品来解决。"去年长江和嫩江、松花江流域发生的特大洪灾,促使我国政府制定了庞大的天然林保护计划。商品木材产量占全国1/2以上的长江、黄河中上游和东北及内蒙古等地的林区,相继实施了禁伐、限采等措施,范围占全国天然林总面积的80%。国家林业局计划到2003年削减天然林木材产量2200万 m^3,约为目前国内年消耗量的1/5,其中1999年要削减1200万 m^3。我国有能力自己解决木材短缺问题,因为全国人工造林面积已达4600多万公顷,其中的1/7将在今后5年内陆续进入采伐期,可提供2.1亿 m^3 的商品木材。此外,我国已加快新建400万公顷的速生高产林,同时每年抚育130万公顷的中幼龄人工林,预计2000年,二者可使国内商品木材供给能力增加 2000 万 m³。

第三节　能源供需保障与可持续发展

能源是经济发展和社会进步的重要物质基础,是实现中国可持续发展的重要资源保障。我国拥有比较丰富而多样的能源资源,但人均能源资源相对不足,是世界上少数几个以煤为主要能源的国家之一。改革开放以来,我国能源供给长期处于短缺状态,能源工业一直是国家投资建设的重点。从"九五"开始,由于国家宏观经济调控的作用和相对饱和买方市场的形成,长期处于"瓶颈"状态的能源供给开始缓解,部分能源产品供过于求。1997～1998 年全国及各地区能源供给的紧张局面继续得到好转,但能源发展中煤炭比重过高引发的环境和生态破坏等问题日趋严重。

一、能源资源潜力与特点

1. 特点与保障程度

【人均能源资源相对不足】　我国能源资源总量比较丰富,但人均量相对不足。一次常规能源资源人均储量仅为世界平均值的 1/2。人均石油可采量不足 9 吨,仅为世界平均值的 1/4。

【能源资源保障态势不容乐观】　按照 1996 年的开采量计算,我国煤炭还可开采 60 年,石油还可开采 13 年,天然气还可开采 18 年。实际上,我国有相当一部分石油、天然气、煤炭的已探明剩余可采储量是分布在交通不便、地质条件差、开采经济性差的边远地区。另外,如以 2000 年、2010 年的计划开采量计算,目前的石油、天然气已探明保障年限会进一步缩短,供应缺口不断加大,供应态势不容乐观。当然,随着油气资源勘探工作的加强和采油技术水平的提高,保障油、气资源的中期供应也是有希望的。

【能源资源分布极不均衡】　我国一次常规能源储量的 85% 分布在华北、西南和西北地区。从南北和东西三大地带来看,北方占 71.7%、中间地带占 21.5%、南方仅占 6.8%;东部地带占 12.9%、中部地带占 43.7%、西部地带占 43.4%(表 8-9、表 8-10),形成"北煤南运"、"西电东送"的基本格局。

【资源的勘探开发程度低】　我国能源资源的勘探开发程度低,特别是天然气探明程度极低。1997 年水电发电量仅占经济可开发量的 14.9%,水能资源开发利用率很低。

2. 主要能源资源

【煤炭资源总量丰富,但地区分布不均衡】　我国煤炭资源比较丰富,资源总量居世界的第二位。1996 年底,我国煤炭保有储量 10008.5 亿吨。但其中可供利用的精查储量只占 30%,在当前技术和经济条件下可开采的储量约为 1145 亿吨,至今已开采近 300 亿吨,剩余可采量 800 多亿吨,按年煤炭生产量 14 亿吨计算,还可开采 60 年。

我国煤炭储量的地理分布极不均衡,90% 以上分布在秦岭—大别山以北地区,其中山西、内蒙古和陕西分别占 26.2%、22.4% 和 16.6%。

表 8-9　能源资源南北地带性分布及人均水平①

地　带	人均能源资源（吨标准煤）	能源资源（亿吨标准煤）	
		总　量	占全国 %
全　国	808	9238	100
北　方	1358	6625	71.7
中　间	416	1984	21.5
南　方	350	631	6.8

注：表中数据按探明储量和理论蕴藏量计量。其中，煤炭、石油、天然气采用 1990 年底探明储量，水力采用 1980 年普查理论蕴藏量（乘 100 年）；煤当量折算比率：煤炭 0.744 吨/吨，石油 1.43 吨/吨，天然气 1.33 吨/1000m³，水力按发电煤耗 350 克/度；人口为 1990 年底统计数。

表 8-10　能源资源东西地带性分布、人均水平及构成

地带	人均能源资源（吨标准煤）	能源资源（亿吨标准煤）		煤炭 %	水能 %	油气 %
		总量	占全国 %			
全国	246	2796.3	100	75.2	22.4	2.4
东部	75	359.2	12.9	79.0	13.6	7.4
中部	300	1222.3	43.7	89.3	7.9	2.8
西部	465	1214.8	43.4	56.2	42.9	0.9

注：表中数据按可开发储量计算。

【石油资源探明程度低】　我国石油资源是比较丰富的。据石油天然气总公司 1994 年油气资源评价，预测全国石油资源蕴藏量为 940 亿吨，其中陆上 694 亿吨，海上 246 亿吨。到 1996 年底，全国累计探明石油地质储量 181 亿吨，已探明的可采资源量为 49 亿吨。在已探明可采资源量的 49 亿吨中，截止 1996 年底已开采石油 29 亿吨，我国至今剩余开采储量大约为 20 亿吨，按 1996 年开采石油 1.573 亿吨计算，还可开采 13 年。

【天然气地质资源丰富】　我国天然气地质资源丰富，主要分布在西部、中部和海域。据石油天然气总公司 1994 年对天然气资源评价，天然气地质资源量为 38 万亿立方米，其中陆地 30 万亿立方米，海洋 8 万亿立方米。已累计探明天然气地质储量 1.5 万亿立方米，探明程度为 3.9%。在可采的 9000 亿立方米（平均采收率 60%）天然气资源中，至今剩余可采资源量为 5599 亿立方米，按年生产天然气 200 亿立方米计算，还可开采 28 年。天然气资源总的特点是地质资源量大、探明程度低、主要分布在 14 个盆地、地质构造复杂。

【水能可开发潜力大】　我国水能资源相当丰富，理论蕴藏量达到 676 兆瓦，相当于年发电量 5922.2 亿千瓦时。技术可开发水能资源相当于 379 兆瓦，年发电量 1923.3 亿千瓦时。根据 1992 年估算，水电经济可开发装机容量为 290 兆瓦，年发电量 1296 亿千瓦时，居世界第一位。我国水能资源开发利用率低，目前水电发电量占经济可开发电量的 15%。水能资源总的特点是资源分布不均衡，70% 分布在西南地区，15% 分布在中南地区，而经济发达、对电力需求

---

① 南北间三个地带：北方包括东北、华北和西北的 13 个省区市及河南和山东在内；中间地带包括沿长江的 10 个省市及西藏自治区（四川包括重庆）；南方包括福建、广东、广西、海南、云南等 5 个省区。

大的东部地区的水能资源却很少,西电东送的格局将不断加强。我国可开发的大型水电站比重大,其中,可开发建设200万千瓦及以上的特大型水电站占总资源量的一半以上。大型和特大型水电站主要集中在西南地区。

【生物质能源燃料比例过高】 我国占总人口70%的农村人口的生活燃料仍主要依靠生物质燃料(薪柴和秸秆)。全国年生物质燃料消耗总量为2.67亿吨标准煤(其中薪柴占43%、秸秆占57%),大约占全世界生物质燃料消耗总量的30%。目前,我国薪柴消耗量比合理采樵量多30%,导致森林植被减少,水土流失加剧。另外,人为田间秸秆燃烧严重,不利于秸秆还田,也污染大气。

二、能源生产与供需态势

【近期能源供求总态势继续趋缓】 近期能源供求总态势趋向缓和,但在品种、时段和空间上的供求矛盾仍然存在。供求关系缓和的主要原因是:煤炭产量继续稳定增长,原油及成品油净进口量不断增加,高耗能产品进口增加,单位产值能耗低的第三产业比重上升。

煤炭供求缓和是主基调。近10年来,作为我国主要能源的煤炭已满足了国民经济发展的需要,未出现供求严重紧张的局面,"九五"期间煤炭供求仍将趋缓。预计在2000年,煤炭需求量为15亿吨左右。煤炭仍将是发电、建材、钢铁、合成氨生产的主要能源。东部地区是主要耗煤地,将从外部调入3~4亿吨煤炭。2000年煤炭出口将从目前的3000万吨增加到5000万吨,城乡居民生活用煤将继续呈减少趋势。煤炭工业发展也存在许多困难和问题。目前可供开发利用的煤炭精查储量严重不足。精查储量的2/3已被生产矿井和在建矿井占用,尚未开发的仅占1/3,如扣除交通不便,开采条件差等处的精查储量,余下可供建设重点煤矿的只有220多亿吨。按重点煤矿将来一年开采8亿吨计算,尚可开采28年。今后要作好煤炭地质勘探工作,增加精查储量。

【能源系统自成体系,石油进口逐年增加】 中国的能源生产与消费长期建立在以本国资源开发为主的基础上。在过去的17年中,能源生产与消费基本上以自给为主(表8-11)。随着改革开放的深化,能源供给与国际市场的交换逐年增加,进口量从1980年的261万吨增加到1997年的6837万吨,出口量从1980年的3058万吨增加到1997年的7529万吨。到1997年,进、出口量分别约占能源生产与消费总量的5%左右。由于能源资源赋存条件及生产结构的限制,煤炭出口逐年增长,石油进口不断增加(表8-12)。

表8-11 综合能源平衡情况　　　单位:万吨标准煤

项　　目	1980年	1985年	1990年	1995年	1997年
可供消费的能源总量	61557	77603	96138	129535	134433
一次能源生产量	63735	85546	103922	129034	132616
进口量	261	340	1310	5456	6837
出口量	3058	5774	5875	6776	7529

资料来源:国家统计局:《中国统计年鉴》,中国统计出版社,1998年。

表8-12 煤炭与石油平衡情况　　单位：万吨

项目		1980年	1985年	1990年	1995年	1996年
煤炭	进口量	199	231	200	164	322
	出口量	632	777	1729	2862	3648
石油	进口量	83	90	756	3673	4537
	出口量	1806	3630	3110	2455	2696

资料来源：国家统计局：《中国统计年鉴》，中国统计出版社，1998年。

【能源结构有所改善】 1997年我国一次能源消费结构是：煤炭占74.3%，石油占17.4%，天然气占2.3%，水电与核电占6%（表8-13）。同1990年相比，煤炭比重上升0.1个百分点，石油比重下降了1.6个百分点，天然气比重上升30.3个百分点，水电比重上升了1.2个百分点。总体上能源消费结构的小幅度变化是朝着优质化方向发展的，有利于实施可持续发展战略。

表8-13 能源生产总量及构成变化

年份	能源生产总量（万吨标准煤）	占能源生产总量的比重（%）			
		原煤	原油	天然气	水电
1952	4871	96.7	1.3	—	2.0
1957	9861	94.9	2.1	0.1	2.9
1962	17185	91.4	4.8	0.9	2.9
1965	18824	88.0	8.6	0.8	2.6
1970	30990	81.6	14.1	1.2	3.1
1975	48754	70.6	22.6	2.4	4.4
1980	63735	69.4	23.8	3.0	3.8
1985	85546	72.8	20.9	2.0	4.3
1990	103922	74.2	19.0	2.0	4.8
1995	129034	75.3	16.6	1.9	6.2
1996	132616	75.2	17.0	2.0	5.8
1997	131989	74.3	17.4	2.3	6.0

资料来源：国家统计局：《中国统计年鉴》，中国统计出版社，1998年。

【能源消费总量大，人均消费水平低】 1997年我国一次能源消费总量为13.2亿吨标准煤，是世界第二耗能大国。但人均消费量只有1134公斤标准煤，仅为世界平均值的一半，同工业发达国家的人均耗能水平的差距就更大了。

【煤炭主要供给火电，生活用煤不断减少】 我国煤炭消费主要是工业和民用生活部门。工业用煤又集中在电力、建材、钢铁、化工四大行业，1997年分别消费煤炭大约5亿多吨、1.5亿多吨、1亿多吨、0.7亿吨左右。电力是第一耗煤大户，电力耗煤占全国耗煤总量的35%。

新增加煤炭产量的绝大部分都供应给火力发电。

民用生活用煤包括城镇、农村两块。我国从1986年开始,民用生活用煤总量停止增长。这主要由于城市煤气、液化石油气普及率提高,居民生活用电大幅度增加,加之第三产业快速发展以及节煤与污染控制工作加强等因素的影响。我国1997年比1987年民用生活用煤减少了近一亿吨,平均每年约减少一千万吨。

【油气产量稳定,石油进口快速增长】 "八五"期间石油工业贯彻执行"稳定东部,发展西部"的总体战略方针和"油气并举、扩大开放"的方针。在继续加强大庆、胜利等主力油田稳产的同时,加强以塔里木为重点的西部地区的勘探开发,实现了东部老油田稳产、海上及西部油田增产的目标。1990年以来,我国石油产量一直居世界第五位。

油气产量稳定并小幅度增长。1997年原油产量达到1.57亿吨。东部老油田产量基本稳定在1.22亿吨水平;新疆三大盆地石油产量有较大增长,1996年达到1600万吨,这在相当程度上弥补了东部老油田产量的递减。天然气产量增长幅度较小,1990年为152亿立方米,1997年上升到201亿立方米。

国内石油消费量已由1990年的1.149亿吨,上升到1997年的1.8亿吨,年均增长率为7%。我国已成为除美国、日本之后的第三耗油大国。国内石油市场供应一直比较紧张,缺口越来越大,从国外进口石油数量增加迅速。我国从1993年开始,已成为石油净进口国。1997年进口原油约3000万吨,比1996年增长33%。石油、天然气是其他能源难以替代的能源,在我国能源消费中占有重要地位。我国经济的快速发展、人民生活用能优质化要求、汽车飞速发展以及环境污染达标的实施,都无不依赖增加油、气消费。而国内油气产量受已探明剩余储量的限制,增幅较小。

石油供求矛盾日渐突出。由于进口石油增加,国内油品市场供求缓和,当前成品油市场汽油平稳,柴油供大于求,燃料油、液化石油气供不应求。根据各方面专家预测,2000年国内石油消费为2亿吨左右,而国内生产量约为1.6亿吨左右,需要进口4000万吨左右。国内石油供求矛盾日渐突出,大量进口石油已成定局。

【电力供给短缺的局面得到缓解,民用消费增长速度加快】 电力工业实行"因地制宜,水火并举,适当发展核电"和"集资办电"等方针,加快了建设步伐,使我国电力工业上了一个大台阶。"八五"期间,投产新增装机容量7500万千瓦,平均每年投产1500万千瓦,规模之大是世界罕见的。1997年发电总量达到10800亿千瓦时,其中火电8777亿千瓦时、水电1880亿千瓦时、核电143亿千瓦时,分别占81.3%、17.4%、1.3%。

1990~1997年,电力消费一直快速增长,年均增长11%以上。主要耗电是两大部门,一是工业耗电占总电量的75%;居民生活用电位居第二,用电比重达11%以上,而且年均增长16%以上。目前,不少地方出现电力供过于求的暂时现象。

全国电力供应大有改善,但缺电局面还没有根本缓解。电力增长速度仍不能适应和满足经济发展和人民生活水平不断提高的需要。至今全国还有无电县11个,无电乡649个,无电村24800个,无电户1400万户,无电人口7200万人。国民经济与社会发展"九五"计划和

2010年远景目标纲要中指出:"能源建设以电力为中心,以煤炭为基础,加快石油天然气资源勘探和开发,积极发展新能源"。"九五"期间计划每年新增发电装机容量1600万千瓦,发电量年均增长7%左右。2000年全国发电装机总容量2.9亿千瓦,发电量1.4万亿千瓦时(其中水电约2200亿千瓦时、占16%,火电约11650亿千瓦时、占83%,核电约150亿千瓦时、占1%)。总之,今后我国电力工业仍要加快发展。

【"北煤南运"、"西电东送"格局强化】 由于资源分布不均衡,能源生产与消费空间差异加大。1997~1998年,按南北地带划分,北方省区市能源除满足自给外,可提供2亿多吨标准煤的商品能源;中部和南方地区能源自给率约在50%左右,半数靠外部供给(表8-14)。按东中西地带划分,中西部地区能源均可自给,其中中部地区可提供商品能源1.5亿吨以上的标准煤;东部约1/3的能源靠中西部和进口供给,年调入能源在2.5亿吨左右标准煤。各地区能源生产与消费的持续增长,使能源运输规模加大,"北煤南运"、"西电东送"格局不断强化。

表8-14 我国大地带间的能源生产与消费情况

地带		消费量 (万吨标准煤)	生产量 (万吨标准煤)	平衡量 (万吨标准煤)	自给率%	消费量占 全国%	生产量占 全国%
全国合计		136172.57	127229.33	-8943.24	93.4	100	100
南北	北方	71421.03	93190.95	21769.92	130.5	52.5	73.3
	中部	49018.92	26522.66	-22496.26	54.1	36.0	20.9
	南方	15732.62	7515.72	-8216.90	47.8	11.5	5.9
东中西	东部	74757.13	49858.41	-24898.72	66.7	54.9	39.2
	中部	34463.84	50362.50	15898.66	146.1	25.3	39.6
	西部	26951.60	27008.42	56.82	100.2	19.8	21.2

资料来源:《中国能源年鉴》(1998)。

【能源生产继续向资源富集区集聚,多数省区市对外部依赖程度增加】 按省区市能源自给程度分析,完全自给并提供商品能源的省区市依次为山西、黑龙江、内蒙、宁夏、新疆、河南、贵州、山东和陕西9个省区,这些省区共向全国提供商品能源3.5亿吨标准煤,是全国主要的商品能源生产基地。其中山西、黑龙江和内蒙是最大的商品能源生产基地,分别提供商品能源18083、8305和2406万吨标准煤。

能源基本自给(自给率大于60%)的依次有四川、云南、江西、湖南、安徽、河北、辽宁、甘肃和吉林等9个省区。这些省区仍保持了较大的能源生产规模,但随着能源需求的增加,受资源开发潜力的限制,由原来能源基本自给逐步转向依赖外部供给。

能源大部分依赖外部供应(自给率小于50%)的依次为吉林、广西、福建、天津、广东、湖北、江苏、北京、海南、浙江和上海等11个省区市。其中海南、浙江和上海等省市基本靠外部供应。

三、能源与环境问题

我国煤炭资源丰富,约占一次能源探明总储量的90%,原煤产量约占一次能源生产总量的75%。这就决定了煤炭是我国主要能源。在未来的20年内,我国以煤为主的能源结构不会发生显著变化,能源活动产生的环境污染将会更加严重,主要表现为煤炭开发利用过程中带来的环境污染和生态破坏。

【大气污染严重】 我国大气污染主要是燃煤造成的煤烟型污染,主要集中在城市和工矿区。随着经济的快速发展,大气污染一直呈上升趋势。特别是在主要城市和工矿区,烟尘、二氧化硫污染相当严重。据84个城市统计,年降尘月均值在3.2~64.6吨/平方公里·月之间,北方城市平均为24.76吨/平方公里·月,南方城市平均为10.57吨/平方公里·月,有57.3%的城市超过了暂定限值。污染严重的城市有包头、焦作、鞍山、大同、唐山、哈尔滨、太原和石家庄。燃煤引起的二氧化硫污染也很严重,近几年每年以3~4%的速度增长。据近几年对88个城市的监测分析,二氧化硫日均值在2~424微克/立方米之间,但污染较重的城市数有所增加。北方城市平均为81微克/立方米,南方城市平均为80微克/立方米。超过国家二级标准的城市有48个,占55%,其中重庆、贵阳污染严重,宜宾、济南、梧州、石家庄、天津、太原、淄博、大同等城市污染较重。由于二氧化硫的污染,我国酸雨发展迅速。降水pH值低于5.6的国土面积已从1985年的175万平方公里扩大到目前的280万平方公里,约占国土面积的29%。80年代初,酸雨主要发生在以重庆为中心(包括贵阳、自贡、柳州、南宁在内的区域)和以南昌为中心(包括萍乡、黄石、黄州在内的区域)的酸雨区。到80年代末,发展成为4个明显的酸雨区,即西南区、以南昌为中心的区域、厦门和福建区域、山东区域。

【固体废物污染不断增加】 我国是一个产煤大国,在煤炭加工过程中,每年约有1亿多吨煤矸石产出。目前全国煤矸石堆积量已达19亿吨左右,不但占用大量耕地,还造成污染。据不完全统计,全国煤矸石山约1200座,正在自燃的有110多座,自然过程中向环境排出大量有害废气。燃煤电厂灰渣年排放量达6779万吨,利用率仅为26.5%。据统计,我国燃煤电厂灰渣的存量累计已达千亿吨,占地近23万亩。

【煤炭开采对生态破坏严重】 煤炭开采造成地表塌陷,工程设施破坏,良田荒芜,生态退化。目前,全国采煤塌陷面积已达87万公顷,平均每采1万吨煤塌陷土地0.2公顷。中国统配煤矿总公司每年由平原采出煤炭约2亿吨以上,增加塌陷面积0.4万公顷。

【汽车尾气污染成为城市主要环境问题】 伴随城市化和工业化的进程,交通运输带来的污染已成为我国日益突出的严重环境问题。我国汽车尾气污染具有与发达国家不同的特征:①路况条件差。由于我国城市道路建设能力不足,人均道路面积少,许多城市普遍存在交通道路建设不能满足汽车工业发展的需要,导致城市交通拥挤状况严重,城市车辆行驶速度仅为每小时十几公里。②车况条件差。我国目前汽车污染控制水平低,相当于国外70年代中期的水平,单车污染物排放水平较高,轿车的排放量是日本的10~20倍,卡车的排放量是美国的1~8倍。③油品消耗高。我国油料的质量不高,含锌汽油约占50%,低标号汽油较多。目前国产车的油耗水平高,轻型货车每100公里油耗比国外多23%,中型货车多10~25%。

虽然我国的大气污染基本上是煤烟型污染,但随着城市化进程日益加快,汽车尾气的污染问题越来越突出,大气污染在一些大城市已逐渐由煤烟型转向汽车尾气型,或成为二者兼有的综合型。

【能源引起的环境问题逐步国际化】 我国正处于经济快速发展时期,燃煤为主的能源结构决定了未来相当长的时期内我国是二氧化碳等温室气体的排放大国。联合国"气候变化框架公约"的生效,将以国际法律文件的形式首先限制发达国家温室气体的排放,并逐步要求其他国家控制其排放,其结果将影响我国的经济发展。因此,二氧化碳等温室气体引起的全球环境问题将与国际关系紧密联系在一起,从长远看,我国面临的环境外交压力将会越来越大。

第四节 评价与结论

自然资源,特别是包括水资源、土地资源和能源等在内的战略性资源,是一个国家或地区社会经济可持续发展不可或缺的基础,对社会经济发展的道路与模式的选择具有重要影响。维系与改善自然资源基础,是实施可持续发展战略的重要组成部分。

改革开放后,我国持续 20 年的经济快速增长,极大地改善了人民生活、增强了国家经济实力,但同时也浪费和破坏了宝贵的自然资源。进入 90 年代以来,我国已从资源及资源性产品净出口国变为净进口国,特别是自 1993 年以来,我国已从石油净出口国变为石油净进口国,对国际石油市场的依赖程度加大。这一方面说明我国资源的开放度增大了,真正初步实现了利用国际、国内两个市场和两种资源的战略设想;但另一方面,也说明我国资源对社会经济发展的保障程度有待于进一步提高。

从我国区域水资源供需看,城市及北方地区普遍缺水的问题,区域有效供水能力不足的问题,水污染加重的问题,过度依赖和开采地下水的问题,已经成为经济进一步持续快速增长的制约因素。为保证社会经济可持续发展,必须高度关注北方及城市缺水问题,同时亦需限制城市及北方地区对地下水的过度开采,关注城市供水能力建设问题,关注农村水污染问题。为此,应从制度与技术方面,推行节约用水,增加有效供水,防治水污染、特别注重防治水源污染,调整用水结构。

从土地资源区域供需关系及开发利用管理看,我国虽实行了"世界上最严格的土地管理制度",但耕地资源基础萎缩的问题仍十分严重,南方、特别是东南地区耕地资源减少的速度未从根本上得以遏制。更为重要的是,在耕地总量动态平衡政策的实施过程中,普遍存在等量不等质的问题。为保证农业综合生产能力的持续提高和农业的可持续发展,必须高度关注耕地动态平衡中等量不等质的问题、区际发展不平衡问题,切实重新审视基本农田保护区的划定与建设;同时,亦需关注北方城镇用地粗放的问题,以及北方垦荒导致的生态环境破坏问题,切实控制城市占地规模的无序扩张,积极稳妥地推行村庄合并。

根据中国的实际情况,可持续发展能源战略将包括三方面的内容,即节能战略,能源优质化及发展新能源、可再生能源战略,煤炭清洁使用及发展洁净煤技术战略。实施节能战略,可有效地减少污染物排放,提高我国经济的市场竞争能力。为此要求我国经济发展应该从产业政策、装备制造、工艺路线选择和企业管理诸多方面综合考虑包括提高能源效率在内的经济运行总体效率的问题。大力发展新能源与可再生能源是世界能源发展的大趋势,我国一次能源消费结构中煤炭比重过高,已带来了运输紧张、环境污染严重、能源工业及相关产业效率低等问题;发展新能源、调整能源结构,应结合我国的实际情况,不能简单地与发达国家比较,要尽力调整能源结构、增加优质能源供应。

参考文献

[1] 陆大道、薛凤旋等:《1997中国区域发展报告》,商务印书馆,1997年。
[2] 李元等:《生存与发展——中国保护耕地问题的研究与思考》,中国大地出版社,1997年。
[3] 中国自然资源丛书编辑委员会:《中国自然资源丛书·综合卷》,中国环境科学出版社,1995年。
[4] 何希吾、姚建华等:《中国资源态势与开发方略》,湖北科学技术出版社,1997年。
[5] 中国科学院可持续发展研究组:《1999中国可持续发展战略报告》,科学出版社,1999年。
[6] 阎长乐:《中国能源发展报告》,经济管理出版社,1997年。
[7] 全国农业资源区划办公室、农业部农业资源区划管理司:《中国农业资源报告》,中国人口出版社,1998年。
[8] 《中国21世纪议程——中国21世纪人口、环境与发展白皮书》,中国环境科学出版社,1994年。
[9] 国家环境保护局:《中国环境保护21世纪议程》,中国环境科学出版社,1995年。
[10] Kerry Smith, V.: *Scarcity and Growth Reconsidered*, the Johns Hopkins University Press, Baltimore and London, 1979.
[11] 中国科学技术协会:《中国科协第三届青年学术年会论文集——资源环境科学与可持续发展技术》,中国科学技术出版社,1998年。

第九章 可持续发展状态及类型

　　1997~1998年是各省区市实施《国民经济和社会发展"九五"计划和2010年远景目标纲要》的关键时期,也是我国实施"两个战略"和"两个转变"的重要阶段。在此时期内,国家部署了以"协调发展"为主的宏观区域战略及指导区域发展的一系列相关政策。同时,在改革开放取得巨大成就和国民经济"软着陆"后,区域社会经济发展经历了"结构性饱和"、亚洲金融危机、确保"8%"、"启动内需"和国有企业改造等一系列内外部环境的考验。各省区市落实国家有关区域发展战略与政策的效果以及经历上述考验的表现究竟如何呢?本章以省区市为单元,从经济、社会、资源环境和发展能力等方面,对各省区市可持续发展状态进行度量和评价,并以数理方法按内涵权重划分不同类型区,并对不同类型区的状态进行诊断,以求确切反映各地区可持续发展相对状况。

第一节 区域可持续发展的若干背景

一、影响区域发展的战略与政策

　　1997~1998年,是我国实施"两个战略"和"两个转变"的初始阶段,继续影响各省区市发展的国家宏观区域政策主要有以下几方面。

　　【由沿海发展战略向促进地区经济协调发展战略转变】　总体上,我国地区经济发展政策经历了由80年代末和90年代初的沿海非均衡发展战略向协调发展战略的转变。"八五"计划提出:"按照今后十年地区经济发展和生产力合理布局的基本原则,正确处理发挥地区优势与全国统筹规划、沿海与内地、经济发达地区与较不发达地区之间的关系,促进地区经济朝着合理分工、各展所长、优势互补、协调发展的方向前进"。"九五"计划指出:"引导地区经济协调发展,形成若干各具特色的经济区域,促进全国经济布局合理化,是逐步缩小地区发展差距,最终实现共同富裕,保持社会稳定的重要条件,也是体现社会主义本质的重要方面。"

　　【继续推进跨省区市区域战略的实施】　90年代以来,国家有关部门提出了大经济区发展的思路:"按照市场经济规律和经济内在联系以及自然特点,突破行政区划界限,在已有经济布局的基础上,以中心城市和交通要道为依托,逐步形成长江三角洲及沿江地区,环渤海地区,西南和华南部分省区,东北地区,中部五省区和西北地区等七个跨省区市的经济区域。"

　　【继续加大对中西部地区发展的支持】　在"八五"的基础上,"九五"期间国家进一步加大了对中西部地区的支持力度,明确了中西部地区的发展方向主要是加强水利、交通、通讯建设,发挥资源优势,使资源优势逐步变为经济优势。提出了加快中西部地区发展的6项主要政策措施。同时,国家在中西部地区安排了一批重点建设项目。其中国家重点的资源开发和基础设施项目有43%放到西部。国家组织东部较发达地区省市对三峡库区、西藏、贫困地区结成帮扶对子,进行对口支援,开展经济技术合作。1996年9月,中央召开扶贫开发工作会议,作出了《中共中央、国务院关于尽快解决群众温饱问题的决定》。各省区市认真贯彻中央扶贫开发工作会议精神,坚持开发式扶贫的方针,加大扶贫投入和扶贫工作的力度。1998年西部地区投资比上年增长31.2%,分别比东部和中部地区高出14.9个和16.8个百分点(专栏9.1)。

> **专栏9.1**
>
> **中央加快中西部地区发展的六项主要政策措施**
>
> 优先在中西部地区安排资源开发和基础设施建设项目;理顺资源性产品价格,增强中西部地区自我发展的能力,加大中西部地区矿产资源勘探力度;实行规范的中央财政转移支付制度,逐步增加对中西部地区的财政支持;加快中西部地区改革开放的步伐,引进外资更多地投向中西部地区;加大对贫困地区的支持力度,扶持民族地区经济发展;加强东部沿海地区与中西部地区的经济联合与技术协作。

【可持续发展战略对地区发展提出新的要求】《国民经济和社会发展"九五"计划和2010年远景目标纲要》把实现"经济与社会相互协调和可持续发展"作为国民经济和社会发展的一条重要指导方针,并对实施可持续发展战略提出了具体任务和要求。特别是从区域综合整治的角度,部署开展了"三河"(淮河、海河、辽河)、"三湖"(太湖、巢湖、滇池)、"两区"(二氧化碳、酸雨污染控制区)、"一市"(北京)的污染防治国家重点工程。各省区市针对具体情况分别制定和实施地方21世纪议程或行动计划。

【全方位对外开放政策仍有深远影响】 在80年代沿海地区开放的基础上,90年代国家又将对外开放扩大到沿边、沿江和内陆地区,全方位的对外开放格局基本形成。这一开放格局对区域发展仍有着深远的影响。

二、区域可持续发展的国际环境特点

1997~1998年影响各省区市发展的国际环境波动较大,竞争形势加剧。

【亚洲金融危机造成较大影响】 当今世界,通过开放求得经济发展,是越来越多的发展中国家通过实践获取的共识。只有开放,才能充分发挥各国、各地区的比较优势,在积极参与国际分工和国际贸易的过程中加快发展自己。但以跨国公司为主要组织方式的全球经济活动使国际贸易、投资和金融进一步自由化,出现了全球范围的国际资本和商品的大规模流动。由于新的世界经济秩序尚未建立,现有的国际金融体系难以防范投机资本和衍生金融交易带来的风险,因而资本和商品在全球范围内的大规模流动,既为发展中国家的经济发展注入了活力,也使得一些具有后发优势的国家成为最易遭受金融和贸易产品攻击的对象。亚洲金融危机使得全球经济正在进入一个新的调整时期,在具有成熟技术的制造业生产能力过剩的结构性问题未解决之前,各国经济的增长速度将会普遍低于80年代到90年代中期这段时间。面对这些影响,我国虽然由于应对措施正确而大幅度减少了危机所造成的损害,但是我国也付出了沉重的代价,特别是沿海地区所受影响巨大。1998年我国进出口总额3240亿美元,比上年下降0.4%。

【次区域经济合作推动区域经济一体化发展】 我国至今仍被排除在全球性的世界贸易组织之外。因此,与周边国家的经济合作,在对外经济合作中占有相当重要的地位。特别是沿海地区在致力于发展外向型经济的同时,与周边国家和地区的经贸往来与技术合作也在不断加深。东北图们江地区五国合作开发取得一定进展;以亚欧大陆桥为纽带与独联体中亚国家的经贸联系也已逐渐打开局面;以东盟为主要合作对象的澜沧江—湄公河次区域经济合作已经产生实质性的进展。APEC通过每年一次的领导人非正式会晤,建立了良好的对话和沟通机制,大大推进了成员国之间的经济技术合作以及贸易投资自由化进程,使得这一区域经济组织显示出良好的发展前景。从周边环境来看,目前我国已正式以对话国的身份,成为东盟的重要合作伙伴。同时与俄罗斯确立了面向21世纪的战略伙伴关系,与韩国、日本的经贸合作关系也在稳步发展。

【高新技术为主的结构调整是提高区域竞争能力的主流】 随着以信息、高新技术为主体的新兴产业的迅速发展,对传统能源和原材料的需求相对减少,全球传统工业制成品的生产能力出现相对过剩,世界产业结构面临新的重大调整。以现代科学技术为核心,建立在知识和信息的生产、分配、使用和消费基础上的知识经济已在很大程度上改变了传统的经济增长方式和经济发展的周期性规律,成为未来全球经济最具潜力的增长点。在这一背景下,区域经济持续增长的动力已经由主要依靠自然资源、资本和常规人力资源的富集程度,越来越明显地转移到了知识、技术等非物质要素方面。能否拥有自主开发的核心技术,并以此为基础建立起高技术产业,从而实现整个产业体系的升级,成为国家创新的主体。经过20年的开放发展,我国经济已融入全球经济体系并成为重要组成部分,国民经济的质量和数量都发生了历史性的进步。但我国仍处在由工业化初期向中期发展的阶段,面临着尽快全面实现工业化的艰巨任务,相对薄弱的综合国力和对教育、基础科学、研究开发事业的投入水平制约了我国跨越发展阶段、全面发展知识经济的能力。因此,从具体国情出发,迎接全球范围的知识经济浪潮,力争在全球竞争中占据有利地位,也是我国面临的紧迫任务。

【环境与发展问题正成为影响区域发展的因素】 环境问题日益国际化对我国生产方式、消费模式以及进出口贸易带来重大影响,重视可持续发展的省区市才会从中受益。环境问题日益成为国际社会关注的热点和影响世界经济和贸易发展的一个日趋重要的因素,在世界贸易逐步削减关税壁垒的情况下,国际贸易中的"环境原则"已被提上议事日程。同时,"环境标志"客观上成了发达国家的市场保护网,阻碍了发展中国家的产品进入国际市场,为某些企图保护本国市场,对我国实施贸易歧视的国家提供了可乘之机,成为最大的非关税贸易的绿色壁垒。改变不顾环境后果的经济发展观,实施可持续发展战略,积极调整生产方式和消费模式,已成为我国各省区市加速现代化建设的迫切要求和下个世纪初实现区域经济持续增长的必由之路。

三、地区经济发展的基础与条件

1997~1998年间国民经济和社会发展中存在的主要问题是:由于多年重复建设,大多数行业生产能力偏大,产品供过于求,经济结构矛盾突出;部分国有企业经营困难,经济效益不好;部分群众生活仍然比较困难,农民收入增长缓慢,下岗职工基本生活保障和社会就业压力较大;市场特别是农村市场销售不旺;多年积累的金融风险不容忽视。但改革开放20年来,国家及各省区市的整体经济实力显著增强,对外开放不断深化和扩大,为各省区市的协调发展提供了物质基础和体制环境。

【综合国力大为提高】 改革开放以来,我国各地区经济快速发展,综合国力显著提高。1979~1998年,我国国内生产总值年均增长9.8%,比同期发展中国家高4个百分点,比发达国家高7个百分点,比世界经济年均增长率高6个百分点。国内生产总值从1978年的3624亿元,增加到1998年的79553亿元,经济总量已位居世界第七,居发展中国家首位。综合国力的增强是实现地区经济协调发展的基本物质基础,有助于提高国家调控地区经济发展的能力和加大对贫困区、民族地区等经济发展相对落后地区及受灾地区的扶持和救济力度,有利于缩小地区发展差距。各省区市特别是沿海发达地区经济总量和实力已积蓄了较大的势能,为持续发展提供了基本条件。

【以结构调整为主的工业化进程仍是主要驱动力】 经过建国后近50年来的建设,尤其是改革开放以来的加速发展,我国已基本奠定了现代化的工业基础,建立了门类齐全、轻重工业协调发展的工业体系,许多工业产品产量已居世界前列。钢、煤、水泥、化肥、棉布、电视机等产品的产量已位居世界第一位,发电量及化学纤维的产量位居世界第二。大部分一般工业产品已能满足自给的需求,从开始简单增加生产能力向结构调整转变。随着我国工业结构向加快以机电设备制造业为主的装备工业的方向发展,必将会促使各地区的工业化进程及地区工业结构发生新的变化。1998年产品结构继续得到改善。科技含量高、附加价值大的电子、信息通信产品等生产增长较快,微型电子计算机、程控交换机、载波通信设备、光通信设备、移动通信设备等生产比上年增长16.9~53.7%,水泥、平板玻璃、钢、钢材等投资类产品增长4.7~7.7%。

【农业持续增长为国民经济发展奠定了可靠基础】 1998年虽然我国部分地区遭受历史上罕见的洪涝灾害,但全年粮食生产形势仍好于上年。由于低温多雨和洪涝灾害影响,夏粮减产1460万吨,早稻减产530万吨。进入秋季,光、热、水等综合气候条件大大好于上年,同时高产作物玉米种植面积扩大,秋粮增产较多。全年粮食总产量达到4.9亿吨以上。80年代中期,我国粮食的大丰收和农产品的第一次大幅提价,促成了江苏、浙江等东部沿海地区产粮大省农村工业化的大发展,90年代中期以来中部地区的安徽、江西、河南、湖北、河北等农业大省粮食的大丰收及我国农产品的第二次大幅提价,又为农业大省的农村工业化提供了积累,为由农业大省转变为农业强省提供了机遇。

【资金流入总量仍保持了相当规模】 社会储蓄率仍将保持在较高水平,国内资金处于充裕状态。1978~1998年储蓄平均占国内生产总值的37%。我国的居民储蓄是社会总储蓄的主要部分,1998底仅居民储蓄存款就已达53407亿元。预计在相当长时期内仍将保持40%左右的储蓄率,继续为我国各地区的经济建设提供比较充裕的资金保证。

国际资金流入总量仍保持在相当规模。截止1997年底,我国累计利用外资合同金额达5211亿元,实际利用外商直接投资2218亿元,居世界第二位,已连续多年成为世界上吸引外资最多的发展中国家,而且利用外资项目的平均规模逐步扩大。利用外资总量及项目规模的扩大,对我国地区经济发展格局产生了很大的影响,以利用外资和进出口为代表的外向型经济的增长超过了其他经济部门的增长。受亚洲金融危机以及世界经济结构调整的影响,1998年国际资金流入我国的总量有所下降,全年实际利用外资额589亿美元,下降7.9%。但由于我国针对性地采取了一些措施,如重新修订了《外商投资产业指导目录》,对外资进入的领域及区域进行了调整,对国家鼓励和支持的外资项目的进口技术、设备免征进口关税和进口环节增值税,从引资优惠度方面提高了竞争力,再加上我国资源丰富及市场巨大所具有的吸引力,特别是由于我国政治稳定、社会稳定和在应对东南亚金融危机时所表现出的负责任的态度和行为,成为扩大国际资本流入的重要保障。

【国有企业、金融、社会保障等关键性领域的体制改革正取得积极进展】 国有企业的体制改革与地区经济结构调整密切相关。随着国有企业体制改革的进一步深化,到2000年,国有企业将建立起现代企业制度,地区经济结构也会随之进一步得到优化。金融体制改革对于地区经济发展及地区经济结构调整影响重大。国家政策性银行的建立及以城市商业银行为代表的地方金融机构的建立,对促进地方经济及广大中西部地区的发展将会起到促进作用。通过设立跨地域的大区分支机构,有利于增强央行监管的独立性与权威性,这也是解决我国各地区不合理重复建设问题的有效措施之一。我国的社会保障制度,特别是在对推动国有企业改革有直接意义的下岗职工基本生活保障和再就业及企业职工基本养老保险制度等方面的改革取得了明显成效,适应我国经济发展新形势的失业保险机制也将得到进一步完善。这些体制上的改革,对于促进人才跨地区合理流动和优化组合,从根本上推动地区经济协调发展也具有重要意义。

【中央政府宏观调控强度提高】 面对国内外经济形势的变化,国家及时出台了包括改革商业银行存款准备金制度,降低存贷款利率,增加货币发行量,加强金融机构的内控制度建设,健全现代金融监管体系,提高纺织等行业和产品的出口退税率,免征国家鼓励发展的国内投资项目和外商投资项目进口设备的关税和进口环节增值税,增发1000亿元长期国债等一系列旨在扩大内需的适当的货币政策和积极的财政政策。针对地区经济发展差距扩大的问题,在重大基础设施项目布局、国家预算内投资等方面逐步加大了对中西部地区的支持力度。在1998年新增发的1000亿元国债中,也体现了对中西部地区的倾斜的原则。

第二节 省区市可持续发展状态分析

区域可持续发展的内涵是指不同尺度区域在较长一段时期内,经济和社会同人口、资源、生态环境之间保持和谐、高效、优化、有序的发展,亦即是在确保其经济稳定增长和社会可持续发展的同时,谋求人口增长得到有效控制,自然资源得到合理开发利用,生态环境保持良性循环。

近年来,国内学术界对区域可持续发展这一主题从不同方面开展了大量探讨,但对我国区域可持续发展指标体系、类型区划分与状态评价的科学基础问题、方法论和实证方案尚无系统研究。在实际研究工作中,我们曾在《1997中国区域发展报告》中,以经济发展水平、社会发展水平、资源禀赋条件、区位条件、基础设施水平、市场发育水平和积累能力共7个层次的29个指标对中国区域发展状态进行了评价,并提出 7 种类型区及其发展途径。这一成果主要是以社会经济为主要内容的,不能反映区域可持续发展的全面内容。在中国科学院编制的《1999 中国可持续发展战略报告》中,以省区市为单元按生存支持系统、发展支持系统、环境支持系统、社会支持系统和智力支持系统 5 方面,对 48 个指标组进行了综合与递归,提出了可持续发展能力定量评价与排序,但对类型区划分和解决途径尚需深入研究,对区域划分中如何确定反映经济社会发展与资源环境的有机联系的指标也值得进一步论证。

一、评价指标体系

根据 1997～1998 年区域发展的宏观战略与政策、国际环境的条件与基础,此次指标体系设计选取了 4 大类共 27 项指标(图 9-1,专栏 9.2),通过指标的量化得分对目前中国区域可持续发展状态进行了系统分析和描述。其中经济发展类(ED)包括 6 项指标,社会发展类(SD)包括 6 项指标,资源环境类(RE)包括 7 项指标,可持续发展能力类(SC)包括 8 项指标。需要强调的是,这些指标值都是相对值,并不能反映各个省区市可持续发展的绝对水平。综合指数与权重测定的方法见专栏 9.3。

可持续发展度 Z_1

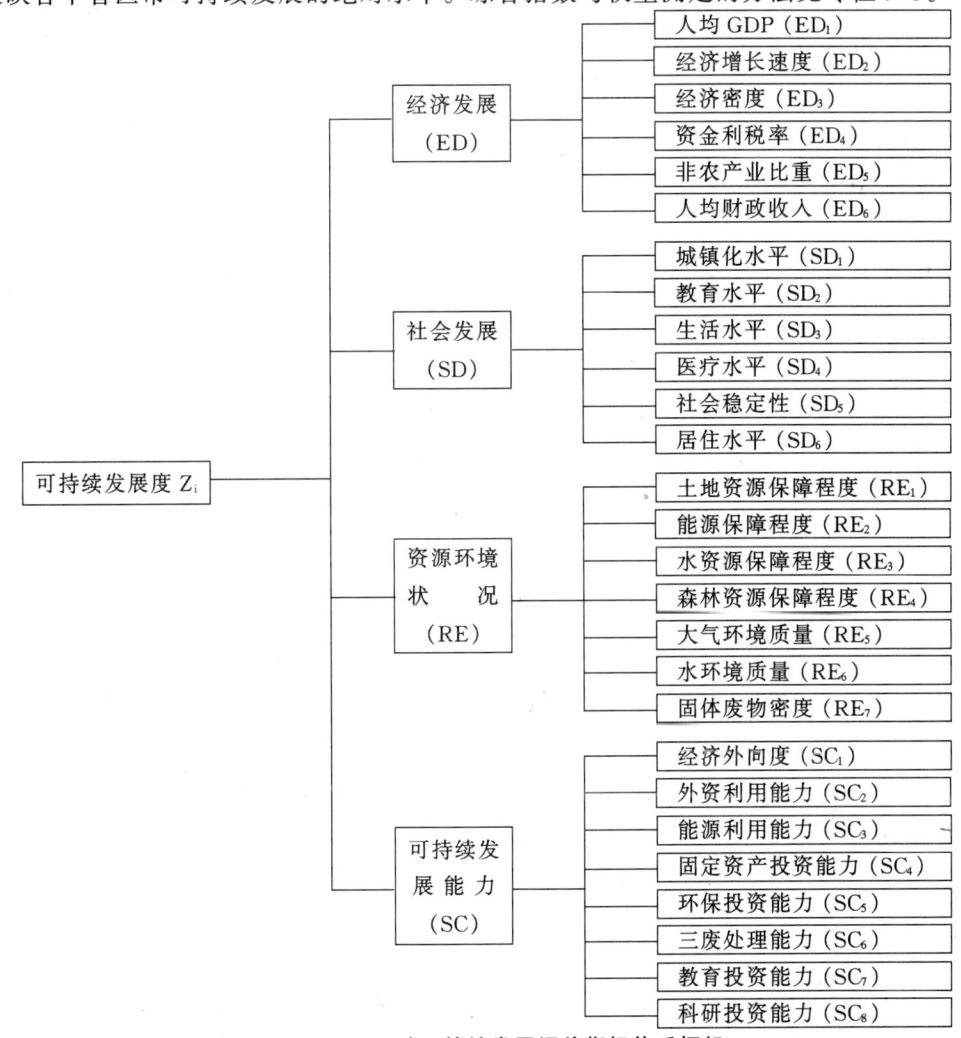

- 经济发展 (ED)
  - 人均 GDP (ED_1)
  - 经济增长速度 (ED_2)
  - 经济密度 (ED_3)
  - 资金利税率 (ED_4)
  - 非农产业比重 (ED_5)
  - 人均财政收入 (ED_6)
- 社会发展 (SD)
  - 城镇化水平 (SD_1)
  - 教育水平 (SD_2)
  - 生活水平 (SD_3)
  - 医疗水平 (SD_4)
  - 社会稳定性 (SD_5)
  - 居住水平 (SD_6)
- 资源环境状况 (RE)
  - 土地资源保障程度 (RE_1)
  - 能源保障程度 (RE_2)
  - 水资源保障程度 (RE_3)
  - 森林资源保障程度 (RE_4)
  - 大气环境质量 (RE_5)
  - 水环境质量 (RE_6)
  - 固体废物密度 (RE_7)
- 可持续发展能力 (SC)
  - 经济外向度 (SC_1)
  - 外资利用能力 (SC_2)
  - 能源利用能力 (SC_3)
  - 固定资产投资能力 (SC_4)
  - 环保投资能力 (SC_5)
  - 三废处理能力 (SC_6)
  - 教育投资能力 (SC_7)
  - 科研投资能力 (SC_8)

图 9-1 区域可持续发展评价指标体系框架

专栏 9.2

区域可持续发展评价指标体系

1. 经济发展水平(ED) 经济发展是实现地区可持续发展的基础条件,是区域可持续发展的核心内容,对区域经济发展水平的评价也就成为区域可持续发展评价的核心内容之一。经济发展水平是区域在某一时期创造财富或获得财富的综合能力,通常以人均国民生产总值(GNP)或人均国内生产总值(GDP)来衡量。但是单一的指标不能全面反映经济发展水平,本文设计了复合指标。包括:(1)人均国内生产总值。反映一定时期某区域人均占有的财富规模,代表了某一地区总体的经济实力。(2)经济增长速度。反映一定时期该区域财富增长量的大小。由于现阶段我国人民的生活水平和国外许多国家相比还有相当大的差距,国家的经济基础特别是基础设施还比较落后,人均拥有的基本物质产品尚低于世界平均水平;又由于中国是一个地区经济发展极端不平衡的国家,改革开放以后,地区发展水平的绝对差距有所扩大,所以现阶段各地区经济保持一定的发展速度是非常必要的。(3)经济密度。经济密度=GDP总量/土地面积,反映了该区域范围内财富的积累量。(4)资金利税率。指一定时期内该区域实现的利润、税金与同期的资产之比,是反映区域的经济效果的重要指标。(5)非农产业比重。在一般情况下,区域的经济发展水平越高,则财富来源于农业的比重越低。即非农产业比重与经济发展水平成正比。在一定程度上反映了现代化程度。(6)人均财政收入。人均财政收入的多少,也是区域经济实力大小的客观反映。

2. 社会进步指标(SD) 从区域发展角度来看,社会发展水平客观上反映了区域财富的存量大小,必须借助复合指标来衡量。具体包括:(1)城镇化水平。城镇化水平的大小总体上反映了区域内社会发展水平的高低。但城镇化率的计算方法目前还很不统一,这里采用了各省市区的市区非农人口所占比重来表示。(2)教育水平。反映区域的社会进步,一般以小学、中学和高校的学校数量或学生数量衡量。但对于中国来说,由于各地区自然条件、社会基础和文化背景相差很大,从而导致了各地区的教育水平也参差不齐。有的地区(北京、上海)教育水平很高,而有些边远地区的九年义务教育尚未得到普及。因此,对于全国来说,我们认为不宜以高等教育水平作为各地区教育水平的衡量标准。本报告选择了各省区市普通中学毕业生占各地区总人口的比重作为衡量标准。(3)恩格尔系数。指居民食物支出占总支出的比例,是反映地区生活质量结构的指标。本报告分别计算了各省区市的农村恩格尔系数和城市恩格尔系数,然后取二者的平均值。(4)医疗条件。本报告以百人拥有的卫生技术人员数量来衡量区域的医疗条件。(5)社会稳定性。社会稳定性可以用刑事案件发生数量、就业率(或失业率)、社会保障程度来反映。本报告选择各省区市16岁以上人口的就业率及社会保障与社会服务水平综合反映。其中,社会保障以农村社会保障网络中的社会保障基金会的资金额来评价,社会服务以城镇社区服务设施的人均拥有量代表。(6)人均居住面积。住房消费是目前居民消费的热点,居住水平集中体现了中国城乡居民生活质量的高低。

续专栏9.2

3. **资源与环境支持**（RE）资源系统是区域可持续发展系统的物质基础,合理开发利用资源是经济可持续发展的前提;环境系统是区域可持续发展的重要部分,环境保护是可持续发展的必要条件。资源保障程度与环境支持度的大小已经成为衡量区域发展质量、发展水平和发展程度的客观标准。为此,选择了以下指标来综合反映各省区市的资源与环境支持度:(1)人均耕地面积。随着我国人口的迅速增长,粮食供给成了国内外关注的大问题,因此,我国各地区人均占有的耕地面积的保障度大小就成了解决粮食问题的关键。(2)能源保障率。能源保障率以人均煤炭产量、人均原油产量和人均发电量的加权平均值来衡量。(3)水资源保障率。本报告用各地区人均占有的水资源总量来表示。(4)森林覆盖率。森林既是自然资源又是环境质量好坏的调节器,是资源环境支持系统的重要组成部分,是重要的可持续发展资源之一。(5)大气环境质量。以各地区废气的排放密度来衡量各地的大气环境质量。废气的排放密度=废气排放量/国土面积。废气排放密度的大小与区域大气环境质量高低成反比。(6)水环境质量。以各地区废水的排放密度来反映区域的水环境质量。废水的排放密度=废水排放量/国土面积。废水排放密度的大小与区域水环境质量成反比。(7)固体废物污染度。以各地区固体废物的排放密度来表示。固体废物排放密度=固体废物排放量/国土面积。固体废物排放密度的大小也与区域环境质量成反比。

4. **可持续发展能力**(SC)可持续发展能力是指区域可持续发展系统内的各要素对发展的支持与保障能力。加强能力建设是我国可持续发展战略的重点之一。可持续发展能力代表了区域发展的潜力,包括经济发展能力、社会发展能力、资源供应能力与环境质量的控制能力。选择以下指标来综合衡量:(1)经济外向度(进出口额占GDP的比重)。是衡量区域经济发展能力的重要指标,经济外向度越高,则区域发展活力越强。(2)外资利用。从我国改革开放的发展实践来看,外资利用数量的多少基本反映了区域发展的能力和水平。(3)能源供应能力。能源供应是我国未来可持续发展的主要制约因素。考虑到在未来相当长的一段时间内,在我国整个能源利用结构中,煤炭仍会占有重要的份额,所以,选择了各省区市2000年的煤炭供应能力来衡量各省区市能源的供应能力。(4)固定资产投资比重。以某地区固定资产投资额占区域内当年GDP的比重来计算。(5)环保投资能力。用各地区环保项目本年度的完成额占当年工业总产值的比重来表示。(6)三废处理能力。用废气、废水和固体废物的处理率的平均值来衡量。(7)教育经费支出。教育是可持续发展的动力,从目前经济发展的趋势看,经济增长越来越取决于知识资本供给的增长,而知识资本的供给主要取决于掌握知识的人的供给。可以说,劳动者素质的高低直接关系到地区的可持续发展能力。教育经费支出的大小用教育经费支出占本年度的财政总支出的比率反映。(8)科研经费支出。面临知识经济的挑战,科技贡献率的大小也同样是区域可持续发展能力的衡量指标。我国是发展中国家,人口众多,资源贫乏,实施可持续发展面临诸多的问题和困难,既要发展经济,增强国力,不断提高人民的物质文化生活水平,又要节约资源,保护好生态环境,兼顾后代人的利益,唯一的出路是充分发挥科技的作用,实施科教兴国战略。因此,各地区应逐渐提高科研支出的比例。本报告选择全国县以上政府部门研究与开发机构及情报文献机构科研经费支出比率来衡量。

> **专栏9.3**
>
> **综合指数与权重测定方法**
>
> 区域可持续发展水平综合指数的测定分两步进行,首先是确定各指标对于可持续发展水平的贡献度即权重的大小;其次,在对各指标值进行标准化处理的基础上通过加权求和来获得综合指数。
>
> 由于对具体的区域来说,各指标对可持续发展度的贡献率有所不同,必须确定适宜的权重。指标权重的确定又分两步,第一步是确定中间层经济发展、社会发展、资源与环境支持和可持续发展能力对可持续发展水平的权重。采用层次分析法,构造出判断矩阵进行排序,经 CR 一致性检验后得出中间层的权重分别为:$W_{ed} = 0.373342$,$W_{sd} = 0.263992$,$W_{re} = 0.186671$,$W_{sc} = 0.175995$;第二步确定各指标对可持续发展水平的权重,每类中间层指标中均包含多个具体指标,依据其重要程度,分别进行专家评判,确定百分比,那么每项具体指标对于可持续发展水平的权重就等于其所属中间层指标的权重乘以各自的百分比,计算出各个具体指标对可持续发展水平的权重(表9-1)。
>
> 可持续发展水平综合指数采用加权求和的方法来计算,为消除量纲的影响和确保综合指数界于0~1之间,需对各项指标变量的原始值进行极大值标准化处理,然后用标准化值依据公式 $ED_i = \sum W_j X_{ij}$ 求得经济发展水平值;其中,ED_i 为第 i 个省域经济发展水平值,W_j 为 j 项指标的权重,X_{ij} 为 i 省域第 j 项指标的标准化值。同理,可以分别计算出 SD_i、RE_i 和 SC_i 值,最后用公式 $Z_i = ED_i + SD_i + RE_i + SC_i$ 求得衡量各省区市可持续发展水平的综合得分。

表 9-1 分类指标对可持续发展水平的权重

指标	ED_1	ED_2	ED_3	ED_4	ED_5	ED_6	SD_1	SD_2	SD_3
权重	0.0933	0.0373	0.0933	0.0373	0.07467	0.07467	0.0792	0.0792	0.0264
指标	SD_4	SD_5	SD_6	RE_1	RE_2	RE_3	RE_4	RE_5	RE_6
权重	0.0264	0.0264	0.0264	0.03733	0.01867	0.01867	0.01867	0.03733	0.03733
指标	RE_7	SC_1	SC_2	SC_3	SC_4	SC_5	SC_6	SC_7	SC_8
权重	0.01867	0.0264	0.0264	0.0088	0.0264	0.0176	0.0176	0.0264	0.0264

二、经济发展水平与状态

经济发展水平是区域可持续发展的核心内容,1997~1998年各省区市经济发展水平指标值的赋值如表9-2所示。为比较各地区经济发展水平的差异,按各省区市经济发展赋值的高低对31个省区市进行了排序和分类(表9-3),划分了6类地区(图9-2)。

表 9-2 各省区市经济发展水平(ED)得分

指标	人均GDP	经济增长速度	经济密度	资金利税率	非农产业比重	人均财政收入	得分(EDi)
权重	0.0933	0.0373	0.0933	0.0373	0.07467	0.07467	
北京	0.6330	0.6621	0.2033	0.2389	0.9531	0.6443	0.2310
天津	0.5644	0.8345	0.1967	0.2644	0.9399	0.4548	0.2162
河北	0.2627	0.8621	0.0397	0.3527	0.8076	0.1183	0.1427
山西	0.2043	0.7241	0.0179	0.2341	0.8717	0.1295	0.1313
内蒙古	0.2040	0.6690	0.0017	0.2604	0.7086	0.1245	0.1161
辽宁	0.3657	0.6138	0.0446	0.1814	0.8646	0.2416	0.1506
吉林	0.2387	0.6345	0.0146	0.1542	0.7414	0.1382	0.1188
黑龙江	0.3131	0.6897	0.0113	0.4809	0.8155	0.1591	0.1468
上海	1.0000	0.8759	1.0000	0.3685	0.9774	1.0000	0.3808
江苏	0.4052	0.8276	0.1228	0.3109	0.8488	0.1567	0.1669
浙江	0.4535	0.7655	0.0859	0.3496	0.8620	0.1555	0.1680
安徽	0.1890	0.8759	0.0361	0.3636	0.7297	0.0005	0.1218
福建	0.3966	1.0000	0.0466	0.3597	0.7935	0.2177	0.1676
江西	0.1792	0.7931	0.0194	0.1744	0.7230	0.0934	0.1156
山东	0.3282	0.7724	0.0801	0.3816	0.8203	0.1449	0.1533
河南	0.1914	0.7172	0.0461	0.3083	0.7427	0.0881	0.1225
湖北	0.2547	0.8966	0.0347	0.2947	0.7774	0.1044	0.1373
湖南	0.2007	0.7448	0.0267	0.3144	0.7157	0.0930	0.1212
广东	0.4499	0.7310	0.0776	0.2973	0.8650	0.3381	0.1775
广西	0.1886	0.6207	0.0161	0.1638	0.6814	0.0938	0.1063
海南	0.2392	0.4621	0.0228	0.1076	0.6211	0.1821	0.1057
重庆	0.1937	0.7586	0.0309	0.1520	0.7760	0.0854	0.1193
四川	0.1708	0.7034	0.0129	0.2512	0.7231	0.0899	0.1135
贵州	0.0954	0.6207	0.0085	0.3030	0.6477	0.0679	0.0976
云南	0.1741	0.6483	0.0079	1.0000	0.7548	0.1610	0.1469
西藏	0.1346	0.7931	0.0001	0.3430	0.6209	0.0521	0.1052
陕西	0.1611	0.6897	0.0122	0.1594	0.7867	0.0940	0.1136
甘肃	0.1358	0.5862	0.0032	0.1634	0.7535	0.0824	0.1034
青海	0.1766	0.6207	0.0005	0.0092	0.7990	0.0965	0.1069
宁夏	0.1726	0.5241	0.0077	0.1871	0.7883	0.0063	0.1027
新疆	0.2650	0.7586	0.0012	0.1963	0.7333	0.1391	0.1256

表 9-3　各省区市经济发展水平(ED)状态及类型

地　区	ED_i	排序	地　区	ED_i	排序
极高水平组	$ED_i>0.20$		下中等水平组	$0.125>ED_i>0.116$	
上　海	0.3808	1	河　南	0.1225	16
北　京	0.2310	2	安　徽	0.1218	17
天　津	0.2162	3	湖　南	0.1212	18
高水平组	$0.20>ED_i>0.15$		重　庆	0.1193	19
广　东	0.1775	4	吉　林	0.1188	20
浙　江	0.1680	5	内蒙古	0.1161	21
福　建	0.1676	6	低水平组	$0.116>ED_i>0.1055$	
江　苏	0.1669	7	江　西	0.1156	22
山　东	0.1533	8	陕　西	0.1136	23
辽　宁	0.1506	9	四　川	0.1135	24
上中等水平组	$0.15>ED_i>0.125$		青　海	0.1069	25
云　南	0.1469	10	广　西	0.1063	26
黑龙江	0.1468	11	海　南	0.1057	27
河　北	0.1427	12	极低水平组	$ED_i<0.1055$	
湖　北	0.1373	13	西　藏	0.1052	28
山　西	0.1313	14	甘　肃	0.1034	29
新　疆	0.1256	15	宁　夏	0.1027	30
			贵　州	0.0976	31

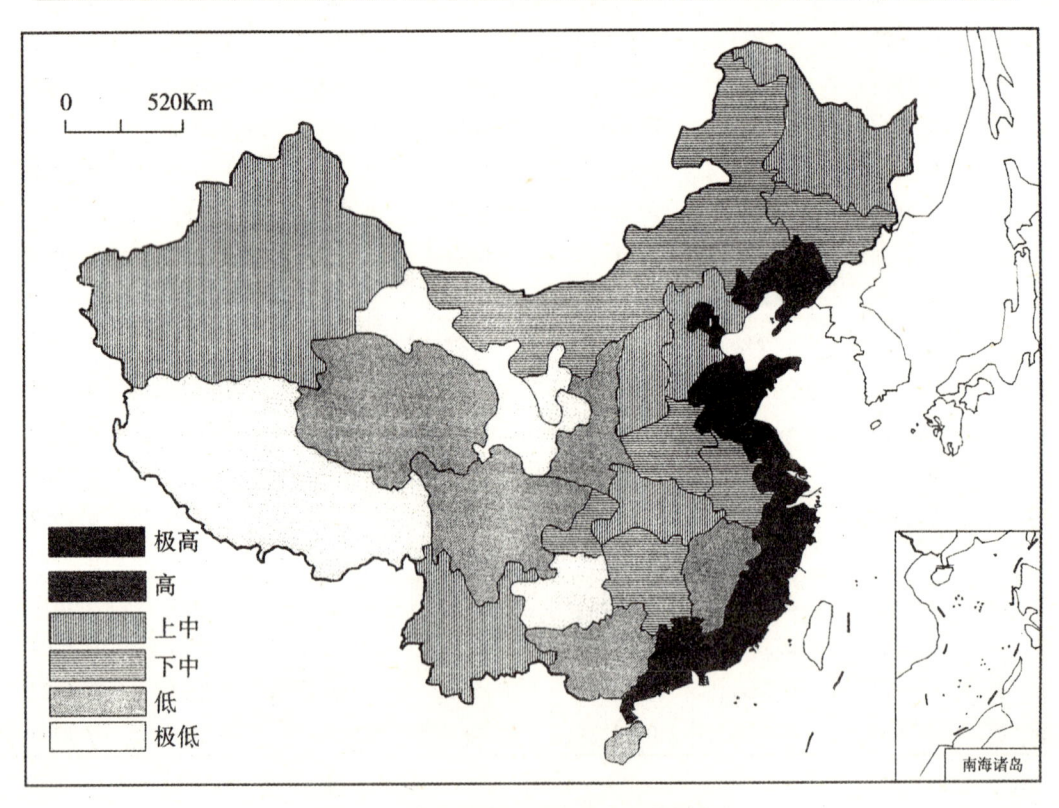

图 9-2　各省区市经济发展水平类型分布

东南沿海地区的绝大多数省区市在经济发展中仍处于全国高水平（$ED_i>0.15$），特别是上海、北京和天津3个直辖市经济地位最为突出（$ED_i>0.20$）。东南沿海的海南和广西两省区经济增长由于泡沫经济等后期影响，导致经济发展水平比几年前又有所下降。中部各省区特别是沿江的江西、湖北、湖南等省及资源大省山西、黑龙江，经济增长势头不减，步入持续发展的"快车道"，在全国的位次继续提升。西部省区的陕西省经济发展水平有所提高，特别是云南省的经济发展水平提高最为显著。其余省区市的位次都有不同程度的下降。

总体来看，"八五"期间，我国经济发展水平在地域空间分布上沿东南沿海和长江流域所表现的"T"字型结构在进入"九五"以后继续得到了强化。

三、社会发展水平与状态

以城镇化率、教育状况、恩格尔系数、医疗保障、社会稳定性和居住状况对社会发展水平进行综合评价，并按得分情况进行了排序和分类（表9-4、表9-5，图9-3）。

表9-4　各省区市社会发展水平（SD）状态及类型

地　区	SD_i	排　序	地　区	SD_i	排　序
极高水平组	$SD_i>0.200$		下中等水平组	$0.150>SD_i>0.140$	
上　海	0.2395	1	河　北	0.1499	16
北　京	0.2282	2	福　建	0.1466	17
天　津	0.2113	3	江　西	0.1451	18
高水平组	$0.200>SD_i>0.165$		湖　南	0.1442	19
辽　宁	0.1892	4	海　南	0.1439	20
黑龙江	0.1712	5	河　南	0.1427	21
广　东	0.1675	6	低水平组	$0.140>SD_i>0.120$	
山　东	0.1670	7	安　徽	0.1399	22
浙　江	0.1662	8	陕　西	0.1379	23
上中等水平组	$0.165>SD_i>0.150$		重　庆	0.1304	24
宁　夏	0.1643	9	青　海	0.1301	25
山　西	0.1606	10	广　西	0.1291	26
新　疆	0.1602	11	甘　肃	0.1270	27
江　苏	0.1587	12	四　川	0.1238	28
吉　林	0.1578	13	极低水平组	$SD_i<0.120$	
内蒙古	0.1560	14	云　南	0.1116	29
湖　北	0.1535	15	贵　州	0.1078	30
			西　藏	0.0944	31

表 9-5 各省区市社会发展水平(SD)得分

指标	城镇化率	教育水平	恩格尔系数	医疗保障	社会稳定性	居住水平	得分(SD_1)
权重	0.0792	0.0792	0.0264	0.0264	0.0264	0.0264	
北京	0.8757	0.9763	0.9972	1.0000	0.3691	0.7222	0.2282
天津	0.8634	0.8994	0.9046	0.7836	0.4234	0.6043	0.2113
河北	0.2123	0.8818	0.9346	0.3434	0.4511	0.6659	0.1499
山西	0.2942	0.9053	0.8793	0.5023	0.4237	0.6788	0.1606
内蒙古	0.3543	0.8107	0.8879	0.4839	0.4337	0.6096	0.1560
辽宁	0.6728	0.8935	0.8524	0.5999	0.4328	0.5845	0.1892
吉林	0.2638	0.8834	0.8640	0.5404	0.5348	0.5960	0.1578
黑龙江	0.5523	0.8107	0.8754	0.4992	0.4387	0.5822	0.1712
上海	1.0000	1.0000	0.9485	0.7869	0.6009	0.7359	0.2395
江苏	0.3433	0.8521	0.9134	0.3752	0.4288	0.7070	0.1587
浙江	0.2456	0.9112	1.0000	0.3629	0.4612	1.0000	0.1662
安徽	0.1837	0.8698	0.8102	0.2610	0.4931	0.5753	0.1399
福建	0.2191	0.8524	0.8169	0.3047	0.4314	0.7846	0.1466
江西	0.1966	0.8935	0.8069	0.3042	0.4707	0.6454	0.1451
山东	0.3315	0.9527	0.9328	0.3520	0.4602	0.7268	0.1670
河南	0.1816	0.8525	0.8898	0.2982	0.5084	0.6073	0.1427
湖北	0.3465	0.7692	0.8654	0.4281	0.4763	0.6986	0.1535
湖南	0.1878	0.7988	0.8395	0.3335	0.6713	0.6591	0.1442
广东	0.4101	0.8817	0.8974	0.3670	0.4830	0.7230	0.1675
广西	0.1522	0.7489	0.8353	0.2793	0.4303	0.6431	0.1291
海南	0.2638	0.7487	0.7351	0.4672	0.4171	0.7930	0.1439
重庆	0.3304	0.5917	0.7853	0.3043	0.4492	0.6332	0.1304
四川	0.2442	0.5740	0.7909	0.3132	0.4486	0.6826	0.1238
贵州	0.1435	0.5207	0.7308	0.2450	0.4908	0.6225	0.1078
云南	0.1241	0.5325	0.8122	0.3032	0.4547	0.6865	0.1116
西藏	0.1023	0.2308	0.7060	0.3817	0.5140	0.9756	0.0944
陕西	0.2188	0.7278	0.9210	0.3830	0.4928	0.5868	0.1379
甘肃	0.2051	0.6509	0.8294	0.3458	0.4704	0.5959	0.1270
青海	0.2413	0.6982	0.7699	0.4454	0.4432	0.4521	0.1301
宁夏	0.3163	0.9527	0.8896	0.4366	0.4497	0.6400	0.1643
新疆	0.3522	0.7870	0.9444	0.6000	0.4630	0.6416	0.1602

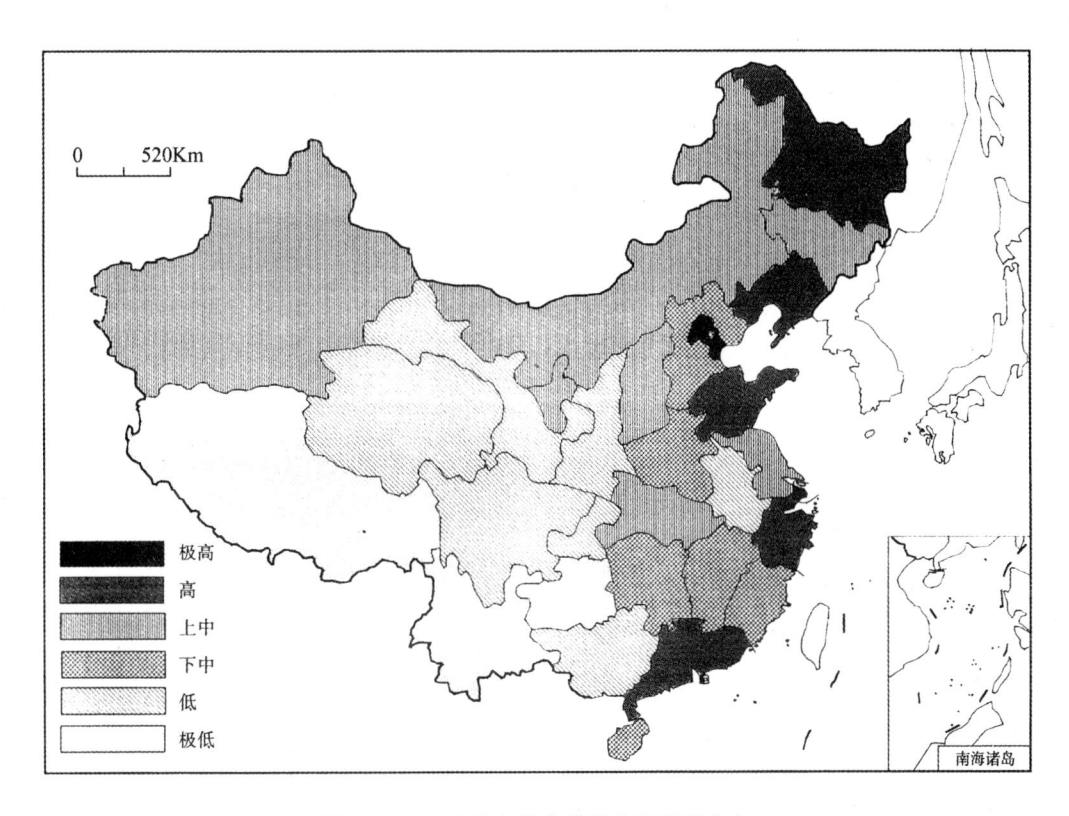

图 9-3 各省区市社会发展水平类型分布

从社会发展的地区差距看,除了经济发展水平较高的 3 个直辖市和青海、广西外,其余省区市各自的社会发展水平与经济发展水平并不完全一致。

三个直辖市的社会发展水平最高($SD_i>0.200$),属于极高水平组。上海已超过北京,跃居全国首位。

高水平组($0.200>SD_i>0.165$)的 5 个省,除了黑龙江外,都处于东部沿海地区。

上中等水平组($0.165>SD_i>0.150$),除了江苏外,其余均为中西部省份。江苏的社会发展水平低于其经济发展水平,表明了江苏省长期以来重视经济发展而对社会发展重视不足。位于西部的宁夏回族自治区社会发展却明显高于其经济发展。

下中等水平组($0.150>SD_i>0.140$)中的河北、福建、海南皆为东部沿海地区。除海南外,社会发展水平都低于其经济发展水平,其中福建最为显著。

低水平组($0.140>SD_i>0.120$)和极低水平组($SD_i<0.120$)中除广西外都为中西部省份。这些地区长期以来经济发展相对迟缓,也使中西部地区的部分地区社会发展普遍滞后。

总体来看,尽管我国各地区的社会发展与经济发展不完全一致,但基本上还是相适应的。

四、资源与环境状态

资源与环境是区域可持续发展的物质基础与载体。资源与环境状态评价在区域可持续发展评价中占有重要的地位。这里选择了 7 项指标对各省区市的资源与环境进行了综合评价(表 9-6、表 9-7,图 9-4)。

表 9-6 各省区市资源与环境(RE)状态得分

指标	人均耕地面积	能源保障	水资源总量	森林覆盖率	大气环境质量	水环境质量	固体废物排放	得分(RE_i)
权重	0.0373	0.0187	0.0187	0.0187	0.0373	0.0373	0.0187	
北京	0.0542	0.0460	0.0091	0.4927	0.0464	0.1028	0.0325	0.0184
天津	0.0757	0.1220	0.0033	0.1311	0.0635	0.1315	0.0518	0.0159
河北	0.1695	0.3350	0.0529	0.3301	0.2085	0.5543	0.0691	0.0495
山西	0.1966	0.6710	0.0320	0.3495	0.1088	0.0793	0.0039	0.0341
内蒙古	0.4000	0.2020	0.1131	0.2403	1.0000	1.0000	0.0466	0.1008
辽宁	0.1390	0.4280	0.0810	0.5413	0.1462	0.2628	0.0476	0.0410
吉林	0.2554	0.1610	0.0870	0.733	0.2074	0.0975	0.0119	0.0395
黑龙江	0.4068	1.0000	0.1731	0.6966	0.3997	0.1490	0.0141	0.0708
上海	0.0339	0.0930	0.006	0.0437	0.0125	0.0142	0.0104	0.0051
江苏	0.1051	0.2040	0.0726	0.0704	0.1443	0.1269	0.0876	0.0222
浙江	0.0621	0.0970	0.2002	0.9515	0.0661	0.2724	0.2071	0.0421
安徽	0.1186	0.1490	0.1510	0.5049	0.1371	0.0406	0.0051	0.0262
福建	0.0621	0.0670	0.2608	1.0000	0.6851	0.5115	1.0000	0.0904
江西	0.0938	0.0660	0.3174	0.9296	0.3562	0.0671	0.0045	0.0439
山东	0.1288	0.7040	0.0747	0.3495	0.1701	0.3538	0.0716	0.0468
河南	0.1243	0.3470	0.0910	0.1820	0.0916	0.0389	0.0060	0.0212
湖北	0.0972	0.1340	0.2189	0.3301	0.1569	0.0344	0.0102	0.0237
湖南	0.0847	0.1420	0.3629	0.8956	0.2384	0.0349	0.0129	0.0398
广东	0.0554	0.3990	0.4762	0.9879	0.3130	0.3917	0.2762	0.0683
广西	0.0960	0.0630	0.4195	0.6845	0.5623	0.6536	0.3169	0.0767
海南	0.0983	0.0070	0.0705	0.9369	1.0000	1.0000	1.0000	0.1159
重庆	0.3469	0.0830	0.6992	0.3544	0.0258	0.0135	0.0294	0.0362
四川	0.0373	0.2010	0.6992	0.3544	0.0702	0.0283	0.0573	0.0296
贵州	0.1345	0.1570	0.2309	0.2573	0.0538	0.0410	0.0556	0.0216
云南	0.0090	0.1050	0.4955	0.4223	0.1468	0.0627	0.0700	0.0286
西藏	0.1537	0.0000	1.0000	0.1723	1.0000	1.0000	1.0000	0.1210
陕西	0.1650	0.1700	0.0986	0.4199	0.0564	0.0465	0.0356	0.0235
甘肃	0.3950	0.1440	0.0612	0.0752	0.1205	0.0843	0.1118	0.0297
青海	0.2757	0.0410	0.1397	0.0073	1.0000	1.0000	1.0000	0.1071
宁夏	1.0000	0.0590	0.0022	0.0850	0.0332	0.0393	0.0462	0.0436
新疆	0.3130	0.2970	0.1970	0.0291	0.6865	0.6016	0.9862	0.0879

表 9-7　各省区市资源与环境(RE)状态及类型

地　区	RE_i	排序	地　区	RE_i	排序
极高水平组	$RE_i>0.100$		下中等水平组	$0.040>RE_i>0.028$	
西　藏	0.1210	1	湖　南	0.0399	16
海　南	0.1159	2	吉　林	0.0395	17
青　海	0.1071	3	重　庆	0.0362	18
内蒙古	0.1008	4	山　西	0.0341	19
高水平组	$0.100>RE_i>0.050$		甘　肃	0.0297	20
福　建	0.0904	5	四　川	0.0296	21
新　疆	0.0879	6	云　南	0.0286	22
广　西	0.0767	7	低水平组	$0.028>RE_i>0.020$	
黑龙江	0.0708	8	安　徽	0.0262	23
广　东	0.0683	9	湖　北	0.0237	24
上中等水平组	$0.050>RE_i>0.040$		陕　西	0.0235	25
河　北	0.0495	10	江　苏	0.0222	26
山　东	0.0468	11	贵　州	0.0216	27
江　西	0.0439	12	河　南	0.0212	28
宁　夏	0.0436	13	极低水平组	$RE_i<0.020$	
浙　江	0.0421	14	北　京	0.0184	29
辽　宁	0.0410	15	天　津	0.0159	30
			上　海	0.0051	31

从对各省区市资源与环境支持能力得分排序与分类的总体情况看,各地区资源与环境的支持能力明显与其经济发展水平相反。一般来说,经济越发达的地区,其资源与环境的支持能力越低,资源环境的负荷越高。

京、津、沪 3 个直辖市社会与经济发展水平在全国省区市中名列前茅,但资源环境的综合状态处于倒数前 3 位,属于极低水平组($RE_i<0.020$),与其经济发展水平形成了鲜明对照。

极高水平组($RE_i>0.100$)的 4 个省区,除了海南外均属中西部地区,土地辽阔,污染密度相对很低,但经济发展相对落后。海南省经济经历近 10 年的高速增长之后,环境质量在沿海地区保持了相对较高的水平,与其环境自净能力和产业结构密切相关。说明长期以来海南经济的增长并不是靠工业发展来支撑推动的。

高水平组($0.100>RE_i>0.050$)有 5 个省区。福建与广东都属发达的沿海地区,两省自然资源中除了水资源外,其余资源供给能力并不是很高,能够处于高水平组完全是靠加大污染治理力度的结果。黑龙江的资源(特别是能源、土地、森林)禀赋较高,新疆面积辽阔,广西污染密度较低,从而使其资源与环境状态的得分较高。

低水平组($0.028>RE_i>0.020$)中的贵州与陕西两省经济发展水平较低,同时资源与环境的支持度也较低,两省不但资源贫乏而且生态环境非常脆弱。

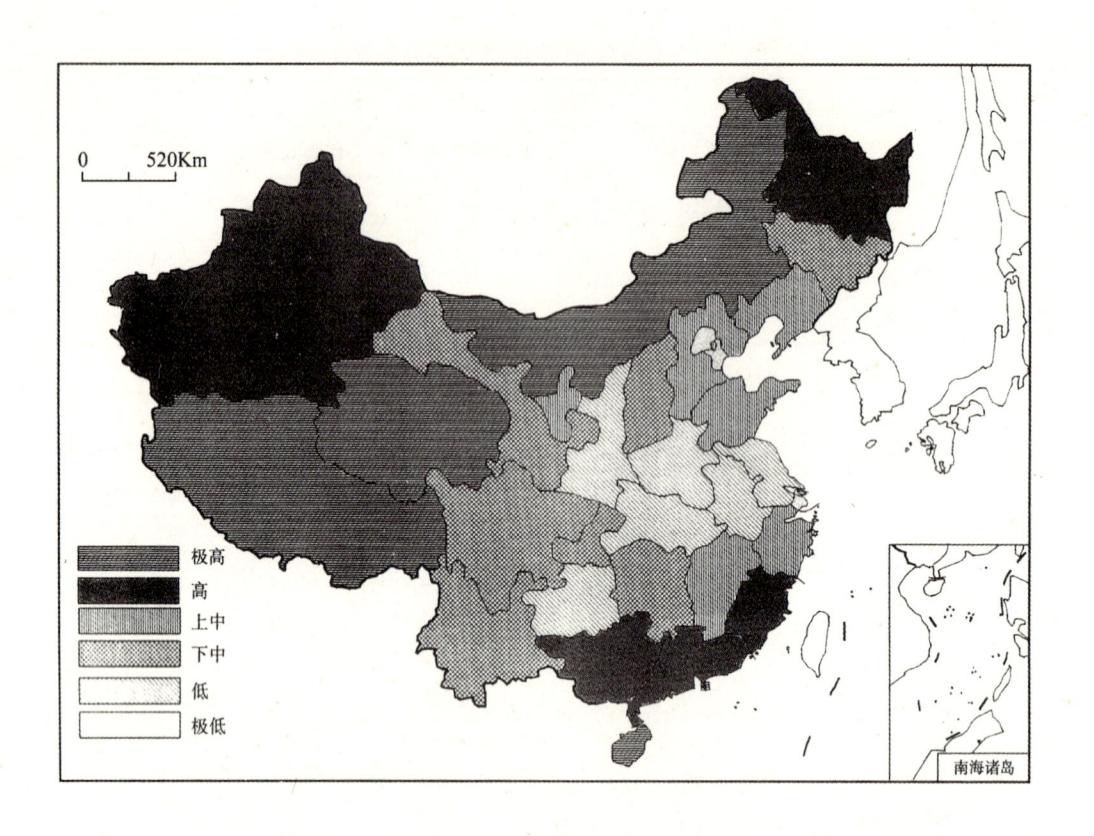

图 9-4 各省区市资源与环境状态及类型分布

五、区域可持续发展能力评价

区域可持续发展能力是区域的经济能力、资源供应能力和环境保护能力的综合体现。区域可持续发展能力的大小直接关系到区域发展的是否可持续。以8个指标对区域可持续发展能力进行评价的结果见表9-8、表9-9和图9-5。

从各地区可持续发展能力的得分、排序和分组情况看,处于前10位的省区市中有7个属于沿海省份,2个在中部,只有1个位于西部;处于后10位的省区市中有5个在西部,3个在中部,只有2个属于东部地区。由此可见,我国可持续发展能力的区域差异是很明显的,一般经济越发达、距离海岸线越近则可持续发展能力越强。

极高能力组($SC_i > 0.070$)有北京、广东、上海3省市。其中,北京的固定资产投资能力、教育与科研投入能力最高,广东的经济外向度、外资利用能力最高,上海的三废处理能力最高。

高能力组($0.0700 > SC_i > 0.0549$)有天津、江苏、福建、山西、吉林5个省市。其中,东部的天津、江苏与福建的经济能力比较强;属于中部的山西省,能源供应能力最强,获得较高的赋值,同是中部省区的吉林省的环保投资能力最强。

中等能力组($0.0549 > SC_i > 0.0450$)共有15个省区,其中河北、浙江、广西3省区,虽然属于东南沿海地区,但由于经济外向度、外资利用能力、能源供应能力、环保投入能力相对较低,所以可持续发展综合能力远远低于沿海的其他省区市而屈居于下中等行列。

表 9-8 各省区市可持续发展能力(SC)得分表

指标	经济外向度	外资利用能力	2000年煤炭供应能力	固定资产投资能力	环保投资能力	三废处理能力	教育经费支出	科研经费支出	得 分 (SC_i)
权 重	0.0264	0.0264	0.0088	0.0264	0.0176	0.0176	0.0264	0.0264	
北 京	0.1785	0.1288	0.0248	0.5468	0.7639	0.8430	1.0000	1.0000	0.1038
天 津	0.3936	0.1997	0.0000	0.4036	0.1989	0.9660	0.5394	0.1482	0.0650
河 北	0.1051	0.0876	0.1536	0.3607	0.1830	0.9008	0.4405	0.0245	0.0473
山 西	0.0734	0.0222	1.0000	0.2545	0.3024	0.7953	0.6260	0.0425	0.0550
内蒙古	0.0685	0.0103	0.1568	0.2546	0.5544	0.5815	0.5981	0.0348	0.0469
辽 宁	0.2078	0.1945	0.1373	0.2828	0.2122	0.7342	0.4359	0.0812	0.0496
吉 林	0.0978	0.0323	0.0724	0.2496	1.0000	0.7473	0.6492	0.0928	0.0610
黑龙江	0.0734	0.0601	0.2203	0.2473	0.4987	0.8931	0.4359	0.0335	0.0489
上 海	0.4156	0.3641	0.0000	0.5896	0.2785	1.0000	0.5595	0.1869	0.0784
江 苏	0.2005	0.4427	0.0692	0.3256	0.0004	0.9027	0.4390	0.0477	0.0549
浙 江	0.1883	0.1224	0.0039	0.3468	0.0875	0.8595	0.4235	0.0206	0.0458
安 徽	0.1834	0.0358	0.1121	0.2539	0.2732	0.8888	0.4668	0.0258	0.0469
福 建	0.3643	0.3324	0.0372	0.2936	0.5040	0.8463	0.3524	0.0129	0.0599
江 西	0.0611	0.0386	0.0621	0.1921	0.0041	0.5619	0.4281	0.0232	0.0301
山 东	0.1467	0.2198	0.1923	0.0262	0.3263	0.8575	0.3802	0.0258	0.0498
河 南	0.0268	0.0601	0.2419	0.2958	0.3820	0.9399	0.5039	0.0374	0.0498
湖 北	0.0538	0.0675	0.0248	0.2966	0.1247	0.8908	0.4992	0.0902	0.0447
湖 南	0.0367	0.0799	0.0855	0.2263	0.2653	0.7861	0.5688	0.0451	0.0445
广 东	1.0000	1.0000	0.0223	0.3132	0.1406	0.9764	0.5255	0.0399	0.0958
广 西	0.0856	0.0736	0.0248	0.2381	0.3926	0.7450	0.5255	0.0245	0.0452
海 南	0.2665	0.0573	0.0000	0.3940	0.2440	0.7468	0.6182	0.0271	0.0465
重 庆	0.0685	0.0358	0.0521	0.2782	0.0769	0.7877	0.5039	0.0387	0.0534
四 川	0.0587	0.0245	0.1426	0.2790	0.2175	0.6313	0.4884	0.1327	0.0422
贵 州	0.0489	0.0051	0.1171	0.2803	0.3767	0.6484	0.5796	0.0348	0.0447
云 南	0.0660	0.0134	0.0876	0.3276	0.6897	0.5860	0.7079	0.0606	0.0445
西 藏	0.0758	0.0224	0.0000	0.4482	0.0531	0.0005	0.8980	0.0541	0.0405
陕 西	0.0807	0.0505	0.1873	0.2965	0.2918	0.2307	0.7063	0.2809	0.0482
甘 肃	0.0390	0.0041	0.0525	0.3098	0.6870	0.2592	0.6909	0.1327	0.0482
青 海	0.0465	0.0008	0.0099	0.4377	0.1485	0.2220	0.6151	0.0631	0.0373
宁 夏	0.0807	0.0034	0.0525	0.4070	0.5570	0.2258	0.6754	0.0567	0.0465
新 疆	0.0782	0.0035	0.0600	0.4256	0.7851	0.3672	0.6816	0.0284	0.0529

表 9-9 各省区市可持续发展能力(SC)状态及类型

地区	SC_i	排序	地区	SC_i	排序
极高能力组	$SC_i>0.0700$		下中等能力组	$0.0488>SC_i>0.0450$	
北京	0.1038	1	陕西	0.0482	16
广东	0.0958	2	甘肃	0.0482	17
上海	0.0784	3	河北	0.0473	18
高能力组	$0.0700>SC_i>0.0549$		安徽	0.0469	19
天津	0.0650	4	内蒙古	0.0469	20
吉林	0.0610	5	宁夏	0.0465	21
福建	0.0599	6	浙江	0.0458	22
山西	0.0550	7	广西	0.0452	23
江苏	0.0549	8	低能力组	$0.0450>SC_i>0.0400$	
上中等能力组	$0.0549>SC_i>0.0488$		湖北	0.0447	24
			湖南	0.0445	25
云南	0.0543	9	贵州	0.0441	26
海南	0.0534	10	四川	0.0422	27
新疆	0.0529	11	西藏	0.0405	28
山东	0.0498	12	重庆	0.0401	29
河南	0.0498	13	极低能力组	$SC_i<0.0400$	
辽宁	0.0496	14	青海	0.0373	30
黑龙江	0.0489	15	江西	0.0301	31

低能力组($0.0450>SC_i>0.0400$)和极低能力组($SC_i<0.0400$)共有 8 个省区市，这些地区的固定资产投资能力和教育科研投入能力并不低，但经济能力、资源供应能力和环保能力却普遍较差。

第三节 可持续发展状态综合评价及类型

一、区域发展面临的问题

【缩小地区差距仍是区域发展面临的主要任务】 我国现阶段的地区差距主要表现为东中西三大地带、城乡之间、以及发达省份与落后省份之间的差距。地区差距首先是各地区经济发展水平的差距，主要体现在工业化水平、经济结构和基础设施发展水平上。其次是各地区生活水平的差距，主要体现在居民的实际收入水平和消费水平上。总体上看，我国东部地区与中西部内陆地区的差距总量呈持续扩大趋势，但扩大的速率有所缓解。东西两大地带间居民收入水平的差距小于经济发展水平的差距，但居民收入水平差距扩大的速率大于经济发展水平扩大的速率。农村居民收入水

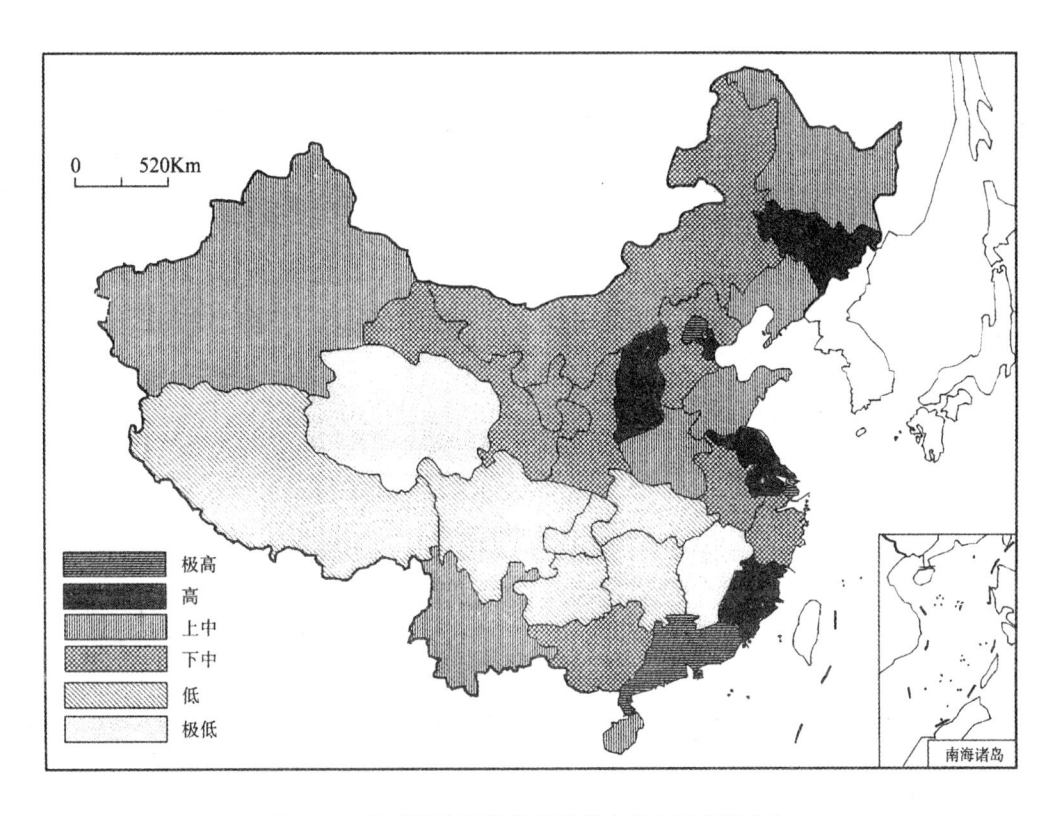

图 9-5　各省区市可持续发展能力状态及类型分布

平的差距明显大于城镇居民收入水平的差距，成为东部地区与中西部地区差距不断扩大的一个主要方面。地区差距扩大已经使中西部地区的资金、人才、劳动力等要素不断向东部地区流动，使中西部地区在与东部沿海地区竞争中处于更加不利的地位，影响地区间合理分工的实现和产业在空间上不断地由相对发达地区向欠发达地区的转移和扩散。如果地区间差距，特别是人均收入差距长期得不到解决，不仅会使落后地区的经济走向萧条，而且会激化社会矛盾。因此，缩小地区差距仍是区域发展面临的长期任务。

【地区产业结构趋同问题仍未很好解决】　由于导致地区产业结构趋同的机制并未发生根本性的改变，从"九五"时期开始，重复生产、重复建设又开始进入新的支柱产业和基础设施领域。大多数省份又将汽车、电子、机械、石化等列为"九五"重点发展的支柱产业。在 1997～1998 年"结构性饱合经济"和金融危机的影响下，许多省区的支柱产业在激烈竞争中遭受严重打击。如果说以往的重复投资、重复建设还主要集中于轻工业，所带来的浪费还是局部的，那么在转向重化工业化过程中的重复建设则由于其大都属于资金、技术密集型行业，因此对经济发展的危害更大。

【部分地区生态环境恶化的趋势仍未得到有效遏制】　我国正处在加速工业化和城市化阶段，人口不断增长，对自然资源的开发利用强度不断加大。同时由于经济发展水平还不高，技术水平和管理水平落后，粗放型经济增长方式在短期内难以根本改变。目前环境恶化的趋势总体上还未能得到有效遏制,多数污染物的排放量仍在增加,污染物的综合治理能力低于其排放总量,全国环境污染负荷进一步加剧,部分地区对自然资源的过度开采和利用,加之粗放型的经济增长方式,造成污染物排放量不断增加,以城市为中心的环境污染仍在发展,并不断向农村蔓延。这些都已开始严重制约着经济的持续发展,影响人民健康和社会稳定。

我国水环境污染十分突出,水土流失加剧。江河湖库水域普遍受到不同程度的污染,城市附近水域尤为严重,部分地区的地下水也受到污染。在七大水系中,海河、辽河污染严重,总体水质较差;黄河面临污染和断流的双重压力;长江等江河上游森林砍伐、植被破坏、水土流失严重,洪涝灾害频繁发生,对中下游地区防洪形成很大压力。近海海域水质受到不同程度的污染,尤其以珠江口较重;四大海区中,东海污染严重,其次是渤海、黄海和南海。

城市人口稠密,生态环境不佳。城市水污染以有机污染为主,污染型缺水城市增多,主要集中在华北和沿海地区。垃圾围城现象严重,塑料包装物用量增加迅速,"白色污染"问题突出。由于乡镇工业的总体技术水平和"三废"治理能力低,以及农用化学品的不合理使用,导致耕地质量下降、面积减少,荒漠化面积不断扩大。

总体上看,各地在取得经济快速增长的同时,也带来了严重的生态破坏和环境污染问题。仍主要集中于以下三类地区:一是经济持续高速增长的发达地区,如珠江三角洲地区、长江三角洲地区、胶济铁路沿线地区等;二是建立在资源开发和部分基础产业大规模发展上的经济高速增长的中等发达地区,如河南、安徽、山西、四川等;三是自然生态环境脆弱并且开发利用不合理的落后地区,如晋陕蒙接壤地区,贵州、广西、云南的石灰岩山区,长江上游部分地区,内蒙古西部地区等。

【**适应市场经济的地区调控体系和国家区域政策亟待完善**】 我国地区发展差距扩大、地区产业趋同和生态环境质量下降等问题的产生和发展,与宏观调控不力不无关系。目前,投资、财政、金融、价格、立法等方面与区域政策还没有很好地衔接。投资体制改革的滞后使地方政府成为地方工业化的主要推动者。由于投资的约束机制和风险机制不健全,决策者不承担投资风险。地方政府为了追求自身利益,对热点产品和产业具有强烈的投资冲动,主观随意性很大。分税制的实施基本上消除了中央与地方政府在财政收入分配时讨价还价的弊端,但同时财政转移支付制度还有待规范化。国家宏观调控能力不强,国家从财政角度支持落后地区经济发展的实力有限。我国目前价格体系还有很多不合理的地方,大多数轻工业产品价格偏高,农产品、能源、原材料产品的价格长期以来一直偏低,造成上游产品和下游产品价格严重扭曲,投资上游产品生产不能以平均利润率获得回报。形成地区内部和部门内部、企业内部自我配套,由此导致重复建设、行业封闭、地区产业结构趋同、市场竞争无序。国家最近几个五年计划都较为明确地提出了产业或经济发展的重点与方向,但均未真正将其落实到各个区域,从而使得一些"产业政策"的实施效果大打折扣。

二、区域可持续发展状态的综合评价

根据上述对各省区市的经济发展、社会进步、资源与环境支持及区域可持续发展能力的评价结果,结合全国区域发展面临的问题,按各个方面赋值加总的大小对各地区区域可持续发展的综合评价结果如下(表9-10、表9-11,图9-6)。

极强发展组($Z_i>0.500$),包括京、津、沪3个直辖市和广东省。均为沿海地区,且经济发展、社会进步及可持续发展能力都处于全国的高水平。但除广东外,资源与环境的支持度都处于全国的最低水平。

强发展组($0.500>Z_i>0.420$),包括福建、黑龙江、辽宁、新疆、浙江5省区。东部沿海有3个省,而中部和西部各占1个省区。东部各省的经济发展水平较高而中西部2省区的资源与环境支持度较大。

上中等发展组($0.420>Z_i>0.385$),包括内蒙古、海南、山东、江苏和河北5省区。东部占4个省,中部仅一个区。同样是东部地区的经济发展水平较高,而中部地区的资源与环境支持度较大。

表9-10 各省区市区域可持续发展状态及类型

地 区	综合得分 Z_i	排序	地 区	综合得分 Z_i	排序
极强发展组	$Z_i>0.500$		下中等发展组	$0.385>Z_i>0.350$	
上 海	0.70375	1	青 海	0.38147	15
北 京	0.58144	2	山 西	0.38096	16
广 东	0.50912	3	吉 林	0.37702	17
天 津	0.50833	4	西 藏	0.36110	18
			湖 北	0.35922	19
强发展组	$0.500>Z_i>0.420$		广 西	0.35730	20
			宁 夏	0.35718	21
福 建	0.46456	5	弱发展组	$0.350>Z_i>0.320$	
黑龙江	0.43767	6			
辽 宁	0.43034	7	湖 南	0.34962	22
新 疆	0.42673	8	云 南	0.34132	23
浙 江	0.42207	9	河 南	0.33617	24
			安 徽	0.33482	25
上中等发展组	$0.420>Z_i>0.385$		江 西	0.33474	26
			重 庆	0.32596	27
			陕 西	0.32325	28
内蒙古	0.41982	10	极弱发展组	$Z_i<0.320$	
海 南	0.41896	11			
山 东	0.41686	12	四 川	0.30900	29
江 苏	0.40265	13	甘 肃	0.30826	30
河 北	0.38942	14	贵 州	0.27118	31

表 9-11 各省区市可持续发展综合评价

指标	经济发展 (ED$_i$)	社会进步 (SD$_i$)	资源与环境支持 (RE$_i$)	可持续发展能力 (SC$_i$)	可持续发展综合评价 (Z$_i$)
权重	Wed=0.373342	Wsd=0.263992	Wre=0.186671	Wsc=0.175995	Wz=1
北京	0.2310	0.2282	0.0184	0.1038	0.58144
天津	0.2162	0.2113	0.0159	0.0650	0.50833
河北	0.1427	0.1499	0.0495	0.0473	0.38942
山西	0.1313	0.1606	0.0341	0.0550	0.38096
内蒙古	0.1161	0.1560	0.1008	0.0469	0.41982
辽宁	0.1506	0.1892	0.0410	0.0496	0.43034
吉林	0.1188	0.1578	0.0395	0.0610	0.37702
黑龙江	0.1468	0.1712	0.0708	0.0489	0.43767
上海	0.3808	0.2395	0.0051	0.0784	0.70375
江苏	0.1669	0.1587	0.0222	0.0549	0.40265
浙江	0.1680	0.1662	0.0421	0.0458	0.42207
安徽	0.1218	0.1399	0.0262	0.0469	0.33482
福建	0.1676	0.1466	0.0904	0.0599	0.46456
江西	0.1156	0.1451	0.0439	0.0301	0.33474
山东	0.1533	0.1670	0.0468	0.0498	0.41686
河南	0.1225	0.1427	0.0212	0.0498	0.33617
湖北	0.1373	0.1535	0.0237	0.0447	0.35922
湖南	0.1212	0.1442	0.0398	0.0445	0.34962
广东	0.1775	0.1675	0.0683	0.0958	0.50912
广西	0.1063	0.1291	0.0767	0.0452	0.35730
海南	0.1057	0.1439	0.1159	0.0465	0.41896
重庆	0.1193	0.1304	0.0362	0.0534	0.32596
四川	0.1135	0.1238	0.0296	0.0422	0.30900
贵州	0.0976	0.1078	0.0216	0.0447	0.27118
云南	0.1469	0.1116	0.0286	0.0445	0.34132
西藏	0.1052	0.0944	0.1210	0.0405	0.36110
陕西	0.1136	0.1379	0.0235	0.0482	0.32325
甘肃	0.1034	0.1270	0.0297	0.0482	0.30826
青海	0.1069	0.1301	0.1071	0.0373	0.38147
宁夏	0.1027	0.1643	0.0436	0.0465	0.35718
新疆	0.1256	0.1602	0.0879	0.0529	0.42673

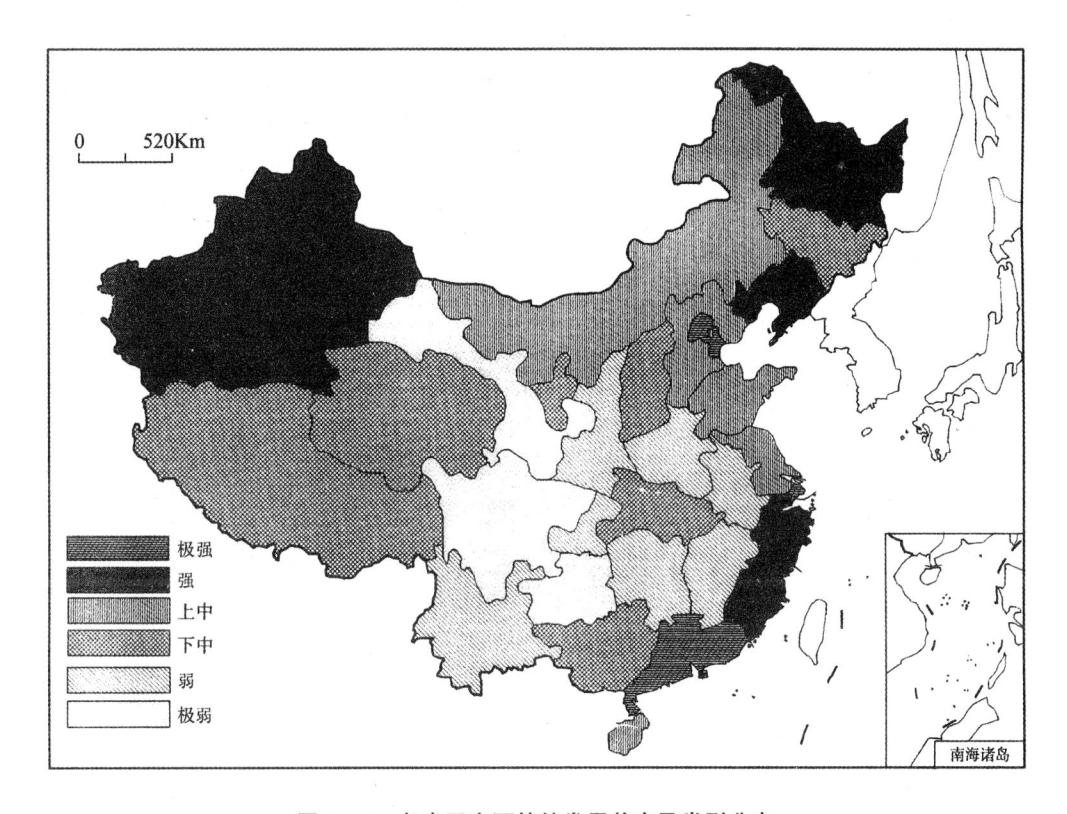

图 9-6 各省区市可持续发展状态及类型分布

下中等发展组($0.385 > Z_i > 0.350$),包括青海、山西、吉林、西藏、湖北、广西和宁夏 7 省区,都属于中西部地区。除了个别地区(西藏、青海、广西)的环境相对良好外,无论经济发展、社会进步和可持续发展能力都处于全国的中等以下水平。

弱发展组($0.350 > Z_i > 0.320$),包括湖南、云南、河南、安徽、江西、重庆、陕西 7 个省区市。都为中西部省份,经济发展水平、社会发展水平、资源与环境支持度和可持续发展能力都较低。

极弱发展组($Z_i < 0.320$),包括四川、甘肃、贵州 3 省。都为西部省份,除了四川和甘肃的环境达到全国的下中等水平外,经济发展水平、社会发展水平和可持续发展能力都处于全国的低水平。

由上可见,中国可持续发展的区域差异十分明显,大致呈东部>中部>西部的格局。应该说明的是,这里的综合得分的高低只说明各地区区域可持续发展的综合状态和相对水平的高低,即便高分数地区或可持续发展的极强组也并不能说明其已达到了可持续发展的状态了。

三、可持续发展类型区及基本特征

可持续发展类型区是在可持续发展状态上具有相同或相近特征的各省区市所组成的地理分布区域。根据对各省区市的经济发展、社会进步、资源与环境支持、区域可持续发展能力及区域可持续发展状态的综合分析,将全国划分为 4 类可持续发展类型区(表 9-12、表 9-13,图 9-7)。

表 9-12 区域可持续发展类型区划分

地区	ED	排序	SD	排序	RE	排序	SC	排序	Z	排序	类型区	区位
北京	极高	2	极高	2	极低	29	极高	1	极强	2	A-II$_1$	东部
天津	极高	3	极高	3	极低	30	高	4	极强	4	A-II$_1$	东部
河北	上中	12	下中	16	上中	10	下中	18	上中	14	B-I$_2$	东部
山西	上中	14	上中	10	下中	19	高	7	下中	16	B-II$_3$	中部
内蒙古	下中	21	上中	14	极高	4	下中	20	上中	10	B-I$_1$	中部
辽宁	高	9	高	4	上中	15	上中	14	强	7	A-I$_3$	东部
吉林	下中	20	上中	13	下中	17	高	5	下中	17	B-II$_3$	中部
黑龙江	上中	11	高	5	高	8	上中	15	强	6	B-I$_2$	中部
上海	极高	1	极高	1	极低	31	极高	3	极强	1	A-II$_1$	东部
江苏	高	7	上中	12	低	26	高	8	上中	13	A-II$_2$	东部
浙江	高	5	高	8	上中	14	下中	22	强	9	A-I$_3$	东部
安徽	下中	17	低	22	低	23	下中	19	弱	25	B-II$_2$	中部
福建	高	6	下中	17	高	5	高	6	强	5	A-I$_2$	东部
江西	低	22	下中	18	上中	12	极低	31	弱	26	C-I$_3$	中部
山东	高	8	上中	7	上中	11	上中	12	上中	12	A-I$_3$	东部
河南	下中	16	下中	21	低	28	上中	13	弱	24	B-II$_2$	中部
湖北	上中	13	上中	15	低	24	低	24	下中	19	B-II$_2$	中部
湖南	下中	18	下中	19	下中	16	低	25	弱	22	B-II$_3$	中部
广东	高	4	高	6	高	9	极高	2	极强	3	A-I$_2$	东部
广西	低	26	低	26	高	7	下中	23	下中	20	C-I$_2$	东部
海南	低	27	下中	20	极高	2	上中	10	上中	11	C-I$_1$	东部
重庆	下中	19	低	24	下中	18	低	29	弱	27	B-II$_3$	西部
四川	低	24	低	28	下中	21	低	27	极弱	29	C-I$_3$	西部
贵州	极低	31	极低	30	低	27	低	26	极弱	31	D-II$_2$	西部
云南	上中	10	极低	29	下中	22	上中	9	弱	23	B-II$_3$	西部
西藏	极低	28	极低	31	极高	1	低	28	下中	18	D-I$_1$	西部
陕西	低	23	低	23	低	25	下中	16	弱	28	C-II$_2$	西部
甘肃	极低	29	低	27	下中	20	下中	17	极弱	30	D-II$_3$	西部
青海	低	25	低	25	极高	3	极低	30	下中	15	C-I$_1$	西部
宁夏	极低	30	上中	9	上中	13	下中	21	下中	21	D-I$_2$	西部
新疆	上中	15	上中	11	高	6	上中	11	强	8	B-I$_2$	西部

注：A—发达型，B—中等发达型，C—欠发达型，D—极不发达型；

I$_1$—极好地区，I$_2$—良好地区，I$_3$—基本良好地区，II$_1$—严重危机地区，II$_2$—危机地区，

II$_3$—潜在危机地区。

表 9-13 可持续发展类型区的地带性分布

类 型	东部沿海地带	中部地带	西部地带
发达型 （A）	A-I_2：福建、广东 A-I_3：辽宁、山东、浙江 A-II_1：北京、天津、上海 A-II_2：江苏		
中等发达型 （B）	B-I_2：河北	B-I_1：内蒙古 B-I_2：黑龙江 B-II_2：湖北、河南、安徽 B-II_3：吉林、山西、湖南	B-I_2：新疆 B-II_2：重庆、云南
欠发达型 （C）	C-I_1：海南 C-I_2：广西	C-I_3：江西	C-I_1：青海 C-I_3：四川 C-II_2：陕西
极不发达型 （D）			D-I_1：西藏 D-I_2：宁夏 D-II_2：贵州 D-II_3：甘肃

注：I_1—极好地区，I_2—良好地区，I_3—基本良好地区，II_1—严重危机地区，II_2—危机地区，II_3—潜在危机地区。

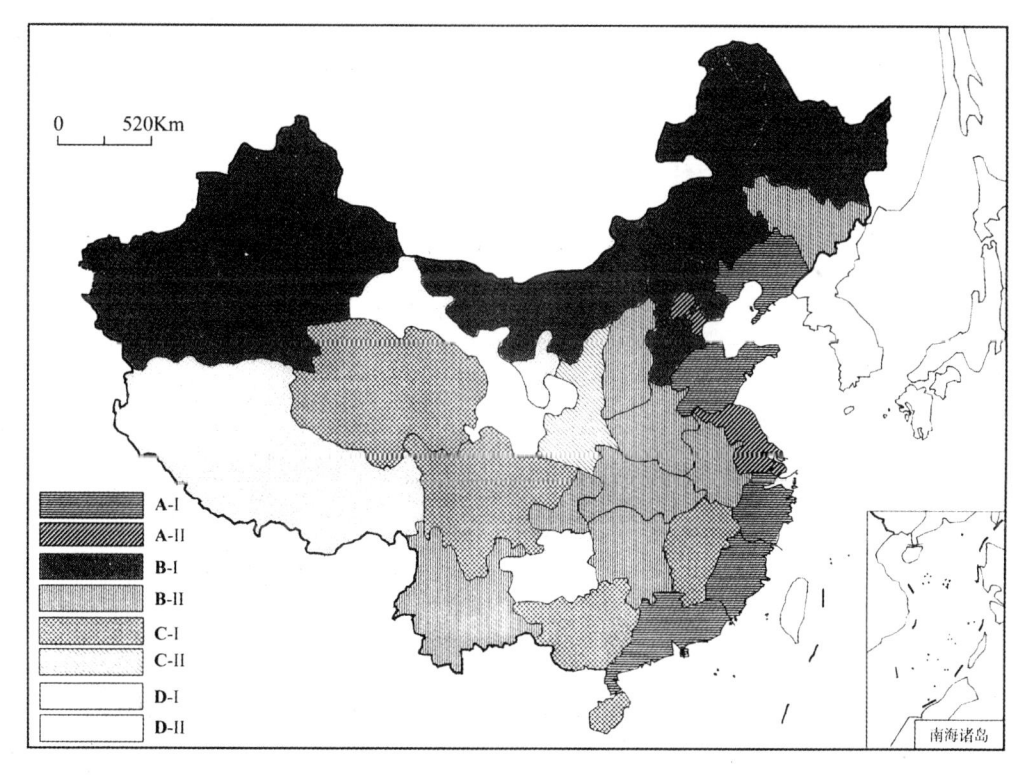

图 9-7 省区市可持续发展状态类型区

【发达型危机地区(A-Ⅱ)】 发达型危机地区是指经济发达而区内资源环境处于危机状态的地区。又可分为发达型严重危机地区(A-Ⅱ₁)和发达型危机区(A-Ⅱ₂)两个亚区。包括京、津、沪3个直辖市和江苏省。其中，三个直辖市的经济发展水平、社会发展水平处于全国的前3位，可持续发展能力亦处于全国的前4位。"九五"前两年，GDP的增长速度除北京略低于全国平均水平外，上海与天津分别高于全国平均水平18%和35%，并继续呈快速上升状态。这三个直辖市的社会经济发展已率先进入成熟发展阶段。京、津、沪3个直辖市属于我国社会经济高度发达，资源与环境严重危机的城市地区。江苏省也是我国经济比较发达的省份，经济发展水平较高，经济增长较快，社会发展处于上中等水平，属于上升型发达地区。由于乡镇企业的迅速成长，江苏的生态环境持续恶化，成为发达型危机地区。发达型危机地区在经济高度发展的同时，都面临着较严重的资源与环境危机，具体表现在资源保障率极低，大气与水环境严重恶化，生态环境问题已严重制约了区域的可持续发展。

【发达型良好地区(A-Ⅰ)】 指经济发达，资源环境相对良好的地区。又可分为发达型良好地区(A-Ⅰ₂)和发达型基本良好地区(A-Ⅰ₃)两个亚区。包括社会经济发达或中等发达而资源环境处于良好或基本良好状态的广东、福建、辽宁、山东和浙江5省。"九五"期间，广东、福建两省的社会经济全面发展，经济发展水平分别处于全国的第四、六位；社会发展也属高、中水平地区；可持续发展能力都很高，其中，广东的可持续发展能力甚至已超过了上海与天津，仅次于北京，是上升型发达地区。特别是广东与福建的资源与环境没有像其他发达地区那样处于严重危机状态，在经济持续高速发展中却保持了环境的相对高水平。辽宁、山东和浙江社会经济发展水平也都比较高。1995～1997年，除辽宁的国内生产总值(GDP)增长速度仍相对滞缓外，山东、浙江继续保持了较高的经济增长速度，也是上升型发达地区。辽宁、山东与浙江的可持续发展能力分别处于上中等和下中等水平。资源环境状况处于全国的上中等水平。

【中等发达型良好地区(B-Ⅰ)】 指经济中等发达、资源与环境处于相对良好状态的地区，可再分中等发达型极好地区(B-Ⅰ₁)、中等发达型良好地区(B-Ⅰ₂)和中等发达型基本良好地区(B-Ⅰ₃)三个亚区。包括内蒙古、黑龙江、新疆与河北4省区。内蒙古的社会与经济发展、可持续发展能力均处于中等水平，而资源环境却保持了较高水平，主要是因为区内土地辽阔，资源保障能力较高。黑龙江与新疆经济发展水平及可持续发展能力均处于上中等水平。黑龙江资源禀赋好，而新疆的土地面积广大污染密度较小，资源条件也较好，所以两省区的资源环境状况处于良好状态。河北省经济发展处于上中等水平，1995～1997年，经济增长较快，国内生产总值(GDP)增长速度达13.11%，高于全国平均值的20%。资源环境处于基本良好状态。

【中等发达型危机地区(B-Ⅱ)】 指经济发展处于中等水平而资源与环境处于危机的地区。可分为中等发达型危机地区(B-Ⅱ₂)与中等发达型潜在危机地区(B-Ⅱ₃)两个亚区。具体包括湖北、河南、安徽、重庆、云南、湖南、吉林、山西8个省份。湖北、河南、安徽3省的社会与经济发展处于中等水平。"九五"前两年，三省经济增长速度均高于全国平均水平，其中湖北GDP增长速度高达15.5%，高出全国平均值的42%，是经济增长最快的省份。同时由经济增长带来的资源环境危机也逐渐显露,成为中等发达危机地区。重庆、云南、湖南、吉林、山西5省市1997年经济增长速度均高于全国平均水平,但社会发展水平除了山西、吉林与湖南处于中等水平外,其余均属于较低发展水平组。五个省市在资源与环境上都面临着巨大的压力,成为潜在的资源与环境危机地区。

【欠发达型危机地区(C-Ⅱ)】 指经济与社会发展水平较低,而资源与环境却处于危机状态的地区。只有陕西一省。陕西地处我国西部地区,综合条件较差,改革开放以来的经济增长速度一直低于全国的平均水平,所以经济发展缓慢,导致社会经济发展水平较低。同时,因区内资源匮乏,生态环境脆弱而成为经济欠发达、资源环境危机的地区。

【欠发达型良好地区(C-Ⅰ)】 指经济不发达,社会发展水平较低,资源与环境处于良好、基本良好或极好的地区。分为欠发达型极好地区(C-Ⅰ$_1$)、欠发达型良好地区(C-Ⅰ$_2$)和欠发达型基本良好地区(C-Ⅰ$_3$)3个亚区。具体包括海南、青海、广西、四川与江西5省区。海南与青海的资源与环境处于极好状态,广西的资源环境处于良好状态,而江西与四川的资源环境处于基本良好状态。海南自从设立为省级特区以来经济发展迅猛,1990~1995年经济增长高达17.23%,比同期全国平均增长速度高一半。但社会发展水平没有与经济同步增长,处于下中等水平。"八五"末期,由于国家实行紧缩财政政策,海南省的经济开始滑坡。在"九五"期间,海南的经济增长速度继续回落,经济发展中的盲目性和投机性所造成的弊端逐渐显露,由较发达地区变为相对不发达地区,但环境质量却居于全国的前列。相比来说,西部的四川与青海两省的经济发展缓慢,经济增长速度一直低于全国平均水平,且社会发展水平也较低。而广西和江西两省区,90年代以来经济增长速度一直高于全国平均水平,1995~1997年,两省区的经济增长速度分别为11.1%和13.9%,分别高于全国平均值的2%和28%。特别是近些年来,两省区的投资效果较好,是国家投资的重点支持地区,已处于上升状态。青海地域广阔,资源环境基本处于自然状态,所以环境质量极好。值得注意的是,尽管广西、江西和四川3省区属于资源环境良好或基本良好地区,但广西资源的供给条件差,石山地区的生态环境脆弱;江西省的耕地与能源保障率低;四川省人均耕地较少,环境问题也不容忽视。

【极不发达型良好地区(D-Ⅰ)】 指经济发展水平极低,而资源环境却处于良好状态的地区。分为极不发达型极好地区(D-Ⅰ$_1$)和极不发达型良好地区(D-Ⅰ$_2$)两个亚区。包括西藏和宁夏两个自治区。西藏长期以来处于自然经济状态,经济发展水平、社会发展水平及可持续发展能力极低。由于开发程度低,资源与环境处于自然状态,加之土地广阔,所以环境状况处于极好的状态。宁夏综合条件比西藏好得多,开发程度相对较高,尽管经济发展水平极低,但社会发展水平却处于上中等水平,土地资源较丰富而环境污染较轻,资源与环境基本处于良好状态。

【极不发达型危机地区(D-Ⅱ)】 指经济发展水平极低,而资源环境也存在危机的地区。分为极不发达型危机地区(D-Ⅱ$_2$)和极不发达型潜在危机地区(D-Ⅱ$_3$)两个亚区。包括贵州、甘肃两省。贵州与甘肃均处于我国的西部地区,经济发展水平、社会发展水平、资源条件都很差。贵州省一直是全国国内生产总值(GDP)最低的省份。1995~1997年甘肃省的经济增长较快,国内生产总值(GDP)的增长速度为14.2%,高于全国平均值的30%,而贵州省GDP增长速度为7.5%。贵州与甘肃两省的资源保障率都较低,而环境污染较重,环保能力较弱,特别是贵州省的生态环境非常脆弱,所以两省的资源环境分别属于危机地区和潜在危机地区。

第四节 评价与结论

【区域可持续发展具有显著的地区特点】 经过20年的快速发展,我国已基本形成了3种具有典型特点的可持续发展问题区域:(1)东部沿海经济高速增长、资源与环境危机区;(2)以中部为主的经济快速增长、资源与环境破坏区;(3)以西部为主的经济增长、生态环境脆弱区。

目前,我国可持续发展问题在区域上的表现是:东部地区主要面临工业污染所带来的环境问题;中部地区主要面临在资源开发过程中如何寻求有质量的增长问题;西部地区主要面临贫困所带来的温饱问题,以及诱发的环境问题。

我国可持续发展状态在区域上表现为:从西到东经济发展水平逐渐提高,而资源环境危机却有逐渐加深的趋势;同时在三大地带内部,可持续发展状态的差异也很大(见表9-13)。东部地区经济发展水平普遍较高,发展能力较强,但自然资源相对贫乏,环境污染严重,生态有恶化的趋势;中部地区可持续发展的基础相对良好,具体表现为资源保障率较高,经济发展水平相对落后,环境污染问题开始显现;西部地区的环境质量普遍较高,但生态相对脆弱,经济与社会处于贫困状态,对环境进行协调与调控的能力较弱。今后西部地区特别是民族地区的可持续发展问题主要是摆脱贫困,目前强调区域环境的可持续发展是不现实的,也是不可能达到的。

由于我国可持续发展状态的区域差异很大,所以我国区域可持续发展必须注意在不同尺度的区域内,社会经济发展与人口、资源、环境保持和谐、协调的关系。区域经济增长与社会稳定发展要建立在有效控制人口增长、合理利用自然资源、逐渐改善环境质量的基础上,并应保持促进不同类型地区的协调与均衡,缩小区际发展水平的差距。

【可持续发展战略实施任重道远】 全面实施可持续发展战略,逐步实现经济、社会发展与人口、资源、环境相协调是未来区域发展的主要任务。我国的基本国情和要实现的战略目标,决定了今后不能继续采取只注重数量增长,不考虑资源可持续利用的发展模式和生产方式。走可持续发展道路已成为我国经济社会发展的必然选择。现阶段要实现经济体制由计划经济向社会主义市场经济体制转变和经济增长方式由粗放型向集约型转变,使经济发展同控制人口、节约资源和保护环境相协调,实现资源、环境的承载能力与经济社会发展相协调,在人口、资源、环境、经济、社会相互协调中推动经济发展,并在发展的进程中带动人口、资源、环境问题的妥善解决,逐步使国民经济和社会发展走上良性循环的道路。

从目前我国区域可持续发展的状态来看,中国在经历了近20年经济持续高速增长之后,各地区的经济发展水平和社会发展水平都有很大提高。但是在发展过程中,各地区的自然资源和自然环境却普遍以前所未有的规模和速度遭受了绝对的破坏。而且,经济越发达,增长越快的地区,其资源与环境危机越深。这充分表明,在我国,可持续发展思想并没有真正为大多数人所理解和接受,即便理解了,由于受地区或部门利益的影响也没有得以真正贯彻和实施。

我国资源开发与环境保护的矛盾已经成为全国普遍性的问题,根本原因是由于近些年来,我国基础产业的一些主要部门发生了空间转移造成的。尽管基础产业可以导致地区经济总量的迅速扩大,但给区域的生态和环境造成的压力也是巨大的。预计今后这种产业的转移还将继续,所以各地区环境恶化的趋势还会相应延续一个时期。另外,东南沿海一些地区的泡沫经济业已日益显露出来,部分地区的发展甚至出现了严重的萧条。所以,我国各省区市长期的高速经济增长是不可持续的。

【对不同区域实施不同的环境政策】 区域可持续发展总目标的实现不可能依靠各子系统的自然发展而达到,而必须借助一系列强有力的宏观调控政策的干预与调整,包括经济发展政策,社会发展政策及资源与环境政策等。

东部地区特别是发达型危机地区,要强调环境文明,执行刚性的环境政策。今后的经济增长要适度,发展的重点必须放在产业结构升级与扩大经济技术辐射能力上。严格限制那些耗能大、污染重的产业发展。另外,由于我国自然资源与自然环境对社会经济发展的保障已经面临着严峻的形势,因此沿海地区要加快扩大利用国外资源的进程,从利用国内资源为主,转变到利用国内和国外两种资源并以利用国外资源为主,以减轻长期以来对中西部地区资源与环境的压力。

中部地区要走发展与保护相结合的道路,执行弹性的环境政策。经济增长不能停止,环境治理力度也不能降低。今后要确保适度稳定的人口增长,保护和加强自然资源基础,改善技术发展方向,在决策中要特别注意区域内自然资源开发与生态环境保护相协调。对资源禀赋较好的地区(如内蒙古、山西等),发展的重点应放在宏观性基础设施条件和投资环境的改善以及资源的合理开发上,逐渐扭转相对投资效果和经济运行状况较差的局面,在恢复经济增长的同时注意改善增长的质量。

【从可持续发展角度重新审视西部的资源优势】 由于资源开发利用条件的制约,我国西部地区所具有的某些资源优势,并不像传统认识的那样大。从资源开发的实际意义而论,我国西部地区的资源并不丰富。事实上,西部地区某些资源的大规模开发利用所付出的巨大代价已经说明了,在西部地区不宜搞那些代价大、收益低的资源开发和资源加工大项目。今后西部地区的发展目标是:在加强部分优势资源开发利用的同时,发展的重点应放在基础设施建设上,以改善交通、通讯、供水、居住条件和文化教育水平。在此基础上适当强调经济增长,以提高人民生活水平,摆脱绝对贫困的威胁。

对综合条件较差的西部地区(如贵州、甘肃、西藏、四川、陕西等),应将其作为国家财政转移支付重点支持的地区,以满足人民的基本需求,改善人民综合生活质量为首要目标,提高生活水平的改善速度。这些地区的生态环境普遍脆弱,所以在争取经济适当发展的同时维护区内的生态平衡。

我国今后的社会发展应在国民收入的分配中占愈来愈多的份额,经济增长快和经济实力强的省区市的社会发展应有更快的进步,同时要加强西部地区特别是对文化素质低、就业领域狭窄、生产水平低、人口压力大、资源利用方式不尽合理、生态环境破坏严重、治理受财力约束的民族地区(如贵州、西藏等)的社会发展的支持,使这些地区在保持稳定的基础上扩大对外开放,加快发展。

坚持先富带动后富,实现共同富裕的目标。我国是一个发展中的大国,是目前世界发展中国家里的低收入国家,在今后相当长的一段时间内,国家宏观经济政策的首要任务还是应该优先考虑增强综合国力,努力缩小我国与世界发达国家与地区的差距。让条件较好的东部地区先发展起来,不仅有利于促进全国经济的快速增长,增强综合国力,也有利于为逐步实现共同富裕夯实基础。由于东、中、西三大地带是一个经济整体,东部与中西部地区发展差距的长时间扩大,不利于提高我国国民经济的整体素质,也不利于国民经济的协调发展。因此,"十五"期间应坚持在优先考虑缩小我国同世界发达国家差距的前提下,努力缩小国内地区间的发展差距;坚持在把发达地区的再发展放在重要位置的前提下,重点考虑加快欠发达地区的经济发展问题。

【分类指导,形成各具特色的区域经济】 充分发挥地区比较优势,建立各具特色的区域分工和合作格局。我国各省区市发展条件差异较大,发展要素禀赋和经济结构既有相似性又有互补姓,在市场化和国际化进程加快的21世纪,各省区市之间的分工协作、优势互补和共同发展,已经成为一种必然趋势。在经济全球化和区域经济一体化的世界潮流中,各地区应当突破行政区划界限,以国家的产业政策和区域政策为指导,按照经济联系和经济活动规律的要求,充分发挥各省区市的比较优势,加强联合协作,避免产业结构趋同,发展区域经济,降低交易成本和竞争费用,共同开发优势资源,共同建立区域市场,共同修筑对外大通道,共同发展具有竞争力的产业和产品,建立充分体现地区优势的合理分工、协调发展的区域经济新格局。我国各具特色的区域经济的发展要以国家整体利益为根本,以区域定位分工为前提,以发挥比较优势为基础,发展省区市间的经济协作关系,促进全国经济的协调发展。地区经济没有分工就没有特色,没有特色也就不可能有较好的效益。

未来我国区域经济总体布局应逐步形成各具特色的地区经济格局,以三个层次为特征。

第一层次,大地带性分工格局。包括东、中、西三大地带和南北地带的分工和协作,仍是下个世纪初我国宏观层次的区域经济大格局。东部地区在实施沿海地区现代化带动战略,发挥外向型经济和资金、技术密集加工工业的势能,继续发挥结构调整的先导作用和保持持续经济增长的前提下,辐射、带动和支援中西部内陆地区的发展;中西部地区发挥巨大的市场潜力和丰富的资源赋存优势,换取东部沿海地区和国外的资金或技术,加强基础设施建设与社会发展。南北间地带性差距应引起重视,特别是加快北方地区结构调整及增加地区经济活力。

第二层次,经济核心区协调发展。具有全国意义或大区级意义的经济核心区主要有:长江三角洲地区、京津首都圈地区、珠江三角洲地区、武汉经济区、成渝经济区、关中经济区、辽中南经济区、山东半岛经济区、北部湾经济区和天山北部经济区。

第三层次,特殊关注的区域。需要国家实行区别对待和分类指导的地区。包括浦东经济开发区等具有强大辐射和带动能力的经济先导地区;与周边国家毗邻、在全球区域经济一体化进程中,具有政治意义和富民安邦意义的沿边对外区域经济合作区;经济结构落后、资源衰竭,在地区分工中处于不利地位的老工业基地等经济衰退地区;边疆地区、民族地区、贫困地区等相对落后地区。

【促进地区经济协调发展,逐步缩小地区差距】 在首先保证我国国民经济整体发展水平和综合国力迈上一个新台阶的前提下,建立社会主义市场经济体制下的新型地区分工协作关系,发挥市场经济基础性调节的作用,加大国家对地区经济协调发展的宏观调控力度。不断改善和完善宏观调控手段和调控形式,通过调节地区间的利益关系来达到最终缩小地区差距的最终目的。

实现区域经济协调发展,主要表现在以下五个方面。

(1)东部与中西部地区发展差距扩大的势头得到有效控制。东部地区经济增长速度趋向稳定,中西部地区特别是中部地区部分省区的速度有所加快;中西部地区国民生产总值占全国比重下降的降幅明显减少;中西部地区人均国民生产总值与东部地区相对差距扩大的幅度减缓或不再扩大。

(2)东部地区实施现代化带动战略。经济增长质量和产业素质有根本改善,基本具备主要依靠自身力量发展经济的能力;逐步完成产业结构的优化升级,优质高效高产农业、资金密集型的高新技术产业形成一定规模,商业、贸易、金融保险、房地产、信息咨询等现代化第三产业的比重进一步提高;向中西部地区转移产业、产品、技术和资金的规模逐步加大;外向型经济在国民经济中的地位进一步提高,形成与国际市场相联接的经济运行机制;上海、北京向国际化大都市发展,在亚太经济圈中发挥更加重要作用。

(3)中西部沿长江、沿主要交通干线、经济中心城市周围地区和沿边部分地区的经济发展速度高于全国平均水平,经济实力显著增强,形成一批在国内外市场上有竞争力的支柱产业和拳头产品,利用外国直接投资增长速度逐步高于东部地区,外向型经济的比重有明显增长,成为带动中西部地区经济发展的先导地区,与东部地区的差距明显缩小。

(4)中西部地区重要农业、能源、原材料基地的经济发展水平有显著提高,并初步建成新的能源、原材料基地;老工业基地完成阶段性调整改造,技术装备和技术水平有所提高,产品开发和市场竞争能力增强,通过技术扩散和产品配套,与地方经济进一步融合。

(5)全国摆脱绝对贫困,贫困地区开始走上致富奔小康之路。民族地区的经济增长水平不低于全国平均水平,社会经济条件得到较大改善。

参考文献

[1] 王伟中等:《地方可持续发展导论》,商务印书馆,1999年。
[2] 中国科学院可持续发展研究组:《1999中国可持续发展战略报告》,科学出版社,1999年。
[3] 王慧炯等:《可持续发展与经济结构》,科学出版社,1999年。

[4] 陆大道、薛凤旋等:《1997中国区域发展报告》,商务印书馆,1997年。
[5] 胡鞍钢、康晓光:《中国地区差距报告》,辽宁人民出版社,1995年。
[6] Cannon, T. and Jenkins, A.: *The Geography of Contemporary China: The Impact of DENG Xiaoping's Decade*, London: Routledge.
[7] 刘树成、李强、薛天栋:《中国地区经济发展研究》,中国统计出版社,1994年。
[8] Zhao, S.X.: Reforms and Regional Inequality in China: 1953~1989. *China Report*, Vol.30(3), pp.331~343,1994.
[9] 陈栋生、魏后凯等:《西部经济崛起之路》,上海远东出版社,1996年。
[10] 魏后凯:《区域经济发展的新格局》,云南人民出版社,1995年。
[11] Williamson, J.G.: Regional Inequality and the Process of National Development: A Description of Patterns. *Economic Development and Culture Change*, Vol.13(4),1965.
[12] 杨开忠:《迈向空间一体化》,四川人民出版社,1993年。
[13] Yang, D.: Patterns of China's Regional Development Strategy. *China Quarterly*, Vol.122(2), pp.230~257,1990.
[14] 国家统计局:《中国发展报告:"中国的'八五'"》,中国统计出版社,1996年。
[15] 国家计划委员会国土与地区司:《中国地区经济发展报告》,中国环境科学出版社,1994年。
[16] 中国科学院自然资源综合考察委员会:《中国自然资源手册》,科学出版社,1991年。
[17] 中国科学院地学部:《中国资源潜力趋势与对策》(论文集),北京出版社,1993年。
[18] 世界银行:《2020年的中国:新世纪的发展挑战》,中国财政经济出版社,1997年。
[19] 国家统计局:《中国统计年鉴》(1998),中国统计出版社,1998年。
[20] 国务院:"全国生态环境建设规划",《人民日报》,1999年1月7日,第1版。

第十章 香港特别行政区

1997年7月1日,香港正式回归祖国,结束了156年英国管治下的特殊地位,成为中国的一个特别行政区,实行"一国两制"和"港人治港"式的高度自治。

香港土地面积只有1096平方公里,是北京市辖区的1/16,只相当于北京城市规划区的范围;人口670万人(1998年底),占全国的0.56%。然而它的经济实力却很强。1997年,香港的GDP为14190亿元人民币(13390亿港元),约是内地的19%(1998年为12890亿元,为内地GDP的17.2%)。1998年香港受亚洲金融风暴影响,GDP增长率为-5.1%。同年外贸总额27767亿港元,其中进口14291亿港元,本地出口1885亿港元,转口11592亿港元。在进口中,有5806亿港元来自内地,4074亿港元是内地的转口贸易,两者合计是内地进出口贸易总额的40.4%。从80年代初起,香港一直是内地外资的主要来源地,大量香港企业家、管理人员和技术人员常驻内地,为内地的经济建设和现代化做出了贡献。按1996年香港人口调查估计,这些人总数约达30万人。以上数字显示,香港特别行政区不但是中国的一个重要经济区域,同时也对国家的外向型经济发展和现代化建设起着关键作用。

本章的主旨是回顾香港150多年来的发展经验,重点放在自1980年至回归时的出口工业经济的发展以及它与内地、特别是和广东省的紧密经济联系所形成的以香港为核心城市的都市经济区的演化。最后,讨论了1997年回归后香港经济的实况和今后如何以大都市区为基础来策划长远发展问题等。

第一节 经济发展历程

一、转口港经济

自1841年起,英国通过3个不平等条约,逐步将香港纳入它的管治范围,建立了它对中国大陆的转口贸易桥头堡。1841年英国迫使清政府签订"南京条约",割让香港岛及其邻近岛屿。当时"香港"的本地居民约有5000人,都是渔民及农民。1860年,英国再夺取界限街以南的九龙半岛,使香港地区总人口上升为约12万人左右。1898年,英国以"租借"形式将界限街至深圳河的广大地区(称为新界)纳入管治,使"香港地区"扩大至约1000平方公里,总人口约30万人。

1911年整个地区人口约46万人;至1936年人口首次达100万人。在英国管治下的最初60年里,香港人口的增长,主要源于领土的扩张吸纳了更多的乡镇和农业人口,其增加速度并不很快。当时英国人以香港作为与中国贸易的前哨,虽然因此创造了不少就业机会,吸引了不少中国劳工与商人,但这种经济活动对劳动力的需求有限。相反,内地的战争与动乱,如太平天国运动和日本侵华战争等,却使不少邻近的内地居民迁入香港。

在1841～1950年的整整100多年中,香港经济依赖于内地与其它国家间的转口贸易,是不折不扣的转口港经济。从贸易伙伴和主要商品性质看,这期间的转口经济可分为两个时期。

1. 三角贸易港(1841～1910年)

这时期的转口贸易被称为三角贸易,即香港成为内地、印度和英国三者间的转口港。印度向中国内地出口鸦片及棉花,中国内地向英国出口茶叶、丝绸、瓷器以及大量白银,而英国则向印度和中国内地出口工业品。这种三角贸易实际上是以英国和印度出口鸦片为主,而中国由茶、丝及瓷器渐渐转为以白银出口为主以支付因鸦片进口大增而引发的贸易不平衡。19世纪40年代,英国、印度每年平均向中国输出45000箱鸦片(每箱240英镑),50年代增至年平均62000箱,高峰年1856年更增至90000箱。从某种角度看,香港在这时期被英国人利用作为一个"毒港",持续了60多年。直至20世纪初,英国在国际的压力下将香港的鸦片出口列为非法,才逐步减少了对中国内地的鸦片出口,但20年代平均每年仍有1000箱出口。

2. 国际自由港(1919～1950年)

由于国际社会对鸦片的反对,英国开始转变香港的转口经济性质,其贸易伙伴和商品结构也逐步多元化,成为欧美及日本等工业国家和地区与中国这个落后的以农业经济为主的国家的主要贸易渠道。以1932年为例,香港的贸易商品主要是食物和布匹,二者占全部输入商品的1/2、全部转口的2/3。贸易伙伴仍以中国内地和英国为主,其次是日本和东南亚地区。在进口中,中国内地来源占35%,英国占15%;转口货则有48%输往内地,15%输往英国及英属地。

在转口经济盛行的百年间,香港建立了国际自由港的声誉。由于转口经济的需要,"自由贸易主义"、"低税率、简单税制"成为香港的传统经济政策。

二、出口型工业经济

从1950年至目前,香港的经济支柱可以称为出口型轻工业经济,同样可分为两个时期。

1. 独立自主型的出口型轻工业经济

1950～1985年,香港的经济主体是以出口至欧美等工业国为主的轻工业行业。在其高峰期,这些工业对本地GDP的贡献达30%,为本地提供了45%的就业岗位,而且是本港金融、保险、运输、贸易、商业服务等行业的重要支柱。这一时期香港的轻工业,都属日用消费品加工工业,其使用的机器、原料及零部件也以进口为主,而其本地增值又非常低(表10-1),是典型的贸易衍生型的工业。正因如此,它对为其服务的第三产业的"乘数效应"亦较大。

出口型轻工业在香港的发展成为战后香港经济复苏和繁荣的主要动力。从表10-2和表10-3可以看出,制造业对GDP的直接贡献在1970年达到顶峰,为30.9%,对就业的直接贡献达45.3%。以就业总数来说,在1981年的历史高峰时达99万人。制造的工业品约90%以上直接出口,占本地总出口的80%;和1951年相比,这一时期出口结构发生了重大变化,因为在转口经济中,本地出口只占总出口的20%以下。

表10-1 香港制造业基本情况

年份	企业数(个)	总雇员人数(人)	每个企业平均雇员数(人)
1973	30542	713688	23.4
1983	46309	936609	20.2
1993	34382	504888	14.7
1998	26397	257000	9.7
年份	增值占总产值比率(%)	总产值(百万港元)	总增值(百万港元)
1973	36.1	31961	11544
1983	25.9	160552	44140
1993	29.2	311816	91151
1997	29.8	273741	81653

表10-2 各类经济活动对GDP的贡献　　单位:百万港元,%

经济活动	1970年		1980年		1990年		1993年		1997年
渔业与农业	377	2.0	1109	0.8	1432	0.3	1912	0.2	0.1
工业	7234	37.9	42652	31.7	141394	25.3	153461	18.5	14.7
制造业	5913	30.9	31806	23.6	98352	17.6	92584	11.1	6.5
建筑业	806	4.2	8929	6.6	30220	5.4	43089	5.2	5.8
服务业	11508	60.1	90698	67.5	416620	74.5	676356	81.3	85.2
批发、零售、进出口、酒楼、旅馆	3755	19.6	28762	21.4	140722	25.2	224443	27.0	26.1
交通、仓储、通讯	1458	7.6	9922	7.4	52927	9.5	78975	9.5	9.3
金融、保险、房地产及商业服务	2855	14.9	30938	23.0	113127	20.2	214417	25.8	26.5
社区、社会及个人服务	3440	18.0	16248	12.1	81328	14.5	130226	15.7	17.4
GDP	19119	100	134459	100	559446	100	831729	100	100

表 10-3　香港就业分布　　单位：千人

经济活动	1971年	1981年	1991年	1996年
制造业	695.2	990.4	768.1	574.9
建筑业	94.5	186.0	187.9	245.4
批发、零售、进出口、酒楼、旅馆	255.7	461.5	611.4	757.2
交通、仓储、通讯	105.0	181.4	265.7	331.0
金融、保险、房地产及商业服务	40.0	115.2	287.2	408.7
社区、社会及个人服务	225.6	375.7	539.1	680.1
其他	209.0	93.2	55.8	46.4
总数	1625.0	2404.1	2715.2	3043.7

注：表中数字为基于个人自报的人口调查数字，因此可能包括在香港境外（内地）工作的香港居民。

此外，香港的出口型轻工业，主要集中在成衣、玩具、钟表、一般消费电子及电器产品等行业。这些行业技术要求低、劳动密集、款式变更频繁、市场需求波动大，十分适合能灵活应变的中小型工厂生产。因此，大型工厂长期的大批量生产方式极不合适香港工业的需求。这些特点，也正适合于香港国际运输便利、资讯发达、低税率、简单税制等条件的有利发挥。同时，香港不少企业家也利用这些有利条件，展开了灵活适销的中小型工业生产，形成以中小型厂为主体的工业组织结构（平均每厂雇用不到20人）。

值得指出的是，香港工业不是源于英国或在香港已有百年历史的转口经济。作为19世纪最发达的工业国，英国从来没有促进香港的工业化。英资150多年来在香港的投资也只是集中在转口贸易及与本地消费有关的行业或专利服务，而鲜有投资在制造业方面。香港自50年代初开始的快速工业化，其主要动力乃是被称为"转移工业化"的过程；二次大战后对出口型轻工业特别有利的市场环境成为它的第二个重要因素。

在第二次世界大战前，亚洲地区只有两个工业中心，一个在日本，另一个是我国以上海为中心的长江下游地区。中国民族资本家自第一次世界大战以来，利用欧战影响欧洲国家工业出口不畅的契机，兴起了中国的进口替代型工业化。经过30多年的努力，长江三角洲已聚集了一定的由民族资本家经营的现代轻工业。第二次世界大战后，因为内战以及其他方面的原因，导致一些民族资本家挟其资金、技术、设备、市场关系，甚至是管理和技术人员转移至香港，在荃湾和长沙湾一带成立了香港首批现代轻工业企业。当时，由于多年战争及主要工业国（欧洲国家及日本）在战时将民用生产转为军需生产，虽然战后市场需求大，但一时间供应却很少，存在有利的市场需求条件。另外，在50年代初，英国建立了英联邦，并订立了联邦成员间进出口优惠税制，使香港产品能以低税进入英联邦国家及地区，成为香港工业扩张的重要市场诱因。

当然，香港还享有一些其他优良条件：如处于国际航道交汇点，海港优良，设施完善；金融、保险业发达，贸易便利；通讯设备现代化，资讯发达；法治制度完善及国际贸易人才众多，有利商业贸易发展；政府采取自由贸易政策，税率低，使进出口成本低且便利，又对工业发展及经济活动不加干预等。

换言之,是三个主要因素促进了这一时期的出口型轻工业的发展,即:转移工业化、特殊市场因素与合适的自由贸易政策。后者刚好是这一类型工业发展(出口导向型工业,如图10-1)的最妥当的政府策略。在第二次世界大战后,中小型经济如何通过工业化由不发达国家走向工业发达国家的路径共分四个阶段,每个阶段的工业特点、市场特点和相配合的政府政策和技术要求都是不同的。香港由于是从上海转移过来的工业,其最初的"进口替代型"阶段是在上海实现的。在香港由于市场及出口条件、技术及产品质量合适等,香港的转移型工业一开始就是"出口导向I型",即四阶段中之第二阶段。从亚洲经验分析,这一阶段一般只持续20年左右,如韩国、台湾及新加坡分别在70年代后或80年代初开始进入第三阶段。第三阶段有二个明显标志,即政府强有力的产业政策和高技术、资本密集型的新工业的出现。香港由于奉行自由贸易主义,一直未能进入第三阶段,虽然其第二阶段的发展在70年代末已显示出后继乏力。不过,还需要指出的是自由贸易政策并不是英国人为了促使香港工业发展而有意订立的策略,它和出口导向型工业的配合,纯属巧合。

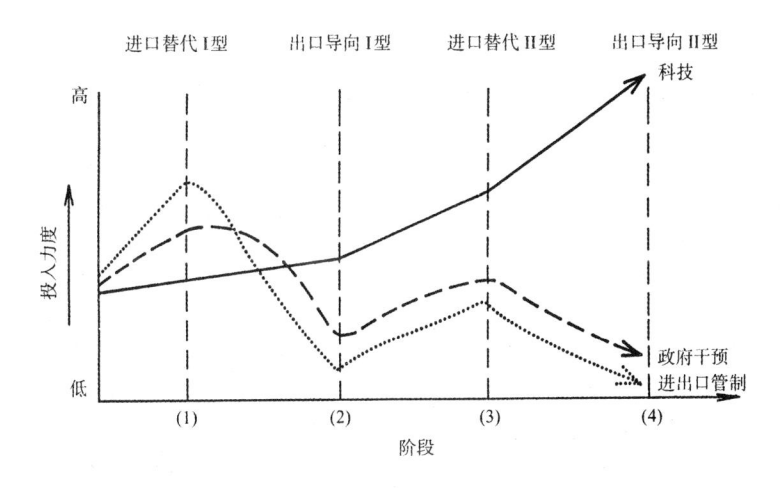

图 10-1 工业发展四阶段

香港政府的自由贸易、低税率、简单税制政策,正适合出口导向I型工业发展的需求。除这个主因外,本地工商业界也不断提出一些促进工业有效出口的要求,这些要求。多被政府陆续采纳,使出口工业品能迅速有效地打进外国市场。1965年建立的贸易发展局,从出口值中抽取万分之五的(0.05%)附加费,使其能在全世界的30多个主要贸易城市设立贸易促进办公室以推广香港产品。同时政府成立了出口保险局(1966年由政府支付2000万元成立费,以后提供20亿元的风险担保)、生产力促进中心(1973年成立,政府提供成立费用,并在其后10多年中提供年度定额资助)以及数个国际认可的产品品质检验及产地来源证签发中心。这些机构,大部分是半官方机构,部分是由工商企业自组的社会机构。半官方机构由政府按法律规定,由业内人士及有关官员组成的董事局管理。这些机构以低成本、高效率的服务,为大、中、小工厂提供产品出口服务和支援。然而这些机构的成立与运作,都是工商界努力争取的结果,鲜由政府主动策划,而且它们的经费一般通过附加费的途径由业内企业提供,政府实际上很少补贴。同时它们对个别企业的服务也以回收成本为目的,从不资助个别企业。

作为社会性的经济政策,并不像自然科学中的定律,可以恒久不变,它们也要因社会及周围环境的变迁而演化。政府的功能是在不断分析环境,作出合适的政策调整。

2. "前店后厂"的出口型轻工业

1978年起中国大陆开始实施改革和开放政策。在南方沿海省份,特别是广东省更比全国"先走一步",包括建立经济特区等吸引外资、减免税、改善基建和官僚制度等一系列改革开放措施逐步在珠江三角洲地区推行,使这一带的廉价土地和内地众多的廉价劳动力可以被港商利用。恰在此时,香港面临劳工短缺、土地昂贵等高成本压力和东南亚廉价生产基地正在形成的市场竞争压力。这些因素的结合使香港制造业在1980年起大量北移至珠江三角洲一带。1985~1995年的数字显示,香港每年在珠江三角洲内投资于制造业的资金由5亿美元增至58亿美元,年增长达27.5%。1979~1995年间,港资在广东省投入制造业的资金共251亿美元,占同期港资投资广东省全部的63.1%。1995年底,广东省属"三资企业"及其他形式外资参与的制造业企业达15615家,雇用劳动力280万人,总产值达4044亿元人民币,是广东省工业总产值的42.5%。这些"外资"中,83%是来自香港的。

上述数字反映出香港工业的北移。因为北移后提高了国际竞争能力,使这类工业不断扩张和壮大,从而使本来面临衰退的"出口导向型"工业的寿命延长了近20年,成为这类工业发展的特殊案例。同时,在珠江三角洲,大部分源于香港中小型工业企业的"外资"工业企业,由于土地和劳动力条件与香港不同而纷纷"长大"或"扩张",成为大中型或多生产点的企业,开始出现了不同于香港出口型轻工业的一些特点。然而其产品结构、技术特点、市场结构以及贸易衍生型等特征依旧,与香港在70年代和80年代初期的出口型轻工业基本一致,实际上是它的异地扩张。由于这类工业和香港的密切关系,香港保留和扩大了为这个工业体系提供各种生产服务的功能,而珠江三角洲则成为其生产基地,逐渐形成了一个"前店后厂"的地域分工模式(图10-2)。作为原工业核心,香港除了成为珠江三角洲这些"外资"工业企业的总部外,还以其一贯的国际通讯、金融保险和航运中心的优势,使扩大了的跨境出口轻工业体系更具国际竞争优势,在1980~1999年的20年间不断高速增长,成为这种类型工业的标志性产品(即成衣、玩具、手表和鞋类制品)的世界最大出口地。

"前店后厂"出口型轻工业的扩张,加强了香港境内产业和就业结构的转变(见表10-2、表10-3)。表面上香港已转变成一个以第三产业为主导的后工业经济。同时,它也促进了以转口为主要动力的整体外贸的扩张。因此,香港在世界进出口贸易总额排名由1988年的第11位,晋升至1997年的第7位。转口贸易占香港进出口贸易总额的40.5%;而在转口贸易中,90%的货值与内地有关。在香港出口总值中,转口货值比重自1988年起超过了本地出口,1997年更达82.9%。

此外,也可以从另一方面度量工业北移对香港贸易及其他服务性行业的促进作用。1989~1996年间,香港外发加工总额占香港的贸易总额达20%。如果把以内地为产地经香港转口

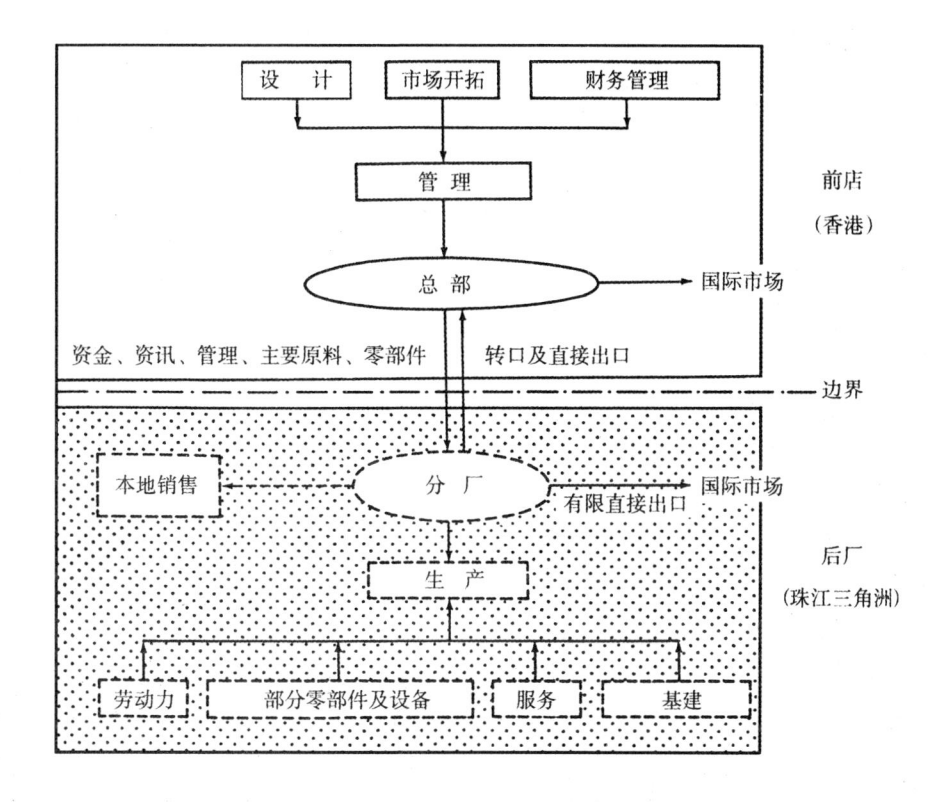

图 10-2　香港、珠江三角洲跨境企业模式

它国的外发加工贸易也计算在内,这一类工业产值在 1996 年已占了香港贸易总额的 1/2。贸易的蓬勃发展,也使香港有关服务业就业人口由 1980 年的 12.3 万人,增加至 1996 年的 53.8 万人,其增加值占 GDP 比例也由 10.6% 增加至 18.1%。

目前,香港经济表面上由服务业的四大行业主导,即批发及零售、进出口、饮食及酒店业,占 26.1%;运输、仓储及通讯业占 9.3%;金融、保险、房地产及商业服务业占 26.5%;社区、社会及个人服务业占 17.4%(1997 年 GDP 构成),但其背后的动力仍是出口型轻工业经济。虽然香港本地制造业在 1998 年只雇用了 25.7 万人,占总就业人数的 10.5%,其对 GDP 的贡献(1997 年)亦只有 6.5%,但实际上它在香港保留下来的只是有本地配额保护或高新科技的部分,而第三产业中的生产性服务主要以珠江三角洲的出口型轻工业为对象。因此,估计近 60% 的香港服务业,其服务对象是在珠江三角洲的"后厂"。没有这庞大的出口轻工业作为根基,香港的服务业便不可能有近年来的强劲发展。目前香港的经济,仍是出口轻工业主导的经济,虽然它的生产设施并不在香港境内。

80~90 年代的产业地域转移,政府鲜有明确的引导政策。我们只可以说,政府不积极引导工业技术的提升及促进高科技发展,是本地工业在市场竞争下不得不向低成本地区转移的因素。同时,香港在 80 年代起对劳工福利政策的积极改进,也是使传统出口导向型工业向低成本地区转移的另一因素。惟一有积极意义的配合行动是增设了可容大量车流的落马洲(皇岗)口岸以及设立多个边境货柜(物)处理区,以利于来自珠江三角洲的转口货物,以及自香港供应珠江三角洲的物料和设备的陆上和水上进出口。

三、其他经济活动

当然,香港传统的国际金融、航运、商业和国际旅游业不单是因为出口型轻工业在珠江三角洲的跨境扩张而发展,它们也随着中国内地的开放和亚太地区近20年的强劲经济增长而发展。

1. 国际转口港及航运中心地位的加强

如上文所述,转口贸易在总体贸易中占了主导地位,而90%的转口贸易是与内地有关的。香港实际上成为沟通内地和世界的贸易桥梁。它对贸易的依赖可从有形贸易总额与GDP关系的变化显示出来。香港1997年的有形贸易总额为30750亿元,是GDP的232%,但这个比例在1980年只是148%。加上服务性的进出口,1997年该比率增为267%。内地转口贸易的繁荣,也使香港货柜吞吐量自1987年以来一直居世界首位(1990年和1991年除外)。1998年香港共处理货柜1450万箱,其中60%以上是来自或运往内地的;而南中国的90%的货柜是经由香港转口的。

2. 国际金融中心的确定

香港是一个庞大的、位置仅次于伦敦、纽约和东京的国际金融中心。全世界最大的100家银行,有81家在香港营业,而外资银行总数达164家。1998年,平均每天的银行同业拆借总额达1830亿元、外汇买卖总额910亿美元,是世界第五大外汇市场。

国际金融中心的活动不但利于融资,而且还促进了工业北移及其在珠江三角洲的扩张,也为内地及亚太地区其他经济活动提供了融资服务。至1997年底,香港在内地的累计投资总额为1210亿美元,是内地外来投资总额的55%;本港银行及金融机构对内地机构的借贷共约3000亿美元,而总债权更达4120亿美元。因此香港国际金融中心的地位,除了对珠江三角洲工业化有利外,也对内地其他地区的建设与发展有所帮助。

香港不但对内地投资,也是世界级的直接投资(FDI)的主要来源地之一。以1995年计,香港对外投资2500亿美元,居世界第四位,仅次于美国、英国和德国,而在亚洲超越了日本而居第一位。它的对外投资额是韩国的8倍、新加坡的10倍。其中,34%属于香港和内地项目,25%属于内地和东南亚有关的项目,25%是和整个亚太地区其他组成部分有关联的项目。因此,香港国际金融中心的服务范围也包括了整个亚太地区。

3. 国际服务业出口的增加

近年来香港服务业出口以年增长率16.6%增加。1996年,出口总额达375亿美元。随着亚太地区经济发展和各国政府对服务行业(特别是中国政府)的管制减弱,以及资讯科技的发展,服务业的出口有可能成为香港未来的重要经济支柱之一。

4. 旅游业的发展

香港虽然面积小,但外来旅客众多,是世界上重要的旅游地点,旅游业在本地经济中占有重要地位。1997年到港游客约1040万人,其中来自内地229万人,台湾178万人,日本137万人,北美104万人,欧、非、中东118万人。1997年旅游业收入共699亿元。

第二节 都市经济区的形成

正如前述,自1980年起,"前店后厂"式的出口型轻工业在珠江三角洲的扩展,带动了香港经济的持续和高速发展,也实现了经济结构表面上由制造业向服务业的转型。此外,香港工业的扩张对珠江三角洲经济的发展和由第一产业向第二产业转型,也产生了巨大作用。香港和珠江三角洲实际上在出口型轻工业经济上已互为一体,两地在这方面有明显分工。内地的开放不但导致了香港和珠江三角洲"前店后厂"式的工业跨境合作,也同时为两地在国际金融、贸易、航运、服务和旅游等方面展开了新的合作和发展前景。总而言之,一个都市经济区已在香港和珠江三角洲形成(专栏10.1)。它以香港为核心,以世界市场和外资、经济一体化为动力;其他组成部分包括澳门(面积21平方公里、人口42万)和深圳(面积2020平方公里、常住人口110万)两个城市化及经济发展水平已相当高的核心边缘,和珠江三角洲这个外围地带(面积39678平方公里、人口2099万,表10-4,图10-3)。这个都市经济区,是了解香港目前经济特点及其发展前景的重要基础,也是它和内地经济关系的具体体现。

表10-4 香港都市经济区状况(1997)

项　目	香港	澳门	深圳	珠江三角洲	整个都市经济区
人口(万人)	650.2	41.6	109.5	2208.7	2900.5
城市人口比重(%)	100.0	100.0	77.5	47.1	59.7
面积(平方公里)	1095	21	2020	41698	42814
GDP(亿元)	13390	593	1046	4835	18819
人均GDP(元)	205950	142644	95552	22893	64884
GDP年增长率(%)(90~96)	5.4	5.0	23.4	22.1	—
工业产值(亿元)	870	34*	339	1268	2172
工业增加值占GDP比重(%)	6.5	5.8	32.5	26.2	11.5
制造业工人数(万人)	28.9	4.8*	42.7	611.6	645.3
FDI(亿美元)	108.5	NA	19.4	117.6	226.1
进出口总额(亿美元)	3937	40*	450	1134	5112
出口总额(亿美元)	1866	20	256	550	2437
人均零售业额(元/人)	30104	NA	27606	8092	12910
人均财政收入(元/人)	32051	19203*	12241	1426	8546
人均社会储蓄(元/人)	409986	NA	59840	20106	107216
人均出口额(美元/人)	28708	4903*	21677	2307	8263
人均实际利用外资(美元/人)	1668	NA	1640	492	749
人均固定资产投资(元/人)	7259	30385*	31656	6576	21717

注:(1)* 为1996年数字;(2)NA为没有数据;(3)未包括台湾资料;(4)除特别说明外,表中币值均以港元计;1港元=1.08元人民币,1澳元=0.97港元;(5)珠江三角洲不包括深圳。

资料来源:《香港统计年刊》(1998年);《广东统计年鉴》(1998);《中国统计年鉴》(1998)。

专栏 10.1

都市经济区

　　都市经济区理论认为:自 1980 年以来,亚太地区经济发展及城市化速度最快的地区集中在少数最大城市及其周边所组成的"都市经济区"这一新的空间单元。这个新空间地域的发展动力来自全球经济一体化的强劲趋势。本国日趋对外开放的经济政策也使国内经济日渐与国际市场、资金和技术接轨。经济区内的大城市以其全国最通达的对内和对外交通通讯条件,最大行政及金融中心,以及高素质人才集中地的优势,成为外资进入该国市场或购买和利用其人力和天然资源的地区总部。同时,这个大城市也通常是该国进入国际市场最便捷的渠道。基于此,它是进出该国的资金流、物流、技术和信息流的最方便门户。但蓬勃的经济发展,使这个大城市的狭小空间不敷应用,促使一些劳动和土地集约但增值较小的经济活动转移至周边的乡郊和农村,在这个大城市周围形成了一个庞大的"城乡交接带"。

　　最近的实证研究发现,在亚太地区已经出现了 6 个这样的都市经济区,即以香港、上海、汉城、曼谷、雅加达和新加坡为核心的都市经济区(下简称都会区)。

　　在这些都会区中,香港和新加坡是两个"跨境"区,香港和内地有"一国两制"的制度上的不同,而新加坡都会区则跨越新马、新、印(尼)边界。不过,这些界线无碍区域经济的整合。新加坡更通过政府策划和外交努力,使区内的经济合作按最有利的经济考虑得到促进。香港都会区的经济合作和互补,至目前为止,纯通过市场机制由企业的努力而达到。虽然香港是核心城市,是策动中心,但特区政府至今并没有有关政策和远景规划,并且因循地谨守境外投资形式进行,主要集中于传统的出口轻工业。1997 年前,港英政府奉行自由贸易主义,认为政府不应有产业政策;而且在过渡期间,中英出现过重大不和,香港和珠江三角洲经济关系只由香港私人企业和珠江三角洲地方政府和企业相互合作予以推进,多是短期市场行为。因此,香港都会区将来如何发展? 香港和珠江三角洲政府如何合作和协调? 这些都是香港特区在 1997 年回归后要考虑的重大地区发展策略问题。

一、核心城市——香港

　　香港在 1980 年已是个人口 504 万的大都市。1998 年底人口增至 670 万。由于 70% 以上的面积是 1:5～1:2 的斜坡,可建面积狭小。目前已建及规划建筑面积占总面积的 16%,渔塘及耕地占 10%,只剩一些坡地还可发展,但大多位于占总面积 40% 的受保护的郊野公园范围之内。因而香港是个人口密度很高、可发展土地昂贵的都市,60% 的人口集中在九龙半岛和香港岛,其他的 40% 以大分散小集中形式分布于新界的 7 个新市镇。后者是 1970 年后规划兴建的城市聚落,与市区距离在一小时的交通时间之内。

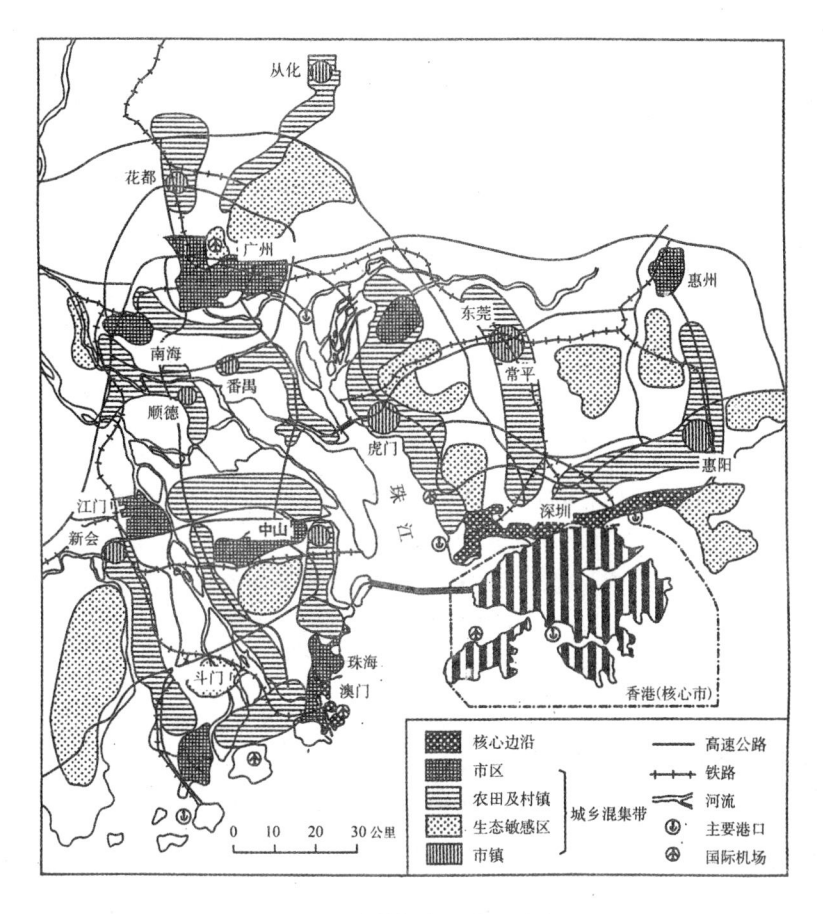

图 10-3 香港都市经济区结构图

狭小面积不但使经济活动空间不足,也使康乐和休憩空间不够。因此,澳门很早便发展为香港出口型工业的延伸工业台以及娱乐休憩场所。自内地开放以后,这些活动部分向珠江三角洲转移,特别是毗邻的深圳。但是香港经济活动向邻近地区的扩展并不以人口增长所产生的空间压力为主因。正如前述,向珠江三角洲分散的主要原因是工业活动,其主要动力包括:传统出口型轻工业再扩张的有利条件;香港在国际市场已建立的网络和形象;市场需求的增长;内地开放政策和毗邻的广东的政策优惠;以及广东的廉价土地和劳动力等。

向珠江三角洲北移已成为香港出口型轻工业在全球经济一体化加强的前提下的一个可行和有利的空间策略。因为这个有效的策略,香港境内整体经济也加速发展。1980~1994年间,香港 GDP 年平均增长 15.1%,其中制造业 7.6%,第三产业 16.7%。与进出口贸易有关的活动占 GDP 份额由期初的 10.7%增至期末的 17.9%,显示出出口型轻工业的跨境空间扩展。一项估计认为在香港 1990 年的 GDP 中,25%乃来源于在内地的经济活动。至 1996 年,这个"内地"因素对香港 GDP 的贡献已升至 40%。假若将贸易和航运的一些贡献加进去的话,"内地"因素可能升至 60%。香港目前的经济已和"内地"(主要是珠江三角洲)相互依存,密不可分。

在"前店后厂"的分工以及中国贸易桥头堡的功能推动下,香港的就业和经济活动出现了如前述的大规模的重整。在这种情况下,城市土地利用也出现了相应变化。商务中心区(CBD)在港岛北向湾仔及铜锣湾区以及跨海的尖沙咀区扩大。工业用地收缩并向仓储及运输用途转变,住宅数量及质量随着经济发展而提升,市区环境及交通运输等基础设施也快速地改善。

总而言之,香港利用了内地的开放和全球经济一体化予以的出口型轻工业扩张的新机会,在经济、就业和空间上进行了重组,利用了毗邻珠江三角洲的自然和人文(包括人力和政策)资源,建立了以自己为核心城市的、与珠江三角洲一体化的都会区。

二、周边地区

1. 澳门

澳门位于珠江口西岸,自1557年起成为葡萄牙租借地,并将于1999年底回归祖国。在以风帆为主要船运工具的年代,澳门由于地理位置处于冬夏季风吹向的优势,是东南亚往来中国南大门的必经口岸。澳门因而在约300年长的时间里,成为中国对外交往的主要门户。但它狭小的港湾和浅水条件不适宜新航运工具——蒸汽船及以后的柴油机远洋船的需求。从19世纪中叶起,澳门的中国转口港地位被香港所取代。

20世纪初,澳门经济依赖中国传统手工业及渔产品,如神香、炮仗和咸鱼等,以及赌博业。自50年代中起,澳门经济更以赌博为主,附以由香港延伸过来的出口型轻工业。后者至1997年仍享有比香港廉价的劳动力优势(劳动成本是香港的50%)。除了这些比较优势外,香港企业家也利用了澳门享有的出口配额。1997年在澳门工业出口中,45.3%出口至美国,33%至欧洲,主要是有出口配额的纺织品及成衣。在1996年,赌博和其附属的旅游业提供了42%的本地就业、50%的政府财政收入和40%的GDP。1997年,到澳门旅客总数为700万人,其中62.9%是香港市民。从澳门主要经济行业的投资来源、性质及服务对象来说,它的确是香港的一部分。近年来,在赌博和旅游方面,内地、特别是珠江三角洲的份额增长迅速。由1994年的25万人增至1997年的53万人,占总旅游人数的7.5%,是澳门的第二大客源。

此外,澳门和内地,特别是和珠海间的进出口,近10年来增长迅速。澳门亦成为广东省的第五大外资来源地,累计在省内投资共43亿美元,一定程度上反映出澳门和珠江三角洲,特别是珠海间建立了"前店后厂"的出口型轻工业的分工。澳门制造业对其GDP的贡献在1997年下降至5.6%,服务业上升至81%。二者对就业的贡献分别为20.6%和70%。另一方面,近年来内地,特别是珠江三角洲资金也大量投入这个人口只有42万、面积只有21平方公里的小地方。目前除了制造业和赌博业外,内地资金已占了主导地位,在房地产业占70%、金融60%、保险50%、旅游50%;同时内地也成为澳门的第一大进口市场和第四大出口市场。

很明显,香港一直和澳门关系密切。在最近的20年,澳门和珠江三角洲的关系也越来越密切,使三者实际上已成为一个有机体。

2. 深圳

改革开放前,深圳只是一个以农业为主的小镇,人口5000人。虽然和香港毗邻,但因为不开放的原因,深圳只成为内地和香港这个开放型资本主义社会间的政治和军事屏障。在目前深圳市的 2020 平方公里范围内(表 10-4),1978 年的总人口为 30 万,只相当于当时香港的 1/10。

深圳南面和香港特别行政区接壤,其南部共 370 平方公里,自 1979 年辟为经济特区,享有对外开放的特殊政策。深圳因而吸引了不少香港资金,许多香港企业将工业北移至深圳。经过一段时间的快速增长后,深圳的土地及劳动力成本攀升,产业开始向高增加值方向发展,不再欢迎低增值、劳动集约和低技术的出口型轻工业。在这期间,深圳吸纳了大量外资和内资,因而对交通、通讯、机场、海港和其他基础设施进行了现代化建设和改造,促进了高增加值和高技术工业以及服务行业的发展。

1997 年深圳的制造业已形成庞大的体系,其雇用总人数等于香港制造业的 1.5 倍,总产值约等于香港的 1/2,对 GDP 的贡献达 32.5%。深圳已成为香港最重要的外延生产基地。1980~1994 年间,深圳 GDP 年均增长 40.8%,人均 GDP 年均增长 18.5%。外资,主要是香港资本,是其发展的主要动力(表 10-5),平均占特区社会总投资的 78.8%,在整个深圳市则占近 1/2。

深圳经济快速发展的一个重要原因是较宽松的人口及劳工政策。这与整个珠江三角洲是一致的。1980~1995 年间,经济特区人口增加了 15 倍,成为一个百万人口城市。整个深圳市在 1998 年常住人口约 119 万,加上暂住人口,实际人口超过 300 万人。大量内、外资金的投入使深圳转化为一个现代化大城市,其城市化比率达 77.5%,人均 GDP 约 10 万港元,接近澳门,为香港的 1/2。虽然它和香港的边界线因"一国两制"而依然存在,但在城市和经济往来上两地近乎溶为一体,成为香港都会区核心城市的边缘。除了核心城市外迁的轻工业外,深圳还为核心城市的休憩康乐、运输仓储和一些服务行业的发展提供了新的地点。在香港居住而在深圳工作的人口已达 8~9 万人。

表 10-5 1981~1995 年深圳来自境外(香港及国外)的投资

年 份	境外投资(亿美元)	占总投资额 %
1981	1.13	70.1 (86.5)
1985	3.29	29.0 (98.5)
1990	5.19	42.8 (91.9)
1995	17.36	52.5 (60.2)
1981~1995 年总额	93.97	43.3 (78.8)

注:括号内是特区范围内比率。

以性质而言,深圳经济特区较合乎都会区边缘的定义,把宝安及惠阳作为城乡交接带比较适合。但由于行政上和不少功能上的考虑,很难将特区和其他两区分离,我们因而将整个深圳市放在都会区边缘内。

三、城乡交接带

香港都会区的外围地区总面积 39678 平方公里，人口 2209 万人，城市化水平 47.1%（表 10-4）。它大概和珠江三角洲经济区（深圳市除外）同等。这里散布着不少城镇，包括广东省省会广州、5 个中等城市和 15 个小城市。1978 年整个珠江三角洲经济区范围内的城市化水平只有 15.7%，1994 年非农业人口增至 904 万，年增长率 5%，远比全国平均水平的 3.5% 高。有学者认为这是个"外资引导的城市化"地区，其主要特点如下：非农业人口增长集中在小城镇，在总城市人口的比重由 1980 年的 14.6% 增至 1993 年的 37.8%（包括深圳）；发展最快和城市人口增长最迅速的地区偏向香港这个核心城市；出现了广泛的农村城市化，即"离土不离乡"现象；城乡交接带内经济活动以出口型轻工业为主[4]。

整个城乡交接带除广州有自己的传统工业及地区行政和贸易中心功能外，多数地区成为香港出口型轻工业的外延加工基地，农业功能逐步降低。农业土地流失和向非农用地转化速度年均达 20% 以上。在 1997 年，制造业对 GDP 的贡献达 26.2%，总增加值 929 亿港元，约等于香港的 1.1 倍，提供就业达 569 万人，是经济的主体。这个地带虽然在景观上是城乡交错，但经济上是以香港资金为主导的"前店后厂"中的后厂功能，因而实质上成为香港都会区的外围地带。从经济偏重制造业、急剧城市化及景观特点和在整个都会区之功能分工等方面看，这一地带都和曼谷、汉城和雅加达的外围地区或城乡交接带相似。

按 1997 年的数字，将整个香港都会区综合起来（表 10-4），可以看出这个庞大城市化经济区的一般特点：总面积达 42814 平方公里，总城市人口 1731 万，城市化水平 59.7%。其城市人口占全国城市人口的 3.7%，GDP 占 23%，外贸出口占 70.7%，利用外资占 35.1%。其中核心城市占了这个经济区城市人口的 37.5%，GDP 的 71.1%，外贸的 77.1% 和利用外资的 76.6%；但占工业总增值的比重只有 40%。从人口分布、经济分工以及经济发展水平来度量，在这个都会区内仍存在很大的空间差距，而且整个地区的经济主旋律仍是低增值、低技术和劳动密集型的出口型轻工业，它的经济体系向高技术和高增值的纵深发展的潜力很大。作为发展的策动源，香港这个核心城市应如何寻找下一个历史阶段的新发展？

不少意见认为香港和珠江三角洲过去发展动力的主体，即"前店后厂"的出口型轻工业，已经达到终极。新兴的低成本生产基地的出现使国际市场上的竞争激化，以及香港都会区整体成本的上扬，都要求整个都会区在经济上需要寻求另一个转型。在进行这一分析前，让我们先讨论 1997~1998 年亚洲金融风暴对香港的冲击以及其所揭示的都会区这个概念在香港特别行政区下一步发展的重要性。

第三节 亚洲金融风暴对香港的影响

一、短期影响

香港回归不久，即面对自 1997 年 7 月 2 日开始的亚洲金融危机。这场金融风暴严重打击了香港、台湾、韩国、新加坡、泰国、马来西亚、印度尼西亚、菲律宾乃至一些邻近国家和地区。其成因众说纷纭，表面上是国际投机基金利用这些国家的泡沫经济所导致的国际收支不平衡及货币不稳等问题,在市场上炒买有关货币、股票及其衍生工具所致。在韩国,较明显的背景是过量利用国际信贷扩张内外投资所致。而在泰国及印尼等,则因为以房地产为主的内部产业过分泡沫化发展所致。香港作为一个亚太地区的金融中心,自然受到牵连。加上港币长期(1983年开始)和美元挂钩,价值偏高,以及在过渡前后的4年间,房地产和股票过分升值,做成"资产"通涨的另一类泡沫,为国际投资资金所利用。

这次金融风暴对香港的影响,主要体现在以下几个方面:

(1)GDP在1997年增长5.3%,1998年变为负增长-5.1%。

(2)固定资产投资增长由1997年的12.8%,变为1998年的-5.8%。

(3)1998年的总出口、转口、港产品出口、服务输出的年增长率分别为-7.4%、-6.9%、-10.9%、-6.6%(1977年分别为4.7%、5.0%、-0.4%、-1.1%)。

(4)恒生指数由1997年的高位约16000点下降至1998年的最低8000点,1999年初回到11000点。楼价在1999年初比1997年中下调四至六成。

(5)失业率由1997年的2.5%,上升至1998年底的5.8%;1999年4月底为6.2%。

(6)利率急升,曾升至300%,1998年初为10.25%,1999年3月回落至8%,但加上通缩,实际利率仍很高,影响工商信贷,加上日本及欧洲银行回收贷款及收缩营业,形成资金紧缩。

总的来说,有关地区及国家纷纷采取了减税、停止大型基建项目、加强对外资吸引及增加出口等措施,以谋求国际收支及本地收支平衡,降低工商业营运成本。香港也采取一些减税措施,但由于香港税率本来已低,减税所起作用不大,加上对减薪办法有所保留,因此在减支方面实际上做得并不多(表10-6)。

表10-6 1998年救市措施比较

香　　港	新　加　坡
1. 高官冻薪一年	1. 削减劳工成本15%（24亿美元）
2. 年度减税136亿元	2. 减少外劳税款
3. 320亿元救市措施（包括减收股票及楼宇印花税）	3. 减少工业租金至1990年水平
4. 人部分政府收费冻结一年	4. 减少机电、海港、电力收费
5. 大部分公共事业收费冻结一年	5. 减少与汽车有关收费
6. 设法减低营运成本	6. 物业退税率增加,取消股票印花税
7. 呼吁劳资双方作出工资调整	7. 减少个人及企业入息税,增加退税率
8. 停止卖地一年	

资料来源:《星岛日报》,1998年11月12日;《明报》,1998年11月13日。

新加坡则制订定长期措施,加强政府投入。目标是:把制造业和服务业定为推动经济增长两大支柱;把新加坡发展为亚洲金融服务中心;保持国际竞争能力,10年内在知识产业上成为具全球竞争力的国家。反观香港,除了前述措施外,政府一直拒绝加强对股市的政策干预,强调用加快、加大基建方式以增加就业来刺激经济。在没有相应配套政策的情况下,1998年8月,股市大受国际投机者冲击。在8月底,一天之内政府被迫入市购入800亿元股票,加上之前几天的购入,一个星期内,共购入1000亿元以上,使政府可动用的财政储备实际上已用光。在这种情况下,被迫立即采取行政措施,使股市在9月初开市后,受到控制。但香港政府却因此将可用储备用光,并且背上了使股市日后成为不正常市场的包袱。同年,政府宣告在5年之内(1998~2003年)花1300亿元以上建设区内铁路,其中花费650亿元在新界西部立即动工;再加上其他公路桥梁等,未来5年的投入将在2000亿元以上。这些花费大、效益低、雇工少、营运贵、投资流失大的本地消费性基建投资,使3000多亿元的财政储备花去了大部分。在香港经济转型的关键时刻,没有留下这一笔珍贵资金,对开发新行业及培养新的竞争能力来讲是极不明智的。这些基建,从昂贵的顾问服务、设计、机车及设备、乃至原材料等主要成本项目,都是进口的(甚至一半以上劳工),对香港经济益处不大。

1998年底,香港和新加坡的营商环境,已出现重大差距(表10-7)。按《财富》杂志1998年亚洲最佳商业城市排序,香港已从1997年的第一降至第四,前三名分别是新加坡、东京及大阪。再加上区内其他国家和地区(内地和日本除外),在1998年内币值对美元贬值53~231%,而港元和美元的挂钩不变,香港在区内的竞争力实际上更加下降。因此,1999年初公布的国际竞争力调查报告将香港由全球排名第三位降至第七位。在报告中,香港有20个环节不及对手新加坡。

表10-7 香港与新加坡营商环境比较

	香 港	新加坡
利得税	16.5%	25~30%
优惠利率	9.5%	6.96%
四级办公楼月租(美元/平方英尺)	9.3	4.2
GDP增长率	-5.2%	-0.7%

因此,1997年下半年开始的亚洲金融危机,不但使香港经济元气大伤,降低了它的国际竞争能力,也使它的经济转型更难。对危机的应变措施不足,使它成为走出低谷较晚的一个地区。1998年底,韩国、新加坡、泰国和马来西亚的出口及国际收支已有明显改进,1999年第一季度的GDP已有正增长,而香港仍是负增长(-3.2%)。

二、长期影响

除了上述短期的负面影响外,亚洲金融危机对香港还有一些更深远的影响:

(1)削弱出口型轻工业体系的国际竞争能力,打击香港都市经济区"前店后厂"模式的效益及发展能力。

(2)几乎消耗了香港的财政储备。

(3)推迟了港元和美元脱钩的可能时机。

(4)打击了本港股票市场的市场机制运作。

(5)减税、减费及大量昂贵消费型基础设施的建设,强化了市民对政府的"伸手要"主义。

这些负面因素,使香港背上了更大的和长远的政治、社会及经济包袱,令它经济政策的重整面临更大困难。其背后的主要原因是特区政府坚持较彻底的自由贸易政策,而对危机所引起的短期问题却采用了大洒金钱的临时措施,没有从政策及香港特区长远利益的高度来考虑短期和长期的对策。这些措施导致其工资及企业经营成本较高,而且没有新的产业政策和行业的创新举措,人力培训结构变化不大,使其总体经济效益和国际竞争能力比1997年前大降。

> 三、经济发展环境

目前,香港经济环境确实非常恶劣。综合起来有以下三点:

第一,整个亚太地区经济普遍不景气,既影响香港对这个地区的出口,也影响香港作为该地区金融及商业服务中心的生意,亦减少该地区游客来港旅游。虽然有迹象显示该地区的经济已见谷底,但不少国家是在加强出口、采取经济保护主义、减低消费等新策略下取得这一成绩的。未来几年向上增长的机会有多大?对香港构成的恶性竞争有多深?这些都是令人关注与忧虑的。

第二,香港在1997年前后形成的泡沫经济,动摇了香港本地的消费信心。本地财政收入和政府理财的传统策略,不能再循旧,需要寻找新的策略。资产泡沫也在几方面给香港带来负面影响:一是高工资和高币值很难在短期内有足够的调整,因而香港在亚太地区的竞争力未必能很快恢复过来;二是资产泡沫所引起的土地和房地产价格高涨,在短期内却因人为地要使经济稳定,而无法继续得到合理和足够的快速调整,令香港经营成本相对于邻近地区仍然明显偏高,加大香港经济调整的时间幅度及困难。

第三,由香港策动的珠江三角洲的出口型轻工业,其发展速度和发展潜力都已大不如前。这不但直接冲击了香港工业及其相关的服务性、支援性企业的盈利,也打击了香港的金融、保险、运输及贸易等行业,因为香港很多服务行业都是要依靠珠江三角洲的出口工业而生存的。

在这三方面的负面影响下,香港未来几年的经济确实难有好的表现。从短期来看,也并没有很好的解决办法。如果要采取任何行动或政策的话,则应该在一些关键的建设项目上由政府主导多注入资源,为3~5年后形成新的经济增长点和新的竞争能力打下稳固的基础,但这些措施在短期内并不会产生明显的效果。

第四节 重整香港经济——以都会区为起点

> 一、政府策略调整

总的来说,近期特区政府的策略,可以归纳为三点:第一,抱着传统政府决策原则即不干预主义,包括不动用政府资源参与经济活动,不敢放手投放资源以促进新的产业和新的竞争能力的形成和发展。第二,用大型消费型基建去稳定人心,即动用大量政府财产进行铁路、桥梁等香港境内的消费性建设,表面上似乎是促进就业、稳定国际投资者的信心,但实际上使本地的宝贵储备向英美等国转移,没有利用这些资源去创新香港的经济竞争能力。这完全是盲目继承港英政府在1989年以后采用的策略。这个策略不但过时,也不符合市场规律。因为有真正市场需求的铁路和桥梁,可由私人承建和运作,而不用花费公款;它们的筹建也没有做出长远规划,并认真考虑它们的经济效益原则。第三,香港政府一定程度上受一小部分经济寡头的影响,如对数个老英资集团的航空业务、电力和通讯的专利性或近乎专利性利益的保护,不敢开放市场(如新机场可因开放天空政策而成为亚洲的轮轴,大量增加就业和促进外贸等)。近来又对少数本地大地产商的利益过分考虑,不敢大力改造地产行业以及改善老百姓居住的问题,因此在决策时不敢想得远、想得开。

展望前景,香港特别行政区要真正重新寻找发展途径,必须考虑以下三点:

第一,要适当地由自由贸易主义逐步向有限度的企业型政府发展。这不单包括要改变政府的"脑袋",即思维方式,同时社会和企业对政府功能的期望也要改变。更重要的是,目前公务员队伍中这类人才严重不足,需要尽快引入这类人才,以改善政府的决策能力。

第二,减低政府对内部消费型基本建设的投资,代以私人以BOT形式或以专利形式兴建。这样就不用把宝贵的储备花费在这些基础设施上,也保证这些建设达到成本最低、效益最高。

第三,要制定产业政策,加强资源投入和策略上的促进,使香港可以利用周围的优势来培育竞争能力。要做到这一点,必须打破以往政府不能在境外投资的限制,把香港经济领域和范围扩大到整个都会区去。对旅游业、高科技、资讯工业等做长远规划时,都应把毗邻的4万平方公里作为香港经济空间来考虑。因此特区政府需要突破旧框框,用企业家型的政府心态重新检讨香港发展策略。

总而言之,特区政府要重新检讨"自由贸易主义",对经济发展采取积极的介入,要向某种程度的企业型政府转变。

二、以都会区为空间及经济发展策略的起点

由于现代资讯科技的普及和高速高效的空运与海运的作用,金融市场的国际化和生产技术的进步使产品的不同组成部分可以在不同成本及生产要素地区协作生产。一些地理学家如道格拉斯(Douglass)将其称之为全球经济一体化下的城市化[18]。这个新的空间发展趋势有四方面的特点,成为区域经济发展政策的重要框架:①世界经济趋向于少数都会区的极化发展;②都会区的出现;③世界城市及国际城市网络的形成;④国际网络发展对都会区的促进。亚太地区出现的都会区体现了这种发展趋势,而香港都会区是其中一个具体实例。一个可能出现的趋势是,一些国家的经济发展,将以这些都会区为龙头;国与国间在国际市场上的竞争,也将以都会区所体现的与国际市场网络的联系或接轨程度,以及这些都会区作为国际和本国的生产和服务平台的比较优势为决定因素。

同时,都会区的出现,也将一些新的具体政策和规划问题提出来了。它们将影响到这些都会区的进一步发展。达玛帕特尼与弗曼(Dharmapatni and Firman)将它们具体如下[17]:

- 在扩大了的"城市"内管理和行政上新安排的必要;
- 将部分执法权下放至地区;

- 防止农地流失；
- 发挥私人企业在发展中的贡献；
- 关注环保；
- 增加下级地方政府收入；
- 灵活的空间规划；
- 建立能捕捉急促发展的资讯系统；
- 对劳动力加以技术培训使之适应急促的经济和社会变化。

由于都会区跨越行政界线，一些都会区如香港、新加坡，甚至跨越不同经济、法律制度乃至主权国界，都会区的发展会受制于很多跨境的管理、资源、功能及法律等诸方面的分工和协调问题。这些问题处理得不好，会成为一个都会区在一般经济要素的比较优势之外的制约点。

香港都会区不但已形成了，并且在全球经济一体化的规律下，这个空间极化发展趋势必然更为强化，其背景是资讯科技、大型基建等所引起的极化效应及规模经济。同时我们也可以理解这个都会区的下一步发展应该是：

- 国际金融及服务中心；
- 国际资讯及电子商业中心；
- 国际航空及海运中心；
- 国际旅游中心；
- 出口型轻工业中心；
- 与前三者紧密联系在一起的高科技、高增值的加工工业中心。

我们应以都会区作为香港未来经济发展的规划起点，以规模效益、发展平台、比较优势作为考虑因素，分析香港和这个都会区的其他成员在上述功能中如何分工，以达到最低的成本和最高的效益。例如，航空货运的物流中心，应重视研究哪个为枢纽，哪个是辅助机场的问题；在货柜运输上，葵涌货柜码头的轴心地位很明显，但蛇口、盐田、高栏、妈湾、黄浦和澳门如何分工，以及怎样通过高速干道将它们连成一体等，都是要考虑的问题。又如，国际旅游中心应是整个都会区的概念，成员间要优势互补，以发挥最大的整体吸引力。因此，要将都会区内所有旅游资源放在一起考虑，不应存在香港、珠海及深圳争办迪斯尼的问题。其思考重点应是这个项目放在哪里效益最高，成本最低，以及不同都会区成员在这个项目中如何分工，共同繁荣。因此，以往各自定策，只靠市场机制来沟通和规范都会区成员之间合作的旧办法，并不能进一步促进整体发展。都会区内的各个地方政府要尽快建立高层次的、常设性的、协调工作的机构以达到统一规划，协调发展。

要达到这种协调并不容易，特别是涉及到经济收益、行政管治和法律责任等问题时更是如此。香港都会区处于"一国两制"之下，香港特区政府和珠江三角洲，甚至是未来的澳门特别行政区政府都很可能用不同的角度来看同一事物。比如广州市、澳门和深圳就并不一定认同香港核心城市的功能和地位，而各自强调在制度上的独立性。这些都会造成都会区发展上的不可避免的障碍。如果这些问题多一些，发展的难度也就会大一些。

目前,就香港政府来说,以都会区作为发展规划的起点并不成熟,还要为它创造条件。主要包括:
- 政府要逐步减弱"自由贸易"主义的政策精神,向"企业家政府"的方向发展;
- 要把从香港本土的发展规划走向境外发展规划作为新竞争能力的重要来源地之一;
- 改变理财的目的和方法,使资源能有导向性地流向有发展潜力的产业;
- 改变施政目的,即为人民提供稳定和有保障生活和居住环境,以及发展长远经济竞争力。

上述条件是香港走出经济困境的第一步。在这一前提下,才可以做出香港都会区的粗枝大叶的规划,并同时建立地区内的官方合作框架。这是对"一国两制"是否成功的重大挑战,香港不能不做出积极和快速的努力,因为各个都会区在国际市场上是激烈竞争的。香港都会区不能在竞争中因为迟疑不决而失去宝贵的时间。

参考文献

[1] 薛凤旋:"香港工业化与工业地理",《经济地理》,1997年第17卷3期,第24～32页。
[2] 薛凤旋:《香港工业:政策、企业特点及前景》,香港大学出版社,1989年。
[3] 薛凤旋:《港粤跨境发展的理论与政策》(出版中),1999年。
[4] 薛凤旋、杨春:"外资:发展中国家城市化的新动力——珠江三角洲个案研究",《地理学报》,1997年第52卷3期,第193～206页。
[5] 薛凤旋、杨春:"香港—深圳跨境城市经济区之形成",《地理学报》,1997年第52卷增刊,第16～27页。
[6] 薛凤旋、彭琪瑞、苏泽霖:《香港、澳门地区地理》(中国地理丛书),商务印书馆,1991年。
[7] 张伯鉴等:"香港投资企业在广东省的发展前景",载一国两制经济研究中心编:《"九五"计划和"十五"年远景目标与香港经济论文集(一)》,香港明天更好基金,第95～124页,1997年。
[8] 乌兰木伦:《迈向21世纪的香港经济》,香港三联书店,1997年。
[9] 余纯武、刘存宽:《十九世纪的香港》,香港:麒麟书店,1994年。
[10] 黄汉强、吴志良:《澳门总览》,澳门基金会,1996年。
[11] 广东港澳经济研究会、澳门经济学会:《澳门经济发展的若干策略》,1997年。
[12] 中国人民大学报刊资料中心:《台、港、澳经济》(复印报刊资料)。
[13] 中山大学:《珠江三角洲经济》,第10～15卷。
[14] 香港政府:《香港年鉴》(1972、1980、1992、1998)。
[15] Chiu, S.W.K., Ho, K.C. and Lui, T.: *City-States in Global Economy*. Boulder: Westview, 1997.
[16] Chong, I.W. and Siu, R.C.S.: *Macau: A Model of Mini Economy*. University of Macau, 1997.
[17] Dharmapatiu, J.A.I. and Firman, T.: Problems and Challenges of Mega-urban Region in Indonesia. in McGee and Robinson(eds): *The Mega-urban Regions of Southeast Asia*, Vancouver: UBC, 1995.
[18] Douglass, M.: Global Interdependence and Urbanization. in McGee and Robinson(eds): *The Mega-urban Regions of Southeast Asia*, Vancouver: UBC, pp.45～47, 1995.
[19] Ho, Y.T.: *Industrial Restructuring and Development in Hong Kong*, Houndmill: Mcmillan.
[20] Hong Kong SAR Government: *Hong Kong In Figures*(1999 edition).
[21] McGee, T.G.: The Emergence of Destakota Regions in Asia. in Ginsberg et al (eds): *The Extended Metropolis*, Honolulu: University of Hawaii, pp.3～26, 1991.
[22] Sit, V.F.S.: *Increasing Globalisation and the Growth of Hong Kong Extended Metroplolitan Region* (in

press),1999.
[23] Sit,V.F.S.: *Globalisation, FDI and Urbanization in Developing Countries* (in press), 1999.
[24] Sit,V.F.S.,Cremer,R.D. and Wong,S.L.: *Entrepreneurs and Enterprises in Macau*. Hong Kong University Press, 1991.

附件 关于"十五"和至 2015 年我国区域发展战略和政策的初步设想

一、制订区域发展战略和区域政策的宏观背景

自1979年至今的20年间,我国经济持续高速和超高速增长,GDP年增长率达到9.7%。这对于一个人口和幅员大国,是个伟大奇迹。这种伟大奇迹在地区上的反映就是经济普遍增长中的严重不平衡。国际上的学者认为:国家和区域的经济增长有三种模式:高速增长、稳定增长和平衡增长。从长期的角度看,高速增长一般不可避免地要导致不稳定增长和不平衡增长。这里的不平衡增长,既包括区域间的不平衡,也包括一系列结构性问题的出现。

我国经济发展进入以结构性调整为主要目标的重要阶段。这个阶段的基本特点是:经济体制转型,包括国家经济管理体制和区域管理体制的转型,产业发展由市场导向和需求制约,经济全球化的趋势愈来愈突出,包括在愈来愈大的程度上利用国际市场、资源和资本,同时我国也成为国际市场的组成部分。另一个基本特点是:经济将由长期高速和超高速增长变为较高速度或中速度的稳定增长。

我国经过了20年的高速和超高速增长,使我国的综合国力大大增强。但是,我国目前出现的大量问题说明了这种增长在较大的时间尺度上是不可持续的。在过渡到较高速度或中速度的稳定增长状态,就有可能使区域经济获得较为平衡的发展。

1992年,实际上是1994年以来,国家实施的是"地区协调发展战略"。该战略是在东西部发展差异日益扩大的情况下提出来的。其目标是"缓解东西部经济发展差距扩大的趋势"、"减小东西部经济发展的差距"。在这个战略指导下,国家加大了对中西部地区的投入,部分中西部地区的省区市的经济发展速度加快了。大地带性发展差距扩大的趋势得到缓解。"协调发展战略"的来源是80年代初邓小平同志提出的"两个大局"的思想。小平同志提到东部地带和中西部地带的协调发展问题。后来,协调发展就成为战略的提法本身了。我们认为,协调发展应该是我国地区发展战略的主要目标之一,但不要作为地区发展战略本身的提法。

"地区协调发展战略"是一个各地区都可以同意的战略。但是,这个概念还应进一步明确,以使在实际中便于具体操作。在一定意义上,近年来大家感觉不到国家有个区域发展战略的存在。"协调发展"战略的目标"缓解东西部经济发展差距扩大的趋势"、"减小东西部经济发展的差距"不是一个意思。在目前和今后一个相当长的时期内,"减小东西部经济发展的差距"是不可能实现的;另外,"协调发展"战略只是着眼于东西发展差距的问题。但南北问题已经不仅仅是结构性问题了,而已经是发展水平和生活水平差距的问题了。

在实施协调发展战略的同时,社会上和学术界又提出,我国国土开发和经济发展正在实施战略转移。但实际上,战略转移是不可能的。在协调发展战略下,国家对西北地区的发展以建设大项目和增强经济实力为主的方针。现在看来,突出以增强经济实力稳定边疆的方针是不完善的。没有富民,不可能达到稳定边疆的目标。

与国家区域发展战略相对应的,应该有一个区域发展政策体系作支撑。近年来,国家金融政策、财政政策、扶贫、基础设施建设政策、外资利用政策等在一定程度上加强了对中西部地区的支持力度。但是,政策体系尚不完善,力度小。还有,分税制的实施在一定程度上加强了中央财力,但促进地区协调发展的目标并没有实现。

我们的区域发展战略实施的时间尺度不大,但是空间尺度太大。在一定程度上有超越客观规律之嫌。

以往的区域发展战略和政策都没有包括生态环境保护与整治的内容。

二、我国区域发展的基本态势和问题

(1)90年代以来,中央政府实施的宏观区域发展政策和经济布局战略符合我国现阶段的国情特点,取得了巨大的成功;尽管1994年以后东中西三个地带间经济发展速度的差异已不明显,人均GDP和经济发展实力差距扩大的趋势已变缓,但是,经济绝对量的地带性差距仍在大幅度增加。

(2)在东中西地带性经济发展差距扩大的同时(近年来中部地带部分省区经济增长快于全国平均水平),南北间地带性发展差异扩大。而且,南北问题已经不仅仅是结构性的差异问题,同时也是经济发展水平和生活水平的差异了。南北问题应该受到较大的注意还因为,我国的重工业和国防工业相当大的部分在北方地区。

(3)以往的三个地带的划分,其中西部地带的范围太大,内部的自然基础和社会经济发展的历史、现状等差异太大。因此,在发展战略、目标和发展政策上应该不同。

(4)全国性产业结构调整和大部分地区产业政策获得了成功。"八五"期间地区经济发展的结构雷同,在"九五"时有很大的变化。各地区特色经济正在形成。经济增长的活力既有地带性,也不完全呈地带性。经济特区和开放城市继续保持发展,正在进行以国际化为目标的第二次创业性的重大调整;全国性扶贫脱贫取得重大成就,各具特点的地区政策和措施创造了许多经验。但是,一些地区的主导产业和优势产业的选择很困难,经济增长缺乏活力和竞争力,有些特殊类型的地区的贫困问题仍很严重。

(5)利用外资和对外贸易在全国和地区经济发展中的作用继续占有重要地位,沿海地区正在继续调整外向型经济发展的战略;全国及大多数地区的交通通信系统正由低级向中高级发展,但水平和结构的地区差异很大。

(6)长期高速和超高速经济增长导致许多地区生态环境问题愈来愈严重。特别是,以往的区域性的生态环境问题正在扩展为流域性的生态环境问题。

三、区域发展战略的总体构想

今年6月,江泽民总书记谈到邓小平关于发展战略上的"两个大局"的思想和"通盘构想"的要求。江总书记指出:80年代邓小平同志就考虑全国经济的协调发展,他提出"两个大局"的思想。其一是:东部沿海地区加快对外开放,使之先发展起来,中西部地区要顾全这个大局;其二是:当发展到一定时期,如本世纪末全国达到小康水平时,就要拿出更多的力量帮助中西部地区加快发展,东部沿海地区要服从这个大局。在发展战略布局上应该有一个通盘的构想。

第一个层次——宏观战略性问题

- 着手解决西部地区发展问题。
- 沿海地区的现代化和国际化问题。
- 南北问题应该受到较大的重视。

第二个层次——区域性问题

- 解决生态环境问题,特别是流域性的生态环境问题应该是区域发展战略的组成部分。
- 特色经济和质量的差异更大。未来的地区发展战略应该符合地区特色经济的形成和发展,有助于先进地区结构水平的进一步提高和欠发达地区经济实力的增强。
- 社会发展问题应该受到更大的重视。城乡差距问题也应重视,特别是中西部地区内的城乡问题。
- 西部发展问题应该区域化(西部分为近西部和远西部),远西部地区的发展战略应该调整。

在解决西部地区问题时,应该将西部地区分成近西部地区和远西部地区。其中,远西部地区是指贺兰山、乌鞘岭和四川盆地以西的地区,在行政上包括内蒙古的西部、甘肃河西地区、青海、新疆、西藏和四川的西部地区。从自然地理意义上看,远西部地区分属干旱区和青藏高原区两大自然区。

近西部地区在行政上包括陕西、宁夏(大部)、甘肃东部和中部、四川(大部)、重庆、云南、贵州。这些地区,在自然条件和经济与社会发展特征方面与中部地带没有明显的差别,在经济和社会发展思路方面也不应该有很大的差别。

我国的国防现代化问题在地区上的安排,应该在今后15年中得到考虑:我国的重工业基础主要在北方(大型和重型机械制造,国民经济的装备生产等主要在北方)。科索沃战争之后,我们应该极大地重视加强国防的现代化。东北地区已经建立了完整的重化工业体系,基本形成了以冶金、机械、汽车、化工、能源为支柱的重化工业群。科技力量强。西南地区的国防工业基础也要比以往更强调充分发挥和利用。

四、区域发展战略和政策的基本目标

1. 指导原则与区域发展战略目标

今后15年的区域发展战略和发展政策是在我国确立市场经济和经济进入稳定增长,但同时资源短缺、生态环境状况日益严重情况下,对全国国土开发方向、区域经济框架、重大建设布局(包括生态环境治理建设)的总体指导原则和实施工具。这个战略和相应的政策体系是实现我国及各地区经济和社会可持续发

展,并逐步成为世界经济大国这一宏伟目标过程中一系列重大举措的组成部分。

今后15年,我国区域发展战略和发展政策,不应该只解决一个大的倾向性问题即地带性差距问题。而要在针对大地带性问题作战略性框架设计同时,要使与之相配套的政策体系对各种不同的"问题区域"都能覆盖。

- 缓解地带性经济发展差距扩大的趋势。
- 缩小地区社会发展差距。
- 促进各类"问题区域"的发展。

2. 三个地带四个类型区及其区域政策目标

东部(沿海)地带、中部地带和西部地带等三个地带,又可分成三个大的类型区:沿海地带类型区、中部地带和近西部地带类型区和远西部地带类型区。另外,从南北问题角度,划分出北方老工业基地类型区[①],这种类型区的范围应该包括东北3省和山西、陕西、天津等。他们的区域发展政策的主要目标是:

- 沿海地带类型区:促进沿海地区的产业结构和社会经济体制转型,加快国际化发展。生态环境的高级化。
- 中部地带和近西部地带类型区:加快资源型产业的发展和促进传统产业的技术改造。大江大河的综合整治,资源开发区和工业聚集区的环境污染的治理。
- 远西部地带类型区:促进地方资源的开发和农牧业的产业化,富民和稳定边疆。江河源头地区的生态保护。
- (北方)老工业基地类型区:促进国有大中型企业的改制改组和创新,发展新的接续产业。

五、关于远西部地区的发展战略

1. 90年代以来的基本战略

改革开放以来,远西部地区的经济和社会得到了较快的发展。在这个阶段,特别是90年代以来,中央和地方政府实施的基本战略是:

目标——经济快速增长,缓解与东部发达地区经济发展差距的扩大。通过增强经济实力稳定边疆。

思路——加快工业化,特别是重工业化。通过大规模开发利用能源和矿产资源,建设大项目(石油、石油化工、金属工业等)加以实现。

2. 制定未来战略的基本考虑

在未来的发展中,这个重点建立在矿产和能源资源大规模开发基础上的重工业化道路和

[①] 关于老工业基地的范围,根据"工业经济研究与开发促进会课题组"1995年编写出版的《老工业基地的新生》一书,是以大中城市划分的,包括哈尔滨、齐齐哈尔、长春、吉林、大连、沈阳、鞍山、抚顺、本溪、包头、天津、太原、大同、洛阳、西安、兰州、成都、重庆、武汉、上海等。如果以省区市为单元来划分,我们认为是东北3省,加上天津、上海、山西、陕西、四川、重庆、湖北等,共7省3市。在这个范围内,工业企业的亏损面、失业率和结构老化程度等指标明显高于其他地区。其中,结构老化程度是以1997~1998年间全国十大亏损行业中,本地区所占比重计算的。所谓"东北现象",就是指这些指标高的地区。

战略应该重新考虑。理由是:
- 我国市场经济"买方市场"基本形成,能源和原材料的"瓶颈"制约基本上得到解决。
- 我国经济国际化程度的提高,东部和中部地区可以扩大利用国外资源;特别是当我国加入WTO后,这种形势将更加突出。
- 远西部地区大型能源和矿产资源开发条件差。几十年来,特别是改革开放以来,国家投入大量的人力和物力建成了一批大型能源、钢铁、化肥和有色金属项目。但是,有相当一部分企业经济效益较低。另外,地区内部市场容量小,其矿产和原材料产品的消费地区主要在东部和中部。运输费用高是一个难以逾越的障碍。

3. 新战略的基本点
- 由重点开发能源和矿产资源转到水土资源的开发利用,由重工业化道路转到农畜产品加工的轻工业化道路。调整产业结构和经济结构。
- 重视社会发展(教育、医疗、卫生、城乡建设等)和开发人力资源,重视基础设施(物质性和社会性的基础设施)建设。
- 重视生态环境的保护和建设。特别是绿洲生态的保护和塔里木河等较长河流的治理。

新战略的目标是通过"富民"以稳定边疆。

六、关于区域发展战略的目标及政策体系

根据上述区域发展目标,在"十五"和至2015年期间,**在协调发展的原则下,区域发展总方针是:加快中西部地区发展,促进沿海地区和老工业基地现代化**。为了实施这个总方针,我国的区域发展政策可以作如下初步考虑:

1. 继续实行已有的对中西部地区发展的促进政策,即基础设施的投资倾斜,大中型建设项目中央投资比例的倾斜,扶贫开发及相应的以工代赈和促进欠发达地区发展的各项专项基金,重大建设项目特别是重大资源开发项目的国家开发银行的优惠贷款等。同时,要使部分大中城市金融开放,促进社会发展和人力资源的开发,对农牧业资源开发及其产业化的专项支持。

特别是应当把缩小地区社会发展差距和实现基本公共服务均等化作为"十五"计划和2015年长远规划中加快中西部地区发展的优先政策目标,这样既能加快这些地区的经济发展,又能促进这些地区的社会进步。为此,要制订和实施一套促进教育、医疗卫生、职业培训、城乡建设等方面的相应政策和措施。

2. 国家政策性银行、国有商业银行继续支持老工业基地的技术改造,增加专项基金和国家控制的外资的支持力度;改革投资体制,发展直接融资;建立和发展老工业基地失业人员的培训和再就业基金;加快社会保障制度建设。对国营企业的改组改造(参股、控股、兼并、组织专业化协作等)实行集团经营的支持。

3. 继续实施出口退税和其他相关的鼓励出口政策,加强对出口规模大的企业的研究开发和技术创新的支持,加快推进金融业的现代化改革,在沿海地区和部分中西部地区的大中城市发展证券市场。加快基础设施特别是城市基础设施的现代化建设,对部分国际化程度高的城

市的交通要给予特别的支持。

4. 加大流域性的生态环境综合整治的投入,其中主要是大江大河的治理。新疆的塔里木河要纳入全国大江大河综合整治计划中。沿海地区大中城市区域生态环境治理要参考发达国家的标准给予特别的促进。

5. 将区域政策和产业政策结合起来。沿海地区要特别注意实施国家关于重点发展的高新技术产业的计划和重点行业,并制订相应的鼓励政策。

附录 1

人均 GDP(元,1998 年价)

年 份	1978	1980	1985	1990	1995	1998
北 京	3555	4204	6156	8066	12238	16132
天 津	3108	3650	5272	6210	10159	14013
河 北	1131	1211	1829	2463	4657	6452
山 西	1184	1300	2120	2560	3903	5066
内蒙古	993	1077	1978	2566	3853	5083
辽 宁	2101	2343	3443	4603	7261	9156
吉 林	1145	1253	2010	2771	4460	5915
黑龙江	2134	2363	3235	4149	5815	7501
上 海	5492	6126	8907	10681	18587	25191
江 苏	1147	1322	2347	3471	7305	10026
浙 江	1066	1377	2600	3618	8363	11176
安 徽	760	824	1521	1836	3348	4573
福 建	1035	1259	2171	3092	7010	10094
江 西	795	933	1439	1864	3328	4414
山 东	1067	1253	2083	2813	5952	8109
河 南	777	946	1553	1996	3488	4658
湖 北	1058	1272	2144	2629	4548	6271
湖 南	1111	1248	1811	2288	3705	4938
广 东	1214	1471	2412	3878	8573	11112
广 西	982	1074	1463	1791	3628	4667
海 南	947	958	1709	2398	5000	5830
四 川	851	1054	1603	2057	3345	4350
贵 州	558	627	1051	1322	1864	2307
云 南	899	977	1591	2270	3446	4327
西 藏	894	1189	1709	1757	2542	3373
陕 西	1022	1106	1752	2048	3031	3924
甘 肃	861	928	1289	1840	2699	3454
青 海	1507	1569	2236	2634	3514	4354
宁 夏	1096	1176	1831	2383	3216	4219
新 疆	1192	1380	2337	3296	5298	6382

附录2

不同时段 GDP 增长率(%)

时 段	1978~1980	1980~1985	1985~1990	1990~1995	1995~1998	1978~1998	1990~1998	1985~1998
北 京	10.72	9.23	8.19	11.81	9.50	9.80	10.94	9.87
天 津	10.15	9.31	5.20	11.76	11.90	9.34	11.81	9.22
河 北	4.61	10.15	8.37	14.60	12.23	10.53	13.70	11.62
山 西	5.92	11.58	5.90	10.11	10.19	9.00	10.14	8.49
内蒙古	5.64	14.47	6.93	9.66	10.64	9.88	10.03	8.83
辽 宁	7.04	9.21	7.55	10.23	8.61	8.73	9.62	8.82
吉 林	6.11	10.77	8.29	10.94	10.60	9.69	10.81	9.83
黑龙江	6.45	7.19	6.54	7.92	9.56	7.49	8.53	7.76
上 海	7.90	9.08	5.67	12.99	11.93	9.48	12.59	9.88
江 苏	8.32	13.18	10.01	17.05	11.74	12.62	15.03	13.07
浙 江	14.78	14.74	7.55	19.09	11.30	13.44	16.11	12.74
安 徽	6.10	14.24	5.85	14.08	12.00	10.89	13.29	10.37
福 建	11.72	13.19	9.78	19.30	13.64	13.73	17.14	14.25
江 西	9.80	10.30	7.35	13.75	11.02	10.46	12.72	10.62
山 东	9.38	11.89	8.31	16.75	11.40	11.84	14.71	12.20
河 南	12.03	11.70	7.58	12.96	10.98	10.89	12.21	10.41
湖 北	10.97	12.14	6.23	12.92	12.16	10.71	12.63	10.13
湖 南	7.15	9.09	6.61	11.05	10.68	8.99	10.91	9.24
广 东	11.82	12.14	12.53	19.06	10.47	13.64	15.76	14.51
广 西	6.66	8.33	6.12	16.65	9.81	9.84	14.04	10.92
海 南	2.96	13.99	9.28	17.89	6.64	11.47	13.54	11.88
四 川	11.94	9.55	6.35	11.26	9.80	9.44	10.71	9.01
贵 州	7.70	12.39	6.72	8.65	8.87	9.02	8.73	7.96
云 南	5.60	11.82	9.34	10.18	9.25	9.77	9.83	9.64
西 藏	17.26	9.10	2.78	9.36	11.69	8.71	10.23	7.30
陕 西	4.98	10.94	5.24	9.42	9.83	8.35	9.57	7.89
甘 肃	5.15	8.12	9.55	9.66	9.76	8.80	9.69	9.64
青 海	3.57	9.05	5.33	7.45	9.02	7.15	8.04	6.99
宁 夏	6.22	11.55	8.06	8.06	11.22	9.21	9.23	8.78
新 疆	9.73	12.43	9.65	11.79	8.21	10.66	10.43	10.13

附录 3

基本建设投资规模

年份 地区	基本建设投资规模（亿元）								
	合 计	1991	1992	1993	1994	1995	1996	1997	1998
总 计	54016.07	2115.79	3012.65	4615.50	6436.65	7403.62	8610.84	9917.02	11904.0
北 京	2034.52	86.75	114.88	172.64	285.22	271.26	313.85	374.32	415.6
天 津	1131.39	64.17	80.14	75.79	115.97	161.10	169.59	203.43	261.2
河 北	2261.24	72.91	113.31	163.72	223.98	290.99	375.14	479.39	541.8
山 西	1136.95	72.98	88.19	113.43	134.38	130.19	148.12	197.36	252.3
内蒙古	977.64	49.82	83.96	122.75	128.77	121.79	139.46	157.39	173.7
辽 宁	2382.24	128.05	170.92	269.45	329.67	324.88	326.33	397.34	435.6
吉 林	1078.10	40.46	62.08	109.94	136.67	158.16	194.40	177.49	198.9
黑龙江	1572.77	75.97	104.33	151.24	170.50	198.70	232.20	344.33	295.5
上 海	3787.81	108.90	129.60	268.22	503.11	551.86	644.52	762.00	819.6
江 苏	2805.68	90.81	148.45	205.84	265.30	343.05	469.01	567.52	715.7
浙 江	2341.97	51.19	79.03	137.49	221.06	306.25	424.24	509.61	613.1
安 徽	1145.00	46.89	66.51	84.62	120.41	170.03	193.06	214.08	249.4
福 建	1468.75	48.19	70.86	118.25	173.27	214.01	241.19	274.18	328.8
江 西	727.98	31.67	41.56	63.25	86.48	101.72	114.54	130.26	158.5
山 东	2838.94	111.51	174.28	238.96	315.90	370.00	451.62	513.57	663.1
河 南	2247.65	79.66	101.03	152.82	238.55	319.48	395.66	443.35	517.1
湖 北	2314.59	64.14	109.49	175.25	260.43	353.74	398.45	435.59	517.5
湖 南	1393.12	53.88	87.58	114.17	157.90	202.06	235.39	237.04	305.1
广 东	5650.21	213.12	336.38	534.18	840.80	894.13	905.23	891.07	1035.3
广 西	1082.34	28.89	52.21	109.84	140.77	157.10	174.46	182.97	236.1
海 南	808.65	25.10	43.36	89.31	123.22	124.30	138.16	126.90	138.3
四 川	2840.17	121.01	160.22	221.88	297.26	350.12	417.93	549.45	722.3
贵 州	533.57	25.68	34.36	44.04	57.85	65.73	85.69	95.82	124.4
云 南	1154.45	37.43	61.43	103.30	122.82	147.79	168.30	225.78	287.6
西 藏	182.07	9.46	11.85	16.19	18.19	31.18	28.73	30.27	36.2
陕 西	973.02	46.50	51.11	86.79	104.63	120.76	135.29	173.94	254.0
甘 肃	608.84	33.96	37.22	42.89	58.19	62.62	101.42	121.74	150.8
青 海	304.64	15.07	17.68	28.88	28.28	31.84	51.39	58.40	73.1
宁 夏	243.77	13.77	16.60	18.58	25.03	26.74	37.47	47.28	58.3
新 疆	1444.00	59.43	105.47	144.93	168.92	182.21	212.88	255.96	314.2
不分地区	4544.04	208.42	258.56	436.86	583.12	619.83	687.14	739.21	1010.9

附录4

基本建设投资地区构成

地区\年份	地区构成（%）								
	合计	1991	1992	1993	1994	1995	1996	1997	1998
总 计	100	100	100	100	100	100	100	100	100
北 京	3.77	4.10	3.81	3.74	4.43	3.66	3.64	3.77	3.49
天 津	2.09	3.03	2.66	1.64	1.80	2.18	1.97	2.05	2.19
河 北	4.19	3.45	3.76	3.55	3.48	3.93	4.36	4.83	4.55
山 西	2.10	3.45	2.93	2.46	2.09	1.76	1.72	1.99	2.12
内蒙古	1.81	2.35	2.79	2.66	2.00	1.65	1.62	1.59	1.46
辽 宁	4.41	6.05	5.67	5.84	5.12	4.39	3.79	4.01	3.66
吉 林	2.00	1.91	2.06	2.38	2.12	2.14	2.26	1.79	1.67
黑龙江	2.91	3.59	3.46	3.28	2.65	2.68	2.70	3.47	2.48
上 海	7.01	5.15	4.30	5.81	7.82	7.45	7.48	7.68	6.89
江 苏	5.19	4.29	4.93	4.46	4.12	4.63	5.45	5.72	6.01
浙 江	4.34	2.42	2.62	2.98	3.43	4.14	4.93	5.14	5.15
安 徽	2.12	2.22	2.21	1.83	1.87	2.30	2.24	2.16	2.10
福 建	2.72	2.28	2.35	2.56	2.69	2.89	2.80	2.76	2.76
江 西	1.35	1.50	1.38	1.37	1.34	1.37	1.33	1.31	1.33
山 东	5.26	5.27	5.78	5.18	4.91	5.00	5.24	5.18	5.57
河 南	4.16	3.77	3.35	3.31	3.71	4.32	4.59	4.47	4.34
湖 北	4.29	3.03	3.63	3.80	4.05	4.78	4.63	4.39	4.35
湖 南	2.58	2.55	2.91	2.47	2.45	2.73	2.73	2.39	2.56
广 东	10.46	10.07	11.17	11.57	13.06	12.08	10.51	8.99	8.70
广 西	2.00	1.37	1.73	2.38	2.19	2.12	2.03	1.85	1.98
海 南	1.50	1.19	1.44	1.94	1.91	1.68	1.60	1.28	1.16
四 川	5.26	5.72	5.32	4.81	4.62	4.73	4.85	5.54	6.07
贵 州	0.99	1.21	1.14	0.95	0.90	0.89	1.00	0.97	1.05
云 南	2.14	1.77	2.04	2.24	1.91	2.00	1.95	2.28	2.42
西 藏	0.34	0.45	0.39	0.35	0.28	0.42	0.33	0.31	0.30
陕 西	1.80	2.20	1.70	1.88	1.63	1.63	1.57	1.75	2.13
甘 肃	1.13	1.61	1.24	0.93	0.90	0.85	1.18	1.23	1.27
青 海	0.56	0.71	0.59	0.63	0.44	0.43	0.60	0.59	0.61
宁 夏	0.45	0.65	0.55	0.40	0.39	0.36	0.44	0.48	0.49
新 疆	2.67	2.81	3.50	3.14	2.62	2.46	2.47	2.58	2.64
不分地区	8.41	9.85	8.58	9.47	9.06	8.37	7.98	7.45	8.49

附录 5

人均基本建设投资与全国平均水平的比值

年份	1991	1995	1996	1997	1998
全 国	1.00	1.00	1.00	1.00	1.00
北 京	4.33	3.55	3.54	3.76	3.50
天 津	3.86	2.80	2.54	2.66	2.86
河 北	0.64	0.74	0.82	0.92	0.86
山 西	1.36	0.69	0.68	0.78	0.83
内蒙古	1.25	0.87	0.86	0.84	0.78
辽 宁	1.75	1.30	1.13	1.20	1.10
吉 林	0.88	1.00	1.06	0.84	0.79
黑龙江	1.16	0.88	0.88	1.14	0.82
上 海	4.44	6.38	6.45	6.52	5.87
江 苏	0.73	0.79	0.94	0.99	1.04
浙 江	0.67	1.16	1.39	1.43	1.44
安 徽	0.44	0.46	0.45	0.44	0.42
福 建	0.86	1.08	1.05	1.04	1.04
江 西	0.45	0.41	0.40	0.39	0.40
山 东	0.71	0.70	0.73	0.73	0.79
河 南	0.50	0.57	0.61	0.60	0.58
湖 北	0.64	1.00	0.97	0.92	0.92
湖 南	0.47	0.52	0.52	0.46	0.49
广 东	1.81	2.13	1.85	1.58	1.52
广 西	0.37	0.57	0.54	0.49	0.53
海 南	2.03	2.81	2.67	2.13	1.93
四 川	0.61	0.51	0.52	0.60	0.66
贵 州	0.42	0.31	0.34	0.33	0.36
云 南	0.54	0.61	0.59	0.69	0.73
西 藏	2.29	2.13	1.67	1.52	1.51
陕 西	0.76	0.56	0.54	0.61	0.74
甘 肃	0.81	0.42	0.58	0.61	0.63
青 海	1.81	1.08	1.50	1.47	1.52
宁 夏	1.57	0.85	1.02	1.11	1.14
新 疆	2.09	1.80	1.79	1.86	1.89

附录6

交通邮电基本建设投资(亿元)

年份	1991	1992	1993	1994	1995	1996	1997	合计
北京	3.45	13.97	24.25	28.55	29.17	33.93	41.04	174.36
天津	4.59	5.26	8.59	17.13	17.49	19.60	33.66	106.32
河北	6.67	7.27	10.34	27.98	44.46	63.53	110.08	270.33
山西	5.16	11.76	10.37	23.92	39.35	36.49	34.89	161.94
内蒙古	6.27	12.91	13.81	15.44	15.36	18.78	21.92	104.49
辽宁	7.59	11.69	20.57	34.53	34.09	43.43	78.74	230.64
吉林	2.16	2.86	8.76	13.13	6.07	19.91	20.40	73.29
黑龙江	9.21	9.37	13.56	28.67	28.66	34.40	60.41	184.28
上海	6.00	7.43	12.55	35.19	29.06	71.14	89.76	251.13
江苏	13.00	23.75	26.17	39.59	72.88	90.28	114.85	380.52
浙江	7.80	9.40	22.81	47.19	65.26	94.99	105.27	352.72
安徽	5.80	7.55	6.14	19.60	28.24	22.74	33.77	123.84
福建	5.89	9.50	20.47	47.06	77.39	100.34	96.39	357.04
江西	2.66	6.10	14.49	22.87	27.21	29.88	48.85	152.06
山东	13.13	31.36	39.57	43.26	56.89	69.80	79.85	333.86
河南	4.78	6.61	20.54	38.70	39.15	44.80	50.48	205.06
湖北	9.63	15.56	29.89	36.94	37.47	36.21	47.17	212.87
湖南	4.04	7.14	13.13	28.83	39.43	52.92	49.91	195.40
广东	46.01	103.54	121.11	190.51	222.73	204.78	212.45	1101.13
广西	4.09	8.05	13.67	30.04	35.23	60.16	61.91	213.15
海南	3.47	6.81	17.19	25.60	16.77	21.91	27.43	119.18
重庆							24.15	24.15
四川	9.24	15.54	22.36	44.73	55.49	58.03	77.98	283.37
贵州	0.84	1.81	2.23	5.66	9.30	13.96	16.43	50.23
云南	3.88	10.59	24.49	24.53	24.95	35.63	59.90	183.97
西藏	2.34	3.89	3.40	4.90	7.41	9.65	6.50	38.09
陕西	5.34	2.88	10.06	13.01	15.41	25.07	39.04	110.81
甘肃	2.04	2.74	2.83	3.41	3.21	7.63	10.90	32.76
青海	1.31	1.66	1.59	3.51	3.44	4.48	7.23	23.22
宁夏	1.34	2.29	3.43	5.13	7.29	8.36	12.59	40.43
新疆	3.03	6.38	10.14	10.48	17.78	22.30	49.42	119.53
不分地区	129.48	82.59	346.75	462.85	481.09	491.98	474.07	2468.81

附录 7

交通邮电基本建设投资地区构成(%)

年份	1991	1992	1993	1994	1995	1996	1997	合计
总计	100	100	100	100	100	100	100	100
北京	1.04	3.12	2.71	2.08	1.84	1.84	1.87	2.01
天津	1.39	1.17	0.96	1.25	1.10	1.06	1.53	1.23
河北	2.02	1.62	1.15	2.04	2.80	3.44	5.01	3.11
山西	1.56	2.62	1.16	1.74	2.48	1.98	1.59	1.87
内蒙古	1.90	2.88	1.54	1.12	0.97	1.02	1.00	1.20
辽宁	2.30	2.61	2.30	2.52	2.15	2.35	3.58	2.66
吉林	0.65	0.64	0.98	0.96	0.38	1.08	0.93	0.84
黑龙江	2.79	2.09	1.51	2.09	1.81	1.86	2.75	2.12
上海	1.82	1.66	1.40	2.56	1.83	3.85	4.08	2.89
江苏	3.94	5.30	2.92	2.88	4.59	4.89	5.23	4.38
浙江	2.36	2.10	2.55	3.44	4.11	5.14	4.79	4.06
安徽	1.76	1.68	0.69	1.43	1.78	1.23	1.54	1.43
福建	1.78	2.12	2.29	3.43	4.87	5.43	4.39	4.11
江西	0.81	1.36	1.62	1.67	1.71	1.62	2.22	1.75
山东	3.98	7.00	4.42	3.15	3.58	3.78	3.63	3.85
河南	1.45	1.47	2.29	2.82	2.47	2.43	2.30	2.36
湖北	2.92	3.47	3.34	2.69	2.36	1.96	2.15	2.45
湖南	1.22	1.59	1.47	2.10	2.48	2.87	2.27	2.25
广东	13.93	23.10	13.53	13.88	14.03	11.09	9.67	12.69
广西	1.24	1.80	1.53	2.19	2.22	3.26	2.82	2.46
海南	1.05	1.52	1.92	1.86	1.06	1.19	1.25	1.37
重庆	0.00	0.00	0.00	0.00	0.00	0.00	1.10	0.28
四川	2.80	3.47	2.50	3.26	3.49	3.14	3.55	3.27
贵州	0.25	0.40	0.25	0.41	0.59	0.76	0.75	0.58
云南	1.17	2.36	2.74	1.79	1.57	1.93	2.73	2.12
西藏	0.71	0.87	0.38	0.36	0.47	0.52	0.30	0.44
陕西	1.62	0.64	1.12	0.95	0.97	1.36	1.78	1.28
甘肃	0.62	0.61	0.32	0.25	0.20	0.41	0.50	0.38
青海	0.40	0.37	0.18	0.26	0.22	0.24	0.33	0.27
宁夏	0.41	0.51	0.38	0.37	0.46	0.45	0.57	0.47
新疆	0.92	1.42	1.13	0.76	1.12	1.21	2.25	1.38
不分地区	39.21	18.42	38.73	33.71	30.30	26.64	21.57	28.45

附录8

地质勘查业、水利管理业基本建设投资

地区	投资规模（亿元）			占全部基本建设投资比例（%）		
	1996	1997	合计	1996	1997	合计
北 京	1.93	0.73	2.66	0.93	0.29	0.58
天 津	2.57	2.42	4.99	1.23	0.98	1.09
河 北	22.82	18.14	40.96	10.96	7.31	8.97
山 西	2.42	4.58	7.00	1.16	1.85	1.53
内蒙古	0.94	0.96	1.90	0.45	0.39	0.42
辽 宁	2.67	1.41	4.08	1.28	0.57	0.89
吉 林	0.65	1.09	1.74	0.31	0.44	0.38
黑龙江	2.01	2.47	4.48	0.97	1.00	0.98
上 海	3.30	2.86	6.16	1.58	1.15	1.35
江 苏	7.06	14.62	21.68	3.39	5.89	4.75
浙 江	13.17	20.51	33.68	6.32	8.26	7.38
安 徽	6.92	7.47	14.39	3.32	3.01	3.15
福 建	3.94	6.69	10.63	1.89	2.70	2.33
江 西	1.97	3.52	5.49	0.95	1.42	1.20
山 东	13.86	17.40	31.26	6.65	7.01	6.85
河 南	50.87	51.65	102.52	24.42	20.81	22.46
湖 北	6.91	7.14	14.05	3.32	2.88	3.08
湖 南	8.33	9.59	17.92	4.00	3.86	3.93
广 东	21.70	29.77	51.47	10.42	12.00	11.28
广 西	1.86	2.38	4.24	0.89	0.96	0.93
海 南	1.17	1.16	2.33	0.56	0.47	0.51
重 庆		1.41	1.41	0.00	0.57	0.31
四 川	5.61	7.19	12.80	2.69	2.90	2.80
贵 州	1.14	1.05	2.19	0.55	0.42	0.48
云 南	5.62	6.15	11.77	2.70	2.48	2.58
西 藏	0.48	0.87	1.35	0.23	0.35	0.30
陕 西	2.41	4.37	6.78	1.16	1.76	1.49
甘 肃	4.51	6.49	11.00	2.17	2.62	2.41
青 海	1.36	1.82	3.18	0.65	0.73	0.70
宁 夏	1.34	1.55	2.89	0.64	0.62	0.63
新 疆	8.75	10.71	19.46	4.20	4.32	4.26
不分地区	20.20	29.35	49.55	9.70	11.83	10.86

附录 9

城市固定资产投资占总投资比例(%)

年 份	1991	1992	1993	1994	1995	1996	1997	1991~1997
全 国	46.95	54.05	51.03	46.32	45.51	46.07	47.97	47.62
北 京	71.71	76.31	75.98	71.99	24.56	50.18	55.89	54.77
天 津	80.01	77.32	68.09	68.23	65.97	64.98	92.92	74.13
河 北	52.30	52.71	62.37	40.04	42.90	43.26	37.41	43.76
山 西	53.28	62.33	61.99	58.70	58.60	61.46	50.85	57.89
内 蒙古	54.80	53.85	52.42	54.61	54.20	44.49	31.88	47.87
辽 宁	74.24	94.58	62.14	65.40	65.91	66.06	63.81	67.80
吉 林	44.86	70.29	67.57	53.65	62.13	66.14	59.37	61.57
黑龙江	67.53	72.78	75.56	72.04	64.25	69.89	60.17	67.70
上 海	62.57	76.24	80.89	72.64	56.40	50.32	97.81	70.57
江 苏	35.79	40.06	39.11	33.41	37.24	42.20	46.12	40.16
浙 江	23.59	34.41	32.11	31.12	25.94	30.93	43.06	32.71
安 徽	42.55	52.47	50.04	43.29	50.93	41.95	31.13	42.62
福 建	42.57	52.19	44.93	34.43	35.49	33.77	44.74	39.36
江 西	38.16	42.21	47.83	45.10	39.84	38.27	32.73	39.94
山 东	50.92	52.72	50.47	45.68	51.48	50.85	24.57	44.20
河 南	41.56	48.79	49.46	46.70	48.03	49.71	26.01	42.38
湖 北	47.72	62.01	63.20	56.88	66.32	64.76	62.96	62.59
湖 南	44.79	50.52	47.44	38.29	36.80	34.09	40.18	39.71
广 东	45.22	60.78	51.72	45.73	48.76	48.15	62.98	51.99
广 西	30.93	33.42	38.84	30.22	32.43	28.66	27.46	30.98
海 南	44.42	39.08	41.31	32.94	49.40	54.84	44.65	43.83
重 庆							39.43	39.43
四 川	42.76	54.12	51.88	41.03	49.82	45.96	40.50	46.11
贵 州	51.09	52.90	41.21	46.70	52.25	52.08	34.44	45.92
云 南	28.80	33.02	31.64	29.29	39.99	37.60	26.33	32.70
西 藏	0.00	0.00	0.00	0.00	0.00	0.00	20.29	4.33
陕 西	40.65	51.09	50.69	48.21	49.23	43.33	38.93	45.42
甘 肃	59.16	61.96	67.22	62.07	75.28	61.89	61.26	64.18
青 海	26.58	32.31	33.11	24.58	31.88	17.65	21.18	25.19
宁 夏	58.43	57.44	48.93	51.34	37.30	46.85	36.36	45.29
新 疆	53.45	33.91	54.48	58.12	61.54	58.25	30.18	49.58

附录 10 改革开放以来各地区 GDP 增长及其对全国的贡献

时段	增长量（亿元）							贡献度（％）						
	78~80	80~85	85~90	90~95	95~98	78~98	90~98	85~98	78~80	80~85	85~90	90~95	95~98	78~98	90~98	85~98
北京	70	211	285	655	479	1700	1134	1419	3.50	2.37	2.87	2.25	2.17	2.36	2.22	2.32
天津	48	153	123	408	384	1116	792	915	2.40	1.72	1.24	1.40	1.74	1.55	1.55	1.50
河北	54	389	502	1481	1240	3666	2721	3223	2.70	4.38	5.05	5.10	5.62	5.10	5.32	5.28
山西	35	235	185	459	406	1320	865	1050	1.75	2.64	1.86	1.58	1.84	1.83	1.69	1.72
内蒙古	21	195	158	325	312	1011	637	795	1.05	2.19	1.59	1.12	1.41	1.41	1.25	1.30
辽宁	104	452	557	1145	835	3093	1980	2537	5.20	5.09	5.60	3.94	3.78	4.30	3.87	4.15
吉林	31	185	226	468	408	1318	876	1102	1.55	2.08	2.27	1.61	1.85	1.83	1.71	1.80
黑龙江	89	314	399	682	678	2162	1360	1759	4.45	3.53	4.01	2.35	3.07	3.00	2.66	2.88
上海	99	382	344	1202	1058	3085	2260	2604	4.95	4.30	3.46	4.14	4.79	4.29	4.42	4.26
江苏	116	673	891	2813	2039	6532	4852	5743	5.80	7.57	8.96	9.68	9.24	9.08	9.49	9.40
浙江	127	521	460	2104	1368	4580	3472	3932	6.35	5.86	4.63	7.24	6.20	6.37	6.79	6.44
安徽	45	381	258	971	815	2470	1786	2044	2.25	4.29	2.59	3.34	3.69	3.43	3.49	3.35
福建	63	272	350	1330	1061	3076	2391	2741	3.15	3.06	3.52	4.58	4.81	4.28	4.68	4.49
江西	52	193	212	642	498	1597	1140	1352	2.60	2.17	2.13	2.21	2.26	2.22	2.23	2.21
山东	150	689	786	2792	1981	6398	4773	5559	7.50	7.75	7.90	9.61	8.98	8.89	9.34	9.10
河南	140	509	528	1448	1165	3790	2613	3141	7.00	5.73	5.31	4.98	5.28	5.27	5.11	5.14
湖北	112	461	373	1195	1079	3220	2274	2647	5.60	5.19	3.75	4.11	4.89	4.48	4.45	4.33
湖南	85	359	384	965	843	2637	1809	2193	4.25	4.04	3.86	3.33	3.82	3.66	3.54	3.59
广东	154	595	1097	3427	2049	7322	5476	6573	7.70	6.70	11.03	11.80	9.28	10.18	10.71	10.76
广西	46	187	196	885	534	1848	1419	1615	2.30	2.10	1.97	3.05	2.42	2.57	2.78	2.64
海南	3	49	57	203	77	389	280	337	0.15	0.55	0.57	0.70	0.35	0.54	0.55	0.55
四川	209	598	589	1566	1227	4189	2793	3382	10.45	6.73	5.92	5.39	5.56	5.82	5.46	5.54
贵州	24	138	120	222	190	694	412	532	1.20	1.55	1.21	0.76	0.86	0.96	0.81	0.87
云南	32	232	305	528	418	1515	946	1251	1.60	2.61	3.07	1.82	1.89	2.11	1.85	2.05
西藏	6	12	5	22	24	69	46	51	0.30	0.14	0.05	0.08	0.11	0.10	0.09	0.08
陕西	29	213	153	386	346	1127	732	885	1.45	2.40	1.54	1.33	1.57	1.57	1.43	1.45
甘肃	17	85	152	243	212	709	455	607	0.85	0.96	1.53	0.84	0.96	0.99	0.89	0.99
青海	4	32	27	51	50	164	101	128	0.20	0.36	0.27	0.18	0.23	0.23	0.20	0.21
宁夏	5	32	36	53	62	188	115	151	0.25	0.36	0.36	0.18	0.28	0.26	0.22	0.25
新疆	30	141	186	376	235	968	611	797	1.50	1.59	1.87	1.29	1.06	1.35	1.20	1.31

附录11

1997年全社会固定资产投资地区构成（%）

地区	合计	农业	采掘	制造	电力等	建筑	地勘水利	交通	批发	金融	房地产	社会	卫生	教育	科研	机关	其他
北京	3.97	1.46	0.31	2.32	3.31	2.79	1.62	3.27	5.08	6.48	9.72	5.15	3.86	7.11	33.61	7.60	1.41
天津	2.01	0.75	3.38	2.90	1.75	3.95	0.93	1.82	1.07	1.26	2.60	1.21	1.18	1.53	2.77	1.48	0.61
河北	5.72	8.90	4.40	7.70	5.79	4.80	7.10	5.95	8.24	4.82	1.59	4.00	5.46	7.14	2.58	6.95	5.50
山西	1.51	0.71	5.29	1.09	2.38	3.60	1.45	1.69	1.36	2.66	0.54	0.82	1.14	1.43	0.65	1.54	1.17
内蒙古	1.12	2.12	3.96	0.79	1.60	0.85	0.25	1.10	0.77	1.70	0.34	0.60	1.47	1.63	0.62	1.35	0.88
辽宁	3.96	2.63	7.49	4.13	4.19	3.78	0.44	3.76	4.93	3.11	4.41	5.94	2.95	2.74	3.46	2.90	2.27
吉林	1.45	2.01	2.27	2.38	1.71	2.03	0.34	0.87	1.39	1.45	0.75	0.41	1.02	1.72	1.48	1.51	0.88
黑龙江	2.69	3.54	12.63	1.74	3.17	0.94	0.94	3.50	1.46	3.80	1.34	1.11	1.13	1.80	0.58	2.47	1.58
上海	7.94	0.80	1.66	8.58	5.04	9.57	0.91	4.24	6.86	2.70	21.91	17.91	10.23	5.81	5.39	2.63	2.08
江苏	8.72	5.75	2.51	13.85	5.92	5.84	5.02	6.42	10.68	5.12	7.42	7.26	6.45	7.81	4.67	6.43	11.36
浙江	6.45	4.35	1.00	7.22	7.00	5.07	7.45	5.18	6.16	5.19	6.37	6.71	7.51	5.40	2.70	5.01	9.89
安徽	2.72	5.03	3.67	2.98	2.01	3.44	3.06	2.07	3.05	2.32	1.57	1.78	2.54	2.42	1.24	3.15	3.93
福建	3.53	2.40	0.35	3.24	3.48	1.14	2.16	4.91	2.62	2.85	4.44	2.56	3.35	3.44	1.08	2.85	4.40
江西	1.32	1.70	0.73	0.95	1.20	0.45	1.11	2.07	0.99	1.26	0.75	0.61	1.32	0.97	0.27	1.89	2.37
山东	6.99	12.89	11.74	10.33	5.17	9.96	9.18	4.18	9.80	8.86	3.36	3.38	7.43	5.71	3.85	7.94	6.01
河南	4.85	8.99	6.92	4.64	4.99	4.72	15.74	2.84	5.06	5.99	1.58	3.19	3.68	5.52	3.47	6.35	7.94
湖北	4.10	3.11	1.12	4.11	7.19	4.92	2.65	3.18	3.60	7.76	3.73	3.10	4.93	4.88	3.08	5.10	4.71
湖南	2.68	3.15	0.89	2.07	2.64	2.41	3.15	2.77	3.99	4.26	1.02	1.97	3.31	4.76	1.72	2.70	5.60
广东	9.19	3.32	1.08	6.35	7.99	9.79	12.45	10.30	5.72	6.00	16.08	16.10	15.17	12.02	4.65	10.04	8.29
广西	1.92	2.83	0.77	1.35	1.17	1.18	0.97	2.44	2.27	1.74	1.03	2.11	1.71	2.15	1.06	2.12	4.16
海南	0.65	1.06	0.10	0.54	0.25	0.75	0.38	0.81	1.04	2.47	0.32	2.46	0.79	0.81	0.54	1.08	0.44
重庆	1.51	1.19	0.86	1.37	1.35	3.72	0.52	1.30	0.82	1.34	2.06	0.96	1.35	1.50	0.74	2.31	1.90
四川	3.71	3.32	2.82	2.97	7.21	4.90	2.40	3.12	3.77	5.17	3.14	3.35	3.65	3.58	8.27	3.88	4.23
贵州	0.89	1.30	1.43	0.90	1.54	0.44	0.36	0.93	0.85	0.81	0.45	0.67	0.69	0.49	0.37	0.63	0.85
云南	2.16	2.60	1.05	1.95	2.15	3.02	2.37	2.80	2.85	3.26	1.19	3.62	3.42	2.35	2.63	3.32	1.89
西藏	0.14	0.19	0.04	0.01	0.32	0.17	0.25	0.22	0.15	0.65	0.02	0.13	0.14	0.23	0.22	0.64	0.09
陕西	1.58	1.36	2.22	0.99	2.03	1.55	1.41	1.89	1.92	1.79	0.87	0.88	1.29	2.20	2.50	1.99	2.47
甘肃	0.97	1.00	1.26	1.17	1.50	2.44	2.00	0.86	1.10	1.30	0.54	0.41	0.76	1.02	0.86	1.14	0.52
青海	0.35	0.50	1.08	0.27	1.02	0.28	0.53	0.28	0.35	0.55	0.07	0.12	0.36	0.22	0.54	0.55	0.09
宁夏	0.34	0.36	0.52	0.27	0.62	0.14	0.45	0.53	0.41	0.62	0.18	0.26	0.31	0.24	0.15	0.27	0.21
新疆	1.79	7.04	9.18	0.88	0.81	1.36	3.93	1.91	1.63	1.71	0.61	1.21	1.41	1.35	0.83	2.16	0.77
不分地区	3.08	3.62	7.29	0.00	3.49	0.00	8.49	12.79	0.00	0.00	0.00	0.00	0.00	0.00	3.55	0.00	1.50

附录 12

1997年全社会固定资产投资项目构成（%）

项目	合计	农业	采掘	制造	电力等	建筑	地勘水利	交通	批发	金融	房地产	社会	卫生	教育	科研	机关	其他
全国	100.00	3.71	5.29	22.87	9.36	1.36	1.39	15.05	2.33	0.76	13.80	4.51	0.77	2.77	0.31	3.42	12.32
北京	100.00	1.37	0.42	15.35	7.81	0.96	0.57	12.40	2.98	1.23	33.78	5.85	0.75	4.97	2.63	6.56	4.38
天津	100.00	1.39	8.90	32.99	8.17	2.68	0.65	13.67	1.24	0.47	17.89	2.71	0.45	2.11	0.43	2.53	3.73
河北	100.00	5.78	4.07	30.80	9.48	1.14	1.72	15.67	3.35	0.64	3.84	3.16	0.73	3.46	0.14	4.16	11.86
山西	100.00	1.74	18.50	16.47	14.72	3.24	1.33	16.79	2.10	1.33	4.95	2.44	0.58	2.63	0.13	3.49	9.56
内蒙古	100.00	7.04	18.76	16.09	13.42	1.03	0.31	14.88	1.60	1.15	4.15	2.43	1.01	4.05	0.17	4.13	9.75
辽宁	100.00	2.47	10.01	23.87	9.92	1.30	0.15	14.32	2.90	0.59	15.38	6.77	0.57	1.92	0.27	2.51	7.06
吉林	100.00	5.13	8.26	37.56	11.05	1.90	0.32	9.06	2.23	0.76	7.12	1.29	0.54	3.28	0.32	3.57	7.47
黑龙江	100.00	4.88	24.86	14.85	11.06	0.48	0.48	19.62	1.27	1.07	6.90	1.87	0.32	1.86	0.07	3.15	7.27
上海	100.00	0.37	1.10	24.69	5.94	1.64	0.16	8.04	2.01	0.26	38.05	10.17	0.99	2.03	0.21	1.13	3.22
江苏	100.00	2.44	1.52	36.32	6.36	0.91	0.80	11.08	2.85	0.44	11.73	3.76	0.57	2.48	0.17	2.53	16.05
浙江	100.00	2.50	0.82	25.59	10.16	1.07	1.60	12.08	2.22	0.72	13.63	4.69	0.90	2.32	0.13	2.66	18.90
安徽	100.00	6.87	7.14	25.05	6.91	1.72	1.56	11.48	2.61	0.65	7.95	2.95	0.72	2.47	0.14	3.97	17.81
福建	100.00	2.52	0.53	20.94	9.22	0.44	0.85	20.92	1.73	0.61	17.34	3.27	0.73	2.70	0.10	2.76	15.34
江西	100.00	4.77	2.91	16.38	8.54	0.46	1.16	23.54	1.75	0.72	7.82	2.08	0.77	2.03	0.06	4.91	22.09
山东	100.00	6.85	8.88	33.81	6.93	1.94	1.82	9.00	3.26	0.96	6.63	2.18	0.82	2.27	0.17	3.89	10.60
河南	100.00	6.88	7.55	21.86	9.64	1.32	4.50	8.80	2.43	0.93	4.50	2.97	0.58	3.16	0.22	4.49	20.17
湖北	100.00	2.81	1.45	22.88	16.39	1.63	0.90	11.67	2.04	1.43	12.55	3.40	0.92	3.29	0.23	4.26	14.14
湖南	100.00	4.37	1.76	17.66	9.22	1.22	1.63	15.59	3.47	1.20	5.24	3.31	0.95	4.93	0.20	3.46	25.79
广东	100.00	1.34	0.62	15.80	8.14	1.45	1.88	16.87	1.45	0.49	24.15	7.90	1.27	3.63	0.16	3.74	11.12
广西	100.00	5.46	2.11	16.00	5.69	0.83	0.70	19.09	2.74	0.68	7.36	4.95	0.69	3.10	0.17	3.78	26.65
海南	100.00	6.05	0.84	19.02	3.58	1.58	0.82	18.84	3.74	2.88	6.82	17.14	0.94	3.49	0.26	5.70	8.29
重庆	100.00	2.93	3.01	20.79	8.40	3.36	0.48	12.99	1.27	0.67	18.85	2.87	0.69	2.76	0.15	5.26	15.53
四川	100.00	3.32	4.02	18.27	18.27	1.80	0.89	12.65	2.36	1.05	11.67	4.07	0.76	2.67	0.69	3.58	14.04
贵州	100.00	5.41	8.48	23.17	16.22	0.67	0.56	15.77	2.23	0.69	7.01	3.41	0.60	1.54	0.13	2.43	11.69
云南	100.00	4.46	2.57	20.70	9.31	1.90	1.52	19.48	3.07	1.14	7.63	7.57	1.22	3.01	0.38	5.27	10.77
西藏	100.00	5.13	1.57	1.48	21.77	1.71	2.52	23.91	2.52	3.57	1.97	4.38	0.75	4.70	0.49	15.88	7.68
陕西	100.00	3.20	7.45	14.31	12.07	1.34	1.24	18.01	2.83	0.86	7.59	2.51	0.63	3.86	0.49	4.32	19.30
甘肃	100.00	3.81	6.86	27.58	14.48	3.42	2.86	13.36	2.65	1.01	7.69	1.88	0.60	2.91	0.28	4.01	6.59
青海	100.00	5.26	16.06	17.59	26.83	1.07	2.06	11.83	2.30	1.16	2.84	1.53	0.79	1.72	0.38	5.34	3.25
宁夏	100.00	3.89	8.04	17.53	16.99	0.57	1.82	23.02	2.80	1.35	7.13	3.45	0.70	1.96	0.14	2.71	7.50
新疆	100.00	14.57	27.09	11.23	4.23	1.03	3.04	16.03	2.11	0.72	4.68	3.04	0.61	2.08	0.14	4.12	5.27

附录 13

我国社会发展水平综合评价指数

指标 地区	人口指标			教育指标			科技指标			卫生指标				城市化指标	
	人口自然增长率(‰)	文盲率(%)	指数	学龄儿童入学率(%)	万人在校大学生数(人)	指数	万人科技人员数(人)	指数	人口预期寿命(岁)	千人病床数(张)	千人卫生人员数(人)	指数	城市化水平(%)	指数
北京	0.70	6.8	93	99.95	179.5	100.0	164.4	100	71.07	6.2	3.4	96	66.41	90
天津	3.40	9.0	83	99.99	81.6	71	35.5	20.0	71.03	4.5	2.4	72	57.22	74
河北	6.83	12.4	69	99.79	20.9	53	3.3	0.6	68.47	2.6	0.7	32	18.28	8
山西	9.92	8.6	65	99.65	23.0	52	6.4	2.5	67.33	3.6	1.2	43	25.50	20
内蒙古	8.23	14.6	62	99.40	17.3	51	6.1	2.3	64.47	2.8	1.1	29	33.37	33
辽宁	4.58	7.7	81	99.38	46.2	59	12.2	6.0	68.72	4.9	1.9	64	45.24	54
吉林	6.05	7.7	77	99.56	42.4	58	10.7	5.1	66.65	3.7	1.6	47	42.92	50
黑龙江	6.36	8.6	75	98.80	31.9	54	6.1	2.3	65.50	3.3	1.4	39	45.02	53
上海	1.80	9.0	97	99.97	118.0	82	57.4	34	72.77	5.4	2.6	85	72.24	100
江苏	4.13	17.0	70	99.84	34.4	57	7.0	2.8	69.26	2.4	0.9	34	26.45	22
浙江	4.82	16.5	70	99.88	23.1	53	3.6	0.7	69.66	2.3	0.8	33	19.56	10
安徽	9.20	17.4	56	99.72	15.7	51	3.0	0.4	67.75	2.0	0.6	24	18.42	9
福建	5.33	15.0	70	99.77	24.1	53	2.4	0	66.49	2.7	0.8	29	19.44	10
江西	9.80	10.9	62	99.56	21.9	52	4.3	1.2	64.87	2.2	0.9	23	21.51	13
山东	5.46	19.3	64	99.62	20.0	50	3.8	0.9	68.64	2.3	0.9	32	26.22	21
河南	7.80	12.8	66	99.60	14.6	47	3.5	0.7	67.96	2.0	0.6	25	17.20	6
湖北	5.88	12.4	72	99.62	33.7	56	7.7	3.3	65.51	2.5	1.2	30	27.27	23
湖南	5.21	9.6	77	98.55	22.3	50	4.2	1.1	65.41	2.2	0.8	23	18.80	9
广东	10.90	9.0	61	99.77	24.9	54	4.1	1.0	69.71	2.2	1.0	35	30.99	29
广西	9.01	13.2	62	98.54	15.4	48	3.5	0.7	67.17	1.9	0.8	25	17.32	6
海南	12.92	12.5	51	99.39	17.6	51	4.9	1.5	66.93	3.0	1.2	37	25.05	19
重庆	5.51	14.9	69	95.74	23.4	44	4.7	1.4	65.06	2.2	2.9	47	19.54	10
四川	7.48	16.1	62	96.19	18.2	43	10.1	4.8	65.06	2.3	0.6	21	17.18	6
贵州	14.26	22.5	35	97.38	11.0	44	2.9	0.3	63.04	1.7	0.6	12	14.04	0
云南	12.10	22.2	41	98.36	14.6	47	3.8	0.9	62.08	2.4	0.8	17	14.36	1
西藏	15.90	46.0	0	78.20	13.2	0	3.9	0.9	57.64	2.5	0.7	5	13.84	0
陕西	7.13	14.5	65	99.25	40.0	57	20.0	10.7	66.23	2.7	0.9	30	21.47	13
甘肃	10.04	23.5	45	97.68	20.6	48	8.6	3.8	66.35	2.3	0.8	26	18.39	8
青海	14.48	41.1	11	90.46	17.6	30	7.5	3.1	59.29	3.6	1.3	31	28.25	25
宁夏	13.08	23.1	37	96.70	20.7	45	9.6	4.4	65.95	2.5	1.2	26	27.74	24
新疆	12.81	9.4	55	96.58	26.8	47	5.3	1.8	61.95	4.2	1.6	40	35.20	37
全国	9.53	14.16	59	98.92	26.32	52	8.1	3.5	66.84	2.6	1.60	36	24.79	19

续表

指标\地区	生活质量指标 恩格尔系数	消费水平(元/人·年)	电话普及率(%)	指数	社会保障指标 农村人均社会保障金额(元)	指数	社会稳定指标 城镇失业率(%)	农村贫困发生率(%)	指数	社会发展指数	社会发展指数排序	人均GDP排序
北京	49.6	4557	20.6	76	0.6	0.0	2.30	0.0	71	78.3	1	2
天津	55.5	4699	14.8	56	0.7	0.2	3.38	0.0	55	53.9	3	3
河北	51.6	2151	3.9	34	2.5	4.8	0.80	11.7	75	34.5	15	11
山西	55.6	1985	3.1	23	2.7	5.3	1.30	14.8	62	34.1	16	16
内蒙古	54.1	2127	3.8	28	1.8	3.0	2.71	20.8	31	29.9	22	17
辽宁	56.1	3468	7.4	36	3.3	6.7	3.33	7.1	44	43.8	5	8
吉林	53.8	2940	6.4	37	4.0	8.5	2.84	10.9	45	40.9	7	15
黑龙江	51.6	3210	5.6	41	3.5	7.3	2.54	17.9	38	38.7	9	10
上海	48.6	8699	20.9	98	4.2	9.0	3.69	0.0	50	69.4	2	1
江苏	53.4	3382	7.3	41	1.3	1.8	1.99	3.6	70	37.3	11	6
浙江	48.8	3670	9.2	55	3.7	7.8	1.87	2.3	74	37.9	10	4
安徽	56.1	2275	2.6	23	4.1	8.8	1.19	8.3	75	30.8	21	21
福建	61.9	3826	7.0	26	4.3	9.3	1.53	2.1	80	34.6	14	7
江西	58.1	1930	2.4	17	6.5	14.8	1.71	6.4	70	31.6	20	23
山东	50.6	2722	4.0	38	2.5	4.8	0.90	5.9	83	36.9	12	9
河南	54.4	1843	2.2	23	10.5	24.8	0.85	15.2	69	33.0	18	20
湖北	54.8	2559	4.0	29	2.9	5.8	2.06	7.0	64	35.4	13	13
湖南	54.6	2390	3.1	27	32.0	79.0	2.08	7.7	62	40.9	8	18
广东	51.3	4523	12.1	58	10.9	26.0	1.79	1.1	77	42.6	6	5
广西	57.1	2025	2.3	19	1.2	1.5	1.27	18.1	57	27.4	26	22
海南	63.8	2458	5.8	14	0.6	0	2.89	3.8	56	28.7	23	14
重庆	56.2	2211		30	3.1	6.2	2.06	11.2	57	33.1	17	19
四川	58.5	2050	1.9	16	1.3	1.7	1.44	11.2	66	27.5	25	26
贵州	62.5	1079	1.2	5	5.1	11	0.94	17.4	64	21.4	29	31
云南	57.0	1982	2.2	19	4.7	10.0	0.93	18.3	62	24.7	27	25
西藏	64.8	1471	1.5	1	11.5	27.0	0.44	30.4	50	10.4	31	29
陕西	53.3	1835	2.8	27	2.6	5.0	1.51	18.4	53	32.6	19	28
甘肃	61.3	1629	2.7	10	5.0	11.0	0.71	30.4	46	24.7	28	30
青海	58.8	1965	3.0	17	3.0	6.0	1.14	21.8	53	21.39	30	24
宁夏	52.3	1852	4.4	31	1.1	1.3	1.79	18.4	49	27.8	24	27
新疆	47.5	2615	4.1	44	40.5	100	21.60	17.6	53	47.2	4	12
全国	50.8	2800	10.5	32.2	5.8	13.0	1.62	113.0	63	35.9		

后　记

我国国土辽阔,各地区的自然资源、自然条件和历史发展特点很不一样。掌握各地区经济和社会发展的动态,并对这种态势作出有说服力的、有褒有贬的评价,分析其自然、经济和社会以及政府决策的原因,不是一件容易的事。需要对各地区的自然背景、几十年来的经济发展过程、重大国土开发和建设项目现状以及结构的演变等有深刻的了解。需要有地理科学、区域经济学和资源环境科学的基本理论和知识。

自50年代,地理学家开展了大规模的地理考察。而后,几百名学者参与进行了"中国综合自然区划"以及上百名学者进行的"中华地理志"编纂工作。这是对我国及各地区的"家底"全面深入了解的阶段。60~80年代,是地理学家参与组织开展大规模的农业区划阶段。70年代,地理学家开始参与工矿基地和大城市地区的区域规划。80年代至90年代初,地理学家参与组织进行全国和各地区的"国土综合规划"以及广泛的地区发展和资源利用的发展战略研究。在这些重大的实践基础上,我们总结了大量的理论和方法著作。正是有这些工作基础,在5年前我们才能提出长期编制《中国区域发展报告》,并将目标定位在"对状态系统跟踪"、"对决策有褒有贬评价"和"对发展做预测和建议"上面。

在改革开放以前的几十年中,对区域的研究主要是地理学家的事。我的德国朋友、德国五大经济研究所之一的莱茵—威斯特伐伦经济研究所所长、德国著名的区域经济和环境经济学家鲍尔·克莱默(Paul Klemmer)在1987年曾对我说,说他与中国经济学家有较多的接触,但是他不理解,为什么中国的经济学家对经济和社会发展的区位、空间关系和区域发展问题不感兴趣。实际上,他的话只是80年代以前的事。80年代以前的区域发展问题研究,由于实行的是中央集权和计划经济的管理体制,再加上精神枷锁的束缚,没有生气,且公式化倾向明显。不多的关于我国区域发展(区域开发)问题的著作、论文也基本上局限于对领导人提出的宏观方针的论述,超出这个范围则就讳莫如深。80年代中期以后,意识形态上的开放,导致国家经济管理权限的逐步下放,地方经济实力增强很快。与此同时,地区间贫富差异成了地方政府、中央政府特别关心的严重问题。这对区域开发与区域发展问题的研究是个很大的推动。近年来,有几十部关于区域经济、国土开发和生产力布局问题的主要著作问世。其中最值得推荐的有:陈栋生的《经济布局的理论与实践》(1989年)、《跨世纪的中国区域发展》(1999年),周起业、刘再生等的《区域经济学》(1989年),周叔莲等的《中国地区产业结构》(1991年),胡兆量等的《中国区域经济差异及其对策》(1997年),杨开忠的《中国区域发展研究》(1989年),胡鞍钢的《中国地区差距报告》(1995年),胡序威的《区域与城市研究》(1998年),陆玉麒的《区域发展中的空间结构研究》(1998年)等。这些著作都从理论和实践结合的角度阐述了我国区域发展的一系列重大问题,对制定国家和地区的经济和社会发展规划、实施区域发展政策能起到重要的指导作用。当然,这些著作都是偏重于理论性的、比较静态的总结。

90年代初以来,原国家计委国土与地区司和国土与地区经济研究所曾组织全国计划部门的力量,主持编制了年度性的《中国地区经济发展报告》。编制该报告的目的是帮助各级政府和领导"及时了解和把握地区经济活动的新动态、新特点、新问题,从地区经济协调发展的角度分析各地区国民经济运行状况,预测下一年度的地区经济发展趋势,为加强对地区经济的宏观调控,引导各地区经济健康、协调发展提供依据。"[①] 计委的年度报告在各地区和学术界产生了很好的影响。计委领导和学者们的工作给了我们重要的启发。考虑到我们研究机构的性质和我们的特点,《中国区域发展报告》的目标定位与计委的报告有所不同。我们工作的目标定位是跟踪国家和地方政府的区域发展战略和政策及其实施的效果,并进行有褒有贬的评价。同时,也以适当的方式提出我们的建议。当然,我们还要强调的是,《中国区域发展报告》是呈送给政府和社会的一份报告,不是专著、论文。

随着区域发展愈来愈受到党和政府的重视,研究区域发展问题的学者愈来愈多。但是,区域发展问题和区域发展战略确实是一门内涵很深的学问。阐述和评价一些重要的区域发展问题,需要有地理学、经济学、社会学和环境科学的基本理论素养和多方面的地区经济发展的长期积累和知识。但近年来,表面文章实在不少。我们课题组决心抱着老老实实做学问、搞工作的态度,长期坚持学习和调查研究,通过《中国区域发展报告》的编制工作,在以后的中国区域发展理论和方法总结中做出成绩。

* * *

《1997中国区域发展报告》和《1999中国区域发展报告》编制出版了。为了一本《报告》,在两年的周期里,我们需要付出多大的工作量和遵循什么样的"技术路线"呢?

首先是课题的设计,要在长期的积累和广泛的思考基础上,经过多次的讨论,以确定主题,并对主题作充分的阐述。

阐述在本《报告》覆盖的时间尺度内国内和有关的国外重大事件及其与本《报告》的关系,即国家及区域发展的重大背景,明确本《报告》阐述该问题的基调。

编制详细的工作提纲和编写提纲,并组织顾问和专家论证。

自1996年正式着手编制《中国区域发展报告》,我们就对全国各省区市及国家有关部门进行循环式的调查研究,并将调查研究的访谈录都作了整理。

我们不定期地对国家及区域的发展态势进行讨论,并与国家计委、国务院发展研究中心及中国社会科学院、高等院校大学等机构交换意见。与此同时,我们也愈来愈重视网上资料的获取和整理。

在编制每一本《报告》的过程中,我们要进行多次的集中讨论,直到一系列主要观点形成。每一本《报告》,我们都集中在招待所进行"封闭式"编写。

---

① 《1997中国地区经济发展报告》(改革出版社,1998年)的编者说明。

在初稿编制完成后,我们都召开顾问和专家会议进行审定。在此基础上,修改定稿。

＊　　　＊　　　＊

调查研究是我们编制《中国区域发展报告》工作的重要基础。我们除了长期调查研究所得的科学积累以外,还要经常从国家发展计划委员会及其宏观经济研究院和国务院发展研究中心等机构获得国家发展政策及其背景的认识,要到中央有关部门和各省区市进行大量的调查研究。

自1997年以来,我们对各省区市的主要调查对象有(不完全统计):

上海市:政府发展研究中心、计划委员会、科学技术委员会及有关厅局;
广东省:政府发展研究中心,计划委员会及有关厅局,深圳市;
浙江省:计划委员会及有关厅局,宁波市和温州市;
辽宁省:计划委员会及有关厅局,大连市;
天津市:计划委员会及有关厅局,市委研究室;
吉林省:政府发展研究中心,计划委员会及有关厅局,长春市;
黑龙江省:计划委员会及有关厅局,哈尔滨市;
山西省:计划委员会及有关厅局,太原市;
陕西省:计划委员会及有关厅局;
甘肃省:计划委员会及有关厅局,金昌市、白银市;
内蒙古自治区:计划委员会及有关厅局,呼和浩特市;
云南省:计划委员会及有关厅局;
贵州省:计划委员会及有关厅局;
四川省:计划委员会及有关厅局;
重庆市:政府发展研究中心,计划委员会及有关厅局;
湖北省:政府发展研究中心,计划委员会及有关厅局,宜昌市;
湖南省:政府发展研究中心,计划委员会及有关厅局;
河南省:政府发展研究中心,计划委员会及有关厅局;
江西省:政府发展研究中心,计划委员会及有关厅局;
江苏省:政府发展研究中心,计划委员会及有关厅局,南京市,苏州市;
青海省:政府发展研究中心,计划委员会及有关厅局;
西藏自治区:政府发展研究中心,计划委员会及有关厅局;
山东省:政府发展研究中心,计划委员会及有关厅局,青岛市;
新疆维吾尔自治区:政府发展研究中心,计划委员会等;
安徽省:政府发展研究中心,计划委员会及有关厅局。

＊　　　＊　　　＊

研究我国的区域问题,是我们地学科学工作者的长期任务。这件事业我们是可持续的。在实践中已经建立起了一支以青年科学家为主的可持续的科研队伍。课题组的成员具备编制

《中国区域发展报告》所需要的学科。根据中国科学院知识创新工程的要求,编制《中国区域发展报告》的课题组由固定人员和特聘人员组成。目前,课题组正在争取以一个单元进入中国科学院的创新基地。

《中国区域发展报告》的总体构思,包括目标、主要内容和编制要求等,以及《1999 中国区域发展报告》的总体设计和组织由陆大道承担,课题组副组长刘毅、樊杰参与了总体设计和组织工作。陆大道、刘毅、樊杰对初稿进行了修改,最后由陆大道定稿。在对稿件进行计算机编辑、制图及在联系出版和修改的过程中,金凤君作了大量的工作。课题组成员、国家发展计划委员会杨朝光副司长提供了许多的观点、资料,参与了报告工作提纲和初稿的讨论。在《中国区域发展报告》的初期立项过程中,赵令勋作了卓有成效的工作。王志辉协助做了部分计算和分析工作。

《1999 中国区域发展报告》各章的分工如下:

前　言		陆大道
第一章	总论	陆大道　于秀波
第二章	经济持续发展态势及其活力	樊　杰
第三章	国有企业体制创新	李小建
第四章	基础设施体系建设	金凤君
第五章	社会发展与城市问题	刘　慧　陈　田
第六章	建设投资规模与方向	金凤君
第七章	环境恶化生态退化及其治理	李雅芹　于秀波　傅伯杰
第八章	主要自然资源的利用与保护	谷树忠　刘　毅
第九章	可持续发展状态及类型	刘　毅　任东明
第十章	香港特别行政区	薛凤旋
附　件	关于"十五"和至 2015 年我国区域发展战略和政策的初步设想	陆大道
附．录		金凤君
后　记		陆大道

陆　大　道
1999 年 8 月 29 日